SND

苏州高新区（虎丘区）年鉴 2024

苏州高新区（虎丘区）档案馆（地方志编纂中心） 编

苏州新闻出版集团
古吴轩出版社

图书在版编目（CIP）数据

苏州高新区（虎丘区）年鉴. 2024 / 苏州高新区（虎丘区）档案馆（地方志编纂中心）编. -- 苏州 : 古吴轩出版社, 2024. 12. -- ISBN 978-7-5546-2485-2

Ⅰ. Z525.34

中国国家版本馆CIP数据核字第20248JF815号

责任编辑：李爱华
见习编辑：李　楠
装帧设计：韩桂丽
责任校对：任佳佳
责任照排：吴　静

书　　名：苏州高新区（虎丘区）年鉴（2024）
编　　者：苏州高新区（虎丘区）档案馆（地方志编纂中心）
出版发行：苏州新闻出版集团
古吴轩出版社
地址：苏州市八达街118号苏州新闻大厦30F
电话：0512-65233679　　邮编：215123
出 版 人：王乐飞
印　　刷：苏州日报印刷中心有限公司
开　　本：889mm×1194mm　1/16
印　　张：17.75　　插页：28
字　　数：662千字
版　　次：2024年12月第1版
印　　次：2024年12月第1次印刷
书　　号：ISBN 978-7-5546-2485-2
定　　价：188.00元

《苏州高新区（虎丘区）年鉴（2024）》编审人员

主　　审： 张　瑛

副 主 审： 鲍东晖　张　园　赵　琛

主　　编： 陈　英

执行主编： 张肖千

编　　辑： 张肖千　刘　鹏

特约编辑： 马　藤　陈　燕

编　　务： 熊静雅　曹梦婷　马巧坪

编辑部地址： 苏州市高新区科普路50号408室

联系电话： 0512-68753193

邮编： 215163

《苏州高新区（虎丘区）年鉴（2024）》分目审稿人员

（按姓氏笔画排序）

丁　健	马海英	王苏良	王丽玉	王学进	王健伟	王留华	尹世林
平雪雅	主燕妮	朱　冰	朱　敏	朱一鸣	朱玲枫	李　群	李师钊
李盼盼	吴　艳	吴小军	吴国忠	吴海荣	吴梅岭	何梦丹	邹　明
汪　曦	汪欣礼	沈沛丰	宋莎莎	张　弛	张云龙	陆文娟	陆裔飞
陈　伟	陈振民	陈毅坚	邵　亮	范建设	罗　诚	罗　霄	金伟正
金雨菲	金彩娟	周永前	庞晓虹	赵树生	钟珂烨	俞剑刚	洪宇星
费　琨	袁晓月	顾　伟	顾福根	钱玮琦	徐　春	徐　晓	徐文清
高定华	唐　虹	谈亦军	陶文胜	梅震琨	曹　江	董　薇	韩玉兰
喻　菁	窦强帅	慕继武	翟　伟	潘孝辉	潘琳士	魏春晓	

编辑说明

一、《苏州高新区（虎丘区）年鉴》是由苏州国家高新技术产业开发区管理委员会、苏州市虎丘区人民政府主办，苏州高新区（虎丘区）档案馆（地方志编纂中心）负责逐年编纂的年度资料性文献，创办于1995年，从2014年起，每年出版一卷。本卷为第16卷。

二、《苏州高新区（虎丘区）年鉴（2024）》以马克思列宁主义、毛泽东思想、邓小平理论、“三个代表”重要思想、科学发展观、习近平新时代中国特色社会主义思想为指导，旨在系统记述全区自然、经济、政治、文化、社会和生态文明等方面的基本情况，为各机关、团体、企事业单位和社会各界提供年度资料性信息。

三、《苏州高新区（虎丘区）年鉴（2024）》采用分类编辑法，全书主体内容分为类目、分目、条目3个层次。条目为记载的基本层次，其标题用黑体字加【】表示。为进一步体现地方特色和年度特色，《苏州高新区（虎丘区）年鉴（2024）》对框架结构和内容作了大幅调整。卷首设“高新实践”“高光时刻（光子建设）”“高能反应（三大功能片区建设）”“高质生活”图片专辑、苏州高新区探索功能片区改革特载、南京大学苏州校区建设实录、大事记，主体内容分设区情概览、中共苏州国家高新技术产业开发区工作委员会　中共苏州市虎丘区委员会、苏州市虎丘区人民代表大会、苏州国家高新技术产业开发区管理委员会　苏州市虎丘区人民政府、中国人民政治协商会议苏州市虎丘区委员会、中共苏州国家高新技术产业开发区纪律检查工作委员会　中共苏州市虎丘区纪律检查委员会　苏州市虎丘区监察委员会、民主党派　工商联、群众团体、法治、军事、经济管理、开放型经济、区域发展、功能片区建设、数字高新区建设、科技创新、农业、制造业、建筑业、商贸服务业、金融业、房地产业、旅游业、城市建设、乡村振兴、生态建设、教育、苏绣、文化、体育、卫生健康、就业与社会保障、社会事务、应急管理、镇　街道等35个类目，卷末设附录和索引。全书共设208个分目、876个条目。另有卷首专题图片47张、随文图片75张，表格59张。

四、《苏州高新区（虎丘区）年鉴（2024）》主要资料收录时间为2023年1月1日至12月31日（附录中政府工作报告时间为2024年初）。机构设置和领导名单以2023年底组织部门年报为准。为保证内容资料的完整性、连续性，根据记述需要，个别内容时间适当上溯或下延。

五、《苏州高新区（虎丘区）年鉴（2024）》的条目内容由区各部门（单位）、各镇（街道）等提供，并经过各单位领导审核。书内涉及的主要统计数据以区统计部门提供为准，但个别数据由于统计口径和方法不同而有些许差异，请读者在引用时加以注意。全书中提及的“增长”或“下降”数据，除非特殊说明外，均指“比上年增长”或“比上年下降”数据。

六、《苏州高新区（虎丘区）年鉴（2024）》中“苏州高新区（虎丘区）”一般简称“高新区”，单位名称第一次出现时用全称，再次出现时用简称，以此类推；缩略语第一次出现时一般有注解，再次出现时不再有注解，以此类推。

七、《苏州高新区（虎丘区）年鉴（2024）》配备双重检索系统，书前刊有目录，书后设主题索引、表格索引和随文图片索引。

数读高新区·2023

区域总面积（不含太湖水域）：223.36平方千米

期末户籍人口：49.83万人

地区生产总值：1826.75亿元

　　第一产业：1.34亿元

　　第二产业：859.60亿元

　　第三产业：965.81亿元

一般公共预算收入：193.14亿元

　　税收收入：169.19亿元

规上工业总产值：3458.80亿元

全社会固定资产投资：629.76亿元

社会消费品零售总额：668.48亿元

进出口总额：2478.82亿美元

　　出口总额：1751.84亿美元

　　进口总额：726.98亿美元

全社会用电量：94.88亿千瓦·时

　　工业用电量：59.29亿千瓦·时

　　服务业用电量：24.04亿千瓦·时

当年新增实际使用外资及港澳台资：3.33亿美元

当年新增内资企业注册资金：1079.95亿元

城镇居民人均可支配收入：79453元

（数据来源：统计局）

年度重要荣誉

国家知识产权服务业高质量集聚发展示范区

中国年度最佳促进就业城市

江苏省工业互联网安全应用先导区

江苏省信息技术应用创新先导区

江苏省义务教育优质均衡发展区

（统计来源：经济发展委员会、市场监督管理局）

2023年3月7日，苏州高新区（上海）投资说明会在上海举行　　杨炎橙　摄

2023年5月24日，西门子长三角人工智能共创实验室启用　　杨炎橙　摄

2023年6月16日，徕博科医药研发创新基地开业　　杨炎橙　摄

2023年7月16日，英威腾长三角研发总部启用　　杨炎橙　摄

2023年7月22日，南京大学苏州校区启用，首批500余名学生入驻　　金洲宇　摄

2023年10月5日，全区奋战四季度暨优化营商环境推进大会召开，会上发布《苏州高新区优化营商环境创新行动2023》　　杨炎橙　摄

2023年10月26日，智能化医疗器械创新大会在高新区举行，国家药监局智能化医疗器械研究与评价重点实验室项目启动　　杨炎橙　摄

2023年11月，高新区举办"高新欢乐购"系列活动，发放2090万元数字人民币补贴。图为市民在绿宝广场步行街　　金洲宇　摄

2023年11月7日，创明新能源总部项目签约仪式举行　　杨炎橙　摄

2023年11月30日，苏州市“一企来办”企业诉求处办机制建设工作现场会暨《苏州市“一企来办”企业诉求分类标准》发布仪式在高新区举行，会上，三大功能片区企业服务中心揭牌　　杨炎橙　摄

2023年12月8日，第15届中国刺绣文化艺术节在高新区开幕　　杨炎橙　摄

2023年，太湖光子中心加快建设，先进化合物半导体基础工艺平台一期建成，光电芯片封测平台二期启动建设　　丁翃彪　摄

2023年4月18日，苏州高新区（北京）投资说明会在北京举行。会上，2023中国（苏州）世界光子产业发展大会发布　　杨炎橙　摄

2023年5月30日，中国（苏州）世界光子产业发展大会在狮山国际会议中心举行　　杨炎橙　摄

2023年3月25日，先进技术成果交易大会在苏州举行，高新区设分会场。会上，长三角区域先进技术成果转化研究院孵化基地（苏州高新区）揭牌，太湖光子中心重点项目集中签约

杨炎橙　摄

2023年5月15日，苏州市光子产业联合会成立大会暨产业合作对接会在高新区举行

丁翊彪　摄

2023年9月27日，苏州高新区（深圳）产业创新合作对接会在深圳举行。会上，集中签约一批光子领域项目　丁翊彪　摄

2023年11月3日，SAPA中国年会在高新区举行。会上，SAPA中国年会永久会址签约落地高新区　　浒墅关经济技术开发区（镇）　供图

2023年，浒墅关经开区在国家级经开区综合排名中上升35位，列第29位。图为浒墅关先进制造功能片区　　杨炎橙　摄

浒墅关大运河　苏高新集团　供图

2023年4月11日，高新区首批4个城市更新改造试点项目之一的创园壹号产业园项目封顶　浒墅关经济技术开发区（镇）　供图

2023年11月，苏州博物馆西馆项目入选2022—2023年度第二批中国建设工程鲁班奖（国家优质工程）

朱卫东　摄

2023年10月，狮山公园湖体及东北广场建成开放　　葛雷　摄

狮山商务创新区　　朱卫东　摄

狮子山片区　狮山商务创新区　供图

狮山、横塘街道　　朱卫东　摄

·太湖科学城功能片区·

裸心泊度假村　　金洲宇　摄

太湖科学城国际创新社区　　苏州科技城　供图

2023年4月28日，星悦里太湖科学城店开业　　　苏州科技城　供图

太湖光谷　　　摄影家协会　供图

有轨电车　苏州科技城　供图

太湖科学城研究院所建筑群　　　苏州科技城　供图

通安镇真山公园河入选苏州市级示范幸福河　　　　通安镇　供图

狮山公园项目获评苏州十大民心工程（县级市、区）　　　　伊志明　摄

2023年6月27日，苏绣小镇获评第一批省级特色小镇。图为国际城市与城镇绿色创新发展大会上，参访外宾现场体验苏绣技艺　　　金洲宇　摄

苏州乐园森林世界（二期）入选江苏省重点文化和旅游产业项目。图为苏州乐园跨年夜活动　　苏高新股份　供图

“大阳山奇妙夜寻趣之旅”入选苏州乡村旅游十大精品线路　　　伊志明　摄

行春桥、越城桥入选江苏省地名文化遗产古桥梁地名　　朱卫东　摄

国内首条环太湖半程马拉松数字跑道在高新区建成，该跑道起终点位于北太湖大道的马山游客中心，全程21.0975千米，途经太湖一号露营公园、西京湾艺术中心等环太湖景点区域，并配备AI数据采集器、AI形象捕捉设备、芯片传感器等数智化系统设施设备　　文化体育和旅游局　供图

2023年10月22日，苏州太湖马拉松在高新区开赛，来自世界各地19个国家和地区的2.3万名选手参赛　　杨炎橙　摄

太湖边骑行　　文化体育和旅游局　供图

苏州浒墅关运河文旅产业综合开发项目入选江苏省重点文化和旅游产业项目　朱卫东　摄

2023年10月18日，苏州市首条穿京杭大运河隧道——横山路对接胥涛路隧道工程开通试运行　丁翊彪　摄

2023年7月31日，高新区绣娘周海云苏绣作品《百万雄师过大江》被中国国家博物馆收藏

镇湖刺绣协会　供图

通安现代农业园入选苏州市智慧农业园区　　金洲宇　摄

“环太湖生态游”线路入选中国体育旅游精品项目
伊志明　摄

通安镇华通花园第六社区入选全国示范性老年友好型社区。图为社区开展老年人网络直播现场比赛　　通安镇　供图

目 录

特 载

专 记

大事记

区情概览

中共苏州国家高新技术产业开发区工作委员会
中共苏州市虎丘区委员会

苏州市虎丘区人民代表大会

苏州国家高新技术产业开发区管理委员会 苏州市虎丘区人民政府

中国人民政治协商会议 苏州市虎丘区委员会

中共苏州国家高新技术产业开发区纪律检查工作委员会
中共苏州市虎丘区纪律检查委员会
苏州市虎丘区监察委员会

民主党派　工商联

群众团体

法　治

军　事

经济管理

开放型经济

区域发展

功能片区建设

数字高新区建设

科技创新

农　业

制造业

建筑业

商贸服务业

金融业

房地产业

旅游业

城市建设

乡村振兴

生态建设

教　育

苏 绣

文 化

体　育

卫生健康

就业与社会保障

社会事务

应急管理

镇　街道

附　录

索　引

苏州高新区探索功能片区改革　释放体制机制动能

苏州高新区坚持探索适应时代发展、适应实际需要的管理体制，积极推动三大功能片区改革，将原本零碎分布的功能区、镇（街道）依据地理区位、产业特点划分为狮山商务创新功能片区、浒墅关先进制造功能片区、太湖科学城功能片区，形成覆盖全区、包容差异、强化优势的三大功能片区发展新格局，推动行政区与功能区各司其职、各负其责，促进区域管理效能全面提升，为高新区实现高质量发展奠定良好基础。

以“三个定位”明确片区发展方向　狮山商务创新功能片区以“卓越狮山、活力城区”为发展目标，加快汇聚高端商务商贸，形成现代服务业集中集聚，打造全市现代服务业新高地、产业科创新标杆、人文宜居新城区。浒墅关先进制造功能片区以“协同发展、转型升级”为主题，进一步加强与相城等周边地区联动发展，推进城市更新和制造业转型升级，全力提升运河沿线环境面貌，打造全市先进制造业高地、一体化发展深度融合地。太湖科学城功能片区以南大苏州校区建设为契机，以太湖光子中心建设为主要内容，加快集聚全球高端创新资源，培育一流产业创新集群，推进科技和生态融合发展，打造创新智慧之城、开放包容之城、生态人文之城。

以“三张清单”厘清区镇职责分工　按照“经济发展职能向功能区集中、社会管理职能向镇（街道）下沉、交叉职能明确区镇权责分工”原则，结合不同片区功能定位制定三张权责分工清单，明确各领域权责主体，在压实镇（街道）社会管理职能的同时，进一步激发功能区开发建设活力，实现“1+1 > 2”的发展效果。同时，以功能区、镇（街道）“三定”规定为依据，将各片区工作职责按领域细分，明确各领域具体事项的履职机构和与之对接的区级部门，在功能区统筹协调管理基础上实现功能区、镇（街道）在各自职责范围内与区级部门的高效对接。

以“三项机制”促进区域融合发展　三大功能片区各明确一个主体管理机构，建立统筹协调机制，由片区主体管理机构统一领导区域内经济发展和社会管理事务，保障各项工作平稳有序开展。建立机构合并运行机制，依据功能区与镇（街道）之间职责归并，推动相应职能机构合并运行，精简运行机构数量，节约机构运行成本，全面提升工作效率。建立资源共享机制，按照“同类合并、优势互补”原则，加强片区内土地、资金、人才等发展资源的统筹力度，提升区域融合深度，叠加产业发展优势。优化人力资源配置，在编制总量范围内对各类人员实行统筹使用、分类管理。

（研究室　刘　隽）

编辑：张肖千

专　记

南京大学苏州校区建设实录

2014年5月，习近平总书记在和北京大学师生座谈时指出：“世界上不会有第二个哈佛、牛津、斯坦福、麻省理工、剑桥，但会有第一个北大、清华、浙大、复旦、南大等中国著名学府。”2014年12月，习近平总书记视察江苏时提出“努力建设经济强、百姓富、环境美、社会文明程度高的新江苏”的殷切期望。建设南京大学苏州校区（简称“南大苏州校区”），既是深入贯彻建设“第一个南大”重要指示的切实举措，也是苏州地区进一步服务江苏省高质量发展和产业科技创新的务实之举。

开启校地合作新纪元　2019年3月16日，南京大学与苏州市政府召开第一次校地领导小组会议，双方签订《全面战略合作暨南京大学苏州校区建设协议》，开启苏州校区建设序幕。2020年6月23日，教育部批复同意建设南大苏州校区。2020年9月8日，苏州校区建设工程启动。2021年1月5日，教育部发展规划司复函同意《南京大学苏州校区事业发展规划》。2021年9月24日，中国共产党苏州市第十三次代表大会报告强调，要“依托南京大学苏州校区，高标准打造太湖科学城”。2020年7月22日，推进苏州市与南京大学全面战略合作暨南大苏州校区建设工作领导小组会议在高新区召开，会议听取南大苏州校区规划建设进展和苏州校区办学规划情况汇报，苏州市政府与南京大学签署深化全面战略合作相关协议。2022年6月28日，由苏州市委、南京大学党委共同制定的《关于支持南京大学苏州校区加速引进高端创新人才的若干意见》发布，提出6个方面19项举措。截至2023年底，南大苏州校区建设工作领导小组累计召开领导小组会议6次，签署《苏州市人民政府　南京大学深化全面战略合作暨南京大学苏州校区建设合作备忘录》《校地产业创新集群战略合作框架协议》等一批重要合作协议。

打造诗意园林新校区　项目选址在苏州高新区科技城板块，地处环太湖科创圈和沿沪宁产业创新带的黄金交会点，是长三角一体化发展的重要区域之一，享有得天独厚的地理环境和区位优势。2020年9月8日，南大苏州校区工程启动建设，以庄里山为界分别建设东、西校区。教学楼区域建筑外立面和廊柱采用青砖材质，部分建筑外立面和窗框用红色点缀，延续百年名校敦厚雄伟的建筑印象，景观设计融合苏州园林的婉约特点。各建筑采用天窗引光、绿植覆盖等节能设置，全面体现环保理念。2021年7月14日，苏州市人民政府、南京大学共建太湖科学城环南大科创圈暨南大苏州校区建设工作领导小组会议在高新区举行，南大苏州校区东区首栋建筑博士生宿舍楼封顶。2022年11月底，东区学术交流中心、教学组团、本硕博宿舍组团竣工。2023年7月22日，南大苏州校区首批本科生入驻。同年，西区全面开工建设。

建设特色学科新生态　南大苏州校区采用“一校两城四校区”的办学格局，即苏州校区与南京各校区实施同一院校代码、同样大类招生、同步分流机制、同享培养资源、同等毕业证书。重点打造人工智能与信息技术、功能材料与智能制造、化学医药与健康工程、地球系统与未来环境、数字经济与管理科学等五大学科群。2022年，南大苏州校区完成首次招生，共计招录本科生500人、硕士生66人、博士生45人。2023年，南大苏州校区招录本科生525人、硕士生98人、博士生43人。截至2023年底，有本科生学院7个，分别是智能科学与技术学院、智能软件与工程学院、集成电路学院、数字经济与管理学院、能源与资源学院、前沿科学学院、南赫学院。有研究院10个，分别是环境与健康研究院、深空探测科学与技术研究院、功能材料与智能制造研究院、绿色化学与工程研究院、全球人文研究院、空间地球科学研究院、现代药学与工程研究院、全球知识产权研究院、考古文博与中华文明研究院、原

子制造研究院。有研究中心4个，分别是声功能材料与应用中心、数据管理创新研究中心、视觉计算与智能感知研究中心、高端控制与智能运维研发中心。有本科专业4个，分别是智能科学与技术、软件工程（智能化软件）、集成电路设计与集成系统、数字经济。有硕士研究生专业8个，分别是人工智能、软件工程、微电子学与固体电子学、电子信息、国民经济学、情报学、资源与环境、材料与化工。有博士研究生专业9个，分别是计算机科学与技术、软件工程、电子科学与技术、集成电路科学与工程、理论经济学、情报学、环境科学与工程、材料科学与工程、化学工程与技术。

展现便捷舒心新服务　在苏州市委、市政府全面支持下，高新区加快推进教育、医疗、交通、商业等多方面建设，南大苏州校区周边各项配套功能逐步完善。截至2023年底，首期启动建设南京大学苏州附属学校3所，其中幼儿园、小学、初中各1所，总占地面积11.73万平方米，总建筑面积14万余平方米。苏州科技城医院挂牌南京大学医学院附属苏州医院，与南京大学、鼓楼医院强化交流合作机制。建设太湖科学城国际创新社区，占地面积4.67万平方米，建筑面积约20万平方米。建设一体式乡创文旅载体黄区村科学家村落，占地面积4.93万平方米。建设南大邻里中心，占地面积3.87万平方米，建筑面积约15万平方米。建成校园周边主干道路13条，新增G7037、G7118两列南京仙林校区到苏州新区动车班次。有轨电车2号线延长到校区东门，2条微循环公交线路、2条规划定制线启动运行，串联南大苏州校区、科技城医院、文体中心等主要客流集散点并接驳地铁，实现苏州市区内外顺畅通达。

引领科技赋能新篇章　2023年，南大苏州校区建设的“自旋芯片与技术”全国重点实验室在苏州市率先实现全国重点实验室零的突破，中国移动南大云计算联合实验室、江苏省集成电路先进制程工程技术联合实验室等省级实验室揭牌，狮山量子计算与量子探测前沿实验室启动建设。各类科研平台建设持续推进，促成西门子、普源精电等本地企业在产业赋能、成果转化等方面开展交流合作。组织“千企进南大”系列活动南京大学校企合作对接会、产业科技创新大会、中外院士前沿科技论坛、“文韵最江南　盛世南雍传”南京大学苏州文化周系列活动等一批活动。随着校区东区全面启用、西区建设推进，南大苏州校区各项事业进入建设和发展并重的新阶段。

（南京大学苏州校区建设工作领导小组办公室　孙　坤）

编辑：张肖千

大事记

1月

2日

△中国人民政治协商会议苏州市虎丘区第九届委员会第二次会议举行。4日结束。

△苏州市新能源汽车产业创新集群建设推进大会暨项目集中开工签约仪式在太仓市举行。高新区设分会场。

3日

△苏州市虎丘区第十二届人民代表大会第二次会议举行。5日结束。

△高新区昆仑山路西延一期及昆仑山路下穿230省道节点工程开通，南大苏州校区周边主干路网全面建成。

6日

△中日智能智造华东产业化基地签约落户浒墅关经开区。

7日

△苏州中设建设集团承建的铜仁·苏州大厦项目获2022—2023年度第一批国家优质工程奖。

10日

△中国意大利商会会长保罗·巴颂尼率队访问高新区。

11日

△高新区举行速腾电子研发生产总部暨半导体封装测试设备智能制造基地项目开工仪式。

△苏州市委第二考核组到高新区开展年终综合考核工作，并召开2022年度综合考核工作汇报会。

△苏绣小镇入选第一批江苏省特色小镇。

12日

△太湖科学城建设工作专题推进会召开。

△第八届中国海归创业大赛决赛在高新区闭幕。

△枫桥街道举行景山、寒山、枫华3个新社区揭牌仪式。

18日

△第三届高新区中日迎春登山活动在白马涧龙池景区举行。

△通安镇入选第五批江苏省生态文明建设示范乡镇。

22日

△第二届高新区运河健步走活动在浒墅关古镇蚕里街区举行。

28日

△全区推进“四敢”（敢为、敢闯、敢干、敢首创）动员会暨作风建设大会召开。

29日

△全区招商引资新突破动员大会召开。

2月

2日

△高新区春季重大项目集中开工仪式在太湖科学城举行。

△全区重点项目推进会召开。

3日

△意大利驻上海领事馆总领事安缇雅率队访问高新区。

△松下控股株式会社集团代表董事全球副总裁、集团中国东北亚总代表本间哲朗率队访问高新区。

6日

△伟亚光电集团首席执行官Juergen Eichner率队访问高新区。

△中国共产党苏州市虎丘区第十二届纪律检查委员会第三次全体会议暨全区领导干部警示教育大会召开。

7日

△全区政法工作会议召开。

8日

△江苏全国人大代表省直一组到高新区调研推动经济运行率先整体好转情况。

9日

△长光华芯化合物半导体项目等7个项目入选江苏省重大项目。

△高新区白荡水质净化厂上盖光伏项目开工建设。

10日

△裕太微电子股份有限公司以“云敲锣”形式在上交所科创板上市。

11日

△全区规划建设管理工作推进会召开。

13日

△高新区工委人才科技工作领导小组会议召开。

△苏州高新区（成都）协同发展交流会在成都市召开，苏州高新区（成都）协同创新中心启动。

14日

△全区水务工作推进会召开。

18日

△苏州锐杰微科技集团总部项目奠基仪式在高新区举行。

20日

△全区科技创新大会暨产业创新集群融合发展推进会召开。

△中国科协召开“科创中国”年度会议，高新区2个项目上榜。

△高新区8个服务业重点项目入选江苏省服务业重点项目。

21日

△英威腾集团长三角总部项目签约落户高新区。

22日

△高新区召开安委会全体（扩大）会议。

△全区深入打好污染防治攻坚战指挥部会议召开。

24日

△克诺尔集团执行董事、克诺尔全球商用车系统执行总裁史必斯率队访问高新区。

△微亚医疗科技（苏州）有限公司自主研发的“微亚冠通”微创血管介入手术机器人完成全球首例全程机器人辅助冠状脉造影手术。

△苏州极客基因科技有限公司、苏州蓝马医疗技术有限公司获2022年度全国颠覆性技术创新大赛总决赛优胜奖，天蕊半导体材料（苏州）有限公司、苏州中科地星创新技术研究所有限公司获2022年度全国颠覆性技术创新大赛总决赛优秀奖。

28日

△南大苏州校区建设工作领导小组会议在南京大学仙林校区举行。

3月

1日

△拨云生物医药科技（苏州）有限公司在浒墅关经开区开业。

3日

△高新区管委会、德国艾普医用植入物股份有限公司签约仪式举行。

5日

△苏州华旃航天电器有限公司新基建连接器产业化项目在高新区开工。

6日

△苏州科技城服务业集聚区、狮山商务创新区、狮山金融服务业集聚区等8家单位获评江苏省高质量发展集聚示范区。

7日

△高新区入选2022年度江苏省工业互联网安全应用先导区。

△苏州高新区（上海）投资说明会在上海市举行。

9日

△中国水产科学研究院渔业机械仪器研究所所长陈军率队访问高新区。

△斯塔尔集团首席执行官Maarten Heijbroek、斯塔尔精细涂料（苏州）有限公司董事总经理陈兴军率队访问高新区。

△高新区举行学习贯彻党的二十大精神市委宣讲团宣讲报告会暨区管干部集中轮训开班仪式。

△全区农村工作会议召开。

△苏州狮山文化广场、苏州浒墅关运河文旅产业综合开发项目、苏州乐园森林世界（二期）项目入选江苏省重点文化和旅游产业项目。

10日

△苏州市首条直达苏南硕放机场公交线路苏锡公交1号线开通。

△南京大学苏州文化周系列活动启动。

14日

△高新区召开科学技术协会第二次代表大会，选举产生第二届区科学技术协会委员会主席、副主席和常务委员。

△法国生物梅里埃全球临床运营执行副总裁、全球首席运营官皮埃尔·伯乐率队访问苏州市，高新区主要负责人参加会见。

△高新区49个项目（42个实施项目）列入苏州市重点项目清单。

17日

△高新区3家博士后设站单位、8个项目入选江苏省卓越博士后计划先进制造业产业集群揭榜领题榜单。

18日

△科技部“十四五”国家重点研发计划“诊疗装备与生物医用材料”重点专项：荧光共聚焦显微内镜核心部件研发项目在太湖科学城功能片区启动。

△国内首个ReRAM存算一体人工智能大算力芯片企业苏州亿铸智能科技有限公司总部在高新区开业。

19日

△全区传达学习贯彻全国两会精神会议召开。

20日

△高新区召开南大苏州校区启用保障工作部署会。

△高新区入选江苏省信息技术应用创新先导区。

21日

△高新区召开区直属国有企业座谈会。

△高新区举办博士后工作先进表彰会暨首批预备站授牌仪式。

△南京大学医学院附属鼓楼医院心血管内科徐伟团队采用苏州无双医疗设备有限公司植入式心律转复除颤器（ICD），完成全国首例国产ICD可行性临床试验。

22日

△高新区法律服务产业集聚示范区启动建设，《苏州高新区法律服务业高质量发展三年行动计划（2023—2025年）》发布。

23日

△第九届中国海归创业大赛在北京市启动，苏州高新区（北京）海归人才创新创业中心揭牌。

24日

△睿镞科技激光雷达总部签约落户高新区。

△默迪夫生物总部在高新区ESR产业园开业，苏州默迪夫多肽研发生产基地落成。

25日

△中欧跨境产业创新合作中心落户高新区，商务部投促中心跨境产业投资与科技创新合作委员会长三角联络处启用。

△先进技术成果交易大会在苏州市举行，高新区设分会场。

26日

△全区武装工作会议暨党管武装述职会议召开。

△首届苏州马拉松比赛举行，高新区设赛段。

27日

△第十一届中软国际教育科技集团校企合作人才培养高峰论坛暨中软国际教育科技生态伙伴大会在高新区举行。

△“创艺树山”项目入选江苏省乡村旅游业态创新示范项目。

28日

△高新区党政代表团到日本、韩国走访招商。30日，高新区春季对日合作交流会暨日资企业突破700家，活动在日本东京举行。4月4日结束。

29日

△中科院苏州医工所团队获评全球半机械人奥运会挑战赛上肢假肢组别冠军。

△馨泰园、新区公园、诺贝尔湖公园入选首批江苏省开放共享公园绿地。

31日

△苏州市高功率半导体激光创新联合体工作座谈会在高新区召开。

4月

3日

△通安镇树山村、镇湖街道石帆村入选2022年度江苏省生态宜居美丽乡村示范名单。

7日

△ZAP-X光子手术机器人中国总部项目签约落户高新区。

11日

△全区招商工作领导小组第一次例会召开。

△汉拿科锐动株式会社社长尹八柱率队访问高新区，汉拿科锐动高端汽车智能电子部件项目签约启动。

12日

△校园苏州日暨苏州高新区·西安交通大学政产学研合作对接系列活动在西安交通大学开幕。

13日

△高新区召开“一山一湖一策”专题推进会。

△高新区在西安市举行协同发展交流会，苏州高新区（西安）协同创新中心揭牌。

14日

△苏州市自主可控汽车电子芯片创新联合体工作座谈会在高新区召开，苏州市自主可控汽车芯片创新联合体成果转化中心揭牌。

△PSS集团苏州生产制造及研发基地项目签约落户高新区。

△艾益动物疫苗总部及产业化基地项目奠基仪式在高新区举行。

△斯维登集团总部开业典礼在高新区举行。

17日

△普源精电科技股份有限公司专利“亚稳态检测装置和方法、ADC电路”获第二十四届中国专利金奖，苏州长光华医生物医学工程有限公司等8家单位专利获中国专利优秀奖。

18日

△苏州高新区（北京）投资说明会在北京市举行。

20日

△中细软集团全球总部开业仪式在高新区举行。

21日

△克诺尔集团执行董事约根·威尔德率队访问高新区。

△中建市政工程设计咨询（苏州）有限公司开业仪式在高新区举行。

△苏州特种传感技术研究所项目签约仪式在高新区举行。

△神州鹰华东总部项目落户高新区。

23日

△高新区举行知识产权服务业高质量发展推进大会暨“新知会客厅”品牌发布活动。

25日

△博锐创合总部与研发中心项目签约落户高新区。

△汽车软件与通信国际峰会在高新区举行，江苏省汽车工程学会汽车软件与通信专业委员会揭牌。27日结束。

26日

△全区防汛抗旱工作会议召开。

△苏州市人大常委会率队到高新区开展省委14号文件贯彻落实情况专题调研。

△高新区获评江苏省2022年度高质量发展先进区。

△苏州市世界知识产权日版权宣传活动在高新区举行，苏绣小镇版权服务交易基地版权转化项目签约。

27日

△高新区获评苏州市2022年度高质量发展综合考核第一等次。

28日

△“春惠苏城·乐享高新”苏州高新区“五五购物节”主题促消费活动启动。

△苏州博物馆西馆项目等21个项目获评2022年度江苏省优质工程奖“扬子杯”。

△星悦里太湖科学城店开业仪式举行。

29日

△高新区召开庆祝“五一”国际劳动节大会，首届职工创新创效大赛启动，表彰全国工人先锋号获奖集体苏州纽威阀门检测班组。

5月

3日

△2022年度全区高质量发展总结表彰会议暨奋战二季度动员大会召开。

6日

△江苏医疗器械科技产业园入选未来医疗100强“澎橙奖”医疗器械标杆产业园区。

△浒墅关经开区人社服务中心获评2022年度江苏省“一刻钟医保服务圈”示范点。

8日

△苏州高博软件技术职业学院入选首批全国健康学校建设单位。

10日

△苏州高新区（深圳）投资说明会在深圳市举行。

12日

△由苏州市行政审批局提出、高新区行政审批局牵头起草的全市首个《政务服务帮办代办服务规范》地方标准发布。

△苏州博物馆西馆等6个建设项目入选首届江苏省海绵城市优秀工程案例。

15日

△苏州市光子产业联合会成立大会暨产业合作对接会在高新区举行。

17日

△全区农村公路高质量发展暨总路长会议召开。

△苏南硕放机场苏州高新区城市航站楼揭牌。

18日

△全省首家互联网法庭苏州互联网法庭揭牌仪式举行，是苏州市虎丘区人民法院内设专门审判机构。

△“纯粹江南　技忆苏州”苏州博物馆西馆基本陈列获第二十届全国博物馆十大陈列展览精品奖。

19日

△高新区召开国企巡察整改工作情况专题汇报会。

△江苏省暨苏州市学前教育宣传月启动仪式在高新区举行。

23日

△江苏省人大常委会副主任曲福田率队到高新区调研省委14号文件精神贯彻落实情况。

24日

△全区金融工作暨数字人民币工作推进会召开。

△西门子设立的首个国外人工智能共创实验室西门子长三角人工智能共创实验室启用。

25日

△高新区召开重点项目推进会。

30日

△“光领万物·赋能未来”中国（苏州）世界光子产业发展大会在狮山国际会议中心举行。31日结束。

6月

1日

△高新区文旅资源长三角推介活动发布会在杭州市举行。

5日

△ESR太湖科学城光子科技园项目落户高新区。

6日

△高新区廉洁文化系列活动举行。

△美国西屋交通运输集团信息安全事业部总裁克里斯托弗·费尔率队访问高新区。

△苏州英格玛总部大厦揭幕仪式在太湖科学城功能片区举行。

7日

△苏州冠礼科技有限公司产业化基地项目落户高新区。

8日

△民进苏州高新区基层委、民进南京大学基层委签订合作意向备忘录。

9日

△高新区运河文化艺术节暨第三届浒墅关运河文化艺术节在蚕里街区启动。

△阿特斯阳光电力集团股份有限公司在上交所科创板上市。

△苏州博物馆西馆项目获推2023年度鲁班奖，阳山花苑五区农贸市场重建工程项目获推国家优质工程奖。

10日

△高新区召开质量工作、食品安全工作大会。

△狮山金融创新中心开业暨“苏

新消费　数惠苏城”金融街数币欢购启动仪式在狮山金融创新中心举行。

13日

△高新区与苏州银行全面战略合作签约仪式举行。

17日

△高新区数字金融产业重点项目签约仪式举行。

△精鼎医药中国区首个临床试验供应链运营中心在高新区开业。

18日

△首届高新区国资国企运动会在文体中心体育馆开幕。

20日

△高新区召开两会建议提案重点督办会。

△苏州康多机器人有限公司、硅谷数模（苏州）半导体有限公司入选2022年度中国“独角兽”企业榜单，裕太微电子股份有限公司等10家企业入选2022年度中国潜在“独角兽”企业。

24日

△长三角一体化基础设施互联互通示范工程沪苏轨道交通双11号线贯通。

25日

△高新区召开全区“菜篮子”工程建设专题会议。

△高新区召开区安委会第二次全体（扩大）会议暨全区重大事故隐患专项排查整治行动推进会。

△苏州国际人才港开港仪式暨第十五届苏州国际精英创业周倒计时15天活动在高新区举行。

26日

△南京大学陶行知教师教育学院苏州分院启用仪式在高新区举行。

△江苏医疗器械科技产业园获高端医疗器械基地创新发展奖。

27日

△全区社会信用体系建设工作领导小组会议暨创新信用管理与服务试点工作推进会召开。

△生物梅里埃全球质量、制造和供应链执行副总裁皮埃尔·沙博尼耶率队访问高新区。

△苏绣小镇被授牌为首批江苏省特色小镇。

28日

△苏州市虎丘区乡村振兴片区规划发布会举行。

△联科熙和新能源总部项目签约落户高新区。

29日

△“发现江苏·品味科技文化‘双面绣’”活动在高新区启动。30日结束。

△国药控股苏州有限公司项目签约落户高新区。

30日

△省委第二巡视组巡视苏州市虎丘区工作动员会召开。

△高新区召开庆祝中国共产党成立102周年座谈会。

△南大苏州校区启用工作专题会召开。

△苏州精控能源科技股份有限公司总部项目在高新区开工建设。

△石帆村入选苏州市第二批红色地名名录（重大历史事件发生地）。

7月

1日

△苏州市委第三联动巡察组巡察虎丘区纪委监委机关工作动员会召开。

△苏州市委第三联动巡察组巡察虎丘区委组织部工作动员会召开。

5日

△高新区召开总河长会议。

△全区消防安全专项治理工作推进会召开。

△高新区获评江苏省义务教育优质均衡发展区。

△江苏省民营科技企业协会公布第一批江苏省民营科技企业备案名单，高新区入选企业275家，数量列全市第一位。

8日

△江苏祥中科技有限公司开业暨南京大学本科生实践教学基地揭牌仪式举行。

△第十五届苏州国际精英创业周暨第四届苏州科学家日活动开幕，苏州中科地星创新技术研究所朱日祥院士团队获评苏州市顶尖人才团队。14日结束。高新区设分会场。

9日

△南大苏州校区启用专题推进会在校区学术交流中心召开。

△康多机器人完成首例横跨全国近3000千米跨海双控制台超远程机器人辅助前列腺癌根治临床教学手术。

11日

△阿特斯阳光电力集团入选《财富》中国上市公司500强。

12日

△苏州昊帆生物股份有限公司以“云敲钟”形式在深交所创业板挂牌上市。

△威卡苏州二期项目签约仪式在高新区举行。

△全区领导干部会议召开。

14日

△高新区召开台湾青年座谈会。

△高新区36家企业入选第五批国家级专精特新“小巨人”企业。

15日

△高新区缤纷夏日旅游季发布会暨第25届苏州乐园喜力超级啤酒音乐节开幕式在苏州乐园森林世界举行。

△全区产业载体建设工作推进会

召开。

16日

△英威腾长三角研发总部启用仪式在高新区举行。

17日

△厨芯科技总部在高新区开工建设。

18日

△全区大气污染防治半年度工作会召开。

22日

△南大苏州校区举行校名石揭幕仪式暨迎接新生活动，首批500余名本科生入驻，南大苏州校区启用。南京大学医学院附属苏州医院、南京鼓楼医院集团苏州医院揭牌。

25日

△台湾青年创新中心在高新区启用并获批设立苏州市对台交流中心。

△高新区4家企业入选第三批苏州市生物医药产业潜力地标企业。

26日

△苏州高新区（虎丘区）妇女联合会获江苏省三八红旗集体称号。

△姚建萍乡土人才大师示范工作室获评江苏省乡土人才大师示范工作室。

27日

△全区光子产业创新集群工作推进会召开。

28日

△苏州市人大常委会主任李亚平带队调研南大苏州校区。

31日

△苏州市委常委、副市长唐晓东会见西门子智能基础设施集团电气产品执行总裁安德里斯·马蒂一行，高新区主要负责人参加会见。

△高新区绣娘周海云苏绣作品《百万雄师过大江》被中国国家博物馆收藏。

8月

1日

△苏州市委副书记、市长吴庆文会见克诺尔集团执行委员会主席马思拓一行，高新区主要负责人参加会见。

3日

△岛津仪器四期项目在高新区开工建设。

4日

△苏州市委副书记、市长吴庆文率队到高新区专题调研科技工作。

5日

△全区重点项目专题推进会召开。

8日

△高新区召开民营企业座谈会。

△中卫安苏州认证中心项目签约揭牌仪式在高新区举行。

△行春桥、越城桥、兴贤桥、竹青塘桥入选第二批苏州市地名文化遗产保护名录（桥梁）。金墅街入选第二批苏州市地名文化遗产保护名录（街路巷）。

9日

△高新区召开人口高质量发展暨人才社区建设推进会。

10日

△水芯电子科技总部项目开业仪式在高新区举行。

△高新区企业家之夜活动开幕。12日结束。

11日

△福伸电机（苏州）有限公司十周年庆典暨新厂开业仪式在高新区举行。

△高新区1条乡村旅游线路入选第二期全国乡村旅游精品线路，路线涵盖苏州市西京湾、镇湖刺绣艺术馆、贡山岛、树山村等4个地点。

△通安镇树山村备案民宿“这里·树山”通过国家丙级旅游民宿评定。

16日

△全区城市管理委员会会议暨生活垃圾分类工作推进会召开。

17日

△高新区举行庆祝第六个中国医师节活动。

△高新区、吴中区组建的江苏省代表队获全国首届林草行业森林消防员职业技能竞赛暨小兴安岭生态保护与转型发展劳动和技能竞赛优秀组织奖。

19日

△京津冀粤港澳科创企业走进苏南国家自主创新示范区核心区（苏州高新区）暨领航工程战略企业家圆桌会议在高新区召开。22日结束。

21日

△苏州树山智慧乡村项目入选江苏省智慧文旅示范项目，智慧苏州乐园5G综合管控平台项目入选江苏省智慧文旅培育项目。

22日

△汽车技术与装备发展论坛在高新区举行。

23日

△众钠能源总部项目签约落户高新区。

24日

△全区国资国企工作推进会召开。

25日

△苏州高新现代服务业招商中心有限公司揭牌仪式在高新区举行。

△启明星辰全国云安全总部、中阅云脑全国总部项目签约仪式在高新区举行。

26日

△江苏省科学技术厅完成江苏省科技成果转化专项资金拟立项目公示，10个区内项目获批立项。

31日

△西门子工易魔方生态合作伙伴大会开幕仪式举行。

9月

4日

△苏州市委、市政府、市人大常委会主要领导率队到高新区调研校园建设情况。

△清华苏州环境创新研究院管理委员会第三次会议召开。

5日

△由高新区指导的苏州市先进光伏技术创新联合体工作推进会暨能源转型下N型光伏技术的机遇和挑战发展论坛举办。

7日

△江苏省人大常委会副主任、党组成员周广智率队到高新区调研开放型经济发展情况。

△胡润研究院首次发布胡润中国能源民营企业100强榜单，阿特斯光伏电子（苏州）有限公司、固德威技术股份有限公司入选传统能源与新能源产业最具价值中国民营企业100强名单。

8日

△全区教育工作会议召开。

△高新区颁发全市首张“个体工商户跨区迁移”营业执照。

14日

△苏州市人大常委会党组书记、主任李亚平率队到高新区调研高标准农田建设情况。

15日

△火花S-Park中国产业园区企业家闭门峰会暨产业园区30强榜单发布会在上海市举行，苏高新集团、江苏医疗器械科技产业园入选。

19日

△通用电气高压电气开关（苏州）有限公司二十周年庆仪式在高新区举行。

△动态苏绣《玉兰蝴蝶》获江苏省职业技能鉴定中心“2023年度十大绝技绝活”称号。

20日

△苏州太湖光子中心建设推进会在高新区召开。

21日

△苏创投集团创新中心暨苏创投招投联动中心在高新区启动。

△苏州飞格立工程塑料有限公司新工厂开业典礼在高新区举行。

22日

△高新区3家非遗工坊入选首批苏州市非遗工坊认定名单，数量列全市第一位。

△江西、江苏、浙江、安徽和上海“四省一市”联合印发《关于开展长三角质量提升示范试点（第二批）建设工作的通知》，高新区牵头开展的医疗器械行业质量提升项目入选。

24日

△南大苏州校区产业科技创新大会举行。

△江苏省委书记，省人大常委会党组书记、主任信长星率队到高新区调研经济社会发展情况。

27日

△苏州高新区（深圳）产业创新合作对接会在深圳市举行。

28日

△苏州环大阳山精英赛入选江苏省体育消费场景典型案例。

10月

5日

△全区奋战四季度暨优化营商环境推进大会召开，《苏州高新区优化营商环境创新行动2023》发布。

7日

△高新区召开“一山一湖一策”专题推进会。

8日

△全区重点项目专题推进会召开。

△苏州日报社（苏州新闻出版集团）党报调研点在浒墅关经开区揭牌。

10日

△十二届区委第五轮巡察工作动员部署会召开。

△高新区多肽类生物药产业集群入选全国中小企业特色产业集群名单。

11日

△高新区入选首批中国园区科创联盟成员单位。

16日

△全区楼宇提档升级工作推进会召开。

△高新区第五次全国经济普查领导小组会议召开。

18日

△苏州市首条穿京杭大运河隧道——横山路对接胥涛路隧道工程开通试运行。

19日

△挪度医疗器械（苏州）有限公司二十周年庆典活动在高新区举行。

△苏州卓兆点胶股份有限公司在北京证券交易所上市。

20日

△江苏省委常委、苏州市委书记刘小涛率队到高新区调研产业发展情况。

△义翘神州全资子公司义翘神州（苏州）生物技术有限公司在高新区全面投产运营。

△苏州科技城医院副院长卢建林获评中国援外医疗队群体代表“时代楷模”。

22日

△苏州太湖马拉松在高新区开赛，来自世界各地19个国家和地区的2.3万名选手参赛。

25日

△苏州高新区（上海）现代服务

业高质量发展合作对接会在上海市举行，高新区服务业金秋招商季开幕。

△中央广播电视总台江苏总站站长季明率队到高新区调研农文旅融合发展工作。

26日

△智能化医疗器械创新大会在高新区举行，国家药监局智能化医疗器械研究与评价重点实验室、医疗装备网络数据安全公共服务平台启动。

△汉拿科锐动电子二工厂建设开工仪式在高新区举行。

△通安镇华通花园第六社区入选全国示范性老年友好型社区。

28日

△全区生态环境保护大会召开。

30日

△高新区环太湖生态游线路入选中国体育旅游精品项目。

11月

3日

△江苏省委常委、苏州市委书记刘小涛会见胡润百富董事长、首席调研官胡润一行，高新区主要负责人参加会见。

△美中医药开发协会（SAPA）中国年会“生物医药产业发展的机遇与挑战”在高新区狮山国际会议中心开幕，SAPA中国年会永久会址签约仪式举行。

△狮山创新创业峰会暨胡润U35中国创业先锋大会在高新区举行。

△江苏省药品监督管理局审评核查高新区工作站揭牌暨江苏医疗器械科技产业园创新基地新项目入驻仪式举行。

△江苏省人民政府公布第五批省级非物质文化遗产代表性项目名录，浒墅关草席制作技艺入选传统技艺项目，中医传统制剂方法（李良济膏方制作技艺）入选传统医药项目。

5日

△中外院士前沿科技论坛在南大苏州校区举行。活动前，江苏省委常委、苏州市委书记刘小涛率队实地考察校区建设情况。

△第六届中国国际进口博览会开幕，全区28家企业22家总部设展位。

6日

△通安镇游湖、真山公园河获评苏州市级示范幸福河湖。

7日

△创明新能源总部项目签约落户高新区。

△浒墅关大阳山奇妙夜寻趣之旅入选苏州乡村旅游十大精品线路。

8日

△全区城乡建设重点项目推进会召开。

△江苏医疗器械科技产业园获评长三角G60科创走廊第二批产融结合高质量发展示范园区。

14日

△汉拿万都汽车中国软件中心在高新区开业。

15日

△高新区获中国领军智慧城区奖。

16日

△高新区举行高新智造港开园暨全区“集中服务月”启动仪式，长三角G60科创走廊科技成果转移转化示范基地挂牌启用。

17日

△力神电池新一代圆柱型锂离子电池研发生产基地在高新区开工建设。

18日

△全区产业项目推进会召开。

21日

△朵拉智能供应链装备总部及产业化基地项目签约落户高新区。

22日

△第35届江苏省“教海探航”征文竞赛颁奖大会在高新区举行。

24日

△中讯邮电咨询设计院苏州工业互联网咨询研究院签约落户高新区。

26日

△虎丘区入选中国市辖区旅游综合竞争力百强区名单，列第89位。

27日

△苏州博物馆西馆项目入选2022—2023年度第二批中国建设工程鲁班奖（国家优质工程）名单。

28日

△苏州高新区（北京）产业集群发展合作对接会在北京市举行。

△京山轻机智能装备制造华东区总部晟成光伏总部基地在高新区启用。

29日

△德国威卡苏州二期项目启动仪式在高新区举行。

△诺一迈尔（苏州）医学科技有限公司自主研发口腔植入创新医疗器械获批上市。

△狮山横塘街道绣美天都美丽街区获评苏州市精品美丽街区。

30日

△苏州市“一企来办”企业诉求处办机制建设工作现场会暨《苏州市“一企来办”企业诉求分类标准》发布仪式在高新区举行，三大功能片区企业服务中心揭牌。

12月

1日

△高新区集成电路产业知识产权创新发展论坛暨运营中心启动活动举办。

4日

△高新区宪法宣传周启动仪式暨宪法宣誓仪式在宪法主题公园举行。

5日

△腾飞苏州狮山元创公园元创中心揭幕仪式在高新区举行。

△全区新能源产业专题工作会议召开。

△高新区入选国家知识产权服务业高质量集聚发展示范区。

△苏州乐园森林世界森林夜市入选第二批苏州市品牌夜市。

6日

△通安现代农业园入选苏州市智慧农业园区。

7日

△高新区入选中国工业百强区，列第19位。

8日

△第15届中国刺绣文化艺术节在高新区开幕。

9日

△第十届西安交通大学微电子校友论坛在高新区举办。

12日

△中国上市公司协会精品主题沙龙高新区专场活动举行，全国首个中国上市公司协会上市公司高质量发展服务基地揭牌。

13日

△高新区集成电路产学研合作推进会在南大苏州校区国际交流中心召开。

△姚建萍苏绣非遗工坊、苏州太湖古典园林建筑非遗工坊入选首批江苏省非遗工坊。

△苏州高新旅游产业集团有限公司（苏州乐园）入选江苏省文明旅游示范单位。

14日

△全区重点项目推进会召开。

15日

△高新区入选最佳促进就业城市榜单。

16日

△高新区入选中国集成电路园区综合实力10强榜单。

△长三角初中集团化教育联盟成立暨高新区实验初级中学二十年发展大会举行。

18日

△苏州东庆国际酒店暨东庆集团总部项目在高新区开工。

19日

△日本豪雅集团人工晶体中国基地签约落户高新区。

△苏州苏绣小镇发展有限公司获评江苏省华侨文化交流基地。

21日

△苏州汽车芯片产业发展推进会暨汽车电子产业投资年会在高新区召开。

△赛默飞生命科学产业园启动。

△通安镇树山村、镇湖街道秀岸村入选江苏省乡村振兴示范村创建名单。

22日

△太阳油墨中国区研发中心在高新区启用。

△“千企进南大”系列活动南京大学校企合作对接会在南大苏州校区举办。

△通安镇树山村入选中国农村杂志社和美乡村百佳范例宣传推介名单。

△高新区入选江苏省智慧社区建设综合试点。

23日

△“智源南大　创赋高新”产学研合作大会开幕式在南大苏州校区举办。

24日

△苏州市首家悦榕庄在狮山文化广场开幕。

28日

△苏州贝克微电子股份有限公司在香港联合交易所主板上市。

△高新区高端测控仪器与装备创新型产业集群入选第二批江苏省创新型产业集群。

29日

△枫桥街道白马涧社区，浒墅关经开区（镇）华盛社区、金庭社区，科技城（东渚街道）彭山社区获评江苏省健康社区。

编辑：张肖千

区情概览

自然地理

【位置面积】 苏州高新区（虎丘区）（简称“高新区”）是为保护苏州古城而向西部开发的新城区，既是国家高新技术产业开发区，也是行政区。位于苏州古城西侧，东与姑苏区、相城区毗邻，南与吴中区接壤，西及西北濒太湖，北与相城区接界。地理坐标北纬31°18′~31°28′，东经120°10′~120°52′。距上海虹桥国际机场90千米、浦东国际机场130千米，距上海港100千米、张家港港口90千米、太仓港70千米、常熟港60千米。沪宁高速公路、312国道、中环快速路、京沪铁路、京杭大运河和绕城高速公路从境内穿过，高水准建设的太湖大道横贯东西。区域公共交通线路四通八达，水、陆、空交通十分便捷。区域总面积（不含太湖水域）223.36平方千米。

【地形地貌】 高新区地处长江三角洲平原地区，地势西高东低，平均坡度1.5度。区内有阳山、凤凰山、鹿山、真山、支硎山、狮子山、上方山等山丘，其中阳山最高，海拔338.2米。其他均属平原，地面高程4.88~5.38米。

（资源规划分局 周丽萍）

【气候水文】 高新区属亚热带海洋性季风气候，四季分明，气温适宜，雨量充沛。气候总体宜居，但也是暴雨、强对流、大风等灾害性天气的多发区。其中，春夏之交多强对流，初夏多梅雨，盛夏至初秋有时有台风影响，秋冬季多寒潮大风。境内河湖分布广泛，南有石湖，西有太湖，主要河道有京杭大运河、浒光运河、马运河、枫津河、金墅运河等，水系十分发达。河流、湖泊、滩涂面积占全区土地面积的37.5%。

2023年，全区气候情况：全年平均气温18.1℃，较历史常年偏高0.9℃。除12月较常年同期偏低0.7℃外，其余月份均高于常年同期平均值，其中有5个月偏高1℃以上。年极端最高气温38.0℃（7月11日）、极端最低气温零下7.2℃（1月25日）。35℃以上的高温有16天，其中5月2天、6月3天、7月6天、8月5天。全年降水量1406.8毫米，较历史常年偏多14.9%，其中7月和9月异常偏多，1—2月、6月和12月正常，其余月份偏少。6月17日入梅（常年为6月18日），7月11日出梅（常年为7月9日），梅长24天，较常年平均偏长3天。梅雨量417.3毫米，较常年偏多75%，属于显著偏多，近五年来仅次于2020年。全年日照时长1806.3小时，较历史常年偏多3.4%，其中，1月异常偏多，11月

苏州太湖国家湿地公园（金洲宇 摄）

苏州白马涧龙池景区（朱卫东　摄）

显著偏多，7月和9月偏少，其余月份正常。全年霾日数49天，无霜期255天。夏季暴雨和冬季寒潮影响比上年偏强，汛期共出现7轮较大范围强降雨过程，秋冬季有4次区域性寒潮。先后受到第5号台风“杜苏芮”、第6号台风“卡努”和第11号台风“海葵”外围影响，台风影响总体较轻。

（市气象局　吴　玥
资源规划分局　周丽萍）

表1　2023年高新区气象情况统计表

项目	单位	气象情况
一、气温		
年平均气温	℃	18.1
年极端最高气温	℃	38.0
出现日期	—	7月11日
年极端最低气温	℃	−7.2
出现日期	—	1月25日
二、降水		
年降水总量	毫米	1406.8
年降水日数	天	120
一日最大降水量	毫米	86.4
出现日期	—	7月10日
三、日照		
年日照时数	时	1806.3
年日照百分率	—	42%
四、相对湿度		
年平均相对湿度	—	70%
五、风速		
年平均风速	米/秒	2.5
六、气压		
年平均气压	百帕	1015.6
七、霜期		
终霜日期	—	3月4日
初霜日期	—	11月15日

表2 2023年高新区各月气象要素情况统计表

月份	平均气温（℃）	降水量（毫米）	降水日数（天）	日照时数（小时）
1	6.2	71.9	8	196.0
2	7.1	65.2	11	106.6
3	13.0	68.8	10	154.2
4	17.6	29.0	6	152.0
5	22.1	74.6	13	139.8
6	25.9	226.1	12	113.1
7	29.7	457.0	17	132.9
8	29.0	107.4	12	176.2
9	25.7	217.2	12	113.4
10	20.4	20.1	4	168.1
11	14.2	30.0	7	201.9
12	6.3	39.5	8	152.1

【自然资源】 高新区资源物产丰富，矿产资源有高岭土、磁铁、铌钽、明矾石、萤石、花岗石等。动物以鸟类、鱼类、贝类、兽类为主，白马涧、树山村有亿年历史的桃花水母等古生物。太湖有鱼虫类、禽鸟类、兽畜类等各种动物，除芦苇、水莲、蒲草外，还有鸢尾、池杉、落羽杉等古陆地水生植物。阳山有珍稀的野生植物百余种，寒山岭有箬竹、蕨菜等稀有植物。植物资源整体茂盛，除城市绿化外，山体林木覆盖率高。（资源规划分局　周丽萍）

历史人文

【建置沿革】 1990年11月2日，苏州市政府决定，撤销由市城乡建设委员会管理的新区开发指挥部，建立苏州市新区开发领导小组指挥部，改由市新区开发领导小组领导。1992年3月1日，市委决定，成立中共苏州市委河西新区工作委员会、苏州市人民政府河西新区管理委员会，工委和管委会两块牌子、一套班子，享有县级职权。撤销原新区开发领导小组和新区开发领导小组指挥部。3月21日，建苏州河西新区。11月9日，国务院批准建立苏州国家高新技术产业开发区。11月18日，国家科学技术委员会发文，同意苏州高新技术产业开发区为国家高新技术产业开发区，总面积6.8平方千米，区域范围为京杭大运河以西、枫津河以南、天平灵岩风景区规划线以东、生产河—横塘镇镇界以北。1993年3月31日，市委、市政府决定，苏州河西新区更名为苏州新区，建立苏州国家高新技术产业开发区管理委员会，与苏州新区管理委员会合署办公。1994年1月19日，市政府研究并报省政府批准，将苏州浒墅关经济开发区列为省级开发区。2000年9月8日，市政府同意，苏州市郊区更名为虎丘区。2002年8月20日，市委决定，苏州新区与虎丘区行政区划调整后，对外分别称“苏州高新区、虎丘区”，实行两块牌子一套班子。建立中共苏州国家高新技术产业开发区工作委员会，苏州国家高新技术产业开发区管理委员会仍为苏州市人民政府派出机构。（年鉴编辑部）

【行政区划】 2023年，虎丘区下辖2个镇、4个街道，分别为浒墅关镇、通安镇和狮山街道、横塘街道、枫桥街道、东渚街道。区人民政府驻地在科普路58号。全区共有94个城乡社区，其中城市社区71个、农村社区23个。

（社会事业局　黄婉莹）

【人口】 2023年，高新区年末总户数165001户，增加7959户；全区年末户籍总人口498336人（男性243206人，女性255130人），增加15818人。其中，0~17周岁115825人，占户籍人口总数的23.24%；18~60周岁286972人，占户籍人口总数的57.59%；60周岁以上95539人，占户籍人口总数的19.17%。全年全区出生人口3766人，出生率7.6‰；死亡人口3032人，死亡率6.08‰；人口自然增长率1.52‰。迁入人口27107人，迁出人口11991人，人口机械增长15116人。平均家庭规模3人。流动人口594817人，增加13529人。（公安分局　周欣泓）

【方言】 高新区方言是苏州方言的组成部分，仍保留吴侬软语软、糯、

表3　2023年虎丘区城市社区、农村社区分布情况统计表

镇（街道）	城市社区	农村社区	合计（个）
狮山街道	馨泰社区、狮山一社区、狮山二社区、新升社区、何山社区、万枫社区、新狮社区、金色社区、横山社区	—	9
横塘街道	石湖社区、青春社区、学府社区、横塘社区	—	4
枫桥街道	白马涧社区、龙池社区、西津桥社区、康佳社区、东浜社区、马浜社区、枫津社区、景山社区、寒山社区、枫华社区、支英社区、木桥社区	—	12
浒墅关镇	兴贤社区、阳山社区、长江社区、文昌社区、金庭社区、新鹿花苑社区、浒墅人家社区、秦馀社区、惠丰社区、永莲社区、苏钢社区、华盛社区（涉农）、南津社区、龙华社区、和祥社区、城际社区、浒丰社区、文运社区、文锦社区、文贤社区、鸿文社区、星亭社区、理想社区	保卫村、下山村、青灯村、九图村、吴公村	28
通安镇	华通花园第一社区、华通花园第二社区、华通花园第三社区、华通花园第四社区、华通花园第五社区、华通花园第六社区、新街社区、箭庄社区、西巷社区、达善社区、华山社区	树山村、北窑村、青峰村、同心村、航船浜村、东泾村、金市村、街西村	19
东渚街道	西华社区、秀岸花园社区、龙昌社区、龙康社区、龙景社区、龙惠花苑社区、西渚社区、青山绿庭社区、彭山社区、龙山社区、山湖湾社区、绿湖社区	西京村、西村村、新桥村、太湖村、秀岸村、市桥村、石帆村、上山村、山旺村、马山村	22
合计（个）	71	23	94

甜、媚的特点。随着人口交流的日益频繁，苏州市区语音渐趋异化，但在高新区各镇（街道）、农村还保留着珠圆玉润的纯正吴语特色。高新区方言特点主要有：①塞音、塞擦音、声母三分，表现为保留古全浊声母，清声母分送气和不送气两类，另有一同部位的浊声母。②基本保存中古平上去入四声分野，各分阴阳，但阳调的上、去声合并为阳去，成7个单字声调。③基本保留古疑母，如果韵母是细音，则和泥母混同。④有较系统的文言音和白话音两种读法，如微母文言读为v，白话读为m；日母文言读为z，白话读为n；古见系开口二等字文言读是细音，白话读是洪音。⑤前后鼻音不分，即鼻音韵尾的发音差别不重要。⑥古咸山两摄韵母失去鼻音韵尾。⑦中古咸摄和山摄的开口一二等字分为两类韵母，和《中原音韵》中的“寒山”“桓欢”两韵大致对应。⑧中古江宕曾梗摄部分字的主元音有［a］和［ɑ］的区分。鼻化韵母有［a］和［ɑ］的不同。

（文化体育和旅游局　曹　涛）

【民族】 2023年，高新区有常住少数民族42个，常住少数民族人口5110人，流动少数民族人口19689人。常住超过500人的少数民族有蒙古族、回族、藏族、维吾尔族、苗族、彝族、壮族、布依族、朝鲜族、满族、侗族、土家族、哈尼族。

【宗教】 2023年，高新区有依法登记的宗教活动场所15处。寺观教堂有5处，其中佛教寺院3处、道教宫观1处、基督教1处。固定处所有10处，其中佛教寺院8处、道教宫观1处、基督教1处。　（统战部　顾寅清）

【传统文化】 高新区民俗包括岁时、婚姻、生养、寿诞、丧葬、建房、生活和农事等方面，具有浓郁的江南风情。一年四季均有民间传统节庆活动，主要有农历正月十三抬猛将、二月初三文昌会、四月二十八杨安庙会、七月三十轧莲花、八月十七上方山庙会、八月十八游石湖、九月初九重阳登高等。境内物产十分丰富，主要特产有草席、阳山花木、白杨梅、云泉茶、贡山梨、翠冠梨、黄桃、山珍野蕨、白脚苗猪、“太湖三白”（银鱼、白虾、白鱼）及民间手工艺品苏绣、缂丝、仿古青铜器、玉雕、木雕、核雕、金山石雕等。

【历史遗存】 高新区历史遗存众多，是吴文化的发祥地之一。有距今4500余年的窑墩遗址，新石器时代茶店头遗址，商周时期宝山遗址、华山遗址等。主要胜迹有镇湖万佛石塔、石湖行春桥、越城桥、范成大祠、楞伽寺塔、治平寺遗址、申时行墓、十里亭、文昌阁太平军营垒遗址、观山摩崖石刻、寒山摩崖石刻等。

【风景名胜】 高新区山清水秀，风物绝佳，素有“真山真水园中城”的称

号。境内有以吴越遗址和田园风光著称的石湖胜景，有相传吴王夫差拔剑自刎、秦始皇挽弓力射的阳山名迹，有始建于宋、重建于元的罕见古迹万佛石塔，有上方山、何山等常青山丘，有一批古代遗址、亭桥塔堤、寺庙庵堂、名人古墓、牌坊石刻、古井名木等历史遗存，有现代游艺场所苏州乐园，有白马涧生态园龙池风景区、树山生态村等山水人文景点。

（文化体育和旅游局　曹　涛）

经济发展

【古代经济】　历史上，境内经济以农业为主，传统手工业为辅。农业生产历史悠久，种植业以水稻、三麦、油菜、蔬菜为主。横塘在唐代前就开始种植莲藕，明代种植茭白。唐代的西华（今镇湖街道）是苏州水稻的高产区之一。经济作物众多，茶叶、杨梅最为著名。树山杨梅曾被列为贡品。传统手工业门类众多，以草席、刺绣为典型代表。浒地编织草席历史悠久，隋唐时闻名全国。宋熙宁三年（1070），通安金墅村唐基上（郎）生产的双草席人称“关西席”，其质量上乘，为朝廷贡品。明代，刺绣成为境内主要的家庭副业，祖孙、母女、婆媳、妯娌之间互为影响。商贸业方面，濒临京杭运河的浒墅关、横塘、枫桥、东渚等市镇，均商号栉比，商铺密集，是商贾往来要地。春秋时期，横塘地区有酒城、鱼城。隋朝，建新郭城，带动商业繁荣。隋唐时，枫桥镇是通衢闹市，“枫桥塘”运河两岸店肆林立，有老字号三星堂中药铺、枫桥大面店、来凤堂茶馆、江村草堂、蛔蛔行等。元至正年间（1341—1367）浒墅关置抽分竹木场，明宣德四年（1429）户部设立钞关，收苏州、杭州、九江三府船料钞钱，万历二十九年（1601）置税务关。清康熙、乾隆年间（1662—1795），枫桥成为全国最大的米豆集散中心，“枫斛”成为苏城米商衡器标准。时有“欲知豆米钱，打听枫桥价”之说。清代，浒墅关成为“十四省货物辐辏之所”和江南商品集散要地。

【近代经济】　新中国成立前，境内浒墅关、横塘、枫桥等市镇商业均为私营、个体经济，商店一般是前店后坊，自产自销，规模都比较小，饮食服务业亦以家庭式小店为主。市镇商店多数由纯经商者经营，而乡间小集镇商店绝大多数为亦农亦商的夫妻老婆店。商户涉及粮油、食品、绸布、百货、文化用品、南北货、酱作、杂货、饮食、茶馆、药材等数十个行业。刺绣业、织席业、铁木业、竹业、酿造业等各类传统手工业均有发展。

【现代经济】　1958年，乡镇工业（早期称“社队工业”）建立。1978年后，农业产业结构调整，种植业产值占农业总产值的比重逐渐下降。城区乡镇工业和商贸、旅游等产业快速发展。20世纪90年代初，开发建设用地逐年增加，耕地面积趋减。1992年，获批首批国家高新技术产业开发区后，吸引一批跨国公司相继进驻，高新区乡镇工业从简单加工业为主的传统行业向科技含量较高的行业发展，形成丝绸纺织、机械、电子、轻工、化工、工艺美术、建材、冶金采矿、电力等工业门类。1994年，高新区产业结构调整，由传统型、单一型向现代型、复合型转变，并加快引进国外高新技术，逐步形成光机电一体化、电子信息、生物医药、新材料等主导产业。1998年，高新区工业经济由大规模投入转向大规模产出。2002年，区划调整后，高新区工业经济发展空间扩大，工业投资力度加大。2012年以来，高新区实施创新驱动发展战略，做优传统产业、做强先导产业、打造特色产业，形成以电子信息、装备制造为主导产业，新一代信息技术、医疗器械、新能源等为新兴产业的现代产业体系，成长为苏州经济的重要增长极、自主创新的示范区和全市高新技术产业基地，是苏州现代化都市的有机组成部分和最繁华的金融商贸区之一。

【年度发展】　2023年，高新区实现地区生产总值1826.75亿元，按可比价格计算增长5.1%；按常住人口计算，人均地区生产总值21.55万元，增长4.4%。全年实现一般公共预算收入193.14亿元，增长6.1%。全年完成固定资产投资629.76亿元，增长8.7%。其中，第二产业投资111.69亿元，增长15.2%；第三产业投资517.97亿元，增长7.3%。全年实现社会消费品零售总额668.48亿元，增长6.0%。全年货物进出口总额2478.82亿元，下降12.7%。　（年鉴编辑部）

编辑：张肖千

中共苏州国家高新技术产业开发区工作委员会
中共苏州市虎丘区委员会

综　述

【机构设置】 2023年，中共苏州高新区工委（中共苏州市虎丘区委）〔简称“区党工委（区委）”〕设置职能机构8个，分别为：党政办公室、组织部、宣传部、统一战线工作部、政法委员会、研究室、机构编制委员会办公室、巡察工作办公室。另设纪检监察机关1个。

（编办　陆　静）

【党的领导和党的建设】 2023年，区党工委（区委）坚持以党的政治建设为统领，健全统揽全局、协调各方的党的领导制度体系，严格执行民主集中制，不断提高党把方向、管大局、做决策、保落实的能力。扎实开展学习贯彻习近平新时代中国特色社会主义思想主题教育，为中国式现代化高新实践凝聚强大合力。坚定不移推进全面从严治党，完善权力运行监督制约机制，充分发挥政治巡察利剑作用，常态化推进正风肃纪。以“擎旗聚力”全域党建品牌为牵引，一体推进各领域党建工作。深入实施社区治理五大工程，深化产业链党建提质增效行动，深化“党建惠企”长效机制，扎实推进新业态新就业群体党建工作，打造“海棠花红　新新相融”党建品牌。进一步优化流动党员管理机制，深入开展“学习身边榜样”活动，激励广大党员干部发挥先锋模范作用。

【主题教育】 2023年，区党工委（区委）扎实开展主题教育，相关做法累计受到《人民日报》客户端、省市级简报等录用15次。成立主题教育领导小组及其办公室，构建“1+51+N”指导推进体系，分层分类制订责任清单和各领域工作指引，一贯到底召开村（社区）推进会。举办理论学习中心组专题学习会、领导干部读书班，开展“强链补链延链”等专家专题辅导，开展“牢记嘱托、感恩奋进、走在前列”大讨论。选定“提升工业用地质效”等94个课题，解剖调研“打造全国一流创新型科技园区”等典型案例，区四套班子成员指导基层党组织查摆产业发展、基层治理等领域问题486个，针对性制定整改措施826条，解决问题326个，形成调研成果164项。践行“四下基层”制度，开展“千村万企、千家万户”大走访、“集中服务月”活动，推动县处级以上领导干部深入一线调研、解决实际问题，高标准完成区公共卫生中心建设等民生实事25项，在全市率先试点居民充电桩报装“一件事”，累计完成为民办好事、实事2350件。

（组织部　黄明燕）

重要会议

【中国共产党苏州市虎丘区第十二届委员会第六次全体会议】 于2023年8月1日召开。会议坚持以习近平新时代中国特色社会主义思想为指导，贯彻落实中共江苏省委十四届四次全会、中共苏州市委十三届五次全会精神，对深入学习贯彻习近平总书记重要讲话精神作出全面部署，结合总结上半年工作、部署下半年任务，动员全区上下牢记嘱托、感恩奋进，创新实干、勇立潮头，在苏州推进中国式现代化走在前、做示范中争当样板区。会议审议通过《中共苏州高新区工委（虎丘区委）关于深入学习贯彻习近平总书记对江苏工作重要讲话精神在推进中国式现代化中走在前做示范谱写“强富美高”新江苏现代化建设高新（虎丘）篇章的决定》。会议提出8个方面举措：聚焦打造全市产业科创主阵地，打造一流创新平台，强化企业创新主体地位，优化创新生态，加强创新载体建设，高水平服务科技自立自强；聚焦建设一流产业创新集群，更大力度强链补链延链，围绕优势产业、支柱产业加快强链，围绕关键领域、卡脖子环节加快补链，围绕优化结构、提升价值加快延链，突出数字赋能，加快推动数字经济时代产业创新集群融合发展；聚焦激发高质量发展动力活力，强化重大改革牵引作用，把优化营商环境作为重大改革任务，推动外资外贸提质发展，加快融入长三角一体化发展，深入推进改革开放；聚焦率先基本实现农业农村现代化，紧扣“农业强”，更大力度发展都市农业，紧扣“农村美”，更高标准建设田园乡村，紧扣“农民富”，更实举措促进共同富裕，全面推进乡村振兴；聚焦文化自信，强化精神文明引领，不断提升社会文明程度，弘扬优秀传统文化，繁荣发展文化事业，提升文化传播力影响力，打造文明示范标杆；聚焦生态宜居，优化空间布局，完善功能配套，加强精细管理，筑牢生态底色，建设现代化魅力城区；聚焦民生改善，坚持“产城人”融合发展，坚持以人为本，持续优化公共服务，提升社会治理水平，加快数字高新区建设，用心创造幸福品质生活；聚焦守牢底线，始终把维护政治安全放在首位，有效防范化解风险隐患，提升应急保障能力，更好统筹发展和安全。

【中国共产党苏州市虎丘区第十二届委员会第七次全体会议】　于2023年12月28日召开。会议高举习近平新时代中国特色社会主义思想伟大旗帜，深入学习贯彻党的二十大、二十届二中全会精神和习近平总书记对江苏、苏州工作重要讲话重要指示精神，全面落实中央、省委、市委经济工作会议以及省委十四届五次、市委十三届六次全会部署要求，深入贯彻落实市委提出的9个方面工作要求，回顾总结2023年工作，研究部署2024年任务，动员全区上下更加坚定自觉地牢记嘱托、感恩奋进，推动各项工作走在前列，奋力谱写“强富美高”高新区现代化建设新篇章。会议听取和讨论毛伟受区党工委（区委常委会）委托作的工作报告，书面审议《中共苏州市虎丘区区委常委会2023年度落实全面从严治党主体责任情况的报告》。会议提出8个方面举措：推进产业科技创新，深入落实市委科技创新“八大工程”，推动创新平台提能、创新企业提质、创新人才提升、创新生态提优，打造“创业者乐园、创新者天堂”；构建现代化产业体系，坚持把发展经济的着力点放在实体经济上，推进主导产业焕新、新兴产业壮大、未来产业培育，提升发展现代服务业；扩大有效需求，注重激发有潜能的消费、扩大有效益的投资，加强项目招引建设，优化企业服务；激发改革开放活力，深化营商环境改革、数字化改革、要素市场化改革、体制机制改革，推动外资外贸稳量提质，加快融入一体化发展；提升城乡融合发展水平，坚持“产城人”融合发展，提升城市现代化建设管理水平，全方位推进乡村振兴，打造高品质的现代化国际化新城区；推进文化强区建设，巩固共同思想基础，传承延续历史文脉，繁荣发展文化事业和文化产业；彰显绿色生态之美，聚焦美丽高新区建设，把太湖、大运河保护作为重中之重，有效改善生态环境质量，加快发展方式绿色转型，坚定不移走好绿色发展之路；加强民生保障和基层治理，健全公共服务体系，强化社会治理创新，防范化解风险隐患，切实增强人民群众的获得感、幸福感、安全感。

（党政办公室　朱心一）

【党工委会议（区委常委会会议）】　2023年，召开41次区党工委会议、42次区委常委会会议。

1月10日，高新区党工委书记、虎丘区委书记毛伟主持召开区党工委2023年第1次会议（十二届区委第77次常委会会议、2023年第1次区党政联席会）。会议传达学习市两会精神，审议通过《2023年高新区春节扶贫帮困送温暖方案及区领导走访慰问安排》，审议通过《苏州高新区（虎丘区）青年发展型县域建设试点实施方案》。

1月17日，高新区党工委书记、虎丘区委书记毛伟主持召开区党工委2023年第2次会议（十二届区委第78

2023年12月28日，中国共产党苏州市虎丘区第十二届委员会第七次全体会议举行（杨炎橙　摄）

次常委会会议、十二届区委全面深化改革委员会第37次会议）。会议传达学习国家和省安全生产电视电话会议精神，听取全区工作动员大会暨招商工作会议方案和相关表彰情况汇报，听取节后区领导走访联系企业方案情况汇报，审议通过《苏州高新区直属国有企业人员管理指导意见》《苏州高新区推动知识产权服务业高质量发展行动计划（2023—2025年）》。

1月20日，高新区党工委书记、虎丘区委书记毛伟主持召开区党工委2023年第3次会议（十二届区委第79次常委会会议、2023年第2次区党政联席会）。会议传达学习习近平总书记同党外人士座谈并共迎新春时重要讲话精神，传达学习省两会精神，听取关于推进“敢为、敢闯、敢干、敢首创”动员会暨作风建设大会建议方案汇报，审议通过《中共苏州市虎丘区委关于推进“敢为、敢闯、敢干、敢首创”奋力走在中国式现代化建设前列的意见》。

2月4日，高新区党工委书记、虎丘区委书记毛伟主持召开区党工委2023年第4次会议（十二届区委第81次常委会会议、2023年第3次区党政联席会）。会议学习贯彻省委书记信长星在苏州调研时讲话要求，审议通过《2023年贯彻落实市委经济工作会议和市政府工作报告及区党工委、管委会工作任务分解方案》，传达学习省、市纪委全会精神，听取2022年度全区党风廉政建设和反腐败工作情况汇报，审议通过区纪委全会有关文件，听取关于十二届区委对区属经营类国企巡察综合情况汇报，审议通过《关于贯彻落实中央经济工作会议精神全力以赴推动经济又稳又快发展的行动方案》。

2月11日，高新区党工委书记、虎丘区委书记毛伟主持召开区党工委2023年第5次会议（十二届区委第82次常委会会议、十二届区委全面深化改革委员会第38次会议）。会议传达学习习近平总书记在学习贯彻党的二十大精神研讨班开班式上重要讲话精神，学习贯彻全市2023年深入打好污染防治攻坚战指挥部视频会议和全国、全省、全市宣传部长会议精神，审议通过《中共苏州虎丘区委常委会2023年工作要点》，审议通过《苏州高新区开展信访问题源头治理三年行动计划》《苏州高新区工程建设项目全链工作制度改革实施意见》《关于贯彻落实地方党委和政府领导班子及其成员粮食安全责任制规定的实施办法》《关于加快推进现代种业示范推广的实施意见》。

2月21日，高新区党工委书记、虎丘区委书记毛伟主持召开区党工委2023年第6次会议（十二届区委第83次常委会会议、十二届区委全面深化改革委员会第39次会议）。会议传达学习省、市安全生产工作有关会议和全市中小旅馆消防治安隐患专项整治工作部署会议精神，审议通过《苏州市虎丘区人大常委会2023年工作要点》《2023年区人大代表、政协委员政情通报会方案》《政协苏州市虎丘区常务委员会2023年工作要点》《政协苏州市虎丘区委员会2023年度协商工作计划》，听取2022年全区政法工作情况及2023年主要工作汇报，听取关于全面依法治区相关工作情况汇报，审议通过《苏州高新区光子产业创新集群三年行动计划》《苏州高新区促进楼宇经济高质量发展三年行动计划》。

2月28日，高新区党工委书记、虎丘区委书记毛伟主持召开区党工委2023年第7次会议（十二届区委第84次常委会会议、十二届区委全面深化改革委员会第40次会议）。会议传达学习南大苏州校区建设工作领导小组会议精神，听取2023年重点招商活动计划和近期全区经济运行分析情况汇报，审议通过《中共苏州高新区工委（虎丘区委）、管委会（区政府）关于做好碳达峰碳中和工作的实施意见》。

3月11日，高新区党工委书记、虎丘区委书记毛伟主持召开区党工委2023年第8次会议（十二届区委第85次常委会会议、十二届区委全面深化改革委员会第41次会议）。会议开展《中国共产党章程》学习交流，传达学习全市国家高新区综合评价排名分析报告精神，学习贯彻全国、全省、全市组织工作和老干部工作相关会议精神，传达学习省委巡视期间巡察工作专项检查发现共性问题、市委书记专题会主要精神，审议通过《中共苏州高新区工委（虎丘区委）2023年度巡察工作计划》，听取关于2023年清明安全祭扫工作情况汇报，审议通过《苏州高新区关于优化惠企政策申报及兑现的工作意见（试行）》，听取关于重建公司增资转型相关方案汇报。

3月26日，高新区党工委书记、虎丘区委书记毛伟主持召开区党工委2023年第9次会议（十二届区委第86次常委会会议、十二届区委全面深化改革委员会第42次会议）。会议传达学习《加快建设农业强国 推进农业农村现代化》重要文章精神，听取关于深化全国文明典范城市常态长效建设工作情况汇报、区关工委2022年工作情况和2023年工作打算汇报，审议通过《关于贯彻落实市委、市政府〈全面加强教育系统党的建设深化全市基础教育综合改革的意见〉的实施方案》。

4月6日，高新区党工委书记、虎丘区委书记毛伟主持召开区党工委2023年第10次会议（十二届区委第87次常委会会议、2023年第4次区党政联席会)。会议通报日韩招商情况,学习贯彻全国、全省、全市统战部长会议精神。

4月15日,高新区党工委书记、虎丘区委书记毛伟主持召开区党工委2023年第11次会议(十二届区委第88次常委会会议、2023年第5次区党政联席会)。会议传达学习省委书记信长星在全省机关作风建设暨优化营商环境大会上讲话精神、市委常委会专题调研吴中区工作会议精神,听取全区市域社会治理现代化工作情况及试点迎检验收主要任务汇报,审议《关于在全区各级党组织和广大党员干部中大兴调查研究的实施方案》,听取苏州高新区(虎丘区)分区规划编制情况汇报、全区全面从严治党相关工作情况汇报。

4月22日,高新区党工委书记、虎丘区委书记毛伟主持召开区党工委2023年第12次会议(十二届区委第89次常委会会议、2023年第6次区党政联席会)。会议传达学习《加快构建新发展格局　把握未来发展主动权》重要文章精神,习近平总书记关于巡视工作重要讲话精神、全国巡视工作会议精神、上级巡视巡察工作动员部署会精神以及省委巡视发现共性问题,省委、市委关于推进学习习近平新时代中国特色社会主义思想主题教育相关会议精神,中央和省委、市委人才工作领导小组会议精神,审议通过《关于调整区(工)委人才科技工作领导小组成员及办公室组成人员的建议方案》,通报北京招商会情况,听取全区一季度经济运行情况通报。

4月28日,高新区党工委书记、虎丘区委书记毛伟主持召开区党工委2023年第13次会议(十二届区委第90次常委会会议、2023年第7次区党政联席会)。会议传达学习全国、省、市既有建筑暨自建房安全隐患整治工作会议精神。

5月7日,高新区党工委书记、虎丘区委书记毛伟主持召开区党工委2023年第15次会议(十二届区委第92次常委会、十二届区委全面深化改革委员会第43次会议)。会议传达学习市委常委会专题调研苏州工业园区工作会议精神,市委主要领导调研高新区苏州乐园、外贸企业精神,听取关于苏州互联网法庭运营筹备情况汇报、关于2023年全区重点项目推进情况汇报,传达学习全省安全生产电视电话会议精神,部署安全生产工作,审议通过《苏州高新区(虎丘区)区长质量奖评定管理办法》,听取全区一季度大气、水环境问题情况汇报。

5月16日,高新区党工委书记、虎丘区委书记毛伟主持召开区党工委2023年第16次会议(十二届区委第93次常委会会议、2023年第8次区党政联席会)。会议传达学习中央主题教育第六指导组调研高新区创业园精神,全市国家级、省级高新区座谈会会议精神,听取2023年苏州高新区(深圳)投资说明会情况汇报,审议通过《关于开展“转作风　提效能　优环境　促发展　全力提振‘四敢’精神”专项行动的实施方案》。

5月27日,高新区党工委书记、虎丘区委书记毛伟主持召开区党工委2023年第17次会议(十二届区委第94次常委会会议、十二届区委全面深化改革委员会第44次会议)。会议传达学习苏州发展大会会议精神,审议通过《关于贯彻落实〈加强和改进新时代市县政协工作的意见〉的实施意见》《中共苏州高新区工委(虎丘区委)全面深化改革委员会2022年工作总结》《中共苏州高新区工委(虎丘区委)全面深化改革委员会2023年工作要点》《苏州高新区新行业新业态等领域安全生产监督管理职责清单》《苏州高新区助力“企业敢干”优化企业诉求闭环处办机制实施方案》,听取全区防汛抗旱工作情况、关于组建苏高新国控相关方案汇报。

6月6日,高新区党工委书记、虎丘区委书记毛伟主持召开区党工委2023年第18次会议(十二届区委第95次常委会会议、十二届区委全面深化改革委员会第45次会议)。会议传达学习市委常委会专题调研吴江区工作会议精神和苏州市经济运行分析会会议精神,通报2023中国(苏州)世界光子产业发展大会情况,听取高新区经济运行情况、全区“四上”企业入退库工作情况、苏州高新生命科技有限公司关于开发年产医疗超声影像诊断设备40万台项目(上市总部产业化基地)汇报,审议通过《苏州市虎丘区人民政府工作规则》《大家保险战略合作补充协议》。

6月14日,高新区党工委书记、虎丘区委书记毛伟主持召开区党工委2023年第19次会议(十二届区委第96次常委会会议、2023年第9次区党政联席会)。会议听取2023年度市考文件变化情况、苏州新施诺半导体设备有限公司项目和“功夫”晶圆制造项目情况汇报,审议通过《关于配合省委第二巡视组巡视苏州市虎丘区工作方案》及相关工作方案、2023年度高新区“333”综合考核系列文件、《苏州高新区(虎丘区)执法机关和司法机关向纪检监察机关移送问题线索工作实施办法(试行)》。

6月17日,高新区党工委书记、虎丘区委书记毛伟主持召开区党工委2023年第20次会议(十二届区委第97次常委会会议、2023年第10次区党政联席会)。会议审议通过《虎丘区委工作汇报》《苏州高新区转型升级情况汇报》《虎丘区纪委监委工作报告》《区党工委(区委)、管委会(区政府）领导班子成员2023年安全生产重点工作清单》，听取第十五届苏州国际精英创业周高新区分会场活动方案汇报。

7月1日，高新区党工委书记、虎丘区委书记毛伟主持召开区党工委2023年第21次会议（十二届区委第98次常委会会议、十二届区委全面深化改革委员会第46次会议）。会议传达学习市委常委会专题调研昆山市工作会议精神、全市城建交通重点项目建设专题会议精神和省安委会全体（扩大）会议精神，审议通过《苏州高新区扎实推进长三角一体化发展2023年工作要点》《苏州高新区全面推进乡村振兴　探索高水平率先基本实现农业农村现代化行动方案（2023—2025年）》《苏州高新区乡村建设行动实施方案》《关于深化质量强区建设的工作方案》《关于构建区级机关部门与区直属国有企业高效协同关系的指导意见》。

7月9日，高新区党工委书记、虎丘区委书记毛伟主持召开区党工委（扩大）会议、区党工委2023年第22次会议（十二届区委第99次常委会会议、2023年第11次区党政联席会）。会议传达学习习近平总书记考察江苏重要讲话精神、省委常委会（扩大）会议精神、市委常委会（扩大）会议精神、“三十载　再出发”纪念地方立法三十周年暨新时代新征程法治苏州推进会会议精神和上级关于打击治理电信网络诈骗犯罪工作精神，听取孔辉科技项目情况汇报。

7月15日，高新区党工委书记、虎丘区委书记毛伟主持召开区党工委2023年第23次会议（十二届区委第100次常委会会议、2023年第12次区党政联席会）。会议学习贯彻习近平总书记在中央全面深化改革委员会第二次会议上重要讲话精神、市委城市重点开发片区功能提升专题会议精神，听取关于浒墅关片区功能提升方案、推动主题教育先学一步先热起来十条举措、全区动迁安置房建设进展及安置情况、贯彻落实深入学习借鉴浙江“千万工程”经验方案、合作共建南京大学医学院附属苏州医院情况汇报。

7月23日，高新区党工委书记、虎丘区委书记毛伟主持召开区党工委2023年第24次会议（十二届区委第101次常委会会议、十二届区委全面深化改革委员会第47次会议）。会议传达学习全市太湖综合治理座谈会会议精神、市委主要领导调研非遗保护传承情况相关精神、中央文明办改革改进文明城市创建工作专题调研座谈会等相关会议精神，听取关于2023年第三届海峡两岸青年文化月筹备及涉及高新区工作落实情况、高新区实事工程和重点项目进展情况、组建苏州高新现代服务业招商中心有限公司方案汇报，审议通过《苏州高新区加强职工集宿区社区化管理工作方案》《苏州高新区推进高端知识产权服务业高质量发展的若干扶持政策》《共建长三角机器人与人工智能研究院合作协议》。

7月31日，高新区党工委书记、虎丘区委书记毛伟主持召开区党工委2023年第26次会议（十二届区委第103次常委会会议、2023年第13次区党政联席会）。会议传达学习苏州市集成化装备制造和工业母机产业发展专题会，省、市有关国家安全会议等会议精神，中央巡视工作规划培训班、新任职县级巡察办主任培训班精神，中央办公厅印发《关于加强巡视整改和成果运用的意见》《苏州市民营经济营商环境评价报告》等文件精神，听取关于高新区贯彻落实省市加重村级组织负担突出问题专项整治会议情况、区党工委（扩大）会议暨区委十二届六次全会方案、苏高新股份拟再融资事宜汇报，审议通过《中共苏州高新区工委（虎丘区委）关于深入学习贯彻习近平总书记对江苏工作重要讲话精神在推进中国式现代化中走在前做示范谱写“强富美高”新江苏现代化建设高新（虎丘）篇章的决定》。

8月12日，高新区党工委书记、虎丘区委书记毛伟主持召开区党工委2023年第27次会议（十二届区委第104次常委会会议、2023年第14次区党政联席会）。会议传达学习苏州市算力产业专题会精神，听取苏州高新区（虎丘区）优化营商环境暨民营经济高质量发展大会筹备情况、全区绿化工作情况、区第五次全国经济普查工作情况、区贯彻落实全国生态环境保护大会精神有关建议、全区跨境电商工作情况及“三中心、一基地、一平台”汇报，审议通过《苏州高新区（虎丘区）优化营商环境创新行动2023（草案）》。

8月19日，高新区党工委书记、虎丘区委书记毛伟主持召开区党工委2023年第28次会议（十二届区委第105次常委会会议、十二届区委全面深化改革委员会第48次会议）。会议传达学习苏州市党政代表团到上海市学习考察精神和市委常委会专题调研太仓市工作会议精神，听取关于1—7月经济运行情况和下一步工作、“一山一策”工作进展、设立苏州高新产业股权投资合伙企业（有限合伙）的情况汇报，审议通过《关于支持新能源汽车产业发展的若干政策（试行）》。

8月26日，高新区党工委书记、虎丘区委书记毛伟主持召开区党工委2023年第29次会议（十二届区委第106次常委会会议、2023年第15次区党政联席会）。会议传达学习习近平总书记在2023年金砖国家工商论坛上的系列重要讲话精神、《国务院关于进一步优化外商投资环境　加大吸引外商投资力度的意见》文件精神。

8月30日，高新区党工委书记、虎丘区委书记毛伟主持召开区党工委2023年第30次会议（十二届区委第107次常委会会议、2023年第16次区党政联席会）。会议传达学习市委、市政府关于环阳山片区统筹规划提升工作专题会议和市政府主要领导调研高新区经济发展活动精神。

9月16日，高新区党工委书记、虎丘区委书记毛伟主持召开区党工委2023年第31次会议（十二届区委第108次常委会会议、2023年第17次区党政联席会）。会议传达学习全国、全省、全市组织工作会议精神和全省重大事故隐患专项排查整治行动调度暨中秋国庆节日安全防范视频部署会精神，听取高新区贯彻落实全国、全省、全市组织工作会议精神打算、高新区2022年度全省高新技术产业开发区创新驱动高质量发展综合评价情况、苏州市光子产业科技镇长团组建情况和区主题教育准备工作情况汇报，审议通过《关于加强经济工作监督的决定（草案）》《关于加强国有资产管理情况监督的决定（草案）》《关于加强区级预算审查监督的决定（草案）》《关于进一步激励广大干部在推动高质量发展走在前列中担当作为的十条举措》。

9月27日，高新区党工委书记、虎丘区委书记毛伟主持召开区党工委2023年第32次会议（十二届区委第109次常委会会议、2023年第18次区党政联席会）。会议传达学习省委书记信长星在苏州调研时讲话要求、市委常委会专题调研相城区工作会议，听取全区三季度经济运行情况。

10月14日，高新区党工委书记、虎丘区委书记毛伟主持召开区党工委2023年第33次会议（十二届区委第110次常委会会议、2023年第19次区党政联席会）。会议传达学习全省《党委（党组）意识形态工作责任制问责实施细则》和苏州市《关于当前我市意识形态领域情况的通报》文件精神、国务院安委会安全生产十五条硬措施和全市安全生产工作会议暨市安委会四季度安全工作会议精神，听取区人大常委会关于省委14号文件专项督查指出问题整改落实方案及区委实施意见贯彻落实情况、区当前意识形态领域情况、市考半年评估有关情况、枫桥街道基层社会治理工作情况、协鑫集团长三角储充研发产业基地项目汇报。

10月21日，高新区党工委书记、虎丘区委书记毛伟主持召开区党工委2023年第34次会议（十二届区委第111次常委会会议、2023年第20次区党政联席会）。会议传达学习市委主要领导调研高新区产业发展精神，听取《苏州高新区（虎丘区）国民经济和社会发展第十四个五年规划纲要和二〇三五年远景目标》实施中期评估报告起草情况、2023年区本级预算调整、区开展政府投资基金问题专项治理方案、创明新能源总部项目汇报，审议通过《苏州高新区管委会、苏州科技城管委会与中国中建科创集团有限公司战略合作协议》。

10月28日，高新区党工委书记、虎丘区委书记毛伟主持召开区党工委2023年第35次会议（十二届区委第112次常委会会议、2023年第21次区党政联席会）。会议听取全区前三季度经济运行情况汇报。

11月4日，高新区党工委书记、虎丘区委书记毛伟主持召开区党工委2023年第36次会议（十二届区委第113次常委会会议、2023年第22次区党政联席会）。会议传达学习区党政代表团到温州市学习考察精神，审议通过省委巡视整改系列工作方案和《十二届苏州市虎丘区委巡察工作规划（修订稿）》，听取苏州市“1+7”工作清单制度推进方案和开展“千村万企、千家万户”大走访工作实施方案汇报。

11月18日，高新区党工委书记、虎丘区委书记毛伟主持召开区党工委2023年第37次会议（十二届区委第114次常委会会议、2023年第23次区党政联席会）。会议学习贯彻中央和省委、市委主题教育工作推进会精神，市加强经济分析和指导服务会议精神，审议通过《苏州高新区党工委（虎丘区委）、管委会（区政府）关于加强“三重一大”事项决策的实施意见》《苏州高新区（虎丘区）太湖科学城建设三年行动计划（2023—2025年）》《苏州高新区（虎丘区）太湖科学城2023年工作要点》《苏州高新区国有企业改革深化提升行动实施方案（2023—2025年）》《苏州高新区直属国有企业投资监督管理办法》《关于建立健全国有企业统一监管机制的指导意见》。

11月25日，高新区党工委书记、虎丘区委书记毛伟主持召开区党工委2023年第38次会议（十二届区委第115次常委会会议、2023年第24次区党政联席会）。会议学习贯彻省、市党委和政府秘书长（办公室主任）会议精神，省、市安委会全体（扩大）会议精神，审议通过《苏州高新区“在企身边”企业集中服务月行动方案》，听取太湖光子中心（封测工艺平台）合作方案、苏州太湖科学城产业融合发展一期项目实施方案、设立苏州苏润高新合伙企业（有限合伙）方案汇报。

12月9日，高新区党工委书记、虎丘区委书记毛伟主持召开区党工委2023年第39次会议（十二届区委第116次常委会会议、2023年第25次区党政联席会）。会议听取《关于加强功能片区人大工作的指导意见（草案）》起草情况、高新区分区规划暨国土空间规划草案、苏州高新合生商业管理有限公司非公开协议增资方案、在镇（街道）建立完善政协工作联络服务机制汇报。

12月16日，高新区党工委书记、虎丘区委书记毛伟主持召开区党工委2023年第40次会议（十二届区委第117次常委会会议、2023年第26次区党政联席会）。会议学习贯彻全市省委巡视整改情况专题汇报会会议精神，听取全国、全省、全市宣传思想文化工作会议主要精神和区贯彻落实建议，听取深化政企服务融合、推进企业服务"一企来办"工作情况，听取浒关横塘工业园产业更新项目投资方案、狮山国际中心项目投资方案汇报，审议通过《关于促进楼宇经济提档升级的推进方案》《苏州高新区"工业上楼"三年工作方案（2023—2025）》及配套文件。

12月25日，高新区党工委书记、虎丘区委书记毛伟主持召开区党工委2023年第41次会议（十二届区委第118次常委会会议、2023年第27次区党政联席会）。会议学习贯彻省委十四届五次全会、省委经济工作会议精神，听取区人大常委会党组、区政协党组、区法院党组和区检察院党组2023年度工作情况、区两会筹备情况汇报，审议通过区两会相关工作报告，听取区党工委（扩大）会议、区委十二届七次全体会议暨区委经济工作会议建议方案汇报，审议通过相关会议材料，听取省委巡视整改工作推进情况、2023年区政府民生实事项目完成情况和2024年区政府民生实事项目候选项目初排情况、2024年本级财政总预算（草案）汇报。

（党政办公室　柯　钊）

政策研究

【文稿起草】 2023年，苏州高新区（虎丘区）研究室（深改办）（简称"区研究室"）服务区党工委（区委）、管委会（区政府）中心工作，承担区党工委、管委会重要会议、对上汇报和对外交流等相关文稿服务重大任务。负责起草全区推进"敢为、敢闯、敢干、敢首创"动员会暨作风建设大会、区党工委（扩大）会议暨区委十二届六次全会、区党工委（扩大）会议、区委十二届七次全会暨区委经济工作会议等各类会议上报告讲话162篇，起草完成南大苏州校区建设及校区启动准备情况、推动落实"苏州市生物医药十二条"工作情况及区委工作情况等对上汇报材料76篇，起草完成苏州市数字经济时代产业创新集群融合发展大会、苏州高新区（北京）投资说明会、苏州高新区（荷兰）投资说明会等对外活动致辞96篇。全年牵头起草各类综合文稿586篇，共计153万字。

【调查研究】 2023年，区研究室围绕区党工委（区委）、管委会（区政府）重大决策部署开展调查研究。服务保障区党工委专题调研功能片区工作，聚焦片区特点为各地发展提出更高目标定位，帮助片区厘清发展思路、明确发展重点，推动形成错位发展格局。就工业用地质效、产业载体供给等课题深入调研，形成相关工作思路建议，围绕人口高质量发展主题，组织座谈、考察活动，整理形成课题研究报告，为区党工委、管委会中心科学决策和有效施策提供智力支撑。组织起草大兴调查研究实施方案及相关分工方案，推动形成调研课题成果9个、行动方案（规划）5个，推出一批实际举措。到杭州、成都等地组织调研，参观杭州正泰集团股份有限公司、新华三集团、国家超算成都中心、天府新区公园城市展示厅等，学习先进地区经验做法。全年牵头起草各类调研材料10篇，共计17.5万字。

（研究室　吴　玥）

深化改革

【三大功能片区改革】 2023年，高新区将全域优化为三大功能片区，实行"功能区+镇（街道）"管理模式，明确功能区的经济发展、规划建设主责，压实镇（街道）社会管理职能，通过管理体制机制创新，调动各方积极性，实现"1+1＞2"的发展效果。

【数字化改革】 2023年，高新区坚持需求导向、实用原则，锚定"一核心、两服务、三再造"目标，系统推进数字政府、数字经济、数字社会、数字文化、数字生态文明建设。加快推动数字产业发展，数字经济核心产业增加值占地区生产总值比重达到23.4%，列全市第二位。加快打造一体化公共数据底座，加强数据协同，推动政务服务"一网通办"、公共治理"一网统管"。

【国资国企改革】 2023年，高新区深入实施国有企业改革深化提升行动，组建苏高新国控，成立服务业招商中心，国有企业布局优化和结构调整步伐加快。推动国有企业以市场化思维方向，加快转型发展，增强运营能力和投融资水平，持续提高核心功能、核心竞争力，提升企业盈利能力。

【盘活空间资源】 2023年，高新区抓好闲置土地整治，探索土地二次开发、更新利用等新模式，全年盘活低效用地超过5000亩。优化提升既有载体，加快推进ESR产业园等专业载体建设，完善公共服务配套，累计建成各类载体超过500万平方米。推行“数据得地”政策，实施零供地技改、工业上楼，提高工业用地容积率，持续提升土地利用质效。（研究室　吴　玥）

组织工作

【概况】 2023年，中共苏州高新区工委（虎丘区委）组织部〔简称“区党工委（区委）组织部”〕坚持以习近平新时代中国特色社会主义思想为统领，开展学习贯彻习近平新时代中国特色社会主义思想主题教育，持续学习宣传贯彻党的二十大精神，学习领会习近平总书记关于党的建设重要思想和对江苏、苏州工作重要讲话精神，落实全国、全省、全市组织工作会议要求，推动干部、党建、人才各项工作取得进展。全年发展党员284人，其中，35岁以下党员184人，占64.8%；大专以上文化程度党员278人，占97.9%；女性党员131人，占46.1%；生产工作一线党员221人，占77.8%。重点在全区两新组织、高知识群体中发展党员。实施发展对象和新党员标准化培训工作，完成培训新党员398人，发展对象382人。开展民主评议党员活动，参评支部1947个，参评党员30809人，党员参评率96.9%。截至年底，全区有直属党委（工委）24个，下设基层党委92个、党总支104个、党支部1983个。有党员31803人，其中，女性党员12169人，占党员总数的38.3%；35岁以下党员10773人，占党员总数的33.9%；高中及以上文化程度党员26102人，占党员总数的82.1%。

【基层党建】 2023年，区党工委（区委）组织部落实新时代江苏基层党建“五聚焦五落实”深化提升行动计划，一体推进各领域党建工作。坚持把学习贯彻党的二十大精神作为重要政治任务，推进全区机关事业单位、村（社区）、国企、“三新”等领域党组织书记党的二十大精神培训。推行基层党建书记项目制度，围绕基层治理、惠企助企等重点难点任务，区、镇（街道）两级立项推动136个书记项目落地落实。深化产业链党建提质增效行动，发布揭榜挂帅、光锋惠企等12项举措，创新建立光子产业集群党建联盟，光子、医疗器械产业链分别获评省、市党建联系点。推进党建引领乡村振兴，实施“美美乡村”计划，成立树山和美乡村学院暨第一书记培训教育中心。实施社区治理五大工程，举办“擎旗聚力　海棠善治”活动，创新实施“中心+社区”组团发展模式，制定出台党建引领职工集宿区社区化管理工作指引，打造木桥公寓等一批示范点，天都大厦等6个项目获评市级及以上红色物业示范点，枫桥街道培育社会组织参与社会治理的相关经验做法获得省委主要领导批示肯定。全面深化楼宇党建工作，发布楼宇党建管理办法，成立楼宇党建综合党委和商会流动党员综合党委，探索楼宇商圈党建新路径。优化流动党员管理机制，深入开展“三查三找”活动，制定出台《流动党员教育管理工作清单》，明确四大类12项工作任务，提高流动党员教育服务水平和管理实效。实施全区党群服务中心“焕新增能”行动，推动打造红砖筑梦、浒墅关城市会客厅等特色化党群服务中心，评选第四批区级“海棠花红”党群服务中心31家。深化村（社区）书记队伍建设，组织参加全国村（社区）党组织书记和村（居）委会主任视频培训班，举办书记论坛。1人获评江苏省第三批“百名示范”社区书记，6人获评苏州市“千名领先”村（社区）书记。

【机关党建】 2023年，区党工委（区委）区级机关工委根据围绕中心、建设队伍、服务群众的职责定位，开展主题教育，实施“先锋行动”，推动机关党建走在前、做表率。截至年底，区级机关党工委直属29个机关单位，其中党委4个、党总支16个、党支部9个，有基层党组织111个，党员1665人。其中，在职党员1356人，占81.4%；离退休党员309人，占18.6%；女性党员576人，占34.6%。把握“学思想”首要任务，指导29家机关党组织开展主题教育，创新开展“两说一讲”（机关书记说、先锋党员说、机关阳光讲堂）系列活动，举办“四季党课　先锋答卷”活动，展演“一本民情日记”等10部精品党课，推动党的创新理论内化于心、外化于行。聚焦优化营商环境、新型工业化建设，实施“融合发展　先锋先行”行动，全面推行机关党建“五个一”工作法，建立“企业服务日”制度，开通“海棠解忧　暖心惠企”服务，组织党组织书记走进“阳光直播间”开展政策解读12人次，推动为民惠企政策精准落实。推行“书记项目”制度，评选机关十佳创新示范项目，推动机关党组织书记抓党建职责落地见效。举办机关党务干部专题培训，教育激励广大机关党员干部牢记嘱托、感恩奋进、走在前列。《党建业务“四维”融合》刊登在《新华日报》。

【“三新”党建】 2023年，区党工委（区委）两新工委深入贯彻新时代党的建设总要求，在全区“三新”领域扎实开展主题教育。截至年底，全区共有“三新”组织党组织1239个，其中党委14个、党总支48个、党支部

1177个。“三新”党组织数占全区党组织总数的57%。“三新”党员1.1万人，占全区党员总数的35%。及时传达学习习近平总书记最新重要讲话重要指示精神，用好“四类课堂”（实境课堂、沉浸课堂、融媒课堂、实践课堂）特色载体，遴选制作先锋微党课38节，周新民微党课获全省党员教育作品一等奖。完成“双有”目标提升计划，完善重点联系工作制度，建立名企党建信息库，“一企一策”指导提升。加强队伍建设，新认证党务工作者16人，分级分类开展专题培训40期次，覆盖党组织书记和党务工作者1841人次。发布光子产业链党建“擎旗汇智　聚光凝心”12条举措，开展“百链千企”蹲点调研活动，依托“产业链上的海棠花”先锋阵地打造链上企业“15分钟服务圈”，实施“四类领办”工作机制（集群党委领办优势资源整合难题、院所联盟领办产学研用融合难题、科技镇长团领办科技创新突破难题、企业党组织领办生产经营难题），推动达成合作项目20余个，解决企业难题诉求703件，光子和高端医疗器械产业分别被确定为省、市产业链党建联系点。持续打造示范亮点，提升“周新民党建工作室”辐射能级，与深圳市龙岗区、上海市闵行区、《党的生活》杂志社等7个地区和单位结对共建，通过短视频、直播间等平台创新党建宣传方式，获评苏州市网络红色直播间。打造“海棠花红　新新相融”新业态党建品牌，发布新就业群体职业成长规划体系，依托“小哥学院”等新业态群体共富培训基地，帮助就业创业2000余人，推广积分“五入”创新做法（以志愿服务积分兑换入医、入学、入岗、入籍、入网等政策），受到央视媒体、《党的生活》杂志等专题报道。

【干部工作】 干部选拔任用　2023年，区党工委（区委）组织部加强干部队伍建设统筹谋划，落实《干部选拔任用条例》等规定，开展区级机关、功能区（镇、街道）、区属国企干部队伍调研，了解分析领导班子运行质态和干部担当状态，优化调整领导班子，提升班子整体功能。突出政治首要标准，注重选拔担当实绩突出、经受斗争考验、善于驾驭局面的优秀干部担任党政正职。制定出台《关于进一步激励广大干部在推动高质量发展走在前列中担当作为的十条举措》，围绕树导向、重实绩、提素质、强保障等4个方面，完善干部担当作为的激励和保护机制。全年调整干部294人次，其中提拔或进一步使用90人。启动年轻干部挂职锻炼和跟班学习计划，分类分组选派92名年轻干部到新岗位。

干部教育培训　2023年，区党工委（区委）组织部制定并印发《2023年全区干部教育培训工作要点》，突出政治历练、专业训练、实践锻炼，持续完善“3+3+X”干部教育培训体系。打造“加快实现高水平科技自立自强”市级精品研学路线和市级干部教育培训现场教学示范点。举办招商引资、城市规划建设、国资国企运作等专题培训班，提升干部专业领域能力水平。实施年轻干部递进式培养计划，优化青苗班、青马班、青干班贯通培养模式，举办第二期高新区青马班培训，创新建立领导力、学习力、协作力等六维评价体系，对36名学员表现进行量化评选、横向比较、立体呈现。全年共举办主体班次、专题班16个，组织双月论坛6期，参与培训1550人。

干部监督管理　2023年，区党工委（区委）组织部推进经济责任审计工作，联合区纪（工）委监委、审计局、国资办等单位，研究制订党政领导干部经济责任审计计划，跟踪了解执行情况。组织开展处级领导干部集中填报个人有关事项。选树“三项机制”典型案例，报送典型案例19个，5个案例入选《苏州市“三项机制”典型案例选编》。结合区党工委（区委）巡察，对苏高新集团等9家单位开展选人用人专项检查，健全完善《苏州高新区直属国有企业人员管理指导意见》，规范国有企业选人用人工作。严格执行双签字、职数预审、“凡提四必”等工作制度，从严把好干部任前审核关。

【人事工作】 2023年，区党工委（区委）组织部围绕人事工作服务全区队伍建设、服务全区发展大局工作目标，聚焦选好、育好、管好年轻人才，打造高素质、专业化、年轻化队伍。截至年底，全区有机关事业单位工作人员2468人（不含教育、医疗卫生机构）。其中，机关1165人，事业单位1303人；男性1600人，女性868人；“90后”年轻干部427人，“85后”（含“90后”）年轻干部875人；研究生学历854人，占34.6%。开展定岗特选工作，科学设置岗位和专业，选聘优秀应届毕业生50人。开展苏州高新区管委会海内外人才引进，招录优秀人才10人充实管委会机关单位。加快人事管理一体化平台建设，打通干部、人事、工资业务流程，推动人事管理信息化工作。常态开展新录用人员培训班，提升新录用人员的政治意识、党性意识、纪律意识和履职能力。做优导师制人才培养模式，从各单位选定56名思政导师、业务导师、生涯导师与58名新录用人员结对。推进年轻干部实践锻炼，根据专业特点和人岗相适原则，在专业化青年人才定岗特选、国企英才人员中选派年轻干部30人开展“双向挂职”。关注名校优才成长动态，建立完善谈心谈话机制和传帮带制度，深入各用人单位听取分管领导、结对导师评价意见。

【综合考核】 2023年，区党工委（区委）组织部牵头分解落实市高质量发展综合考核指标任务，统筹开展2022年度区综合考核工作，分类分组计算2022年度区考结果并实施结果运用。评选出高质量发展先进单位（地区）27个、高质量发展进步单位（地区）4个、担当作为好干部19人。会同区党政办、经发委、统计局、国资办等单位制定出台《2023年度综合考核实施办法》等5项制度文件。落实减分项监测预警提醒和督查激励事项双月交流工作机制，加大考核日常管理和监督力度。开展市考半年评估结果分析，对部分市考责任部门实施半年评估提醒预扣分，走访市考各责任单位，对有失分风险的指标进行督促提醒。更新完善区综合考核管理系统，规范化管理评价计分方式。高新区在苏州市2023年度高质量发展综合考核中获第一等次，列全市第二位，蝉联江苏省高质量发展先进县（市、区）。

【人才工作】 2023年，区党工委（区委）组织部坚持党管人才原则，持续优化人才工作机制，提升人才工作水平。创新实施人才工作攀高计划，构建完善生态、计划、平台、服务四位一体的人才工作新格局。压实“一把手”抓“第一资源”责任，成立三大功能片区人才科技工作领导小组，召开苏州高新区人才科技工作领导小组会议，明确区人才工作发展目标及重点任务。实施区领导挂钩联系高层次人才服务制度，常态化走访联系人才企业，听取意见建议，帮助人才解决实际困难。持续优化提升引才工作体系，支持南大苏州校区举办产业科技创新大会、中外院士前沿科技论坛，累计引进海内外高端人才145人，其中院士、长江、杰青等顶尖人才51人。支持领军企业牵头“卡脖子”技术攻关，长光华芯获批江苏省首批创新联合体、江苏省人才攻关联合体培育对象，3个国家级重点实验室落地建设，组建市级创新联合体（含培育）18个，数量列全市第二位。建成启用苏州首个国际人才港、台湾青年创新中心，苏州留创园排名提升至全国第三位。全年到武汉、厦门等地举办“智汇苏高新”创新创业大赛9场，200余个项目参赛，49个高质量项目获区领军人才立项资格，开展苏州国际人才科技领航精英赛、国际创客大赛（德国赛区），对接优质人才资源。举办苏州国际精英创业周高新区分会场、中国海归创业大赛等重大活动，实施“敢动青春向新而行”校园引才系列活动102场，提供岗位4.6万个。完善人才乐居和服务体系，规划建设“1+2+X”高品质人才社区，新投用人才公寓1856套。持续发挥太湖光子基金和科创天使基金作用，出台“光子贷”，为企业提供融资支持。人才首贷产品“人才通”累计投放贷款70笔，合计金额6036万元。打造“智汇高新　伴你前行”人才服务品牌，推出五大类115项人才服务事项。整合12345“一企来”和12345“尚贤”人才服务热线，在全市率先试点企业诉求闭环处办机制，建设“苏新办　企航家”服务站，开设外籍人士就业居留“一件事”窗口，提高人才服务便利水平。举办“苏苏有礼”人才体验月和赛艇体验、马拉松跑团等文娱活动10余场。全区获批市级以上创新创业领军人才（团队）111个，数量列全市第二位。高新区蝉联苏州市人才科技工作先进地区。

【老干部工作】 截至2023年底，全区服务管理离休干部14人，平均年龄92.85岁；四套班子退休领导39人，平均年龄71.15岁。年内，区党工委（区委）组织部组织全区离退休干部党组织开展学习贯彻习近平新时代中国特色社会主义思想主题党日活动，收听收看全国全省离退休干部网上专题报告会，组织老书记参加全省离退休党组织书记示范培训班，举办银龄云党课2期。举办全区新退休干部集中荣誉退休仪式。组织区四套班子退休领导参观狮子山建设和南大苏州校区。召开老干部情况通报会、交流座谈会，征集高质量发展意见建议。以王明猷志愿服务工作室为示范引领，推进各领域老党员志愿服务工作，挖掘火原老书记调解工作室。联合区人大研究会，揭牌成立苏裱技艺传承室，设立全区首个银发人才志愿服务基地。深化落实“致敬聚力”暖心行动，动态掌握离退休干部身体、生活及家庭情况。开展春节、重阳节等重要时间节点走访慰问，全年共探望、慰问老干部218人次。发放离休干部自助就地疗养费，组织处级退休干部到常州天目湖疗休养基地开展保健疗养。对全区67名机关事业单位退休人员和离休干部遗属开展特殊困难帮扶，与区慈善总会联合为困难离退休干部送关爱物资。与区内三甲医院持续联动，在活动中心设立老干部保健服务点，启动健康生活季、金秋活动季活动，举办健康讲座2场、体检报告解读2次，开展书画摄影展、乒乓球比赛、扑克牌比赛，覆盖老干部600余人。区教育局机关退休支部获评江苏省第二批“六好”离退休干部示范党支部，区人大机关退休人员党支部、东渚街道退休干部党支部获评苏州市首批“六好”离退休干部示范党支部。

（组织部　黄明燕）

宣传工作

【概况】 2023年，高新区宣传思想文化工作坚持以习近平新时代中国特色社会主义思想为指导，严格落实党中央和省、市、区委工作部署要求，紧扣全面贯彻党的二十大精神的开局之年工作主线，开设“牢记嘱托　感恩奋进　走在前列　深入学习贯彻习近平总书记考察江苏重要讲话精神”“学习贯彻习近平新时代中国特色社会主义思想主题教育”等系列专题，常态长效开展党史学习教育。全区累计开展各级各类理论宣讲活动600余场。

【理论建设】 2023年，高新区强化思想理论武装。发挥区工委中心组“领头雁”作用，组织开展区工委理论中心组专题学习会16次，其中交流研讨类6次、现场研学2次。广泛开展“我是冬训主讲人”授课微视频征集活动、“百名局长百场宣讲”活动等，扎实推进社科普及和研究，完成省级社科应用研究精品工程课题《苏州高新区优化功能片区体制机制促进高质量发展的对策研究》，指导中国刺绣艺术馆申报省级社科普及示范基地，引导培育“非遗绣生活　持续推进苏绣技艺传承进社区”等社科普及活动。

【舆论引导】 2023年，高新区巩固壮大主流舆论声势。开设“牢记嘱托　感恩奋进　走在前列　深入学习贯彻习近平总书记考察江苏重要讲话精神”“学习贯彻习近平新时代中国特色社会主义思想主题教育”“敢为、敢闯、敢干、敢首创”“学思想　强党性　重实践　建新功”等系列专题。围绕党工委、管委会中心工作，聚焦产业创新集群建设、南大建设发展、优质营商环境等主题，开设“一线观察”“此刻　遇见高新”“寻城记”等专栏10余个，展现高新区经济发展、招商引资、历史人文、百姓民生等各方面发展成效。加强与中央、省级主流媒体对接合作，全年被中央电视台刊播28次，在《人民日报》刊登稿件5篇、《光明日报》刊登稿件2篇、《新华日报》刊登稿件4篇、《苏州日报》头版刊登稿件30余篇。推进媒体深度融合，建强、用好区融媒体中心，初步构建以“苏州高新”客户端为引领，微信、微博、报纸、网站等为一体的全媒体传播矩阵。“苏州高新区政务发布”微信公众号全年累计发布稿件1651篇，发布微博2872条；苏州高新区政务新闻网刊登稿件4000余篇，《苏州高新》刊发20期80版。

【意识形态工作】 2023年，高新区坚定稳固意识形态阵地。配合省委巡视意识形态专项工作，做好反馈问题整改落实。开展区委专项巡察工作2轮，对16家单位进行责任制落实情况专项检查。全面学习贯彻《党委（党组）意识形态工作责任制问责实施细则》，重点实施全区意识形态工作基层建设年行动，提升基层党组织意识形态工作能力。推进中小学思政课一体化建设，发挥党员名师引领作用，实现小学、初中、高中校名师工作室全覆盖。开展高校意识形态工作调研，完善属地与高校协同工作机制，压实高校属地管理责任。落实宗教工作三级网络两级责任制，开展“两个专项”工作。构建网络综合治理新格局，持续开展“清朗2023”系列专项行动，出台《关于加强网络综合治理协作配合的实施意见》，从严整治自媒体、网络谣言等乱象，打造安全清朗网络空间和风清气正舆论氛围。　（宣传部　陆　斌）

精神文明建设

【文明培育】 2023年，高新区聚焦重点领域、基层一线挖掘选树先进典型，发挥辐射带动效应。开展“高新区时代新人”评选活动4期，组织“社区妈妈”倪婷艳、乡村振兴宣讲员钱懿、捐髓志愿者吴宇等先进典型代表进社区、进学校互动交流。运用融媒体技术专题拍摄先进典型视频15个，在“文明苏高新”微信公众号上开设学典型专栏。中国援外医疗队代表苏州科技城医院副院长卢建林获评全国“时代楷模”。

【文明实践】 2023年，高新区明确服务群众目标导向，深化拓展新时代文明实践中心建设。升级打造文明高新云平台，丰富资源内容、规范资源管理。深化拓展新时代文明实践服务内涵，建立科技科普行业、教育系统、社会事业系统、城市管理行业、文体旅系统行业新时代文明实践分中心，整合阵地资源62个，培育志愿服务团队75个，打造新时代文明实践志愿服务品牌项目69个。探索建立养老服务、集宿区、文明示范楼道、景区景点、文明菜场等一批新时代文明实践服务圈。深化“强国复兴有我”主题宣传教育，精心组织“强国复兴　童心逐梦”入学仪式、文明高新幸福夜、温暖秋冬等系列主题活动。

【文明创建】 2023年，高新区强化体制机制建设，推动文明城市建设常态长效。组建常态化创建工作专班，开展现场测评工作，督促各镇（街道）和部门切实做好各项工作。针对现场测评发现问题，及时审核后下发相关责任单位限时整改，全年累计完成测评报告2.18万件，上传问题图片7.9万张，发出整改意见4.03万条。针对路口交通、路面违停、小区环境、村庄环境、农贸市场和商业大街秩序等薄弱环节，加大管理力度，开展户外公益广告、居民小区环境秩序、全区停车泊位应划尽划、小广告整治等各类专项整治提升行动。持续跟踪老旧小区和农贸市场改造提升进度，加快推动项目完成。开展2021—2023年区级文明村镇、文明单位、文明校园评选工作，指导各单位持续开展各类群众性创建工作。提升公益广告宣传效果，强化群众公共意识、规则意识、文明意识、法治意识，提高人民群众对创建工作知晓率、参与率和满意度。

（宣传部　陆　斌）

统战工作

【概况】 2023年，高新区统一战线优化大统战工作机制，创新“智汇同心”统战工作品牌。区民宗局获评江苏省民族宗教系统先进集体，区工商联获评江苏省构建舆论阵地先进单位。

【民主党派工作】 2023年，高新区有民革、民盟、民建、民进、农工党、致公党、九三学社等民主党派基层委员会7个，党派成员808人。建有“党派之家”阵地18个，在各民主党派中覆盖率100%。巩固“凝心铸魂强根基　团结奋进新征程”主题教育成果，开展书香阅读、同心大讲堂、全国两会精神专题学习会等主题活动10余次。落实各党派与南京大学校地共建项目。各党派成员累计报送社情民意400余篇，其中被省级以上刊物录用12篇。支持各党派开展民生实事项目督查、立法听证会等民主监督活动，推荐党派成员担任特约监察员、公益观察员等。支持各党派开展思源工程、“四点半学校”、前进科普学校等品牌化社会服务项目。考察发展党派新成员，开展同心大讲堂、调研式集训、主题教育等专题教学。抓好党外干部队伍建设，将党外干部教育培训纳入全区干部教育培训工作，安排一定比例的党外干部参加青苗班、青马班、青干班等重点班次培训，遴选党外年轻干部21人参加区年轻干部挂职锻炼和跟班学习计划。

【民族宗教工作】 2023年，高新区落实党管民族宗教工作政治责任。召开区工委统一战线工作领导小组民宗专题会议和民宗工作领导小组会议。完善宗教工作三级网格、两级责任，制定《苏州高新区基层宗教事务工作职责及工作机制实施办法》，初步形成主体在区、延伸到镇、落实到村、规范到点的基层宗教事务管理网络。明确区、乡镇（街道）党委（党组）民族宗教工作主体责任，推行网格员管理制度。成立区民族团结进步促进会，在木桥公寓开展“各族携手　喜迎新年”活动。推进各级各类民族团结进步示范区示范单位建设，狮山街道获评江苏省第三批“红石榴家园”，枫桥街道木桥公寓、通安镇华通花园第六社区获评苏州市民族团结进步示范基地。办好内地新疆高中班，推荐新区一中舞蹈节目《吾心归处是中华》参加展演。举办区民宗工作专题培训班，开展法治教育，提升宗教界学法用法意识。继续委托第三方专业机构，在全区开展宗教活动场所安全检查，落实隐患整治整改。推动“法治+民宗”建设，发布“智汇同心　法润民宗”工作品牌，确定法律援助清单，打造区民宗局“定向领航　依法治理”、区律协“法治体检　风险预警”、宗教活动场所“浸润式法治阵地打造”等工作品牌。发布“法润民宗　法治新枫”子品牌，探索“法治+场所”“法治+社区”工作模式。在全区15处宗教活动场所落实法律顾问制度，设立律师工作站。打造宗教场所信息化项目，绘制宗教活动场所和民间信仰点地图，建设苏州高新区宗教信息化平台。

【非公有制经济领域统战工作】 2023年，高新区加强民营经济人士思想政治建设，持续推进工商联及所属商会改革发展，促进非公有制经济健康发展和非公有制经济人士健康成长。全区民营经济活跃度逐渐加强，规模以上民营工业企业产值增长10.1%，入选国家专精特新“小巨人”企业36家，5家民营企业完成上市，新增数量、首次发行募集资金额均列全市第一位。构建亲清政商关系，健全服务民营企业“商法检纪”四方联动机制。依托亲清政商服务站、政商大廉动监督保障平台，打造联商共建模式，有效解决问题602个。“立审执破”协调联动护航民营经济健康发展项目获评省工商联创新实践典型案例。组织到扬州、淮安、宿迁等地开展考察学习12次，召开优化营商环境推进大会、民企外企产业对接交流等。区工商联获评2022—2023年全国“五好”县级工商联，1家执委企业获评首批全省民营企业思想政治工作示范点。

【侨务工作】 2023年，高新区创新打造“五心”工程（侨心向党凝聚侨界人士爱国工程、同心汇智助力服务引才引资工程、用心聚侨组织高质量联谊活动工程、贴心待侨打造暖侨聚力品牌工程、真心为侨强化体制机制建设工程）。推进基层组织建设，指导浒墅关经开区成立全区首个基层侨联组织，苏州高新区国画院获批苏州市华侨文化交流基地。建设城际社区、秦馀社区“侨胞之家”，建设浒墅关三色董科创园为侨服务工作站。与罗马华侨华人联合总会签订战略合作协议，推动高新区白马涧小学、枫桥中心小学分别与意大利马尔凯国际中文学校、意大利米兰华阳语言学校结成友好学校。打造“城际之声”线上普法平台，宣传归侨侨眷权益相关保护法知识。开展高质量服务侨商侨企专项行动，梳理侨商侨企基础数据200条，形成调研报告1篇，组织侨企参加国际科技创新博览会、休斯敦与苏州企业商务对接交流会等。探索完善三级网络化管理服务指导体系，挖掘一批侨界群众带头人。（统战部　顾寅清）

机构编制管理

【基层整合审批服务执法力量改革】 2023年，高新区根据《苏州市基层“三整合”改革先进单位管理办法（试行）》《苏州市基层“三整合”改革先进单位综合考核评估细则（2023年）》有关要求，对照各项考核指标，研究各项深化举措。通过“四不两直”访查、召开座谈会及个别访谈等方式，了解区基层“三整合”改革基本情况，指导各镇（街道）持续发挥改革效应，不断提升基层治理能力。围绕“放管服”改革和优化营商环境目标要求，持续深化相对集中许可权改革。持续推动国家级开发区赋权工作，推进第三批次赋予浒墅关经开区18项行政审批事项。推行政府权力清单制度，规范动态调整程序，编印区级部门行政权力事项清单，并对区行政权力事项清单进行动态调整。同步在江苏省权责清单管理系统中建立、维护区部门行政权力事项库，加强行政权力事项网络化、数字化管理。狮山、横塘街道起草的《基层集成指挥中心建设与管理规范》经苏州市市场监督管理局批准发布，成为全国首个基层集成指挥中心地方标准，为全市各镇（街道）指挥中心建设提供经验。

【综合行政执法体制改革】 2023年，高新区组织市委编办、基层执法示范单位对区基层综合执法开展现场指导，组织区级相关部门、各镇（街道）到张家港南丰镇、昆山市千灯镇学习基层综合行政执法先进经验，提升各镇（街道）综合执法整体建设和执法能力。开展基层综合行政执法调研，编办、区司法局联合开展基层执法规范化督查工作，规范基层执法行为。

【机构编制资源配置优化】 2023年，高新区持续加大全区机构编制资源统筹力度，在现有机构编制总量范围内，加强人社、统计等部门职数配备和国防动员、粮食储备、教育发展、财政管理、审计、医药产业服务、金融发展等领域编制保障。推动中小学党组织领导的校长负责制建设，积极争取6所公办普通高中按四星级高中明确机构规格，重新核定相应领导职数，按照上级有关规定，结合区实际规范全区公办中小学领导职数核定口径。贯彻落实上级关于加强党对公立医院的领导工作部署，根据核定床位数重新明确2家公立综合性医院领导职数。

【机构编制服务保障】 2023年，高新区成立全省首家互联网法庭，推动体制机制改革与技术变革相结合，建立全业务网上办理、全流程依法公开、全方位智能服务的现代化法院运行管理体系。区党政办增设大数据管理处，重新明确大数据管理主要职责，强化数字政府一体化发展职能定位，构建区大数据管理局牵头、各数据密集型部门协同的数据资源治理体系。经发委经济运行处加挂粮食与物资储备处牌子，优化相应内设机构职能配置，加强全区粮食储备任务承接能力。规范为民服务、退役军人服务等领域机构设置，将镇（街道）为民服务中心统一更名为便民服务中心，撤销镇（街道）重复设置的退役军人服务站。按照《江苏省消防条例》规定县级住建部门承担的消防工作职责，完善区住建局有关消防工作职责表述，确保消防审验履职到位。立足公共服务、产业发展、市场管理、文化遗产等内涵，调整区文化体育和旅游局内设机构。

【机构编制监督检查】 2023年，高新区分类实施机构编制事项审批程序，针对体制机制、职能配置、机构设置和编制、领导职数等不同事项调整进行分析论证，确保机构编制事项调整符合区域发展实际。管住、管好、用活编制资源，实时梳理全区空编情况，做好中小学（幼儿园）教师用编、机关遴选及海内外人才引进、各机关事业单位日常人员调动等用编审核工作。完善机构编制实名制管理系统报表功能，加强数据统计分析，夯实基础台账。建立机构编制与组织人事系统间的数据互通机制。

【事业单位登记管理】 2023年，高新区严格规范事业单位登记管理行为，全年办理登记事项124次，其中，变更登记107次，设立登记7次，注销登记10次。加强事业单位法人监管，严格执行年报公示制度，提升事业单位公益服务水平。持续做好新型研发机构事业单位法人设立登记工作，组织开展新型研发机构事业单位法人管理体制机制经验交流。

【“功能片区+街道”管理模式】 2023年，高新区厘清区镇权责分工，建设提高管理服务质效。按照经济发展职能向功能区集中、社会管理职能向镇（街道）下沉、交叉职能明确区镇权责分工原则分别制定功能片区权责分工清单，压实镇（街道）社会管理职能，持续激发功能区开发建设活力，实现"1+1 > 2"的发展效果。明确不同领域权责主体。片区全域的财政管理、招商引资、科技创新、企业服务、规划建设、城市更新、文体旅游等经济发展领域职责统一交由功能区承担；民生保障、社会治理、信访稳定、社区管理、物业管理、劳动保障、民政卫生、军人服务、农业农村、审批服务、综合执法、应急管理、生态环境、集成指挥等社会管理职责以行政区划为界，分别由属地独立承担。建立工作事项对接机制。以功能区、镇（街道）"三定"规定为依据，细分各片区工作职责领域69个，明确各领域具体事项履职主体和对接区级部门。依托基层"三整合"改革，以赋权赋能形式强化基层职责权限，区级层面统一下放审批与公共服务事项28个，行政处罚事项61个，向基层下沉执法人员100余人，明确区、镇两级88个事项的主体责任和配合责任。创新推动农业农村、市场监管领域执法部门派遣骨干力量到基层综合执法局挂职副局长，统筹区、镇两级执法力量，助力基层更好承接区级下放权限，化解开发区人员编制少、人员下沉难问题。（编办　陆　静）

党校工作

【概况】 2023年，区工委党校以习近平新时代中国特色社会主义思想为指导，坚守党校姓党根本工作原则，筑牢为党育才、为党献策初心使命，坚持质量立校、从严治校基本方针，将扎实开展主题教育同提升办学治校水平有机结合，以学铸魂、以学增智、以学正风、以学促干，推动各项工作落实落细落到位。全年举办各类培训班57期，培训学员5000余人。

【干部教育培训】 2023年，区工委党校围绕中心大局，立足组织需求、岗位需求和个人需求，制订个性化培训内容。在主体班次中突出习近平新时代中国特色社会主义思想、习近平总书记视察江苏苏州重要讲话精神、党章党规党纪教育、领导干部执政能力教育等课程主题，把新思想、新观点、新论断、新要求融入课堂，增强学员对党的创新理论的政治认同、思想认同、理论认同、情感认同。丰富教学形式，采取"理论教学+分组讨论+现场感悟+比学活动"模式，打造《"数"说党的二十大报告中的重要论断》实境课堂，开设红色沙盘和新闻发布会等实训课堂，开展体验实训和成果汇报，设置"高新青年说"、脱口秀等互动课堂。

【科研咨询服务】 2023年，区工委党校持续筑牢为党献策的重要职责，完善教学出题目、科研做文章、成果入课堂的教研咨一体化机制，增强为党献策的思想自觉、政治自觉、行动自觉。出台《中共苏州高新区工委（虎丘区委）党校师资培养三年行动计划》，实施"八个一"培养计划。获苏州市党校系统"家国天下"暨新时代家庭家教家风建设精品课竞赛三等奖1个，获全市干部教育培训"干将"精品课程立项1个。获批环太湖发展研究中心课题1个、市委党校协作课题2个。推出首期区级干部教育培训刊物《攀高》，形成咨政文章1篇，持续推进智库建设。（组织部　黄明燕）

党史工作

【党史资源保护】 2023年，高新区史志部门做好全区红色地名申报认定、征集宣传工作。区社会事业局、文化体育和旅游局、退役军人事务局、档案馆联合开展红色地名认定，确定苏州烈士陵园、浒墅关镇、枫桥、横塘、东渚、石帆村、金市老街为高新区首批红色地名。确定金墅街等3条街巷、越城桥等9座桥梁为高新区第二批地名文化遗产保护名录。

【党史征集编研】 2023年，高新区史志部门做好全区红色史料征集编研工作，梳理太湖游击队西华联络点旧址、秦大刚（江）故居等重要旧址、遗址，夜袭浒墅关旧址（夜袭浒墅关纪念碑）、何山烈士陵园、镇湖烈士陵园、高景山红色文化阵地、殷启辉烈士墓等一批纪念设施、场所，中国刺绣艺术馆，狮山、横塘街道退役军人服务站，大阳山政德教育基地，苏州高新区（虎丘区）档案馆等一批具有代表性的资源，编印内部资料《全区红色资源手册》。加强与区退役军人事务局、人武部等部门联动，征集、复制一批英雄事迹史料。与区政协等部门合作编研高新区建区30年口述史。

【党史基地建设】 2023年，镇湖烈士陵园入选苏州市第二批党史教育基地。提出苏州市第一批党史教育基地何山烈士陵园的优化改造建议，从结构布局、道路规划、配套设施等方面提出改造措施。

（党政办公室　张肖千）

苏州高新区（虎丘区）关心下一代工作委员会

【概况】 截至2023年底，高新区有各级关心下一代工作委员会（简称“关工委”）组织182个，其中区级机关关工委1个、镇（街道）关工委6个、村（社区）关工委78个、企业关工委39个、教育系统关工委41个、政法系统关工委12个、农委系统关工委1个、其他系统部门关工委4个。有达标“五有五好”村（社区）关工委57个。全区“双零”社区建设率100%。有网吧义务监督员118人，“五老”志愿者734人。年内，高新区各级关工委以“五老”队伍、大学生村官等志愿者队伍为骨干开展扶贫助学公益活动，以校外教育辅导总站、中心站为主要阵地深化落实主题教育，突出青少年思想道德教育，做好未成年人教育引导工作。全面推进城乡校外教育辅导站优质化建设，狮山、横塘街道万枫社区辅导站《行走的课堂》获全省辅导站优秀活动视频一等奖，获评苏州市优质校外教育辅导站3个。

【关工委基层组织建设】 2023年，高新区各级关工委加强“五有五好”基层关工委创建，教育局关工委开展学校关工委优质化建设达标活动，认定达标中小学校29所。全区“五有五好”基层关工委达标率80%。壮大“五老”队伍，及时把政治素质好、热心公益事业、热爱青少年工作、具有奉献精神、身体健康的老同志充实到“五老”队伍，“五老”常态化退出和补充机制进一步完善。开展“最美五老”学习活动，宣扬“五老”先进事迹。获江苏省首批最美“五老”荣誉称号1人、苏州市最美“五老”荣誉称号10人。获评苏州市优秀“五老”工作站3个。

【关工委主题教育】 2023年，高新区各级关工委围绕立德树人根本任务，在广大青少年中开展“老少心向党，奋斗新征程”主题教育和“五心”（心怀梦想、心想成才、心有文明、心愿劳动、心系苏州）教育实践活动，各级关工委利用革命纪念馆、烈士陵园等阵地，开展爱国主义教育活动。区教育局关工委召开“五心”教育实践活动推进会，组织“五老”宣讲团进校园活动，覆盖师生10万人。启动全区“七彩夏日”活动。枫桥街道关工委确定研学线路20条，发展学生暑期社会实践教育基地。浒墅关经开区关工委1个节目获全市老少同台展演二等奖。

【扶贫助困和关爱困境少年】 2023年，高新区各级关工委依托政府部门和社会资源，实施青少年关爱工程，建立关爱阵地170余个，开展未成年人帮学、帮教、帮困关爱活动，全年帮困助学659人，发放助学资金88.24万元。区关工委和区民营经济关工委依托高新区励志基金，累计资助学生128人。枫桥街道关工委实施第二轮爱心助学三年计划和“爱心护苗”五年计划，发动104名退休教师捐资购买文化用品，惠及困难少年家庭44个。

（关工委　屠菲洋）

【预防和减少青少年违法犯罪】 2023年，高新区融合区乡村特色经济组织、科技创新企业等社会力量，建立乡村型、社会组织型、企业型观护基地，开展职业体验、就业支持、公益劳动、家庭教育等涉案未成年人帮教活动。推出“检察官课后见”项目，对接部分学校课后服务班，引导开展法治社团活动。全年指导法治社团开展小小检察官沉浸式职业体验、少年检校打卡、法治情景剧模拟等特色体验活动12场，参与人数320余人。深化“虎法少年行”品牌建设，参与承办全省中小学生“开学法治第一课”、首届苏州市“清朗杯”法治辩论赛等活动，组织开展模拟法庭、法官进校园等活动14次。

（法院　王　峥
检察院　王歆瑶）

编辑：张肖千

苏州市虎丘区人民代表大会

综　述

【人大代表构成及机构概况】 2023年，虎丘区有镇人民代表大会2个，街道人大工作委员会4个。各级人大代表499人，其中在区的全国人大代表1人、省人大代表5人、市人大代表39人、区人大代表264人、镇人大代表190人，另有街道议政代表180人。虎丘区第十二届人民代表大会常务委员会（简称“区人大常委会”）有组成人员32人，其中主任1人、副主任4人、委员27人。虎丘区第十二届人民代表大会设有监察和司法委员会、财政经济委员会、社会建设委员会，常务委员会设有办公室（研究室）、人事代表联络工作委员会、监察和司法工作委员会、财政经济工作委员会、城建环保工作委员会、教科文卫工作委员会（外事民宗侨台工作委员会）、议案建议工作委员会、农业农村工作委员会。

年内，区人大常委会召开常委会会议8次、主任会议4次，开展“主任接待日”活动5次，举办政情通报会4场、代表大讲堂8场，听取审议“一府一委两院”工作报告24项，作出决议决定及审议意见29项，依法任免国家机关工作人员46人次，开展执法检查4次，组织视察调研36次，走访调研企业220余家。4篇调研报告获评苏州市人大优秀调研成果。

【重大事项讨论决定】 2023年，区人大常委会依法行使对重大事项的讨论决定权，认真审议“一府一委两院”工作报告，推动“一府一委两院”依法行政、公正司法。先后作出关于表彰2022年度优秀代表建议、建议办理先进单位和先进个人的决定、关于批准虎丘区2022年本级财政决算的决议、关于批准调整2023年度区本级财政预算的决定、关于加强经济工作监督的决定、关于加强区级预算审查监督的决定、关于加强国有资产管理情况监督的决定、关于补选苏州市虎丘区第十二届人大代表的决定、关于批准《苏州市虎丘区第十二届人民代表大会常务委员会代表资格审查委员会关于补选代表资格审查和代表变动情况的报告》的决议、关于召开苏州市虎丘区第十二届人民代表大会第三次会议的决定。

【人事任免】 2023年，区人大常委会坚持党管干部原则和人大依法任免相统一，依法行使人事任免权。严格执行任前法律考试制度，规范拟任职人员发言、无记名投票、颁发任命书、向宪法宣誓等程序，增强被任命干部的法治意识、公仆意识和责任意识。全年任免国家机关工作人员46人次（任命20人次，免职26人次）。其中，决定任命区人民政府组成人员1人次；任命区人大常委会工委（室）主任、副主任6人次，任命区人大街道工委主任1人次；任命区监察委员会委员1人次；任命区人民法院副院长、审判委员会委员、审判员、庭长、副庭长9人次；任命区人民检察院检察委员会委员2人次。决定免去区人民政府组成人员2人次；免去区人大常委会工委（室）主任、副主任6人次，免去区人大街道工委主任、副主任2人次；免去区人民法院副院长、审判委员会委员、审判员、副庭长10人次；免去区人民检察院副检察长、检察委员会委员、检察员6人次。

【特色创新工作】 2023年，区人大常委会围绕中心大局，始终坚持正确监督、有效监督、依法监督，创新拓展联动协同监督方式，开拓创新代表工作，聚焦代表履职能力提升、履职平台建设、代表履职管理、建议办理质量，一体推进全方位、全覆盖、全过程人民民主。

创新拓展联动协同监督　区人大常委会会同区纪委监委、审计局出台人大监督与纪检监察、审计监督贯通协调机制办法。选取重点事项与纪检监察开展联合监督，听取计划执行、环境保护、重点项目完成情况报告，协力提升监督实效。加强人大监督与审计监督良性互动，听取财政收支审计工作报告，督促相关部门抓好审计发现问题整改落实，实现人大监督权威性、审计监督专业性有效结合。持续开展任后监督工作，听取区住建局、教育局、国资办3名行政机关负责人履职情况报告，提出评议意见，开展民主测评，发放“民意传递单”。

创新推出代表“125”（一平台两依托五清单）履职机制　依托代表“家站点”“数字人大”建设，打造“线上+线下”代表特色履职平台。每年向人大代表发布学习、监督、民意、调研及服务五张履职清单，进一步激发代表履职热情。开展主任接待日、代表统一接待日活动，第一时间督促区政府相关部门研究办理。邀请区人大代表列席常委会会议、主任会议，组织各级人大代表参与常委会工作，配合开展江苏全国人大代表省直一组关于推动经济运行率先整体好转专题视察、省人大代表苏州第四组关于医疗器械产业发展情况专题调研等代表活动，组织市、区两级人大代表视察南大苏州校区建设情况，对民生实事和重点项目开展代表督查活动，组织驻区五级代表参观苏绣艺术文献展。持续听取市人大代表履职报告。

创新建立代表建议“三评”（代表真评、人大督评、专家联评）机制　加强与区党政办沟通联系，统筹推进代表建议办理工作，认真把握办前、办中、办后3个关键节点，开展建议办理“三步走”（听办理计划、督办理过程、查办理实效）联办督办，促进代表建议办成落实。创新建立“三评”机制，出台《苏州市虎丘区人大常委会代表建议办理工作第三方评估实施办法（试行）》，确定评估范围对象，充分吸收各方意见，客观公正评价代表建议办理结果。

（人大常委会办公室　金简兮）

重要会议

【虎丘区第十二届人民代表大会第二次会议】 于2023年1月3—5日在苏州高新区管委会科技会堂举行。会议应到代表264人，其中，第一次全体会议实到代表239人，第二次全体会议实到代表238人，第三次全体会议实到代表233人。大会安排列席会议人员63人。其中包括不是区代表的虎丘区政府组成人员，不是区代表的区有关部门负责人，不是区代表的区人大机关副科级以上干部，不是区代表的区直属国有公司主要负责人列席会议。邀请不是区代表的区委常委、管委会副主任列席会议。邀请中国人民政治协商会议苏州市虎丘区第九届委员会全体委员，部分离退休干部，部分进驻区的条线单位、有关进区机构负责人及部分高校、企事业单位负责人列席开幕式，邀请旁听开幕式及区政府工作报告公民代表12人。会议听取审议虎丘区人民政府工作报告、虎丘区人大常委会工作报告、虎丘区人民法院工作报告、虎丘区人民检察院工作报告，审议虎丘区2022年国民经济和社会发展计划执行情况及2023年国民经济和社会发展计划草案的报告、虎丘区2022年民生实事项目完成情况及2023年民生实事项目候选项目草案形成情况的报告、虎丘区2022年财政预算执行情况及2023年本级财政预算草案的报告，并通过以上各项报告的决议。会议选举吴万江为区人民法院院长。会议期间，收到代表提出建议、批评意见116件。其中，经济发展方面15件，科教人才方面22件，城乡建设方面10件，生态文旅方面18件，社会治理方面17件，民生改善方面34件。

2023年8月17日，镇湖街道人大工委组织参观苏绣五级人大代表联动联系点（人大常委会办公室　供图）

【区十二届人大常委会会议】 2023年，虎丘区第十二届人大常委会召开8次会议（即区十二届人大常委会第十一次至第十八次会议）。

虎丘区第十二届人大常委会第十一次会议于2023年2月27日举行。会议审议通过《苏州市虎丘区人大常委会2023年工作要点（草案）》，审议通过有关人事任免事项。

虎丘区第十二届人大常委会第

2023年1月3日，苏州市虎丘区第十二届人民代表大会第二次会议举行（杨炎橙　摄）

十二次会议于2023年5月25日举行。会议听取审议区政府、管委会关于2022年度环境状况和环境保护目标完成情况的报告，听取审议区政府、管委会关于2022年度企业国有资产情况的报告，审议通过有关人事任免事项。

虎丘区第十二届人大常委会第十三次会议于2023年6月29日举行。会议听取审议区政府、管委会关于2022年本级财政决算（草案）的报告，听取审议区政府、管委会关于2022年本级财政预算执行及其他财政收支情况的审计工作报告，审议通过有关人事任免事项。

虎丘区第十二届人大常委会第十四次会议于2023年7月25日举行。会议听取审议区政府、管委会关于2023年上半年本级财政预算执行情况的报告，听取审议区政府、管委会关于2023年上半年国民经济和社会发展计划执行情况的报告，听取审议区政府、管委会关于2023年区民生实事项目推进情况的报告，听取审议区政府、管委会关于区十二届人大二次会议代表建议、批评和意见办理情况的报告。

虎丘区第十二届人大常委会第十五次会议于2023年10月27日举行。会议听取审议区政府、管委会关于2023年度本级财政预算调整的报告，表决通过《关于批准调整2023年度区本级财政预算的决定（草案）》，听取审议区政府、管委会关于"八五"普法规划中期实施情况的报告，听取审议区政府、管委会关于国民经济和社会发展第十四个五年规划中期实施情况的报告，审查批准区人大常委会《关于加强国有资产管理情况监督的决定（草案）》《关于加强区级预算审查监督的决定（草案）》《关于加强经济工作监督的决定（草案）》，表决通过有关人事任免事项。

虎丘区第十二届人大常委会第十六次会议于2023年11月28日举行。会议补选苏州市第十七届人大代表1人，听取审议区政府、管委会关于2023年区民生实事项目、重点项目完成情况的报告，听取区教育局、住建局、国资办负责人任后监督履职情况报告，提出评议意见、递交"民意传递单"、开展履职情况测评，听取审议被评议法官检察官履职情况的报告并进行履职测评，听取有关市人大代表履职情况的报告，表决通过有关人事任免事项。

虎丘区第十二届人大常委会第十七次会议于2023年12月14日举行。会议作出关于补选虎丘区十二届人大代表的决定（草案），审议通过有关人事任免事项。

虎丘区第十二届人大常委会第十八次会议于2023年12月27日举行。会议听取审议区政府、管委会关于2024年本级财政预算（草案）的报告，听取审议区政府、管委会关于

2024年民生实事项目候选项目草案形成情况的报告，审议区十二届人大常委会代表资格审查委员会关于补选代表资格审查和代表变动情况的报告，通过区十二届人大财经委员会委员补选名单，审议关于召开区十二届人大三次会议的决定（草案）、区十二届人大三次会议建议议程（草案）及建议日程草案、区十二届人大三次会议各项建议名单（草案），听取区十二届人大三次会议筹备工作情况的报告，审议区十二届人大常委会工作报告（草案），审议通过有关人事任免事项。

【区十二届人大常委会主任会议】2023年，虎丘区第十二届人大常委会召开4次听取"一府两院"专题报告的主任会议（即虎丘区十二届人大常委会第七次主任会议至第十次主任会议）。

虎丘区第十二届人大常委会第七次主任会议于2023年4月24日召开。会议听取区检察院关于未成年人保护工作情况的汇报，听取区政府、管委会关于食品安全工作情况的汇报。

虎丘区第十二届人大常委会第八次主任会议于2023年8月24日召开。会议听取区政府、管委会关于2023年全区重点项目1—7月完成情况的汇报并组织视察，听取区政府、管委会关于国资国企改革三年行动计划完成情况的汇报，听取区政府、管委会关于推进慈善事业发展情况的报告。

虎丘区第十二届人大常委会第九次主任会议于2023年9月26日召开。会议听取区法院关于企业破产审判工作情况的报告，听取区政府、管委会关于推进乡村振兴农文旅产业发展工作情况的汇报，听取区政府、管委会关于《苏州市平安建设条例》执行情况的汇报。

虎丘区第十二届人大常委会第十次主任会议于2023年10月23日召开。会议听取区政府、管委会关于义务教育优质均衡发展工作情况的汇报，听取区政府、管委会关于创新型企业培育三年行动计划落实情况的汇报，听取区政府、管委会关于打造"一刻钟便民生活圈"工作情况的汇报，听取"人大+审计"联动协同监督情况的汇报。

（人大常委会办公室　金简兮）

人大监督

【经济发展监督】2023年，区人大常委会坚持有效监督，开展调研视察，助力区域经济率先整体好转。根据全区实施挂钩联系制度要求，建立重点企业、重点项目、重点楼宇走访机制，每月由区人大常委会领导带队到企业车间，通过实地踏勘、座谈等形式，了解企业生产经营、安全生产等方面情况，听取企业家代表意见建议，帮助企业纾困解难。开展重点项目专题调研及视察活动，推进重点项目进程。召开主任会议，听取全区招商引资工作情况汇报，督促相关部门围绕世界500强、全国500强、行业前5强要求，加大重大项目招引力度。出台关于加强国有资产管理、区级预算审查和经济工作监督等3个决定。听取和审议计划执行、预算执行、国资国企改革、创新型企业培育等情况报告，审查批准预算、决算调整方案。听取国民经济和社会发展"十四五"规划中期实施情况报告，提出审议意见建议，助推"十四五"规划各项目标任务按期完成。

【民生事业监督】2023年，区人大常委会聚焦城乡居民关心的热点、难点和重点工作，采取一季一督办、半年一报告、全年一评议监督方式，成立监督小组6个，对区民生实事项目实施全覆盖督查，人民代表大会票决产生的25项民生实事项目全部完成。加强社区养老、卫生医疗、幼儿保育等"一老一小"民生保障设施视察督查，听取全区义务教育优质均衡发展工作情况汇报，要求推进基础教育扩优提质，深化教育综合改革，打造高水平师资队伍，统筹打造优质教育资源共享平台，推动义务教育优质均衡高质量发展。听取全区推进慈善事业发展情况报告，要求加强《中华人民共和国慈善法》普法宣传，充分调动慈善组织、社会公众参与，完善慈善捐赠表彰制度，增强慈善行业自我管理能力。听取全区打造"一刻钟便民生活圈"工作情况汇报，要求聚焦群众需求，完善高效联动的协调网络，因地制宜整合区域原有的商贸优势资源。听取全区推进乡村振兴农文旅产业发展工作情况汇报，要求立足区域特点特色，形成错位发展、分工协作、互利共赢的农文旅融合发展模式，打造农文体旅科融合碰撞的多元化乡村集聚示范区。

【生态环境监督】2023年，区人大常委会强化环境保护工作监督，听取审议区政府、管委会关于2022年度环境状况和环境保护目标完成情况的报告，要求持续深入打好污染防治攻坚战，坚决守住生态环境质量"只能更好、不能变坏"底线，加强污染治理能力及环保基础设施建设，提高环保工作精细化管理水平，提升环境监测的科技化水平及应急监测能力，严格贯彻落实环保工作有关法律、法规和政策，拓宽公众参与生态环境保护的渠道，形成齐抓共管、多元共治的生态环境保护工作格局，正确统筹好区经济社会发展和环境保护的关系，实现生态环境质量改善由量变到质变的总体目标。组织开展《中华人民共和国湿地保护法》《江苏省湿地保护条例》贯彻实施情况现场督查，到庄里山森林步道、太湖国家湿地公园等地实地查看森林步道建设项目、退耕还湿、生态修复治理与保护等情况，要求多措并举强化湿地保护管理工作，开展清风行动等专项打击非法捕猎野生动物执法行动，通过定期组织湿地公园开展各类湿地保护宣传活动，形成多部门保护合力，构建特色新品布局合理、类型齐全、功能完善的湿地资源保护体系，形成生态保护治理长效机制，促进湿地保护利用可持续健康发展。

【执法情况检查】 2023年，区人大常委会对虎丘区贯彻落实《江苏省农村集体资产管理条例》情况开展专项执法检查，实地走访检查东渚街道龙景汇、枫桥街道和枫科创园，要求高度重视农村集体经济的管理使用，深入开展招商引资、资产保值等工作，推进农村“三资”管理机制不断完善，推动区农村集体经济发展。对虎丘区贯彻落实《中华人民共和国湿地保护法》《江苏省湿地保护条例》情况开展专项执法检查，要求协调好湿地保护与开发利用、生态建设与区域发展、整体与局部、当前与长远利益之间的关系，建立健全湿地保护联合执法机制，充分利用现有道路、周边优良自然人文景观、沿线的基础设施，加快推进森林步道项目建设。对虎丘区贯彻落实《江苏省太湖水污染防治条例》情况开展专项执法检查，实地调研金墅水源地及退圩还湖生态修复情况、太湖安全度夏应急防控工作开展情况以及蓝藻资源化平台运行情况、树山生态村建设情况，要求把太湖治理作为生态文明建设的标志性工程抓紧抓实，以生态环境高水平保护推动经济高质量发展。

【视察调研】 2023年，区人大常委会开展感恩奋进、凝心聚力“四个新”重大任务专题调研，从聚焦区委中心工作、“一府一委两院”重难点工作及民生关切出发，精心选题，深入一线开展调研，助推“四个新”重大任务加快落实。围绕在科技创新上取得新突破，开展《关于加快科技自立自强　推动高新区高质量发展的调研》；围绕在强链补链延链上展现新作为，开展《关于强化“四链融合”　推动高新区产业高质量发展的调研》；围绕在建设中华民族现代文明上探索新经验，开展《关于增强文化自信　探索中华民族现代文明新经验的调研》；围绕在推进社会治理现代化上实现新提升，开展《关于完善基层司法治理体系　助推法治营商环境优化的调研》。

年内，区人大常委会组织在区的部分市人大代表、区人大代表及街道议政代表，到南大苏州校区、医疗器械产业园开展视察调研活动，要求进一步完善周边基础设置，加强首批师生服务工作。要求持续优化创新产业生态，助力生物医药及医疗器械产业新发展。视察华能苏州燃气轮机创新发展示范项目、苏州百胜动力新型电动及中高功率军民两用舷外机项目等2个区内重点项目，要求高度重视重点项目推进工作。调研苏绣五级人大代表联动联系点建设，要求充分发挥好代表作用，推动苏绣传统手工艺创造性转化、创新性发展。调研苏州互联网法庭，要求找准司法服务大局切入点、着力点，从服务地方经济社会发展上不断拓宽思维，切实将专业法庭平台优势转化为高新区法治化营商环境的核心竞争力。

（人大常委会办公室　金简兮）

代表工作

【代表履职平台建设】 2023年，区人大常委会聚焦履职平台建设，推动“家站点”特色化更新升级。围绕太湖治理，在清华苏州环境创新研究院内打造首个大院大所代表联系点，支持代表积极参与太湖水资源保护利用工作。聚焦营造良好法治营商环境，在区法院（苏州互联网法庭）、区检察院新设代表监督联络站2个，发挥专业代表力量，对法治领域人民群众关心事项提出意见建议。推进社会治理现代化建设，新建枫桥街道木桥公寓代表联系点，助力外来务工人员服务管理工作。探索中华民族现代文明建设，建立苏绣行业五级人大代表联动联系点，传承保护优秀传统文化。建设世界一流光子中心，打造企业代表联系点，常态化收办企业家代表、企业负责人反映的各类问题和诉求，推动及时有效解决。镇湖街道苏绣五级人大代表联动联系点、浒墅关镇人大代表之家和狮山、横塘街道人大代表之家获评苏州市人大常委会首批全过程人民民主基层实践基地，其中镇湖街道苏绣五级代表联动联系点获评首批全过程人民民主基层示范基地。截至年底，全区建成代表“家站点”87个。

【代表履职保障服务】 2023年，区人大常委会聚焦代表履职能力提升，持续举办政情通报会，围绕三大功能片区、产业创新集群、区域规划和社会治理、人才和民生等方面，向全体人大代表进行通报4次。创新开设代表大讲堂，举办绿色低碳、苏绣文化、民法典等主题代表大讲堂活动8场。组织区人大代表到江苏地方人大干部培训基地连云港分基地开展学习，举办人大代表履职培训班2期。开展代表视察调研、联系群众、提出意见建议等专题辅导，开展主任接待日、代表统一接待日活动。深化“一平台两依托五清单”代表履职机制，加强履职清单结果考核运用。

【代表议案建议办理】 2023年，区十二届人大二次会议期间收到代表建议117件（含闭会期间建议1件）。其中区人大常委会领导牵头重点督办代表建议5件，分别为第39号、第54号、第57号、第71号、第112号。区人大常委会各工委（室）分工重点督办代表建议6件，分别为第10号、第21号、第24号、第73号、第95号、第114号。承办部门均在规定期限内完成书面答复，答复率100%。代表对承办单位办理工作表示满意的有117件，满意率100%。

（人大常委会办公室　金简兮）

表4　2023年虎丘区第十二届人大二次会议建议一览表

建议编号	建议名称	建议代表
1	关于系统化大手笔发展支持光子产业发展的建议	闵大勇
2	关于改善疫情之下公司发展的建议	何利民
3	关于提升虎丘区0~3岁婴幼儿托育服务质量的建议	江伟达
4	关于推动狮山路北、塔园路东地块项目的建议	谈海圣
5	关于在社区推动心育健康项目构建和谐文明社区的建议	王　臻
6	关于规划建造电动自行车充电设施的建议	吴莉萍
7	关于加强学校安全管理的建议	余苗荣
8	关于扩大数字菜场试点范围的建议	张洪良
9	关于提升城市角落环境的建议	张璟瑜
10	关于整修完善金色家园小区内外设施的建议	陈　芳
11	关于改进滨河路与何山路交叉路口通行信号灯的建议	丁国蓉
12	关于高新区进一步推进康养从业人员培训教育的建议	丁国蓉
13	关于统筹属地高校资源助力发展数字经济的建议	段　姝
14	关于做强做优高新区人力资源服务工作的建议	郭　锋
15	关于进一步丰富河道文化，增强苏州旅游城市的吸引力的建议	李伟萍
16	关于增强基层医疗卫生服务站医务力量，方便老年居民家门口就医的建议	陆建清
17	关于严格控制政府机关购买第三方服务的建议	王奇学
18	关于清理苏州市虎丘区“长期停业未经营”企业的建议	吴卫华
19	关于提升社区养老服务能力，构建“1+1+N”社区养老服务体系的建议	朱国文
20	关于进一步做好青少年三位一体化心理健康教育工作的建议	姚叶红
21	关于推进医养深度融合，提升健康养老服务有效供给的建议	谷春伟
22	委托管理——探索中国教育现代化目标推进的新模式	曹伦华
23	关于如何合理优化老旧小区停车难的建议	俞云方
24	关于把新浒幼儿园西侧空地建成口袋公园的建议	周　荔
25	关于居民自用充电桩的相关建议	鲁　骁
26	关于加快推动乡村文化振兴的建议	汤小燕
27	关于加强志愿队伍建设的建议	汤小燕
28	关于宣传推广“真山真水园中城”——苏州高新区的几点建议	裘红英

续表

建议编号	建议名称	建议代表
29	关于解决辖区内部分企业停车位不足问题的方案	徐志华
30	关于学校南侧道路科源路在学生上下学段建议实施单行线的建议	单国红
31	关于加强老旧小区加装电梯力度的建议	范建根
32	关于促进智能化数字化高技能人才队伍建设的建议	顾正明
33	关于在国际教育园北区新建公办农贸市场的建议	李　华
34	关于在学府社区辖区内建设中医馆的建议	李　华
35	关于进一步加强和支持社区卫生服务中心发展，有效缓解大医院就医压力的建议	骆　敏
36	关于优化新区道路的建议	吴丽荣
37	关于加强老旧小区改造管理的建议	赵政贤
38	关于建设横山山体（城市文化）公园的建议	赵政贤
39	关于完善社区功能，推进辖区内新建邻里中心和幼儿园的建议	周丽萍
40	关于普及社区康养配套的建议	朱兴华
41	关于进一步加强社区卫生服务中心建设的建议	姚方亮
42	关于加强职业教育学校校企合作的建议	张黎星
43	关于乡镇街道消防中队配备小型消防车的建议	顾晓军
44	关于进一步构建区域内便捷交通网络的建议	苏　桦
45	关于加强苏绣小镇特色文旅路线引流的建议	姚　兰
46	关于提高苏绣品牌影响、保护大师工作室的建议	陈红英
47	关于建设老年大学的建议	於传俊
48	关于加强青少年爱国主义教育的建议	俞春方
49	关于开展针对新冠感染防治科普教育的建议	许学农
50	关于进一步加强校园周边交通环境整治的建议	董　薇
51	关于进一步规范大阳山驴友出行的建议	吴雪春
52	关于进一步加大对区内企业信用修复扶持力度的建议	秦凌云
53	关于进一步创建和谐向上睦邻环境的建议	韩飞忠
54	关于加快提升网络安全能力建设的建议	陈凌云
55	关于提高中小学校教师在编比例统筹临聘教师待遇的建议	朱伟英
56	关于缓解企业“用工难”问题的建议	周　密
57	关于公共区域合理规划电动汽车充电桩的建议	俞春明
58	关于完善社区卫生服务功能的建议	邢建良
59	关于推进智慧化医联体建设的建议	吴雪良
60	关于增强“双碳”科技专项申报指引的建议	吴炆韬
61	关于加快启动建设由浒关延伸至通安地铁线路的建议	王华新
62	关于设立我区特色农产品相关政策性农业保险险种的建议	蒋佳伟
63	关于运用科技保险助力数字经济时代产业创新集群发展的建议	高　峰

续表

建议编号	建议名称	建议代表
64	关于优化管理新区一中科技城校区周边交通管理的建议	黄　娟
65	关于在环狮子山、玉山公园内布局改造塑胶健身步道的建议	黄　娟
66	关于完善社区党组织书记激励机制的建议	茅文波
67	关于进一步完善高龄老人就医困难的建议	孙晓敏
68	关于全区统一建设志愿服务“时间银行”的建议	王　敏
69	关于提高苏州国际教育园属地政府部门与高校联动的建议	周　燕
70	关于利用现有数据平台，建立公民医疗健康档案统筹监控平台，统筹规划医疗资源的建议	石俊杰
71	关于发挥驻区大院大所基础支撑作用，提升协同攻关能力水平的建议	徐春叶
72	关于树山村兴贤路（建林路口到树山村路段）改造的建议	陈庭珊
73	关于校园周边交通安全的建议	徐　瑛
74	关于提高我区医务人员福利待遇的建议	张凤亭
75	关于促进职业院校产教融合发展的建议	李东娇
76	关于推动农耕特色文化实践教育基地建设的建议	王惠芳
77	关于抢抓功能片区建设机遇，协同推进乡村振兴的建议	张晓伟
78	关于发挥苏州科技大学师范教育专长，全面开展教育领域合作的建议	吴卫华
79	关于加强教培机构“预付费”监管的建议	马伟良
80	关于“打造5G+工业互联网融合应用先导区，助力建设数字经济产业创新集群”的建议	钟珂烨
81	关于加强虎丘区文化体育资源的建议	姚　兰
82	关于非遗苏绣在新时代背景下创新传承发展的建议	张黎星
83	关于加强国家级重点文物保护的建议	於传俊
84	关于进一步推进我区“家庭养老夜间照护床位”建设的建议	林　梅
85	关于智能养老服务的建议	金蓓艺
86	关于整合资源、专业化打造高新区红色旅游路线的建议	曹　静
87	关于“网红”打卡地等非景区的登山运动现状和规范管理的建议	杨永忠
88	关于小区安装充电设施的建议	杨永忠
89	关于打造家门口的就业服务站建议	娄　锴
90	关于在我区中小学校增设行政教辅工作人员的建议	程林岐
91	关于畅通职能部门及属地之间沟通机制的建议	顾佩琴
92	关于我市尊老金发放对象增加领取工伤抚恤金老人的建议	杜　慧
93	关于华山路、长江路交叉口（观枫四季小区南侧空地）建设口袋公园的建议	杨雪华
94	关于进一步加强我区小餐饮店油烟净化和油水分离管控的建议	贾　斌
95	关于新增机动车停车泊位、加快推进道路智慧停车的建议	吴兢晴
96	关于加强社会组织建设的建议	周志强
97	关于规范我区民间信仰活动场所建设及管理的建议	周志强
98	关于优化泰山路与金枫路交叉口由西往北交通的建议	朱建军

续表

建议编号	建议名称	建议代表
99	关于科技城内企业联合定制公交线路的建议	杜　慧
100	关于减少安全系统填写的建议	顾佩琴
101	关于持续推动苏绣技艺传承进社区项目的建议	曹　静
102	关于规范化管理艺术类培训机构的建议	娄　锴
103	关于12345属地化管理可联动优化处理的建议	史　婧
104	希望尽快落实农房移建土地指标的建议	李国超
105	关于规范社区开设证明管理的建议	宋拥军
106	关于中小学生社会实践活动的相关建议	武英战
107	关于政府在停电，限电时需要对特殊企业采取不同对待的建议	吴昊信
108	关于加强城区噪音污染管理的建议	俞春方
109	关于提供外地员工子女就学名额帮助企业引进高新人才的建议	周　仁
110	关于污水新冠病毒监测的相关建议	张春雷
111	关于噪声声纹监测的相关建议	王雪兴
112	关于加强对业主委员会监督和管理的建议	潘　丽
113	关于出台公共场所空气净化指导标准及配备设备的建议	欧化海
114	关于狮山商务创新区大力发展楼宇经济的建议	韩　静
115	关于健全完善科技城（东渚街道）青山绿庭社区辖区公共便民设施的建议	韩　静
116	关于完善基层社区基础设施建设的建议	董立户
117	关于建立健全社区工作者鼓励激励机制的建议	董立户

编辑：张肖千

苏州国家高新技术产业开发区管理委员会
苏州市虎丘区人民政府

综　述

【机构设置】 2023年，苏州国家高新技术产业开发区管理委员会（苏州市虎丘区人民政府）〔简称“区管委会（区政府）”〕设职能机构：区经济发展委员会、区教育局、区科技创新局、区社会事业局、区财政局、区人社局、区住房和建设局、区城管局、区城乡发展局、区商务局、区文化体育和旅游局、区退役军人事务局、区应急管理局、区审计局、区行政审批局、区市场监督管理局、区国资办、区统计局。

（编办　陆　静）

【建议提案办理】 2023年，高新区重视人大代表建议和政协提案办理工作，将推进重点建议办理作为增强建议提案办理时效、解决突出问题重要抓手，加强与代表、委员沟通联系，着力提高督办实效。呈现内容更聚焦、意见建议更专业等特点，有效反映广大群众期盼和诉求。全年市、区两级共交办建议提案352件，其中市人大代表建议和政协提案18件、区人大常委会交办代表建议117件、区政协交办提案217件。市、区两级交办建议提案完成率100%，总体满意率100%。

（党政办公室　沙　莎）

【营商环境建设】 2023年，高新区围绕市场化、法治化、国际化目标，一体推进“六个环境”建设，打造综合更优的政策环境、公平有序的市场环境、动能澎湃的创新环境、高效便利的政务环境、公正透明的法治环境、亲商安商的人文环境。聚焦企业全生命周期、产业全链条发展，制定出台《苏州高新区（虎丘区）优化营商环境创新行动（2023年）》，推出27个方面110条工作举措，明确152项重点任务。优化成立全区营商环境评价工作领导小组和9个工作专班，建立全省营商环境评价指标月度跟踪工作机制，创新开展评价指标年终自评估，常态化做好评价指标动态跟踪、问题梳理、会商协调工作，推动全省营商环境指标评价指标争先进位。加强优化营商环境工作宣传推介，常态化梳理营商环境亮点特色成效，形成年度营商环境评价创新性成果50余项。全省首家互联网法庭落户高新区，在全省率先实现企业开办、政电联办同步办理，首创“一企来办”企业诉求闭环处办机制，发布全市首个帮办代办地方标准，在全市率先试点居民充电桩报装“一件事”。

（经济发展委员会　薛梦迪）

【政府自身建设】 2023年，高新区探索建立健全督查机制，明确督查工作重点，针对问题、突出实效，锻造全方位、立体式督查格局。印发《2023年苏州高新区区级督查检查考核计划》，严格执行计划管理、清单管理、备案管理、审批管理，推动健全基层减负常态化机制。抓好批办件跟踪督办，利用“互联网+督查”工作手段，建立电子督查督办平台，做好区主要领导批示交办件分办、转办、催办工作。全年共编发《领导批示及办理情况》12期，办理领导批示交办事项389件，交办率、催办率100%。协调处理国务院“互联网+督查”工单、人民来信及各类交办事项534件。多措并举开展高质高效专题督查，对浒墅关片区转型升级、占道施工整治、学校周边道路拥堵、新区火车站地下通道漏水问题等重点工作开展专题督查、现场核查，全年共形成《督查通报》12期、《督查专报》6期，通过反馈督查情况，提出整改措施，推动工作有序顺利进行。及时开展上级交办事项，明确办理要求，规范办理程序，严格办理时限。每季度梳理统计全区发文会议情况、接受上级督查检查考核事项，贯彻落实省、市关于加重村级组织负担突出问题专项整治工作部署要求，布置区统计数据“一套表”，党建、民生“两本账”以及履职事项“三张清单”等相关工作，根据《苏州市“1+7”工作清单制度》制定贯彻落实推进方案。做好市考指标对上争取和区考方案修订实施工作，制定《2023年度区级机关单位高质量发展绩效评价考核

高新区管委会（杨炎橙　摄）

实施方案》，开展绩效评价考核打分汇总分析、全区综合考核满意度评议等工作。

高新区继续强化机制建设，持续提升全区党政信息水平。开展信息选题会及调研，全年共召开信息选题会25次、信息沙龙活动2次，开展调研工作5次。印发刊物110期，其中《高新信息（摘报）》49期、《高新信息（动态）》49期、《党政信息简报》12期。印发区党政信息通讯录及2023年度优秀信息选编，下发约稿单140件。全年共向上报送信息5046篇，被省委，市委、市政府采用1514篇，其中决策参考信息311篇、动态信息446篇、互联网信息757篇，采用率30%，提升10个百分点。《警惕新年台历、日历成劣迹艺人、宗教传播"隐秘角落"》被中央办公厅采用，《日韩加速收集中医药资源威胁我国中医药产业安全》被国务院办公厅采用，《高新区全力打造高端医疗器械产业创新集群标杆》《高新区打造"元宇宙"生态助推数字经济产业发展》等7条正面动态信息获得市、区主要领导批示肯定。

（党政办公室　沙　莎　邹　峰）

【政府民生实事项目】 2023年，高新区高度重视民生实事工作，始终把执政为民作为重大政治责任，回应群众所盼所愿，抓好各项民生实事项目组织推进和实施，经区人大代表票选产生的25个区政府民生实事项目均完成年度目标并发挥惠民实效。其中，新建学校扩大教育资源供给、开设青少年暑托班、建设苏州高新区公共卫生中心、青少年脊柱健康筛查和科普、养老服务提升、道路照明亮化提升、实施公交线网优化工程、新增机动车停车泊位、打造"一刻钟便民生活圈"、文物单位保护修缮等10个项目提前或超额完成全年目标任务。狮山公园项目入围第22届苏州十大民心工程（县级市、区）。

（经济发展委员会　高　婷）

表5　2023年高新区民生实事项目一览表

序号	项目名称	实施内容和计划
1	新建学校扩大教育资源供给	新建并投用学校4所，包括苏州高新区文达实验初级中学、敬恩小学二期、科技城实验小学玉屏校区和狮山实验小学乐星校区，建筑面积共计17.22万平方米，建成后可投入使用学位6700余个
2	开设青少年暑托班	通过集中式课程化、分布式活动类、嵌入式行业性等三类办班模式相结合，拟开设青少年暑托班124个，灵活开展公益看护、兴趣培养、红色文化教育等主题课程，预计累计服务青少年学生5000余人次

续表

序号	项目名称	实施内容和计划
3	社区家庭教育提升计划	打造一批“三全社区”，探索“三全”家庭教育指导模式（社区全域、父母全程、家庭全类型）；开展社区家长学校常态化指导督查；开展各类社区家庭教育服务活动；开展“一法一条例”宣传，对《中华人民共和国家庭教育促进法》《江苏省家庭教育促进条例》开展各类形式宣讲普及
4	实施居民医疗保障暖心工程	基本实现城乡居民医保参保率达到99.5%，实现待遇享受全覆盖；实现参保人员在享受市医保“普惠”待遇的基础上，再享受区医保门诊补助和大病补充保险、意外伤害及身故险补充的“特惠”待遇，搭建“三维一体”多层次居民医疗保障体系
5	建设苏州高新区公共卫生中心	建设苏州高新区公共卫生中心，占地面积1.31万平方米，建筑面积3.16万平方米，建设包括区卫生应急中心、卫生应急物资储备中心、疾控、卫监、妇计中心业务用房和疾控中心实验室、健康教育阵地等
6	青少年脊柱健康筛查和科普	通过医教结合的干预模式，对高新区1万余名小学生进行脊柱侧弯筛查，通过现场宣讲、视频宣传等多种形式进行脊柱健康科普
7	养老服务提升	实施老年人家庭适老化改造150户，完善区内日间照料中心点位布局；为200余名独居、无人照料的60周岁以上老人和在册社会救助与福利保障对象安装配备智能一键呼叫器和烟雾报警器
8	实施“乐龄高新　乐活退管”工程	针对老年居民展开民意调查，推动全区筹划开展并适时举办相关主题特色活动；推进生日、重病、亡故等慰问暖心工作；对企业退休人员、老年居民和大龄失地农民开展免费健康体检工作；建好一支业务精、服务好、专业性强的退管协管员队伍，为全区10万余名退休人员提供专职服务
9	打造家门口就业服务站	建立完善1个服务大厅、6个服务站和多个服务点，打造家门口就业服务站，完善公共就业服务体系建设，计划实现新增就业1.2万人，支持创业1600余人；免费对1.2万名区内人员进行职业技能（创业）培训，新增高技能人才3000余人；新建零工市场1个
10	建设口袋公园提升城市品位	在运河路邓尉路口、华山路长江路口、太湖大道嘉陵江路口等处建成口袋公园6个，为周边居民群众提供休闲游憩绿色场所
11	城乡水体综合提质增效	改善提升横宅港、庄前浜2条河流水质，建设幸福河湖6条；建设市政污水管网5千米，完成小区雨污分流改造4个，建成污水处理提质增效达标区（养护进小区）5个，完成治理提升自然村5个
12	市容环境提升十百万工程	争创“美丽街区”项目1个，开展运捷路、怡养路、华金路、崔巷路、鹤山街、塔子汇街（枫桥段）、漓江路、龙康路、绣馆街、淮海北街等10条背街小巷整治工作，计划在地铁出入口、商业广场街区等人流密集区域周边新增非机动车停车泊位1000个
13	改造城镇老旧小区	完成馨泰花苑西区、航天小区、狮山花苑和枫津大街372号老旧小区改造，包括外立面、市政、智能化及绿化改造等，进一步改善居民群众居住条件
14	儿童友好社区建设	围绕社会政策、公共服务、权利保障、成长空间、发展环境5个维度建设儿童友好社区，包括成立创建工作领导小组，提供固定场所，设立儿童室内、户外活动空间及设置标识系统，提供儿童分龄服务、特殊儿童服务、儿童保护及家庭服务，做好儿童友好理念宣传，实施婴幼儿托育服务
15	道路照明亮化提升	对全区1万盏钠灯光源路灯进行LED节能改造
16	新增投用青年人才公寓	聚焦更好满足青年人才多样化租赁住房需求，提升居住环境和居住品质，计划新增投入使用人才公寓1850余套（间）
17	实施公交线网优化工程	通过完善微循环公交服务配套、探索“需求响应”快速公交、配套开通企业定制专线、打响“通学公交”品牌、优化“敬老服务”乐龄专线、发展“交邮融合”特色线路等方式累计新辟、优化、调整线路10条次
18	道路渠化和断头路打通	实施塔园路—苏州高等职业技术学校等8个路口渠化改造，提高道路通行效率，保障行人和非机动车的过街安全；打通苏通路，加强与相城区、姑苏区交通一体化
19	新增机动车停车泊位	盘活停车资源，优化停车效率，计划全区新增停车泊位1500个，包含公共停车泊位200个，新增共享停车泊位150个、接入动态停车泊位数据1000个，缓解居民群众停车难题，促使机动车辆在规定区域有序停放
20	打造“一刻钟便民生活圈”	创建完成“一刻钟便民生活圈”3个，以便民、利民、惠民为出发点，以社区居民为服务对象，在步行不超过15分钟的范围内，建设多业态（日常购物功能、文化交流功能、教育培训功能、医疗卫生功能、养老服务功能、健身休闲功能、公共交通功能、物流配送功能等）集聚形成的社区生活圈

续表

序号	项目名称	实施内容和计划
21	新（改）建公共卫生间	新建朝红路西、建林路西、何山桥下、鹿山桥南、高景山路西、晋源桥下等公共卫生间6座，对枫津大街和枫津小游园2座公共卫生间改建，进一步满足市民如厕需求
22	电梯监管智慧化	建设智慧电梯监管AIoT平台，覆盖1000台老旧电梯或人员密集场所电梯，通过加装电梯物联网监测设备，实现老旧电梯、人员密集场所电梯的远程运行状况监测
23	狮山公园改造提升	建设天狮湖及2.2千米内环步道，通过环路串联苏博西馆、科工馆、狮山大剧院和重要空间，形成“一山一湖、一环八区”的功能布局；优化提升狮子回头望虎丘、吴王僚墓、狮山坠星、摩崖石刻等历史人文景观
24	文物单位保护修缮	启动对蚕桑学校西隐堂、绿叶楼以及蚕种场天远堂3处蚕桑文物建筑加固修缮；修建便桥取代南将桥通行功能，对南将桥进行保护；进行国家级重点文物万佛石塔维修保护的方案设计
25	便民体育设施建设	新建10处笼式球场，优化提升大白荡公园和月泊湾公园体育设施

【区政府常务会议】 2023年，区政府共召开16次常务会议。

1月13日，高新区管委会主任、虎丘区政府区长宋长宝主持召开区政府2023年第1次常务会议（区深改办2023年第1次专题会议）。会议审议通过《苏州高新区直属国有企业人员管理指导意见》《苏州高新区工程建设项目全链工作制度改革实施意见》《苏州高新区管委会南京大学专项合作发展协议》《苏州高新区推动知识产权服务业高质量发展行动计划（2023—2025年）》，听取关于启动“大展宏兔　嗨购高新”2023年高新年货节系列迎新促消费活动汇报。

2月9日，高新区管委会主任、虎丘区政府区长宋长宝主持召开区政府2023年第2次常务会议（区深改办2023年第2次专题会议）。会议审议通过《苏州高新区促进楼宇经济高质量发展三年行动计划》《苏州高新区光子产业创新集群三年行动计划》《苏州高新区老旧小区改造三年行动方案》，听取关于政府专项债券项目储备谋划工作推进情况汇报。

2月22日，高新区管委会主任、虎丘区政府区长宋长宝主持召开区政府2023年第3次常务会议（区深改办2023年第3次专题会议）。会议审议通过《中共虎丘区委、虎丘区人民政府关于做好碳达峰碳中和工作的实施意见》《苏州高新区关于优化惠企政策申报及兑现的工作意见》《政府投资非经营性项目集中建设工程变更管理办法》。

3月14日，高新区管委会主任、虎丘区政府区长宋长宝主持召开区政府2023年第4次常务会议（区深改办2023年第4次专题会议）。会议听取高新区建筑工程施工安全生产专业委员会工作情况汇报，审议通过《苏州高新区法律服务业高质量发展三年行动计划（2023—2025年）》《苏州高新区关于促进法律服务业高质量发展若干政策（试行）》《关于贯彻落实市委、市政府〈全面加强教育系统党的建设深化全市基础教育综合改革的意见〉的实施方案》《苏州高新区生态空间管控区域监督管理评估实施方案》。

4月27日，高新区管委会主任、虎丘区政府区长宋长宝主持召开区政府2023年第5次常务会议（区深改办2023年第5次专题会议）。会议听取关于2023年苏州高新区重点项目征集情况汇报，审议《苏州高新区（虎丘区）区长质量奖评定管理办法》《苏州高新区助力“企业敢干”优化企业诉求闭环处办机制实施方案》《关于开展重点行业领域安全生产风险专项整治巩固提升年行动的通知》《苏州高新区新行业新业态等领域安全生产监督管理职责清单》，听取关于区工矿商贸安全生产专业委员会工作情况、启动“五五购物　春惠高新”促消费活动、金山东路68号桃园老年公寓城市更新合作项目等汇报。

5月26日，高新区管委会主任、虎丘区政府区长宋长宝主持召开区政府2023年第6次常务会议（区深改办2023年第6次专题会议）。会议审议通过《苏州市虎丘区人民政府工作规则》《苏州高新区（虎丘区）加快推进三级政务服务标准化规范化便利化的实施方案》《关于构建区级机关部门与区直属国有企业高效协同关系的指导意见》《苏州高新区“镇债县管”工作方案》《苏州高新区科学技术普及项目管理办法》《大家保险战略合作补充协议》，听取2023年区信息化项目建设计划情况、全区污水管网和泵站资产处置方案、南大苏州校区学术交流中心运营工作情况、区交通运输安全生产专业委员会专题汇报。

6月7日，高新区管委会主任、虎丘区政府区长宋长宝主持召开区政府2023年第7次常务会议（区深改办2023年第7次专题会议）。会议审议通过《苏州高新区全面推进乡村振兴　探索高水平率先基本实现农业农村现代化行动方案（2023—2025年）》《苏州高新区乡村建设行动实施方案》《关于进一步促进苏州高新区院所平台科技成果转化的实施方案》《苏州高新区企业上市服务机制》《苏州市虎丘区“一山一策”工作行动方案》，听取《苏州高新区关于加快培养和发展国家高新技术企业实施方法》政策修订情况、区地下管网安全生产专委会工作情况、拟收购马山游客中心等两处资产情况汇报。

6月27日，高新区管委会主任、虎丘区政府区长宋长宝主持召开区政府2023年第8次常务会议（区深改办2023年第8次专题会议）。会议审议通过《南京大学苏州校区（东区）房屋移交协议》《苏州高新区扎实推进长三角一体化发展2023年工作要点》《关于深化质量强区建设的工作方案》《苏州高新区“光子贷”实施方案》，听取全区自然资源督察暨土地违法违规问题整改情况、2022年区本级财政预算（草案）、第五次全国经济普查相关工作情况汇报、瑞玛精密企业相关情况汇报。

7月19日，高新区管委会主任、虎丘区政府区长宋长宝主持召开区政府2023年第9次常务会议（区深改办2023年第9次专题会议）。会议听取关于苏州西部生态旅游度假区调整管理范围、区油气输送管道专委会安全生产工作情况汇报，审议通过《苏州高新区加强职工集宿区社区化管理工作方案》《苏州高新区推进高端知识产权服务业高质量发展的若干扶持政策》《2023年度高新区电力迎峰度夏（冬）非工负荷管理专项方案》《苏州高新区水环境补偿实施方案（试行）》《共建长三角机器人与人工智能研究院合作协议》。

8月18日，高新区管委会主任、虎丘区政府区长宋长宝主持召开区政府2023年第10次常务会议（区深改办2023年第10次专题会议）。会议听取区科研院所安全生产专业委员会工作、区特种设备安全生产专业委员会工作、区稳外贸工作、法奥意威项目及纳尔科地块收储情况、金山东路66号国发地块城市更新合作情况的汇报，审议通过《苏州高新区关于促进3岁以下婴幼儿照护服务高质量发展的实施意见》《关于支持新能源汽车产业发展的若干政策（试行）》《苏州高新区景观照明管理办法》。

9月6日，高新区管委会主任、虎丘区政府区长宋长宝主持召开区政府2023年第11次常务会议（区深改办2023年第11次专题会议）。会议听取关于第39个教师节表彰奖励暨召开全区教育工作会议、高新区养老护理和救助安全生产专委会工作情况汇报，审议通过《苏州高新区关于鼓励企业上市（挂牌）的若干意见》及实施细则、《苏州高新区“高新贷”实施方案》及实施细则、《虎丘区国有企业员工“带岗入伍”激励办法》《苏州高新区废弃汽车专项整治行动方案》。

9月26日，高新区管委会主任、虎丘区政府区长宋长宝主持召开区政府2023年第12次常务会议（区深改办2023年第12次专题会议）。会议听取高新区新一轮太湖综合治理工作及相关配套方案、拟收购苏州高新供应链管理有限公司49%股权方案的汇报，审议通过《关于将产业项目供电方案纳入工程项目全链管理的实施意见》《苏州高新区康复辅助器具社区租赁工作方案》《苏州高新区科创天使基金暂行管理办法》。

11月17日，高新区管委会主任、虎丘区政府区长宋长宝主持召开区政府2023年第13次常务会议（区深改办2023年第13次专题会议）。会议传达学习市政府经济运行分析调度会精神，审议通过《苏州高新区国有企业改革深化提升行动实施方案（2023—2025年）》《苏州高新区直属国有企业投资监督管理办法》《苏州高新区国有资产监督管理委员会议事规则》《关于建立健全国有企业统一监管机制的指导意见》《苏州高新区促进基层卫生健康事业高质量发展的实施意见（2023—2025年）》和相关案件答辩材料，听取关于启动“乐享嗨购　数惠高新”2023年高新欢乐购暨第四届“双12苏州购物节”系列促消费活动汇报。

11月23日，高新区管委会主任、虎丘区政府区长宋长宝主持召开区政府2023年第14次常务会议（区深改办2023年第14次专题会议）。会议审议通过《关于促进楼宇经济提档升级的推进方案》《关于加快推进农村住房建设的方案》《苏州高新区瓶装液化气用户管理细则（试行）》，听取关于太湖光子中心（封测工艺平台）合作方案、苏州太湖科学城产业融合发展一期项目实施方案、设立苏州苏润高新合伙企业（有限合伙）方案汇报。

12月6日，高新区管委会主任、虎丘区政府区长宋长宝主持召开区政府2023年第15次常务会议（区深改办2023年第15次专题会议）。会议审议通过《苏州高新区12345公共服务平台运行管理办法》《苏州高新区“工业上楼”三年工作方案（2023—2025年）》及配套文件、《苏州高新区推进金融业高质量发展的若干政策》及实施细则，听取区电力安全生产专委会工作情况汇报。

12月19日，高新区管委会主任、虎丘区政府区长宋长宝主持召开区政府2023年第16次常务会议（区深改办2023年第16次专题会议)。会议审议通过2023年区长质量奖候选组织和区质量管理优秀奖候选组织名单、《2024年度审计项目计划初步安排》《苏州高新区(虎丘区)2022年本级财政预算执行及其他财政收支情况审计发现问题整改情况的报告》《苏州高新区(虎丘区)区级财政专项资金管理办法(修订版)》、2024年本级财政总预算(草案)、2023年区政府民生实事项目完成情况和2024年区政府民生实事项目候选项目初排情况。　　(党政办公室　柯　钊)

现代服务业高质量发展

【概况】 2023年,高新区完成服务业增加值965.81亿元,增长6.5%,增速高于全区地区生产总值1.4个百分点,占地区生产总值比重52.9%,提高1.9个百分点。规模以上核算服务业实现营业收入431.91亿元,增长8.7%;权重行业信息服务业营业收入增长16.1%,科技服务业营业收入增长6.7%,租赁和商务服务业营业收入增长2.5%。规模以上高技术服务业营业收入325.08亿元,增长10.7%,首次超过300亿元。推进江苏省现代服务业高质量发展"331"工程综合评价工作,加快构建现代服务业发展生态培育体系。新增省级现代服务业高质量发展领军企业3家,累计有9家。苏州留学人员创业园获批省级服务业集聚示范区,累计有6家,数量并列全市第一位。高新区综合保税区东区获评省级物流示范园区。

【生产性服务业发展】 2023年,高新区完成生产性服务业增加值596.0亿元,增长8.6%;新兴服务业实现营业收入586.3亿元,增长10.5%。新增苏州市生产服务业领军企业4家,累计有15家,数量列全市第二位。

【"两业"融合发展】 2023年,高新区新增省级先进制造业和现代服务业深度融合试点企业1家,累计有省级"两业"融合试点区域1个、试点产业集群1个、试点企业9家。

【总部经济】 2023年,高新区新增苏州市总部企业7家,累计有45家。获苏州市总部企业年度综合贡献奖7家。

【服务业重点项目】 2023年,高新区入围省重点服务业项目8个、市重点服务业项目17个,获批省、市服务业重点项目数量均列全市第一位,超额完成年度投资目标。

表6　2023年高新区省级现代服务业高质量发展领军企业一览表

序号	企业名称	序号	企业名称
1	苏州市怡养老年公寓	6	快住智能科技(苏州)有限公司
2	苏州英格玛服务外包股份有限公司	7	苏州英威腾电力电子有限公司
3	山石网科通信技术股份有限公司	8	苏州盖雅信息技术有限公司
4	苏州华启智能科技有限公司	9	苏州国芯科技股份有限公司
5	苏州创捷传媒展览股份有限公司		

表7　2023年高新区市级生产性服务业领军企业一览表

序号	企业名称	序号	企业名称
1	山石网科通信技术股份有限公司	9	苏州清听声学科技有限公司
2	恒隆通信技术有限公司	10	苏州市宏宇环境科技股份有限公司
3	苏州国芯科技股份有限公司	11	苏州盖雅信息技术有限公司
4	苏州英格玛服务外包股份有限公司	12	裕太微电子股份有限公司
5	苏州创捷传媒展览股份有限公司	13	中诚智信工程咨询集团股份有限公司
6	苏州市伏泰信息科技股份有限公司	14	苏州万店掌网络科技有限公司
7	苏州昊帆生物股份有限公司	15	苏州中材非金属矿工业设计研究院有限公司
8	苏州智汇人才服务集团有限公司		

表8 2023年高新区省级“两业”融合试点区域、产业集群、企业一览表

序号	试点区域、产业集群、企业	试点名称	获评类型
1	苏州国家高新技术产业开发区	—	试点区域
2	江苏医疗器械产业园	医疗器械产业集群试点	产业集群试点（行业）
3	苏州富强科技有限公司	面向离散制造业的智能工厂全生命周期个性化定制平台试点	企业试点
4	阿特斯阳光电力集团有限公司	阿特斯智能制造与运营管理整体解决方案试点	企业试点
5	苏州科达科技股份有限公司	科达音视频人工智能产品与服务深度融合项目	企业试点
6	莱克电气股份有限公司	莱克工业设计创新成果与小家电制造业的深度融合	企业试点
7	星恒电源股份有限公司	星恒5.0智能制造与运营管理	企业试点
8	苏州路之遥科技股份有限公司	微电脑控制器产品全生命周期管理	企业试点
9	中核苏阀科技实业股份有限公司	阀门智能制造与全生命周期管理运维	企业试点
10	苏州晟成光伏设备有限公司	光伏组件自动化产线先进制造业和现代服务业深度融合试点	企业试点
11	苏州速迈医学科技股份有限公司	面向精准显微智能医疗制造业的全生命周期管理	企业试点

表9 2023年高新区市级总部企业一览表

序号	企业名称	序号	企业名称
1	苏州肯德基有限公司	22	苏州新城园林发展有限公司
2	博思堂地产综合服务股份有限公司	23	湛新树脂（中国）有限公司
3	苏州科达科技股份有限公司	24	苏州西门子电器有限公司
4	苏州胜利精密制造科技股份公司	25	固德威技术股份有限公司
5	苏州柯利达装饰股份有限公司	26	NGK（苏州）环保陶瓷有限公司
6	阿特斯（中国）投资有限公司	27	苏新美好生活服务股份有限公司
7	苏州纽威阀门股份有限公司	28	松下神视电子（苏州）有限公司
8	东吴人寿保险股份有限公司	29	雷允上药业集团有限公司
9	苏州宝馨科技实业有限公司	30	阿克苏诺贝尔防护涂料（苏州）有限公司
10	莱克电气股份有限公司	31	苏州宝化炭黑有限公司
11	苏州固锝电子股份有限公司	32	苏州昊帆生物股份有限公司
12	苏州天孚光通信股份有限公司	33	苏州康诚仓储有限公司
13	中交一公局第二工程有限公司	34	苏州华启智能科技有限公司
14	国巨电子（中国）有限公司	35	江苏云学堂网络科技有限公司
15	苏州兴业材料科技股份有限公司	36	苏州资产管理有限公司
16	苏州市伏泰信息科技股份有限公司	37	中建国际建设有限公司
17	苏州英格玛服务外包股份有限公司	38	江苏迈得诺医疗集团有限公司
18	苏州创捷传媒展览股份有限公司	39	苏州国芯科技股份有限公司
19	苏州恒隆通信技术有限公司	40	纽威数控装备（苏州）股份有限公司
20	山石网科通信技术股份有限公司	41	苏州晟成光伏设备有限公司
21	苏州建鑫建设集团有限公司	42	苏州卓兆点胶股份有限公司

续表

序号	企业名称	序号	企业名称
43	苏州西典新能源电气股份有限公司	45	腾辉电子（苏州）有限公司
44	克诺尔车辆设备（苏州）有限公司		

表10　2023年高新区省重点服务业项目一览表

序号	项目名称	产业领域	项目类型
1	大阳山数字产业基地	软件和信息服务	新增
2	苏州市集成电路创新中心	科技服务	新增
3	高新区生命科技医疗护理设施设备（医疗器械产业园四期）	科技服务	新增
4	狮山生命健康产业基地	健康服务	新增
5	大家保险康养产业集聚区	金融服务	新增
6	中国移动云资源新型基础设施建设	软件和信息服务	新增
7	迈得诺医疗科技园区	科技服务	新增
8	中国通用技术长三角汽车工程研究院	科技服务	结转

表11　2023年高新区市重点服务业项目一览表

序号	项目名称	产业领域	建设性质
1	长三角一体化太湖国际创新社区	科技服务	新建
2	苏州市集成电路创新中心	科技服务	新建
3	迈得诺医疗主动脉瓣TAVR系统	科技服务	新建
4	锐杰微高端芯片封装	科技服务	新建
5	狮山生物医药创新药（狮山生命健康产业基地）	科技服务	续建
6	大家保险金融双子广场	金融服务	续建
7	中软国际（苏州）软件开发及集成测试中心	软件和信息服务	续建
8	中国检验认证集团苏州检验检测基地	科技服务	续建
9	苏州中建国际全球总部	商务服务	续建
10	通用技术中国汽研长三角研究院暨华东总部生产基地	节能环保服务	续建
11	中国移动云资源新型基础设施	软件和信息服务	续建
12	生命科技医疗护理设施设备（医疗器械产业园四期）	科技服务	续建
13	大阳山数字产业基地	科技服务	续建
14	灏华华东总部	商务服务	续建
15	凯菱中日绿色产业创新区（凯菱绿色产业基地一期）	节能环保服务	续建

续表

序号	项目名称	产业领域	建设性质
16	苏州星河WORLD数创港项目	科技服务	续建
17	固德威全球总部双碳智慧能源研发和产业化	节能环保服务	续建

（经济发展委员会　曹后侠　马　标）

特色小镇

【概况】 2023年，高新区有苏州苏绣小镇、苏州金融小镇、苏州生命健康小镇等特色小镇。2月，苏州苏绣小镇获批首批江苏省特色小镇。6月，第八次全省特色小镇建设工作推进会暨第一批省级特色小镇授牌仪式召开，苏绣小镇作为优秀小镇代表交流经验。

（经济发展委员会　高　婷）

【苏州苏绣小镇】 位于镇湖街道。规划范围东至纵一路，西至东城路，南至湿地公园，北至渚镇路，占地面积3.8平方千米。截至2023年底，有绣庄400余个，创业商户约2000个。小镇从业人员8400余人。有非遗项目（苏绣）国家级代表性传承人2人、省级1人、市级2人、区级26人。有国家级工艺美术大师（苏绣）3人、省级11人、市级26人。先后获批中国民间（刺绣）艺术之乡、国家文化产业示范基地、国家级非物质文化遗产生产性保护示范基地、全国非遗与旅游融合发展优选项目、中国特色小镇50强等。

（苏高新集团　蒋逸凡）

【苏州金融小镇】 位于东渚街道，一期占地面积3.17万平方米，建筑面积3.88万平方米。由苏州高新区管委会、招商局集团合作开发。截至2023年底，累计完成注册机构1100余家，管理资本规模2700亿余元，吸引招银国际、太盟投资、九鼎投资等一批优质资源。累计组织企业和金融机构参加省、市、区级活动10余场。依托多层次资本市场合作平台和资源优势，推动区域产业链、创新链、资金链“三链”融合，助推区域产业转型升级和科技创新。先后获批全国十佳基金小镇、江苏省首批科技服务业示范基地、江苏省首批创业投资集聚发展示范区、江苏省第四批双创示范基地、省市级特色小镇等。（苏高新金控　代少青）

【苏州生命健康小镇】 位于枫桥街道，占地面积5.2万平方米，建筑面积14万平方米。截至2023年底，有高科技企业100余家，各级各类人才56人，发明及实用新型专利60余项，医疗器械注册证40余张。聚焦生命健康，围绕新药靶点的发现与解析、肿瘤免疫治疗、重组蛋白/抗体药物研发、植介入耗材、体外诊断等细分领域，发展高端医疗器械和生物医药产业。获批江苏省特色小镇。全年新增

苏州金融小镇（华晓忠　摄）

高质量科技项目5个，高质量产业项目7个。（医疗器械产业集团　朱冠群）

政务服务

【行政审批工作】 2023年，苏州高新区（虎丘区）行政审批局（简称“区行政审批局”）贯彻落实审批制度改革，着力营造最优营商环境，持续打造“苏新办”政企服务品牌。全区三级政务服务体系总办件量615.5万件，其中区级政务中心办件量16万件、各分中心办件量452.5万件、各镇（街道）便民服务中心办件量124万件、村（社区）级便民服务站办件量23万件。全年新登记企业1.2万户，设立登记常态化0.5天办结。33个项目实现“拿地即开工”，数量列全市第二位。出台《工程建设项目全链工作制度改革实施意见》等多个改革方案。开展省级强化政务服务线上线下各端服务整合互通试点，在全省率先实现企业开办与用电报装同步办理，构建“1+3+X”企业全生命周期服务体系，在全省首创企业诉求分类标准。企业诉求闭环处办机制获评第五届苏州市政务服务系统“双争双创”改革创新标杆项目，区行政审批局获苏州市工人先锋号、苏州市青年文明号等荣誉称号。

【《政务服务帮办代办服务规范》发布】 2023年5月，区行政审批局发布《政务服务帮办代办服务规范》，在全市首创帮办代办地方标准，填补江苏省政务服务帮办代办领域标准空缺。建设全市首个行政审批帮办代办线上服务平台，推行上门帮办代办、电话指导帮办等特色服务。整合服务资源，在全市率先实现企业开办、投资建设、民生事务3类服务领域全覆盖及区、镇、村3个服务层级全覆盖，

2023年，高新区开展政务服务帮办代办服务。图为枫桥街道“小枫来了”志愿者学习帮办代办服务流程（枫桥街道　供图）

帮助企业、群众就近快速获得帮办代办服务。举办全市政务服务帮办代办工作研讨会，标准化工作模式在全市复制推广。打造帮办代办多元品牌矩阵，狮山、横塘街道推出“芝兰花香”服务品牌、浒墅关经开区推出“当当服务”品牌、枫桥街道推出“小枫来了”品牌。截至年底，共计办理帮办代办件22.3万件。　（数据局　张　力）

【政府信息公开】 2023年，高新区切实履行推进、指导、协调、监督政务公开工作职责，创新建立涉访涉诉申请人信息公开办理联动机制。根据《国务院办公厅政府信息与政务公开办公室关于规范政府信息公开平台有关事项的通知》部署要求，完成部门、乡镇（街道）政府信息公开专栏改版建设，有效提升政务公开质量，更好发挥以公开促落实、强监管、优环境功能。区政府门户网站共发布信息4799条，其中重点领域政务信息公开991条。依法妥善处理好依申请公开政府信息的答复和善后工作以及各部门、各板块政府信息依申请公开答复指导工作。完善政府信息公开申请信件收发、网络系统收件功能，建立、完善依申请公开政府信息申请答复内部工作流程，从程序和实体上提高答复及时性、准确性和规范性。管委会（区政府）本级收到政府信息公开申请29件，办理依申请公开328件。向市政府提供信息公开协查意见20余份，协助市政府做好信息公开答复工作。常态化监管全区政务新媒体，每周检测更新运营情况。针对少数政务新媒体内容更新不及时问题，建立重点关注名单，加大巡查、提醒通报力度，发布2023年全区政务新媒体检查抽查情况督查通报4期。在全省和全市的政务新媒体检查抽查中，高新区政务新媒体整体情况较好。组织全区各单位完成2022年度政府信息公开年度报告，编制发布苏州高新区（虎丘区）政府信息公开工作年度报告，更新《高新区管委会（虎丘区）政府信息公开指南》。　（党政办公室　潘忠云）

【便民服务热线】 2023年，高新区12345热线呼入量640092次，接通率91.95%，共办理诉求401101件，及时办理率100%，群众满意率98.65%。

建立12345热线和110高效联动运行机制，全年推送工单451件，解决疑难问题50余件。整合“一企来”、尚贤人才热线职能，设立企业服务专席，组建专业化企业服务队伍，创新“企业敢干”优化企业诉求处办机制，实现企业诉求高效处置。加强政务信息库建设，更新政务信息1048条、热点问答223条，构建由80人组成的专家库，通过在线解答、专家远程连线等方式回应群众和企业诉求。组织疑难事项协调会22次，解决疑难问题120余个。获苏州市“双争双创”主题活动为民服务工作先进集体、苏州市“便民杯”优质服务竞赛活动优秀单位。

（城管局　邓昌伟）

【信件办理】 2023年，高新区信访工作弘扬践行新时代枫桥经验、浦江经验，以信访问题源头治理三年行动为主线，抓好基层矛盾纠纷排查和源头预防处置，突出信访问题系统化解，群众诉求表达、利益协同、权益保障渠道更加通畅，信访和社会稳定大局持续稳定向好。全年全区信访总量3864件（批）次，其中，接待群众来访685批次2865人次，接收各类来信3179件次，网上信访及来信1404件次（国家局817件次，省局188件次），重复件581件次。及时受理率100%，按期办结率100%，责任单位满意率95.43%，责任单位参评率88.63%，初次信访量增加10.47%，初次信访一次性化解率94.70%，重复信访占比60.17%。

（社会工作部　王　娟）

外事工作

【跨国人员往来服务】 2023年，高新区深入践行外事为民宗旨，为畅通跨国人员往来提供便利。持续加大APEC商务旅行卡推广力度，提供网站答疑、电话咨询等政策解答服务。

【领事保护服务】 2023年，高新区在企业、学校、政务服务中心等地开展专项预防性领事保护宣传。召开“走出去”企业座谈会，结合实地走访调研，督导企业重视境外风险防范，加强境外安全管理，提升应对境外突发事件的能力和水平。

【对外交流合作】 2023年，高新区加强出访管理，赋能经贸交流。坚持因事定人、人事相符原则，优先保障执行中央专项任务、推动地方重大经贸活动及招商团组出访。在新加坡、日本、韩国、荷兰、意大利、德国等国家举办投资说明会，建立全球招商网络，推动海外招商。持续助力对外开放，接待外国来宾到访18批次340人，覆盖日本、新加坡、葡萄牙、新西兰等63个国家。承接一批涉外高层次经贸交流活动，对接日本驻华大使、英国驻上海总领事馆公使衔参赞、伊朗财经部长来访等交流活动。接待国际城市与城镇绿色创新发展大会参访团。

【国际友好城市交往】 2023年，苏州高新区与日本熊本市缔结友好交流关系10周年纪念活动举行。高新区开展中日文化研学进校园、中日文旅宣介“走出去”等系列活动，熊本市举办苏州高新区文化讲座。接待熊本上海事务所、熊本市政府代表团多次到访，邀请熊本市政府代表团参加第29届智能交通世界大会开幕式，邀请熊本上海事务所参加 2023苏州太湖马拉松欢乐跑活动。　（商务局　胡源远）

港澳台事务

【港澳事务】 2023年，高新区有香港企联会和香港同胞联谊会2个涉港社团，成员38人。有金德、亿和、东泰等重点香港企业250余家，其中，规上港资工业企业35家，工业产值占全区比重的10%；在港上市企业3家，分别为金德精密配件（苏州）有限公司、苏新美好生活服务股份有限公司和苏州贝克微电子股份有限公司。组织区内重点港资企业代表人士座谈会，开展青少年科创非遗、科技研学活动，

2023年7月28日，海峡两岸青年文化月苏绣主题活动举行（金洲宇　摄）

邀请香港同胞参加“情系高新　共襄发展”活动。常态化开展走访调研，倾听重点港资企业诉求，协调解决企业环保、用电扩容等实际困难。组织医疗器械产业发展集团、法兰克曼、科塞尔、诺一迈尔、康多机器人、义倍医疗、莱诺生物、晟诺医疗等8家企业到澳门参加国际科技创新博览会，帮助企业有效对接优质资源，探索合作发展机遇。做好“家在苏州　香聚高新”“苏港LOHAS”乐活会等港澳统战品牌，开展在苏香港同胞家庭日活动，承办庆祝香港回归26周年暨苏州香港同胞联谊会成立一周年大会。推动两地社区结对，香港吴清清议员办事处和枫桥街道康佳社区开展结对共建活动。

【台湾事务】 2023年，高新区深化苏台两地经贸合作交流。统筹推进台企智改数转，加速台企数字化、网络化、智能化发展进程，推动台资企业功能性机构苏州冠礼研发生产基地项目落户高新区。组织开展春节“五送”、台商台胞骑行、中秋节联谊等活动，举办第六届高新杯羽毛球联谊赛。持续开展第三届海峡两岸青年文化月活动，承办刺绣文化沙龙、乡村振兴体验等活动。推动台湾青年创新创业，依托苏州创业园打造台湾青年创新中心，获批设立苏州市对台交流中心，推动形成从孵化、培育到产业化的创新创业运作模式。开展“百企千岗等你来”台湾青年专场招聘会，组织30家企业提供岗位261个。专题举办高新区台湾青年座谈会，邀请一批有代表性的台湾青年企业家分享经验。

（统战部　顾寅清）

机关事务管理

【办公用房管理】 2023年，高新区机关事务管理处按照党政机关办公用房管理规定，加强对科技大厦集中办公区、功能片区、乡镇（街道）等办公用房管理，及时开展专项调研、检查督查，确保合法合规。加强办公用房“一张网”建设，严格审核办公用房面积，确保办公用房建筑面积、配置方式、权属统一登记类型信息与权证和实际情况保持一致，真实准确维护党政机关办公用房信息数据。根据全省党政机关办公用房专项巡检信息系统填报要求，及时指导各板块完成资料报送并统计上报。

（党政办公室　罗苍松）

【公务用车管理】 2023年，高新区机关车队有序组织开展区内重大调研、接待、考察等任务车辆运行线路及车辆保障工作。全年完成区领导调研、视察用车任务500余次，完成重大招商接待、参观、考察接待200余次。累计出动公务车辆2万余次，安全行驶距离60万千米。合理调度驾驶人员和车辆，提前制定参观线路和车辆停放方案。全年共检查全区党政机关公务用车800余次，事业单位业务用车1200余次。开展节假日“清风行动”公务用车专项检查5次，对全区40家配备党政机关公务用车的单位开展明察暗访。开展公务用车安全检查10余次。开展公务用车夏冬季专项检查。

（党政办公室　张云洲）

【行政经费管理】 2023年，高新区机关事务管理处坚持“过紧日子”思想，勤俭办后勤，保障行政机关日常运转。严格控制运行成本，加强源头管理，强化细节流程，压减经费支出。落实“三重一大”项目制度，规范资金使用研究审定，强化预算绩效管理。按期完成年度130万元扶贫资金采购。完成固定资产报废处置，回收资产7.56万元并上缴财政。

（党政办公室　罗苍松）

编辑：张肖千

中国人民政治协商会议苏州市虎丘区委员会

综　述

【政协委员构成及机构概况】 2023年，中国人民政治协商会议苏州市虎丘区委员会（简称“区政协”）设办公室（研究室、委员联络工作办公室）及提案委、经济科技委、社会事业委、城乡建设和农业农村委、港澳台侨委（民族宗教委）、文化文史委等6个专门委员会，下设浒墅关镇政协联络工委、东渚街道政协联络工委、镇湖街道政协联络工委、通安镇政协联络工委、狮山街道政协联络工委、横塘街道政协联络工委、枫桥街道政协联络工委等7个镇（街道）政协联络工作委员会。有区政协委员256人、政协常委38人。全年召开全体会议1次、常委会议8次、主席会议11次、党组理论学习中心组专题学习会12次，举办“智汇高新”协商议事会4次、政情通报会4次、委员讲堂4次、太湖科学城专家协商5次。政协苏州市虎丘区第九届委员会设17个界别，分别是中国共产党、无党派人士、中国共产主义青年团、工会、妇女联合会、工商业联合会、台湾同胞联谊会、归国华侨联合会、文化艺术界、科学技术界、经济界、农业农村界、教育界、医药卫生界、少数民族界、宗教界、特别邀请人士。

【团结联谊】 2023年，区政协落实政协统战工作责任，强化专委会与各党派团体的对口联系，定期召开党派团体政协履职座谈会，邀请党派团体参与政协工作会议、调研协商、视察考察、民主监督等重点工作。全年各党派团体在政协协商议政活动中发言20余次，提交集体提案18件、个人提案113件、大会发言17篇、社情民意信息160余篇。常态化走访看望民族宗教界委员和非公有制经济人士、新的社会阶层人士，增进感情共识。发挥环太湖高新区政协组织联动协商机制作用，围绕“打造人才高地”开展联动协商，联合发布人才合作倡议书。发挥文史资料“存史、资政、团结、育人”社会作用，成立非遗工作室和书画摄影工作室，持续推进《苏州市虎丘区政协志》编撰，启动《建区三十年口述史》编撰。

【界别工作】 2023年，区政协制定《委员联系服务界别群众实施方案》，健全界别工作制度，按照“六有”标准（有联系指导、有骨干委员、有固定场所、有制度设计、有活动计划、有鲜明特色）打造界别工作站33个。将17个政协界别整合至15个界别活动组，每组明确1~2名界别召集人，进一步明晰职责，统筹保障界别活动有序开展。制定“六个一”界别活动清单（每年开展1次集中学习、1次界别调研、1次界别协商、1次界别视察、1次读书沙龙，提交1份界别集体提案），引导各界别广泛开展特色履职活动，加强界别群众和党委、政府沟通交流。

（政协办公室　张锦虹）

重要会议

【区政协九届二次会议】 于2023年1月2—4日召开。会议应到委员256人，实到204人，邀请出（列）席开（闭）幕式人员200人次，其中，邀请出席开幕式29人，列席开幕式158人，出席闭幕式13人。会议听取讨论高新区党工委书记、虎丘区委书记毛伟在开幕式上的讲话。听取审议区政协主席朱奚红代表政协苏州市虎丘区第九届委员会常务委员会所作的工作报告和区政协副主席施国华代表政协苏州市虎丘区第九届委员会常务委员会所作的关于九届一次会议以来提案工作情况的报告。与会委员列席虎丘区第十二届人民代表大会第二次会议开幕式，听取讨论高新区党工委副书记、虎丘区委副书记、区长宋长宝所作的政府工作报告和其他报告。会议期间，委员共提交提案230件，经审查纳入立案程序217件。

2023年1月2日，中国人民政治协商会议苏州市虎丘区第九届委员会第二次会议举行（杨炎橙　摄）

【区政协常委会议】 2023年，区政协九届委员会召开8次常委会议（即第八次至第十五次常委会议）。

九届第八次常委会议于1月4日召开。会议协商通过《区政协九届二次会议决议（草案）》。

九届第九次常委会议于1月4日召开。会议协商通过《区政协九届常委会2023年工作要点（草案）》，协商通过关于部分委员分组调整的情况。

九届第十次常委会议于2月20日召开。会议协商通过《区政协2023年度协商工作计划》，审议通过有关人事事项，决定高蔚任狮山街道政协工委主任，吴东明不再担任狮山街道政协工委主任职务。

九届第十一次常委会议于6月12日召开。会议听取区政府相关工作情况的通报，审议常委会课题组《区域协调发展背景下，进一步优化功能片区体制机制》的调研汇报。

九届第十二次常委会议于7月24日召开。会议传达贯彻习近平总书记对江苏、苏州工作的重要讲话重要指示精神，听取区政府关于2023年上半年度全区经济和社会发展工作情况的通报，听取区党政办关于九届二次会议提案办理情况的通报，审议通过有关人事事项，决定程沁不再担任区政协办公室副主任职务，邹斌不再担任枫桥街道政协工委主任职务。

九届第十三次常委会议于10月9日召开。会议听取区政府相关工作情况的通报，审议常委会课题组《激发院所创新活力，加速区域科技成果转化效率》的调研报告。

九届第十四次常委会议于11月14日召开。会议听取区纪（工）委监委关于党风廉政建设情况的通报，视察区政府实事重点工程项目京山轻机智能装备制造华东区总部项目、狮山文化广场。

九届第十五次常委会议于12月26日召开。会议听取部分常委作年度履职报告，讨论修改《区政协九届委员会常务委员会工作报告（草案）》《区政协九届委员会常务委员会关于提案工作情况的报告（草案）》，协商通过《关于召开区政协九届三次会议的决定（草案）》《区政协九届三次会议日程、议程（草案）》《九届三次会议临时党委方案（草案）》《九届三次会议秘书处秘书长、副秘书长和各组负责人建议名单（草案）》《九届三次会议邀请出席和列席人员名单（草案）》《九届三次会议分组办法及分组召集人建议名单（草案）》《九届三次会议各次全体会议主持人和报告人名单（草案）》，审议通过《2023年度履职优秀委员名单》《虎丘区政协九届二次会议以来优秀提案、先进承办单位和先进提案工作者名单》，审议通过有关人事事项，决定增补邵亮、邵斌凯、李靖宇、高岚、徐群、辛以春、陈应甲、黄敬川、廖子琰、陈月娟、查利、卫琳、高蔚、孙晶晶、杨晓华、王群芳、俞剑刚、王荣、崔玉慧、汪强虎、周前发、徐冬梅等22人为政协虎丘区九届委员会委员，曹萍、顾小君、孙培芳、李春梅、顾彩亚、方振、金哲群、吴小军、丁芳、徐春、周迎春、董健、蒋月霞、吴东明、许喆明、韩铭、杨建国、高玉根、吴辰、陈卫刚等20人不再担任政协虎丘区九届委员会委员职务，决定徐群任区政协提案委主任，高岚任区政协提案委副主任，何炜任区政协社会事业委副主任，李靖宇任区政协文化文史委主任，曹萍不再担任区政协提案委主任职务，顾小君不再担任区政协提案委副主任职务，李春梅不再担任区政协社会事业委副主任职务，顾彩亚不再担任区政协文化文史委主任职务，决定张燕任浒墅关镇政协联络工委主任，叶钟任东渚街道政协联络工委主任，何明任镇湖街道政协联络工委主任，王一飞任通安镇政协联络工委主任，高蔚任狮山街道政协联络工委主任，洪璐任横塘街道政协联络工委主任，孙晶晶任枫桥街道政协联络工委主任。

【区政协主席会议】 2023年，区政协九届委员会召开11次主席会议（即第十一次至第二十一次主席会议）。

九届第十一次主席会议于1月4日召开。会议协商通过《区政协九届二次会议决议（草案）》，协商确定区政协九届第八次常委会议召开的日程和议程。

九届第十二次主席会议于1月4日召开。会议协商通过《区政协九届常委会2023年工作要点（草案）》，协商通过关于部分委员分组调整的情况，协商确定区政协九届第九次常委会议召开的日程和议程。

九届第十三次主席会议于2月13日召开。会议协商通过《区政协2023年度协商工作计划》《委员更好联系服务群众的实施方案》，确定九届二次会议重点督办提案，审议通过有关人事事项，协商确定区政协九届第十次常委会议召开的日程和议程。

九届第十四次主席会议于3月30日召开。专题视察微系统园、科技城工坊C区，听取区职能部门相关工作情况的通报，专题协商提升全区产业园运营质效、促进产业提档升级。

九届第十五次主席会议于4月17日召开。学习考察无锡高新区，视察大阳山数字产业园，听取区职能部门相关工作情况的通报，专题协商优化空间布局、精准要素保障。

九届第十六次主席会议于6月5日召开。会议听取常委会课题组《区域协调发展背景下，进一步优化功能片区体制机制》的调研汇报，审议通过有关人事事项，协商确定区政协九届第十一次常委会议召开的日程和议程。

九届第十七次主席会议于7月17日召开。专题视察苏州国际人才港、龙山人才会客厅，听取区职能部门相关工作情况的通报，专题协商推动人才政策落地、吸纳海归人才创新创业，审议通过《中国人民政治协商会议苏州市虎丘区委员会协商工作规则（修订）》，审议通过有关人事事项，协商确定区政协九届第十二次常委会议召开的日程和议程。

九届第十八次主席会议于8月24日召开。专题视察大阳山、恩顾山，听取区职能部门相关工作情况的通报，专题协商挖掘利用山体资源、打造高新特色文化标识。

九届第十九次主席会议于9月27日召开。会议听取常委会课题组《激发院所创新活力，加速区域科技成果转化效率》的调研汇报，协商确定区政协九届第十三次常委会议召开的日程和议程。

九届第二十次主席会议于11月7日召开。专题视察阳山社区卫生服务中心、吴公村、顺佳快餐，听取区市场监管局、城乡局民主评议工作及整改反馈情况汇报，听取《社区卫生高质量发展》民主监督情况汇报，协商通过《九届三次全会筹备方案》，协商确定区政协九届第十四次常委会议召开的日程和议程。

九届第二十一次主席会议于12月21日召开。会议讨论修改《区政协九届委员会常务委员会工作报告（草案）》《区政协九届委员会常务委员会关于提案工作情况的报告（草案）》，协商通过《关于召开区政协九届三次会议的决定》等系列草案，审议通过《2023年度履职优秀委员名单》《虎丘区政协九届二次会议以来优秀提案、先进承办单位和先进提案工作者名单》，审议通过有关人事事项，协商确定区政协九届第十五次常委会议召开的日程和议程。（政协办公室　张锦虹）

协商议政

【概况】 2023年，区政协围绕区委、区政府中心工作，履行协商议政、建言献策职能，全年开展专题议政性常委会议2次、主席会议对口协商4次、“智汇高新”协商议事会4次、“太湖科学城”专家协商5次、重点提案办理协商20余次，向区委、区政府报送专题协商报告、建议案、社情民意信息专报等履职成果18件。召开“激发院所创新活力，加速区域科技成果转化效率”议政性常委会议，区政府相关领导到会协商议政，采纳深化产学研协同创新、推进科技成果就地转化等6个方面12条意见建议。围绕加快推进三大功能片区协调发展，开展优化功能片区体制机制常委会议专题协商，提出4个方面14条意见建议。开展提升产业园运营质效、吸纳海归人才创新创业主席会议对口协商，为区政府有效施策提供参考。围绕优化空间布局、精准要素保障开展主席会议对口协商，相关意见建议得到职能部门采纳落实。围绕践行“两山”理念和人文经济学思想，开展挖掘利用山体资源、打造高新特色文化标识主席会议对口协商，助力区域生态优势有效转化经济优势和人文优势。

【“智汇高新”协商议事会】 2023年，区政协围绕光子产业四链融合、产城人深度融合、医疗器械产业与康养产业融合、文化与科技深度融合，分季度举办“智汇高新”协商议事会4次。邀请市政协相关领导、区党政领导、区职能部门负责人及区内企业代表、专家学者、全国和省市区四级政协委员面对面协商交流，倾听回应难题诉求。会上，委员们提出一批意见建议，形成建议摘编4份，为区委、区政府科学决策提供有益参考。

【“聚力高新”五大协商议事联盟】 2023年，区政协深化“聚力高新”五大协商议事联盟工作。拓展民营企业、外商投资企业、院所平台、政府间的对接渠道，完善政企恳谈会、企业沙龙、院所会客厅等活动机制，围绕企业高质量发展、供应链协同创新管理、绿色低碳等主题举办协商议事沙龙和高端论坛，助力构建资源共享、优势互补的产业发展新格局。相关成果多次受到区委主要领导批示督办。

【“太湖科学城”专家协商】 2023年，区政协发挥太湖科学城专家咨询组作用。组织专家28人围绕“打造一流科学城”开展课题调研，形成高质量调研成果8项。举办太湖科学城专家决策咨询成果汇报会，邀请海内外专家、行业领袖、知名企业家参与协商。精英周期间，围绕数字经济、生命健康产业、绿色低碳、科技成果转化等主题举办分论坛活动4场。

（政协办公室　张锦虹）

民主监督

【专项监督】 2023年，区政协把社区卫生高质量发展、提升大气质量列为集体监督议题，由主席会议成员牵头开展专项监督，监督报告经政协主席会议审议后报送区政府。围绕放管服改革、狮山广场项目建设、基层档案管理等6个专题开展专委会对口监督，成立民主监督小组，选派民主监督员，通过听取情况通报、组织现场视察、开展座谈协商等形式提出监督意见。

【民主评议】 2023年，区政协开展市场监管局食品安全工作和城乡发展局乡村治理工作专项民主评议，召开工作动员会，成立专题民主评议小组，通过座谈会、现场视察、问卷调查等方式，查找问题关键，提出可行建议。

【视察调研】 2023年，区政协围绕产业园区发展、吸纳引进海内外人才、土地要素保障、打造山体文化标识工作等主题开展主席会议专题视察。围绕推进经济运行率先整体好转一揽子政策措施落实情况，与市政协开展联动视察和“回头看”。组织常委会议组成人员视察区政府重点工程京山轻机智能装备制造华东区总部项目和民生实事项目狮山文化广场。

（政协办公室　张锦虹）

2023年11月16日，区政协举行太湖科学城专家决策咨询成果汇报会（顾佳铭　摄）

委员工作

【提案工作】 区政协九届二次会议期间，政协委员围绕全区发展新目标和人民群众新期盼，提交提案230件，选题包括太湖科学城高质量发展、“四链”深度融合、产业创新集群、增进民生福祉、推进共同富裕等。经审查，立案交办217件，确定重点提案20件，其中，9件由区党政领导重点督办，1件由区政协主席会议集体督办，10件由区政协班子领导和各专门委员会督办。评出虎丘区政协优秀集体提案10件、优秀个人（联名）提案15件。评出区级提案先进承办单位10家、先进提案工作者25人。

表12 2023年虎丘区政协优秀集体提案一览表

提案编号	提案名称	提案单位
九届二次1号	关于提升核心区集聚辐射效应，建设一流太湖科学城的建议	民进苏州高新区（虎丘区）基层委员会
九届二次2号	关于围绕太湖光子中心建设，加快打造千亿级光子产业创业新集群的建议	农工民主党苏州高新区（虎丘区）基层委员会
九届二次3号	关于进一步优化营商环境提振我区民营企业家扩大投资信心的建议	苏州高新区（虎丘区）工商联
九届二次4号	关于促进产业数智化升级打造乡村振兴样板的建议	苏州高新区（虎丘区）通安镇政协联络工委
九届二次5号	关于助力打造一批专精特新民营企业的建议	民盟苏州高新区（虎丘区）基层委员会
九届二次6号	打造绿色低碳产业高地　助推区域经济高质量发展	民革苏州高新区（虎丘区）基层委员会
九届二次14号	关于进一步完善我区医疗器械产业公共服务体系促进产业创新集群发展的建议	民建苏州高新区（虎丘区）基层委员会
九届二次21号	关于加强区内养老服务设施数字化建设，促进养老服务质量提升的建议	九三学社苏州高新区（虎丘区）基层委员会
九届二次26号	关于进一步打造新区特色民宿旅游助力乡村振兴的建议	致公党苏州高新区（虎丘区）基层委员会
九届二次145号	关于打造苏州高新区生物医药产业新地标的建议	苏州高新区（虎丘区）无党派知识分子联谊会

表13 2023年虎丘区政协优秀个人（联名）提案一览表

提案编号	提案名称	提案人
九届二次7号	关于创新发展楼宇经济和加快总部经济发展的建议	欧阳宇飞
九届二次9号	关于构建高新区亲清政商关系的建议	尚文涛
九届二次11号	关于进一步推动知识产权服务业高质量发展的建议	孙培芳
九届二次12号	关于完善生物医药公共研发服务建设，提升产业创新集群能级的建议	董　健
九届二次13号	关于优化我区产业引导基金支撑创新驱动发展的建议	解　静
九届二次16号	关于加快大院大所和企业深度融合、加快创新成果转化的建议	万国峰
九届二次17号	关于太湖科学城功能片区加快高品质人才社区建设的建议	杨　吉
九届二次23号	关于加大我区普惠托育服务体系建设的建议	蔡　斌
九届二次25号	关于推进人才强区建设，吸纳培养工匠人才的建议	张宗峦
九届二次31号	关于长三角一体化背景下加快推进太湖科学城建设的建议	杨会伟
九届二次49号	关于恢复机关新录用人员下村挂职的建议	包剑平
九届二次98号	关于打造创新驱动的城市公共空间的建议	田　宇
九届二次101号	关于提高交通事故处理效率，实现无纸化操作的建议	钱永娟
九届二次155号	关于老旧住宅小区消防车通道管理的建议	袁　骏
九届二次190号	关于聚焦细分领域、扶持优势集成电路企业发展的建议	肖佐楠

【社情民意工作】 2023年，区政协全年收到社情民意信息944篇，上报市政协374篇。选聘一批社情民意骨干信息员，负责收集、整理、报送社情民意信息。对反映社情民意信息工作开展月度通报和年度评选，邀请部分先进单位和个人作经验交流发言。

【委员下沉一线“双联系”活动】 2023年，区政协围绕“与党政同心连心，让企业、群众暖心舒心”主题，创新开展委员下沉一线“双联系”活动（联系群众、联系市场主体）。制订联系清单和履职清单，推动256名区政协委员全部下沉基层，明确每名委员固定联系服务1个村（社区）、1家市场主体（企业）、5名基层群众。全年收集社情民意信息742篇，委员提出意见建议148条，推动解决群众问题107个。建成委员工作室41家，打造示范性委员工作室15个，鼓励支持委员创新开展履职服务活动。 （政协办公室　张锦虹）

镇（街道）政协联络工委创新工作

【浒墅关镇政协联络工委创新工作】 2023年，浒墅关镇政协联络工委创新“协商有墅　邻距离”协商议事室品牌。创新打造睦邻书吧，邀请政协委员、居民代表、界别群众领读讲读和交流心得。制订属地政协委员挂钩联系村（社区）一览表、“百个项目惠民生”工程计划表，制度化推进委员下沉基层工作，形成“调研在一线开展、情况在一线了解、平台在一线搭建、问题在一线协商、共识在一线形成”的工作模式，提升政协委员履职成效。举办“运河流觞抒雅韵　群英荟萃话新风”暨运河文化小镇协商议事活动、浒墅关运河文化带文旅创新论坛，围绕挖掘保护传承大运河文化，依托运河文化小镇项目形成示范。全年建成委员工作室9个，常态化开展工作座谈会、读书分享会、就业指导沙龙、心理服务、便民集市、非遗工作坊等活动。

【镇湖街道政协联络工委创新工作】 2023年，镇湖街道政协联络工委推动非遗项目苏绣创造性转化与创新性发展。镇湖街道绣品街入选国家级知识产权保护规范化市场续延审查公示名单，镇湖环太湖数字跑道获评国家级智慧型健身步道，苏绣小镇获评第一批江苏省特色小镇。开展苏绣与农文旅深度融合发展履职活动，围绕苏绣后备人才培养、新业态培育、农文旅融合发展等主题开展议事协商及建言献策。建立“绣艺振乡”政协委员工作站，为群众提供法律咨询、医疗义诊等方面服务。制定“1+9+N”协商议事工作模式〔以委员工作站为核心，协同9个村（社区）协商议事室和多个委员工作室共同开展协商议事工作〕，举办苏绣的传承与创新协商议事、非遗与农文旅深度融合发展专题协商、农房翻建和新业态发展基层协商等特色履职活动。

【通安镇政协联络工委创新工作】 2023年，通安镇政协联络工委与相城区望亭镇政协联络工委探索建立两地联合协商平台。设立通安镇树山村和望亭镇迎湖村联合协商议事室，围绕加强两地交流合作、完善区域路网设施、实现产业联动发展、推动文旅深度融合、加强生态环境共治、协同推进社会治理、共拓城市保护建设等7个方面开展合作。推进两地政协委员联动履职、一体协商，对外延伸委员履职服务范围，发挥政协委员在助推市域一体化、区域协同发展中的作用。

（政协办公室　张锦虹）

编辑：张肖千

中共苏州国家高新技术产业开发区纪律检查工作委员会
中共苏州市虎丘区纪律检查委员会
苏州市虎丘区监察委员会

综　述

【纪检监察干部队伍教育整顿】 2023年，中共苏州国家高新技术产业开发区纪律检查工作委员会　中共苏州市虎丘区纪律检查委员会　苏州市虎丘区监察委员会〔简称“区纪（工）委监委”〕扎实抓好纪检监察干部队伍教育整顿，从严从实加强自身建设。以“对标首提地政治责任，增强走在前使命担当”为主题，开展“四重温四强化”专题研讨，各级纪检监察组织负责人带头讲主题党课、作廉政教育报告，教育引导纪检监察干部以学铸魂、以学增智、以学正风、以学促干。坚持刀刃向内自查自纠、整改整治。开展上级纪委部署专项整治，形成7个方面共性问题清单，逐项制定整改措施并实施对账销号。用好“一讲四听一提醒”工作法，分层分类开展谈心谈话160余人次，做到早监督、严管理、长警醒。出台工作人员日常管理办法，上线干部考勤信息化系统，制定业务工作指引等内控制度11项，组织开展实境党性教育等系列教育活动42场次，教育引导纪检监察干部做政治过硬、纪法严明的表率。

【纪检监察体制改革】 2023年，区纪（工）委监委推进监督体系建设。联合区人大常委会、政协出台监督贯通协同相关文件，提请区委出台执法司法机关向纪检监察机关移送问题线索工作实施办法，与无锡高新区、常州高新区探索建立环太湖高新区纪检监察机关协作交流机制，深化与中移苏州、中建国际、中航长风等驻区中央企业合作，在信息互通、监督互动、措施互补等方面形成工作合力。加强对“一把手”和领导班子监督，制定《纪检监察机关负责人同下级党委（党组）“一把手”开展谈话工作的实施方案》，开展“一把手”谈话17人次。深化国有企业纪检监察机构改革，推行“室组企”联动监督模式，国有企业纪检监察机构立案数提升42.1%，推动区属国有企业完善企业资产管理等方面制度11项。创新大数据监督手段，大数据对案件贡献率达到47.7%，公墓领域监督模型获评苏州市精品模型。推进“数据铁笼”建设，打造政府产业母基金数字化权力运行监督制约平台，在区政务服务“一网通办”平台嵌入营商环境“e企监督”模块。

【纪检监察队伍建设】 2023年，区纪（工）委监委开展“凝心铸魂锻铁军”专项行动，组织开展教育培训23场次，覆盖1240人次。举办年轻干部座谈会、党纪法规应知应会专题测试等活动，10名干部得到上级纪委表扬，11名干部获苏州市五一劳动奖章、苏州市青年岗位能手等荣誉。持续推进规范化、法治化、正规化建设，针对市委巡察反馈的3个方面23个问题，形成51项具体整改措施，逐项抓好整改落实。健全案件审核把关体系，创新实施“四个一”举措（明确一系列量纪参考、制发一套模拟案卷、实施一项常态化评查机制、提出一揽子审理指引）。加强办案安全培训监管，推动依规依纪依法安全文明办案。稳妥有序完成监察官等级首次确认工作。

〔纪（工）委监委　朱　欣〕

重要会议

【中国共产党苏州市虎丘区第十二届纪律检查委员会第三次全体会议】 于2023年2月6日召开。出席会议的区纪委委员13人，列席会议91人。区纪委常委会主持会议。会议学习贯彻党的二十大和二十届中央纪委二次全会精神，贯彻落实省、市纪委三次全会精神。高新区党工委书记、虎丘区委书记毛伟强调，要深入学习领会习近平总书记在中央纪委二次全会上的重要讲话精神，始终保持全面从严治党永远在路上的政治自觉；要坚持向着新的奋斗目标再出发，奋力开创高新区全面从严治党新局面；要增强全面从严治党的综合效应，着力锻造“敢为”的过硬干部队伍。会议审议通过苏州高新区党工委委员、纪工委书记，虎丘区委常委、纪委书记、监委主任施华代表区纪委常委会所作的《深入贯彻党的二十大精神　坚定不移推进全面从严治党　为全面推进中国式现代化"高新"实践提供坚强保障》工作报告。会议回顾总结2022年全区纪检监察工作，研究部署2023年工作任务，强调要持之以恒强化政治监督，保障党的二十大决策部署落实见效；要持之以恒一体推进"三不腐"，打赢反腐败斗争攻坚战、持久战；要持之以恒纠"四风"树新风，加固中央八项规定精神堤坝；要持之以恒深化政治巡察，发挥党内监督利剑作用；要持之以恒巩固改革成果，推动制度优势转化为治理效能；要持之以恒加强自身建设，打造高素质、专业化纪检监察队伍。

【全区纪检监察工作务虚会】　于2023年12月21日召开。会议回顾总结2023年工作，谋划2024年工作重点和创新工作。会议强调，全区纪检监察系统要坚持以习近平新时代中国特色社会主义思想为指导，认真落实中央和省、市、区委部署要求，聚焦"四个走在前""四个新"重大任务精准发力，持之以恒推进正风肃纪反腐，为中国式现代化"高新"实践提供坚强保障。会议要求，要从习近平新时代中国特色社会主义思想中找立场、找方向、找思路，在落实中央纪委和省、市纪委部署要求中明目标、明任务、明措施，确保纪检监察工作始终沿着正确的轨道前进；要紧密结合中央政治局会议及省、市纪委务虚会部署要求，统筹抓好常规工作和创新工作；要按照省、市纪委统一部署，统筹推进监督体系建设工作，加快实践探索和制度创新，争取为全市监督体系建设贡献"高新"力量；要始终保持虑事必勤、见事要快、做事要实的优良作风，以严的纪律、实的作风、廉的操守确保各项工作收好官、开好局。

〔纪（工）委监委　朱　欣〕

纪检监察

【政治监督】　2023年，区纪（工）委监委聚焦产业创新集群发展、太湖科学城建设、安全生产、政府投资基金、"1+7"制度清单等重点任务加强政治监督。协助区党工委（区委）开展"转作风、提效能、优环境、促发展"专项行动，加强对贯彻新发展理念、构建新发展格局、推动高质量发展等战略部署落实情况跟进监督。开展"监督护航　助企敢干"系列活动，出台《强化监督保障职能　助力经济持续回升向好的若干措施》，加强对优化涉企服务、降低经营成本等措施兑现情况开展监督检查，亲清政商服务站推动解决涉企问题753个。协助区党工委（区委）做好配合省委巡视工作，牵头制订配合省委巡视工作方案，抓好省委巡视反馈的5个方面16项39条问题整改，统筹全区各地各单位制定整改举措132项。切实履行整改日常监督责任，组织开展专项督查，推动省委巡视反馈问题整改落实。

【反腐惩恶】　2023年，区纪（工）委监委坚持有腐必反、有案必查，全区纪检监察组织共立案183件，给予党纪政务处分139人，采取留置措施9人，移送检察机关8人。加大追赃挽损力度，通过监督办案挽回经济损失7000万余元。聚焦工程建设、城市维护等重点领域，紧盯重要岗位，严肃查处一批不收敛不收手典型案件并公开发布。加大新型腐败、隐性腐败整治力度，查处党员干部开办"影子公司"、当"影子股东"、借贷获利等问题。开展基层政务服务窗口、违规从事营利性活动等领域专项监督，在全区部署政府采购网上商城专项治理，党纪政务立案9人。完善行贿人联合惩戒机制，查处行贿案件5件，直接追缴或移交行政机关依法罚没行贿非法利益490万元。深化"一书三督"纪检监察建议闭环管理机制，针对政府采购、工程建设等领域制发纪检监察建议20篇，推动被建议单位出台制度19项，有关加强村级公墓管理的监察建议入选全市精品建议案例。

【作风建设】　2023年，区纪（工）委监委紧盯重要节点，综合运用短信提醒、明察暗访、大数据筛查等方式，开展纠治违规吃喝问题专项行动，查处享乐主义、奢靡之风问题24件，处分26人。严肃纠治不担当、不作为等突出问题，查处形式主义、官僚主义问题6件，批评教育和处理8人。加大对庸懒散拖现象查纠力度，会同区主题教育办推进党员干部不担当、不作为问题专项整治，推动党员干部树立践行正确政绩观。发挥常态化、长效化工作机制，打造"清风常在"工作品牌。提档升级亲清政商汇工作平台，大院大所联盟亲清政商服务站等4个服务站入选全市营商环境监测点。推进亲清政商"互廉网"建设，相关工作两次被《中国纪检监察报》关注报道。设立"暖心"咨询室，提供纪法咨询、谈心谈话、政策解读等服务。公布清廉企业规范化建设标准清单和清廉企业套餐式纪检服务保障清单，推进企业廉洁合规建设。

【纪律建设】　2023年，区纪（工）委监委以查办的典型案件为镜鉴，制播专题警示教育片，协助区党（工）委召开全区领导干部警示教育大会，推动在重点领域开展"一案四说"专题警

太湖红色印记纪念馆（镇湖街道　供图）

示教育，打造纪律教育“五方共育”工作模式，切实发挥查处一案、警示一片、治理一域作用。开展传承红廉文脉廉洁文化系列活动，设立首批非遗廉洁文化展示点，举办“非遗里的清廉”作品展，开通亲清政商有轨电车专列，建设太湖红色印记纪念馆，建成“清廉小苑”等一批基层廉洁文化载体，党风廉政建设工作被《中国纪检监察报》等央级媒体报道13篇次。严格执行党的纪律规定和规章制度，研究出台《精准问责相关工作指引》，针对“两个责任”落实不力、安全生产事故等问题，问责党组织2个，问责党员干部和监察对象14人。运用“四种形态”批评教育和处理336人次，增长19.15%，其中运用第一、第二种形态占比91.90%。遵循“三个区分开来”政治原则，印发《容错纠错执行程序工作提示》，制作践行“四敢”要求漫画折页和动画宣传片，对19名干部容错纠错、澄清正名，实施风险备案27例，2篇案例入选《江苏组工信息》《苏州组工信息》，“三项机制”运用数量增长51%。〔纪（工）委监委　朱　欣〕

巡察工作

【概况】　2023年，高新区巡察机构落实中央和省、市、区委关于巡视巡察工作部署要求，围绕中心工作创新巡察监督方式方法，巡察利剑作用彰显。配合江苏省委巡视和苏州市委联动巡察，严肃做好十二届区委第三轮、第四轮巡察意见反馈工作，反馈问题978个。完成十二届区委第四轮、第五轮巡察工作，发现问题924个，督促立行立改事项7件，推动巡中成案6件，移交问题线索32条，推动立案24人。

【政治巡察】　2023年，高新区巡察机构强化政治自觉，提升巡视巡察监督质效。修订出台《十二届苏州市虎丘区委巡察工作规划》。制定《2023年苏州高新区巡察工作计划》，明确全年巡察任务要求、监督重点和时间安排。完成十二届区委第四轮、第五轮对6家区级机关、3家群团组织、1家事业单位、2家区属公立医院、1家国企、3个板块和34个村（社区）的巡察工作，发现问题924个。

【巡察监督】　2023年，高新区巡察机构坚持系统集成，发挥巡察综合监督作用。融入巡视巡察上下联动格局，配合区委做好江苏省委巡视、苏州市委联动巡察和巡察工作专项检查等各项工作。出台《关于建立巡察机构与统计局工作协调机制的意见》，构建信息互通、工作协同、力量统筹、成果共享的工作机制。持续深化“镇村融合一体巡”模式，制定关于推进“部门带村同步巡”的工作指引，突出上下检视、对照整改，打造“高新巡察”特色品牌，相关做法获得省委巡视办主要领导批示肯定。

【巡察整改】　2023年，高新区巡察机构注重成果运用，突出巡察整改成效。坚持书记专题会约谈被巡察党组织主要负责人机制，现场点人点事点问题，传导整改压力。严肃做好十二届区委第三轮、第四轮巡察意见反馈工作，反馈问题978个，推动完成问题整改827个。督促“一把手”严格落实整改主体责任。梳理十二届区委第四轮巡察发现的4个方面10类共性问题。聚焦共性突出问题、重点领域问题形成专题报告12篇，经区委主要负责人批示后及时转相关责任单位处置办理。（巡察办　相逸丞）

编辑：张肖千

民主党派　工商联

中国国民党革命委员会苏州高新区(虎丘区)基层委员会

【组织建设】 2023年,中国国民党革命委员会苏州高新区(虎丘区)基层委员会(简称“民革高新区基层委”)围绕全区经济社会发展中心工作,依托自身优势,在思想建设、组织建设、参政议政、社会服务等方面发挥作用。下辖支部3个,党员总数69人。其中,大专以上学历占比98.6%,本科以上学历占比88.4%,硕士以上学历占比33.3%。市政协委员2人,区政协常委3人,区政协委员12人,区人大代表1人。

【参政议政】 2023年,民革高新区基层委组成提案调研组开展专题调研,完成集体提案3篇。在市、区两会期间,围绕知识产权保护、完善商贸服务供给、加强文化教育等社会民生热点问题,通过提案、建议等形式反映社情民意。

【社会服务】 2023年,民革高新区基层委坚持服务党员、服务社会宗旨,投身社会慈善公益事业。持续做好贵州省毕节市纳雍县定点帮扶工作,助力纳雍县湾子村乡村振兴。发挥党员专业优势,开展各项公益活动,组织参加各级书画展6次,开展律师党员法律援助8次、普法宣讲和法律咨询10余次,惠及群众430人,开展医生党员义诊活动65次,惠及群众1380人。

(统战部　顾寅清)

中国民主同盟苏州高新区(虎丘区)基层委员会

【组织建设】 2023年,中国民主同盟苏州高新区(虎丘区)基层委员会(简称“民盟高新区基层委”)对标新时代参政党建设要求,履行参政党职能,持续推进各项盟务工作。下辖支部4个,新发展盟员11人,盟员总数121人。其中,研究生以上学历占比43.8%,女性盟员占比46.3%。市、区两级人大代表、政协委员16人,民盟市委委员2人(含常委1人)。建有“民盟之家”阵地2个。民盟高新区基层委获评民盟江苏省特色基层组织。

【参政议政】 2023年,民盟高新区基层委完成城市更新、现代服务业发展、擦亮古城名片、打造大运河文化带等方面调研报告4篇,其中被市政协采用个人提案1篇。完成社情民意信息提案34篇,其中被省政协采用1篇、被市政协采用4篇。民盟高新区基层委获评民盟苏州市委参政议政工作先进集体、社情民意信息先进集体。

【社会服务】 2023年,民盟高新区基层委发挥党派界别资源优势,开展主题公益活动,搭建小微企业普法助企平台。协同民盟苏州大学委员会和民盟南京大学委员会开展交流活动,搭建盟务、产学研、学术人文等资源共享平台。开展爱心助学金发放行动,向通安中学25名困难学生发放爱心助学金5万元。截至年底,民盟爱心助学专项基金形成一批社会服务品牌,累计发放爱心助学金34万元,惠及学生170人。　(统战部　顾寅清)

中国民主建国会苏州高新区(虎丘区)基层委员会

【组织建设】 2023年,中国民主建国会苏州高新区(虎丘区)基层委员会(简称“民建高新区基层委”)围绕中心工作,带领全体会员持续开展各项工作。全年新发展会员9人,会员总数123人。其中,市人大代表1人,市政协委员4人,区人大代表4人,区政协委员17人。平均年龄46岁,本科以上学历占比89%,研究生以上学历占比35%。民建高新区基层委获评苏州市先进基层组织,1名会员获评江苏省民建优秀会员。

【参政议政】 2023年,民建高新区基层委发挥民建经济界别特色优势,围绕经济发展建言献策，为政府部门提供决策参考。在区两会召开期间，提交集体提案2篇、个人提案15篇。围绕国有企业价值提升、人力资源产业园高质量发展等方面开展课题调研。举办社情民意信息写作培训交流活动。组织会员参加中青年骨干培训班、企业家交流座谈会、经济论坛等活动。

【社会服务】 2023年，民建高新区基层委围绕助力民营经济健康发展、高质量发展主题，运用小型座谈、个别访谈、随机走访等方式开展调研，沟通协调相关职能部门解决企业困难。持续做好思源工程基金募捐工作，树立民建高新区基层委社会服务品牌。举办社会关爱活动，累计募集会员捐款47万余元，资助特殊儿童接受康复治疗约500人次。开展德育名师进社区、家庭教育指导讲座、现场咨询等活动。 （统战部　顾寅清）

中国民主促进会苏州高新区（虎丘区）基层委员会

【组织建设】 2023年，中国民主促进会苏州高新区（虎丘区）基层委员会（简称“民进高新区基层委”）做好思想引导、汇聚力量、议政建言、服务大局等工作，以提高自身能力建设带动履职尽责作为，主动开展各项社会服务活动。下辖支部4个，会员总数112人。其中，市人大代表1人，虎丘区政协委员13人、姑苏区政协委员1人。民进高新区基层委获评民进江苏省委会宣传思想工作先进集体。

【参政议政】 2023年，民进高新区基层委围绕民主党派参政议政基本职能，持续提升参政议政工作实效。结合自身特色优势，找准建言切入点、结合点、着力点，制订履职活动计划、安排调研课题建言议题。在区政协九届二次会议上，1篇集体提案受到区委主要领导重点督办。开展制造业融合创新发展、河湖水环境保护等多项课题专题调研，组织社情民意信息交流培训，全年报送社情民意信息20篇。在区政协举办的太湖科学城专家决策咨询成果汇报会上，党派会员围绕生态空间格局建设主题提出多项建议。

【社会服务】 2023年，民进高新区基层委持续深化校地合作。与民进南京大学基层委签订合作协议，开展走访交流，推动校地共建工作。发挥教师会员行业优势，组织开展送教进横塘社区等送教进社区活动2次，累计开展30余次。开展送教进老年大学、志愿讲解员、昆曲进校园等活动。开展江南文化行主题社会服务活动3次，参观学习吴文化博物馆、暴式昭纪念馆、章太炎故居等。 （统战部　顾寅清）

中国农工民主党苏州高新区（虎丘区）基层委员会

【组织建设】 2023年，中国农工民主党苏州高新区（虎丘区）基层委员会（简称“农工党高新区基层委”）以“凝心铸魂强根基　团结奋进新征程”主题教育为指导，开展各项工作。下辖支部6个，党员总数193人。其中，市政协委员4人，区人大代表5人，区政协委员16人。增补基层委副主任委员1人，支部委员5人。选举支部副主任委员3人。获评农工党苏州市委会综合先进支部2个，获评农工党苏州市委会特色先进支部1个。

【参政议政】 2023年，农工党高新区基层委围绕区域发展，开展重点课题调研。完成政协会议交流课题2篇。完成社情民意信息39篇，其中，被全国政协采用1篇，被省政协采用5篇，被市政协采用8篇。1名党员获评农工党江苏省社情民意信息工作先进个人。

【社会服务】 2023年，农工党高新区基层委联合农工党南京大学支部在苏州科技城医院举办主题论坛，围绕绿色医院建设、绿色出行、绿色安全等方面提出发展建议。举办农工党苏州市委医师节“同心惠企”百名医疗专家进企业暨苏州高新区基层委“医路惠民”活动启动仪式。制作医学科普视频在“苏州农工”微信公众号“青年医者说”专栏录播。打造惠企惠民暑期公益活动，开展多期公益暑托项目。参与苏州统一战线第四期专题活动并交流发言，获《团结报》专题报道。 （统战部　顾寅清）

中国致公党苏州高新区（虎丘区）基层委员会

【组织建设】 2023年，中国致公党苏州高新区（虎丘区）基层委员会（简称“致公党高新区基层委”）围绕中心、服务大局，致公党高新区基层委“致公之家”揭牌，致公党苏州市海创实践基地挂牌，形成以安达创智园“致公之家”为主阵地，辐射带动一批委员、代表工作室和“致公之家”苏绣特色阵地组成的“1+N”阵地建设体系。党员总数86人。其中，本科以上学历占比超过90%，硕士及以上学历占比33%。有省人大代表1人，市人大代表1人，市政协委员2人，区人大代表1人，区政协委员9人（含常委2人）。有致公党苏州市委员会委员1人，文化体育专委会主任1人，法制工作委员会主任1人。安达创智园“致公之家”阵地获评致公党江苏省委会优秀“致公之家”。致公党高新区基层委获评致公党江苏省委会合作共建先进集体，一支部、三支部获评致公党苏州市委会高质量履职考核先进集体。

【参政议政】 2023年，致公党高新区基层委履行参政议政职责，围绕科技创新、数字经济、乡村振兴、医疗教育、人居环境治理等方面开展调研。1项课题入选致公党江苏省委会省级重点课题。全年撰写社情民意信息48篇。1篇社情民意信息被省政府办、苏州信息采用，6篇社情民意信息被省政协录用，8篇社情民意信息被市政协录用。1名党员获聘第三届江苏省法官遴选委员会、江苏省检察官遴选委员会非常任委员，1名党员获评致公党江苏省委会合作共建先进个人，1名党员获评苏州市三八红旗手。

【社会服务】 2023年，致公党高新区基层委落实“致福医疗一帮一”活动要求，开展致爱义诊活动，持续打造基层委“同心致爱”公益服务品牌。推荐基层委医疗专家指导帮助贵州省毕节市七星关区医生提升医疗服务水平，开展致爱怡养传统特色活动，定期到老年怡养公寓和康养集团开展服务，联合苏州蓝天救援队开展多种形式社会服务活动，组织党员参与国内外抢险救援工作。（统战部　顾寅清）

九三学社苏州高新区（虎丘区）基层委员会

【组织建设】 2023年，九三学社苏州高新区（虎丘区）基层委员会（简称“九三学社高新区基层委”）履行参政党职能，做好组织建设、参政议政、社会服务等工作。社员总数101人，平均年龄43.6岁。其中，本科以上学历占比99.0%，硕士以上学历占比67.3%，博士学历占比26.7%。有省政协委员1人，市人大代表1人，市政协委员3人（含常委1人），区政协委员13人（含副主席1人、常委2人）。有全国青联委员兼江苏省青联委员1人，市青联委员1人，区青联委员3人（含常委1人），苏州市九三学社十一届委员会委员4人（含常委2人）。九三学社高新区基层委获评九三学社苏州市委参政议政先进集体、社会服务先进集体。1名社员获评国家知识产权局优秀青年，2名社员获评2021—2022年九三学社中央参政议政先进个人，3名社员获评九三学社江苏省委宣传工作先进个人，1名社员获评九三学社江苏省委社会服务先进个人。

【参政议政】 2023年，九三学社高新区基层委履职尽责，提交省、市、区政协提案20余篇，其中在省政协会议上交流发言1篇。围绕经济发展、社会民生、科技创新等领域建言献策，报送社情民意信息30余篇，被全国政协采用2篇，被九三学社中央及江苏省政协采用10篇，1篇获江苏省政府领导批示肯定。中标九三学社苏州市委招标课题3项，其中1项在市政协全会大会交流发言。撰写重点课题调研报告2篇。1篇提案获评苏州市政协优秀提案，1名社员获评江苏省政协优秀委员。

【社会服务】 2023年，九三学社高新区基层委以“社员之家”为阵地，举办读书会、各类沙龙、法律知识培训、政协委员议事协商等活动。与上海市、沈阳市、济南市、株洲市等九三学社组织开展党派联合活动，增强组织联动互通，加强优势资源共享。与九三学社南京大学委员会签约合作，邀请九三学社南京大学主委、南京大学天文与空间科学学院院长做科学报告，组织150余人参加报告会。组织知识产权进校园、国产小型移动CT科普、苏州科技城实验小学光学科普等活动。组织苏州市文旅商学院企业家参加劳动人事法律风险防范等公益培训，联合苏州高新区人民医院和苏州大学附属第二医院浒关院区开展健康咨询义诊活动。（统战部　顾寅清）

苏州高新区（虎丘区）工商业联合会（总商会）

【组织建设】 2023年，苏州高新区（虎丘区）工商业联合会（总商会）（简称“区工商联”）按照民营经济统战工作和工商联工作重要指示，围绕“两个健康”工作主题，持续建设区工商联所属商会组织体系，推进乡镇（街道）、省级以上开发区（园区）、年轻企业家、数字经济等四类商会组织工作。调研狮山商务创新区商会、太湖科学城商会，指导完善商会规章制度、载体建设，指导召开太湖科学城商会换届大会。区工商联获评2022—2023年全国五好县级工商联、江苏省构建舆论阵地先进单位。

【参政议政】 2023年，区工商联统筹组织苏州高新区跨境电商生态创新会，组织各镇（街道）商会、行业商会开展专题学习和考察调研活动。组织企业家参加市工商联系统传达学习全国两会精神专题会议，选派区枫桥商会会长到浙江大学培训，组织区内商会企业到清华大学、厦门大学开展研学活动。邀请海内外企业家和工商界人士参加第三届江苏省发展大会，召开优化营商环境推进大会，表彰20名优秀企业家，发布民营企业创新30强、民营企业30强名单。协助组织召开助力民营企业“走出去”座谈会。指导召开区新一代企业家商会一届三次、一届四次理事会暨政企对接会、狮山商务创新区商会政企对接座谈会，搭建政企对接交流平台。

【社会服务】 2023年，区工商联落实“万企兴万村”活动要求，引导民营企业参与社会服务，开展困难群体帮扶、公益慈善事业，累计捐款捐物1000万余元。组织区内民营企业家到四川省南充市开展考察交流，区相关企业在南充临江新区建设的生产项目完成签约。苏州科技城商会与通安商会开展爱心助学活动，组织商会企业家向当地4所小学捐助6.5万元，惠及贫困学生65人。引导区新一代企业家商会会长单位开展秀岸村、太湖村建设专项帮扶，累计投入资金20万余元。引导企业帮扶贫困地师生，援助自然灾害受灾居民。

【企业发展促进】 2023年，区工商联组织召开民企、外企交流座谈会，联合浙江大学工业研究院开展供应链协同创新管理专题讲座。组织民营企业家到四川省、贵州省等地开展投资考察活动。构建服务民营企业“商法检纪”四方联动机制。与区法院、检察院建立六项协作机制，建立司法机关与社会组织间合作交流渠道，建设商事诉讼调解员、人民调解员等队伍，全年调解成功案件66件。与区纪委监委共建亲清政商服务站，覆盖全区所有乡镇（街道）商会。建立“政商大廉动”监督保障平台。1家企业获评首批江苏省民营企业思想政治工作示范点。

（统战部　顾寅清）

编辑：陈　燕

群众团体

苏州高新区（虎丘区）总工会

【基层组织建设】 2023年，苏州高新区（虎丘区）总工会（简称“区总工会”）组织覆盖面持续扩大，推进未建会企业完成建会90余家，其中百人以上企业15家，新增实名制会员1.2万人，会员总数23.3万人。根据会、站、家三位一体工作思路，强化区、镇（街道）、社区服务站点建设，实现省级以上工商联执委企业全部建会目标。成立浒墅关经开区、枫桥街道和狮山、横塘街道新就业形态劳动者工会联合会，提高服务职工群众能力水平。定期举办工会主席“半月谈”、工会分组活动，常态化开展座谈交流、现场观摩等沉浸式教育，举办新任工会干部履职能力提升、工会干部综合能力提升培训班，覆盖会员350余人。通过区法援服务中心、12345热线、寒山闻钟等渠道定期收集职工反馈问题，接待职工来访来电1529人次，解答职工疑惑，缓解劳资矛盾。高新区职工创新创效大赛获苏州市工会工作创新成果奖，区总工会《构建“引、育、用、留”工作机制　锻造服务高质量发展的技能人才大军》获苏州县级工会加强年“一县一品”聚力先锋奖。

【劳模精神弘扬】 2023年，区总工会选树劳模典范，深化劳模示范引领作用。推荐评选全国工人先锋号1个、省工人先锋号3个、省五一劳动奖状1个、市工人先锋号14个、市五一劳动奖状6个，推荐评选省五一劳动奖章2人、省五一劳动荣誉奖章1人、市五一劳动奖章23人、市五一劳动荣誉奖章1人。举办“劳模工匠进校园　思政教师进企业”活动7场，区工会职工服务驿站公众号推送文章约300篇。开展“续红色血脉　弘劳模精神”主题学习活动，形成关心劳模、尊重劳模、学习劳模良好氛围。区税务局工会户外劳动者服务站点获评全国最美工会户外劳动者服务站点。

2023年4月26日，高新区召开庆祝“五一”国际劳动节大会。会上，表彰全国工人先锋号获奖集体苏州纽威阀门检测班组（总工会　供图）

表14　2023年高新区获评全国工人先锋号名单一览表

奖项	单位
全国工人先锋号	苏州纽威阀门股份有限公司阀门工程实验室低泄漏检测班组

表15　2023年高新区获评江苏省五一劳动奖和江苏省工人先锋号名单一览表

奖项	单位（部门、个人）
江苏省五一劳动奖状	苏州天孚光通信股份有限公司
江苏省五一劳动奖章	袁方正（苏州和林微纳科技股份有限公司）
江苏省五一劳动奖章	刘书华（苏州中设建设集团有限公司）
江苏省五一劳动荣誉奖章	志贺康纪〔松下汽车电子系统（苏州）有限公司〕
江苏省工人先锋号	安弗施无线射频系统（苏州）有限公司天线运营制造车间
江苏省工人先锋号	苏州天准科技股份有限公司生产二组
江苏省工人先锋号	苏州高新区实验小学校组团帮扶团队

表16　2023年高新区获评苏州市五一劳动奖和苏州市工人先锋号名单一览表

奖项	单位（部门、个人）
苏州市五一劳动奖状	苏州高新区（虎丘区）社会事业局
苏州市五一劳动奖状	苏州高新区（虎丘区）人力资源和社会保障局
苏州市五一劳动奖状	太阳油墨（苏州）有限公司
苏州市五一劳动奖状	苏州英示测量科技有限公司
苏州市五一劳动奖状	苏州绿叶日用品有限公司
苏州市五一劳动奖状	国药控股苏州康民医药有限公司
苏州市五一劳动奖章	马伟良〔苏州高新区（虎丘区）狮山街道、横塘街道集成指挥中心原主任〕
苏州市五一劳动奖章	肖佐楠（苏州国芯科技股份有限公司总经理）
苏州市五一劳动奖章	刘莹（苏州中设建设集团有限公司副总经理、财务总监）
苏州市五一劳动奖章	吴刚〔金德精密配件（苏州）有限公司党支部书记兼人事课长〕
苏州市五一劳动奖章	姚卓（苏州姚建萍刺绣艺术有限公司设计师）
苏州市五一劳动奖章	毕晴〔舍弗勒摩擦产品（苏州）有限公司销售高级经理、工会主席〕
苏州市五一劳动奖章	王锦程（苏州市兴业化工有限公司副总经理）
苏州市五一劳动奖章	曹丽中（苏州固锝电子股份有限公司工务部副经理 ）
苏州市五一劳动奖章	陈益冬（苏州协鑫光伏科技有限公司技术部经理）
苏州市五一劳动奖章	余震〔铭裕科技（苏州）有限公司管理部资深经理〕
苏州市五一劳动奖章	李志清（苏州高新区实验小学校教育集团党委书记）
苏州市五一劳动奖章	周明〔苏州高新区（虎丘区）社会事业局综合二室副主任兼基层政权与社会事务处处长〕
苏州市五一劳动奖章	汪海洲〔苏州高新区（虎丘区）枫桥街道社区卫生服务中心副主任〕
苏州市五一劳动奖章	王慧（苏州高新区科技招商服务中心主任）
苏州市五一劳动奖章	陈军〔苏州高新区（虎丘区）建设工程质量监督站（安全监督站）站长〕
苏州市五一劳动奖章	卫琳（苏州高新产业招商中心有限公司副总经理）
苏州市五一劳动奖章	主燕妮（苏州苏高新集团有限公司党政办公室主任）
苏州市五一劳动奖章	张新慧（苏州高新地产集团有限公司工会主席、综合管理部经理）
苏州市五一劳动奖章	李政（苏州高新城市交通发展集团有限公司党委书记、董事长）
苏州市五一劳动奖章	薛晓倩（中诚智信工程咨询集团股份有限公司副总经理）

续表

奖项	单位（部门、个人）
苏州市五一劳动奖章	蒋铮（苏州路之遥科技股份有限公司资金管理部总监）
苏州市五一劳动奖章	孙国梁〔苏州高新区纪工委（虎丘区纪委）、虎丘区监委第二审查调查室科员〕
苏州市五一劳动奖章	纪庆省（江苏中建国际投资发展有限公司党总支书记、董事长）
苏州市五一劳动荣誉奖章	Markus Grabmeier（西门子电气产品中国及东亚总部总经理）
苏州市工人先锋号	苏州创业园科技发展有限公司党群部
苏州市工人先锋号	苏州高新区（虎丘区）经济发展委员会产业发展处
苏州市工人先锋号	苏州市自然资源和规划局苏州高新区（虎丘）分局苏州市不动产登记中心虎丘分中心
苏州市工人先锋号	苏州高新区（虎丘区）应急管理局安全生产基础处
苏州市工人先锋号	苏州高新区（虎丘区）行政审批局苏州高新区（虎丘区）政务服务中心
苏州市工人先锋号	苏州金合盛控股有限公司计财部
苏州市工人先锋号	苏州中化药品工业有限公司头孢粉针剂科无菌分装班组
苏州市工人先锋号	苏州中建东孚投资发展有限公司南大人才公寓项目部
苏州市工人先锋号	松下神视电子（苏州）有限公司传感器班组
苏州市工人先锋号	威卡自动化仪表（苏州）有限公司行政部门工会小组
苏州市工人先锋号	固德威技术股份有限公司PCBA智能制造车间
苏州市工人先锋号	苏州苏尔寿泵业有限公司装配水压班组
苏州市工人先锋号	力神电池（苏州）有限公司制造部HSE
苏州市工人先锋号	苏州恩斯克轴承有限公司研磨二科C班

【职工劳动竞赛】 2023年，区总工会强化人才培训，创新人才培养平台，开展技能竞赛，激发人才培养活力。新增职业技能等级认定备案企业9家，全区累计有高技能人才6.62万人。举办首届高新区职工创新创效大赛，组织262个“五小”（小发明、小创造、小革新、小设计、小建议）创新成果项目参赛，评出一等奖6人、二等奖8人、三等奖16人。举办第四届“高新匠领”职业技能大赛，理论实操双合格2354人。苏州科技城医院周辰杰在全国卫生健康系统职业技能竞赛江苏选拔赛中获中药调剂工种第一名次，中移（苏州）软件技术有限公司“磐石”内核算力操作系统项目获评江苏省职工十大科技创新成果，基于云原生技术和XDR理念的移动云态势感知产品能力提升项目获评江苏省职工“五小”活动优秀项目。晶端显示精密电子（苏州）有限公司获苏州市职业病防治和工伤预防技能竞赛团体一等奖。

2023年9月26日，首届高新区职工创新创效大赛决赛在区工人文化宫举行（总工会　供图）

【职工文体活动】 2023年，区总工会建设基层阵地，组织开展各类文体活动，深化女职工素质培养。承办职工文体活动81场，服务职工8032人次。建设运行高新区职工服务中心、职工创新成果长廊、高质量工会交流中心、秦滢“党建带工建”工作室等服务阵地。主办首届高新区国资国企运动会、区级机关第九套广播体操比赛、青年职工联谊活动，承办苏州市职工书画大赛等活动10场。动员中移（苏州）软件技术有限公司、苏州长光华医生物医学工程有限公司、苏州中车轨道交通车辆有限公司等11家企业350人参加太湖马拉松企业跑团活动。组织区内30余家“最美职工书屋”负责人举办“书香工会　阅识人生”女职工阅读分享会，开展主题活动13场，覆盖女职工约600人。

【职工权益维护】 2023年，区总工会维护职工劳动经济权益，探索新经济组织、新业态模式下的集体协商路径，加强职工普法服务。申报3家单位参与“百家金牌劳动人事争议调解组织”评选，举办民主管理集体协商场景演绎分享、集体协商有奖问答等活动。开展集体协商春季要约行动，征集企事业单位民主管理理论研究11篇，基层工会优秀职代会提案13个。2篇课件获评江苏省工会干部网上教育培训精品课程。制定《高新区维护劳动领域政治安全工作协调机制工作规则》，建立日常联络、信息通报、会商研判、调查研究、协同处置等工作机制。开展职工普法宣教活动15场。全年区工会职工法律援助中心受理网络、电话、来信、来访事项1494件。

【职工服务和困难帮扶】 2023年，区总工会深化惠普服务，推进困难职工帮扶工作。新建省级职工亲子工作室1家，市级女职工康乃馨服务站10家，市级“妈妈驿站”11家，区级职工亲子工作室1家。依托苏工惠平台，举办“月月礼”、肯德基优惠券发放等专场活动，共计投入活动资金100万余元。常态化开展送温暖、送清凉活动，走访慰问劳动模范、困难职工、在苏过年外地职工、新就业形态劳动者和一线值守干部职工等群体，全年发放慰问品2.72万份，投入资金200万余元。开展金秋助学活动，帮助困难职工缓解子女就学压力，惠及11人，累计发放救助金1.4万元。落实特殊困难救助办法，上报大病补助工会会员109人。 （总工会　谈莫妍）

共青团苏州高新区（虎丘区）委员会

【组织建设】 截至2023年底，高新区有共青团员2.3万人，少先队员8.16万人，少先队辅导员2079人。全区建有直属团组织29个、基层团组织2440个、直属少先队组织38个。

共青团苏州高新区（虎丘区）委员会（简称“区团委”）以县域共青团基层组织改革为重点，强化青少年思想引领，引领青年建功、服务青年成长，打造青年发展型城区。建设北京大学元培学院在江苏省内首个北京大学思想政治实践教育基地。通过“网上共青团　智慧团建”平台开展团员发展、新建“两新”领域团支部等工作。推进县域共青团基层组织改革，召开区共青团基层组织改革总结会，完成改革任务28项。提升少先队工作水平，承办苏州市建队节活动，完成《针尖上的技艺》苏绣节目拍摄，在全国少工委建队节微队课展示。区内获评“红领巾奖章”五星章少先队中队1个、少先队员5人。推动党团队一体化建设。出台《关于落实党建带团建、队建　构建党团队一体化育人链条的实施意见》，规范积分入团、推优入党等工作机制。提升少先队社会化工作水平，新增少先队校外实践教育营地13家，实现全区镇（街道）少工委全覆盖、村（社区）少工委应建尽建，浒墅关火车站基地获评第二批省级少先队校外实践活动红色基地。加强团干部队伍建设，深化“一专一站两联”工作指引，构建“十站十组”团代表联络站体系，开展团代表联系服务月专项行动。举办全区基层团干部能力素质提升培训班、三大功能片区团干部培训班、少先队骨干辅导员培训班、青马工程班等，培训团干部、少先队辅导员和优秀青年300余人。实施“团聚高新不一young”青年社团激活计划，全区新增青年社团80余个。举办“一见青心”等青年交友联谊活动，开展“青话归途”海归青年人才沙龙暨海归青年人才国情考察、青年科技成果直通车暨青年科技人才交流等活动，参加第13届苏港澳青年发展论坛及苏州同心圆交流活动。获评第18届江苏青年五四奖章1人，获评2022年度江苏省优秀共青团员1人，获评2022年度江苏省优秀共青团干部2人，获评2022年度、2023年度江苏好青年各1人。

【青少年思想引领】 2023年，区团委加强“线上+线下”思想文化宣传阵地建设，发挥青年讲师团作用，选树青年榜样典型，创新青年项目品牌。新增获评市级青年学习社2家，全年建设区级青年学习社10家，打造区级青年学习社线路2条，线下阵地实现乡镇（街道）、机关、学校及大院大所全覆盖。区团委获评2022年度苏州市共青团宣传思想文化和新媒体工作先进集体。获中央及省市级主流媒体报

2023年7月5日，北京大学元培学院在江苏省内首个北京大学思想政治实践教育基地落户高新区（团委　供图）

道约500次，其中新华社（新华网）、中国青年报（中国青年网）等重点央媒报道40余篇。“高新青年汇”微信公众号获评2022年度苏州市共青团十佳微信公众号，全年推送约300篇，“高新青年汇”视频号在各类网络平台同步视频391个。持续开展“青年大学习”巡回交流活动，全团参学率100%。承办“青春心向党　奋进新征程”团中央基层示范宣讲江苏省首场活动。开展“青春向党学思想　感恩奋进建新功”主题宣讲进青年、“强国复兴有我”基层理论宣讲60余场，覆盖2000余人次。举办“高新青年说”进校园活动，开展北京大学、清华大学共建交流。聘任新一批青廉宣讲人，开展“高新青年说　爱廉说”系列活动，获苏州市青春担使命青年“爱廉说”大赛三等奖。开展“学习二十大　青说映红心”短视频征集活动，征集优秀视频约200个，入选学习强国获奖作品10余个，其中入选全国平台2个。推报2人获评江苏省好青年，4人获评2022年度苏州市十佳新兴青年榜样（含提名）。开展区好青年寻访活动，选树优秀青年典型117人。承办“学习二十大　永远跟党走　奋进新征程”江苏（苏州）青年五四奖章宣讲会，举办好青年分享交流活动。举办“四敢新作为　迈上新征程”纪念五四运动104周年暨建团101周年主题团日活动，发起“青新阅动”“高新青匠”“向新青年”“小青城”等4个项目，开展“小青新”五周年主题青年文化月，举办活动50余场。区团委获评苏州市全民阅读先进单位。

【青少年成长关爱】 2023年，区团委深化“青新护未　成长关护”体系，完善青少年成长关爱和帮扶举措。提升青少年安全自护能力，开设小青新成长学院线上直播公开课。助力困境青少年健康成长，开展重点关注青少年网格内常态化巡查走访、慰问关怀。深化成长护航工程、“梦想改造+”、暖冬行动、蒲公英计划等项目帮扶。落实“新一奖学金”助学计划，资助贫困大学生3人，“梦想改造+”关爱计划帮扶无人抚养儿童6户。承办苏州市“益起做件好事”主题活动，发布高新区青新有益项目，开设公益集市、爱心捐助、帮扶结对、慈善义卖等四类活动。推进全国青少年模拟政协提案征集工作，申报提案125件。通过共青团与人大代表、政协委员面对面活动和青年联席工作会议等议事机制，解决青年问题困难。服务苏州外来务工人员子女，承办“我在苏州长大”蒲公英陪伴成长主题活动，发布苏州市百个青少年小微关爱项目。打造全区小微关爱项目10个，助力困境青少年、在苏务工人员子女健康成长。狮山、横塘街道“关爱有我　青春有young”项目和通安镇“暖心行动　关注困境儿童”项目获苏州市百个青少年小微关爱项目优秀奖。

【青少年权益维护】 2023年，区团委在全市率先发布“一路美好　从新出发”青年发展型城区文化体验线路，推出地铁青年主题站点、有轨电车青年专列、公交青年专线，提供免费或优惠乘车券等服务举措。开展区级民生实事项目青少年暑托班，开设集中式课程化暑托班、嵌入式行业性暑托班、分布式活动类暑托班共133个，服务3万余人次，获评省级突出单位和个人表彰9项。

【青年创新创业】 2023年，区团委打造青年发展型城区。出台《苏州高新区（虎丘区）青年发展型县域建设试点实施方案》，聚焦打造青年乐活友好先行区、青年安全宜居示范区、青年智汇建功引领区和青年共享共治先导区，组织全省青年发展型城市建设现场观摩交流走进太湖科学城国际青年创新社区活动。搭建助力青年创业就业多维平台，组织南京大学、哈尔滨工业大学“校园苏州日”专场行动，先后到武汉、合肥等地开展引才专列活动。举办“满天新”青年人才成长训练营，实施“繁新计划”，覆盖实习单位近20家。承办“赢在苏州　创赢未来”第15届苏州青年精英创业大赛，举办高新区青年创新创业大赛。持续提升青年人才驿站管理服务，覆盖全区三大功能片区，全年服务企业300余家，覆盖3000人次。持续打造青商品牌，发布青商能量计划，搭建青年企业家对话场景，形成青商访名企、对话青商、青商学堂、青商茶友会、“青商公益+”等品牌项目。

（团委　廖子琰）

苏州高新区（虎丘区）妇女联合会

【组织建设】2023年，苏州高新区（虎丘区）妇女联合会（简称“区妇联”）拓展妇联组织覆盖面，深化新经济组织、新社会组织、新就业群体等领域妇联组织建设，重点加快在医疗器械产业创新集群、刺绣产业建立妇联组织，建成新兴领域妇联组织5个。举办“爱聚高新　益企同行”益企会客厅主题活动，召开女性社会组织座谈会，实施基层“领头雁”培训计划，全面开展妇联执行委员会自办领办履职项目，加强妇联干部业务培训和实践锻炼，推动基层妇联执行委员会有效履职，持续推动妇联工作项目化、专业化、社会化。截至年底，全区有基层妇联组织167个，以苏绣、创业、宣教、维权、公益等五大品牌为主的特色微家64个，妇女儿童之家70个。年内，新增全国巾帼建功标兵1人，苏州市巾帼建功标兵、巾帼文明岗5个。获评省级三八红旗集体3个、省市级三八红旗手（标兵）11人。

表17　2023年高新区妇联系统获得省市级三八红旗集体、三八红旗手（标兵）荣誉一览表

奖项	单位（部门、个人）
江苏省三八红旗集体	苏州高新区（虎丘区）妇女联合会
江苏省三八红旗集体	苏州高新区城市管理行政执法大队枫桥中队女子分队
江苏省三八红旗集体	江苏凡创律师事务所
江苏省三八红旗手	李磊（江苏超敏科技有限公司总经理）
江苏省三八红旗手	李惠芬（狮山街道社区卫生服务中心主任）
苏州市三八红旗手标兵	朱惠琴（国网苏州供电公司浒墅关供电所党支部书记）
苏州市三八红旗手标兵	张英（通安镇华通花园第六社区党组织书记）
苏州市三八红旗手	方宇〔苏州高新区总工会副主席（挂职）、浒墅关经开区（镇）妇联主席〕
苏州市三八红旗手	朱晓丹（苏州市虎丘区检察院第三检察部主任）
苏州市三八红旗手	李惠芬（狮山街道社区卫生服务中心主任）
苏州市三八红旗手	初虹（苏州特瑞药业股份有限公司总经理）
苏州市三八红旗手	陈红英（镇湖陈红英刺绣工作室技术总监）
苏州市三八红旗手	许学雷（中诚智信工程咨询集团股份有限公司董事长）
苏州市三八红旗手	沈莺（苏州轴承厂股份有限公司董事长秘书、财务总监）
苏州市三八红旗手	张黎星（苏州卢福英刺绣文化有限公司技术主管）

【妇女思想引领】2023年，区妇联开展“巾帼心向党　奋进新征程”学习教育活动，打造“慧聚高新绣芳华”区级巾帼党建品牌，构建“1+6+X”妇联党建品牌矩阵。开展优秀读物“五进”活动（进企业、进农村、进社区、进学校、进家庭），举办“线上+线下”巾帼大学习、巾帼大宣讲活动230余场，覆盖2万余人。开展“争做巾帼好网民”主题活动，获第五届苏州女性融媒体创意大赛优秀组织奖。开展“五个一”巾帼志愿关爱服务，龙华社区获评市级巾帼志愿服务阳光站。

【妇女巾帼三大行动】2023年，区妇联持续深化科技创新巾帼行动、创新创业巾帼行动、乡村振兴巾帼行动三大行动，出台《苏州高新区支持女性科技人才发展的若干措施》，主动对接科技企业、大院大所，获评江苏省女性创新创业大赛十强项目2个。推动杨木桥女性人才公寓、太湖科学城国际青年创新社区科技女性人才公寓载体建设。持续开展“巾帼智享荟”

女性科技人才系列服务活动，举办“就在苏州 职等你来”女性专场招聘、“青春我行 助我企航”女大学生实习就业招聘及“春风行动”直播带岗活动。开展女大学生暑期研学、优秀女性创业分享沙龙。推进女大学生启航计划，获评江苏省女大学生创业就业实践基地2个。成立首个巾帼家政进社区到宅服务工作站。推动美丽家园、美丽庭院建设，华盛社区获评省级美丽家园示范点，建设苏州市美丽庭院示范村1个、精品户2户，获评苏州市美丽庭院40户。

【妇儿权益维护】 2023年，区妇联召开全区维护妇女儿童合法权益联席会议，发布《苏州高新区反家暴联动工作机制》，入选苏州市反对家庭暴力十大典型案例1个。会同区司法局推动标准化家事调解社区工作室建设。开展“巾帼普法行 护航幸福家”、“三八”维权月系列活动。优化“幸福益站”一站式维权服务项目，成立巾帼公益律师团，推出巾帼普法云课堂，为妇女群众提供法律援助。结合反家暴日、宪法日等时间节点，加强宣传贯彻妇女权益保障法律法规，持续开展法律服务进社区系列活动。深化“不止于她”妇女议事会联盟建设，发挥女网格员和基层妇联执行委员会交叉任职、相互融合优势，提升基层社会治理水平。

【妇儿关爱服务】 2023年，区妇联结合“千村万企 千家万户”大走访活动，深入基层了解妇女群众需求，开展倾情关爱、心理疏导等工作。推进“我助妇儿康”一户一策微关爱计划和美好家园项目，深化妇女儿童关爱服务。完善“幸福心家”心理服务体系，开展“幸福赋能”暖冬计划活动，走访慰问单亲母亲100户。开展“巾帼暖新”行动，关爱新业态新就业群体。关注女性健康，实施低收入妇女“两癌”专项救助项目，累计救助8人。统筹推进儿童友好城市建设，发布苏州高新区儿童友好城市建设品牌，推进儿童友好场馆、公园等项目建设。获评苏州市儿童友好社区5个、苏州市首批儿童友好医院3家、苏州市儿童友好学校3家。

【家庭文明建设】 2023年，区妇联推进家庭文明建设，开展家庭文化季系列活动，持续开展“情满高新 最美家庭”寻访活动，新增省级最美家庭1户、市级最美家庭6户、区级最美家庭30户，康佳时光记忆馆获评苏州市新时代家教家风实践基地。召开“三全”家庭教育指导服务示范点建设推进会和家庭教育促进“一法一条例”实务培训会，高新区家庭教育指导服务中心挂牌运营。持续实施“小手牵大手”家庭心成长幸福计划。结合世界读书日、国际家庭日、“六一”儿童节等时间节点，开展关爱儿童健康月、“暖童心护成长”等各类家庭教育服务活动。

（妇联 韩 珂）

苏州高新区科学技术协会

【组织建设】 2023年，苏州高新区科学技术协会（简称“区科协”）进一步团结全区科技工作者推进组织建设、阵地建设，创新开展科普活动，提供科技服务。召开区科协第二次代表大会，科技和科普工作者等参会代表166人，会议选举委员60人。区科协第二次代表大会第一次全委会选举产生新一届区科协领导机构。

【阵地建设】 2023年，区科协修订科普项目管理办法，完善科普资金使用程序，补充支持企业科协资金。成立区科普教育基地联盟，新增省、市、区级科普教育基地8个，企业科协组织6个，全区有各级科普教育基地30个，企业科协组织15个。资助中国科学院苏州生物医学工程技术研究所“干细胞与生命健康”科普馆及长光华芯光子技术科普馆建设。苏州清听声学企业科协获评市级示范企业科协。清听趣味声学实验室获批省级科普教育基地，苏州高新区中医医院杏林儿郎中医传习基地、比格威眼健康科普馆获批市级科普教育基地。联合区教育局推荐苏州文昌实验中学、苏州高新区文正小学、苏州科技城西渚实验小学三所学校获评苏州市“十四五”第二批科学教育综合示范学校。苏州高新区第一初级中学的《青少年建筑模型馆》入选市级科普场馆类项目，并获立项资金10万元。

【科普活动】 2023年，区科协持续创建科普品牌，开展第三届“科普益起来”活动。全年开展各类科普活动153场次，包括苏州市动物园“科普嘉年华 情系华南虎”科普游园会、苏州科技城医院“水落石出”肾结石的来龙去脉科普活动、东南大学苏州医疗器械研究院“口腔健康新材料”生物医用材料科普体验活动等主题项目7个，覆盖群众55万余人。举办首届“智慧与健康”科普创意作品大赛，征集短视频、平面设计、摄影、书画、朗诵等作品952个，选出决赛作品45个。依托全国科技活动周、全国科普日等时间节点，举办全国科技活动周苏州高新区启动仪式、“走近魅力人物 聆听科创故事”魅力科技人物进校园活动。

【科技服务】 2023年，区科协在安徽省委党校举办区科协系统科创能力提升培训班，参加培训50人。联合综保区在西安市举办"创享保税 才聚高新"创新创业大赛。联合市科协、市人才办等在综保区举办海智服务基层行活动。推动和支持苏州科技城申报中国科协国际研发社区。组织国仟创投、苏高新创投等市级离岸基地通过省科协海智计划基地评估5家。推荐中移（苏州）软件技术有限公司和苏州长光华芯光电技术股份有限公司入围2022年中国科协科创中国系列榜单先导技术榜。推荐苏州特瑞药业股份有限公司1人入选科创江苏企业创新达人，推荐诺一迈尔（苏州）医学科技企业1人入选2022年苏州市魅力科技人物，推荐南京大学医学院附属苏州医院、中国科学院苏州生物医学工程技术研究所各1人入选苏州市科协青年科技人才托举工程。

（科技创新局　丁　娱）

苏州高新区归国华侨联合会

【组织建设】 2023年，苏州高新区归国华侨联合会（简称"区侨联"）成立全区首个基层侨联组织浒墅关侨界联合会，指导区侨商会召开换届大会，选举产生第四届理事会。截至年底，区侨联有委员19人，平均年龄41岁，其中，大学本科以上学历占比100%，研究生以上学历占比61.1%。整体结构呈现年轻化、高知化趋势。全区有省级新侨创新创业基地3个、省级侨文化交流基地1个、市级侨文化交流基地5个、区级涉侨载体6个、社区侨之家7个，覆盖生物医药、新材料、新能源、文化创意等领域涉侨企业500余家。

【以侨引智】 2023年，区侨联发挥侨界优势，加大海内外优质资源牵引，助力高层次人才服务和项目落地。与罗马华侨华人联合总会签署战略合作协议，增补罗马总会1人为区侨联海外顾问，推动两地经济贸易文化交流，发挥海外侨团在资金、管理、人才技术等方面优势，带动广大华侨回国回乡创新创业。

【为侨服务】 2023年，区侨联树立以侨界群众为中心工作理念，深入侨企开展法律服务活动。打造"城际之声"线上普法平台，邀请社区律师、"法律明白人"等示范带头人开展普法专题讲座，突出宣传归侨侨眷权益保护法，扩大社会知晓率，解读涉侨政策和政务服务事项。设立一站式服务平台，围绕科技金融、政策咨询、人力资源等方面为归国留学人员提供服务。持续做好侨界困难群众帮扶救助工作，开展80岁以上老归侨适老化改造。举办"同粽同源同端午 粽情重义聚高新"端午节联谊、中医惠侨等活动。

（统战部　顾寅清）

苏州高新区（虎丘区）文学艺术界联合会

【概 况】 2023年，苏州高新区（虎丘区）文学艺术界联合会（简称"区文联"）团结带领全区广大文艺工作者，延伸拓展服务内容。召开区文联二届五次全委会，增选文联二届委员会委员1人，选举主席1人、专职副主席1人、兼职副主席1人。开展区域戏剧曲艺人才摸底调查，成立区戏剧曲艺家协会。区级各文艺家协会新增会员85人，新晋加入国家级文艺家协会会员7人、省级文艺家协会会员7人、市级文艺家协会会员12人。截至年底，全区有作家协会、书法家协会、美术家协会、摄影家协会、音乐舞蹈家协会、收藏家协会、戏剧曲艺家协会和枫桥街道文联、浒墅关文联等团体会员9个。全区文联系统有个人会员1400余人，其中国家级会员87人、省级会员139人、市级会员151人；有工艺美术大师41人、各级各类非物质文化遗产代表性传承人55人、姑苏宣传文化人才21人、姑苏宣传文化新秀7人。

【文艺活动】 2023年，区文联组织文艺家到浙江杭州、嘉兴、丽水松阳，安徽歙县、金寨，南京等地开展主题采风活动，覆盖200余人。举办"按响诗意的门铃"第七届高新区新春诗会。举办"遗落的影子 关于现代诗写作的一些思考""光阴里的园子 那些关于园林和苏绣的花絮""我们身处何处 我的南极之旅"等主题作家论坛活动3期。举办访古城游学活动8次，覆盖200余人。打造全新主题文学沙龙活动"圆桌对话"项目，举办"滞缓与凝固：小说叙述中的时间问题四人谈"暨"江枫文丛"第四卷新书发布会专场活动。举办"最江南"网络文学季活动，围绕苏绣、核雕、古琴、缂丝、香山古建等非遗项目交流，拍摄"苏州网络文学作家看非遗"网络视频5个，组织"苏州网络文学作家看苏州"主题采风活动3次，举办"文学是大家的 苏州与网络文学抒写"第13届江苏书展场外文学研讨会。举办第六届"书香里的江南时光"跨年读书会。举办"我眼中的苏州高新区"主题摄影创作、展览活动，创作作品800余件，集中展出作品100件。举办首届高新区书法家协会经典碑帖（楷书、隶书、草书）临摹展，参展作者126人，展出作品252件。举办"江枫诗韵"区书法家协会会员作品展，展出作品68件。举办"美在西部"第二届西部生态旅游度假区摄影大赛,“花漾狮山”图片征集、展览活动。组织“访红色故里,创美好未来”主题采风、创作活动,完成书法美术摄影作品80件。举办“山河壮阔”区书法美术摄影迎新主题展。举办“逆向时光”浒墅关运河桥梁变迁文献展。举办“铭记光荣历史 赓续红色血脉”红色教育主题书画展。举办“狮光枫景,笔墨传薪”狮山商务创新区诗书画印展,展出省级以上文艺家诗书画印作品50件。联合威海市文联举办“清风见性”沈见林、朱华清中国画作品双人展。在成都市举办“大美天成”梅景书屋后人苏州七人画展。组织参加第六届世界华人收藏家大会暨陶瓷收藏国际文化研讨会。联合嘉兴市美术协会和书法家协会、秀洲区文联举办第三届长三角女子书画优秀作品巡展(苏州站)。联合中国书画春晚湖北组委会举办“翰墨飘香中国行”首届姑苏荆楚文化艺术交流书画展。持续推进“文联万家 艺起来”文艺志愿服务品牌建设,开展“我们的中国梦 文化进万家”系列活动,组织文艺进校园、进企业、进机关、进乡村等系列文艺惠民活动1000余场。联合通安中学建设区少年文学院通安中学分院,提升少年儿童作家和文学新苗培养力度。制定江南网络文学创作基地(树山)功能提升方案,探索江南网络文学创作基地实体化运作机制。成立“文艺两新”区发展实践中心。浒墅关文联、苏州大方联合成立大方红源文化空间。枫桥文联“携手同行,筑梦枫桥”木桥公寓集宿区文艺赋能企业青年行动获全省文联工作创新提名奖、全市文联工作创新奖。

【文艺创作】 2023年,区文联持续推进人文丛书创作出版品牌建设,扶持出版“湖山风雅颂”系列图书、“江枫文丛”第四卷,全年出版专著13部。“人文丛书”累计扶持出版图书约50部。实施重点扶持文艺创作项目,长篇小说《矮墙》入选苏州市重点作家作品创作扶持项目;文艺评论集《虚构的光芒》入选苏州市文学艺术“三霞”人才项目资助;长篇小说《一念悠起》通过苏州市重点作家作品创作扶持并结项。文学作品《守鸟人》获首届全球华人微型小说创作大赛优秀奖,《璀璨风华》获中国首届(青海)昆仑英雄网络文学奖“女娲奖”,作家协会会员韩树俊获第五届奔流文学奖,《一窗光影》《旧书三四本,母爱有几分》两篇作品获学习强国主题征文优秀作品评选二等奖。《看露天电影》被中国文联选送参加埃及国际摄影展;《凤凰映像》入选第六届中国凤凰民俗摄影双年展;《女儿创业》在第五届国际摄影研讨会暨丽水国际摄影节专题展上展出作品30件;浒墅关蚕里项目入选“城市变形记”沪苏双城协同系列摄影展;摄影家协会承担的4个苏州市“光影江南”摄影精品创作扶持项目通过评审;组织会员代表3人参加“大运河摄影英雄会”首届苏州市大运河文化摄影展,并获团队二等奖。《雨中情》入选2022年中国写意画作品展;《贵州之恋》入选2022年多彩贵州中国画作品展;美术作品《窈窕》入选“青春梦享”江苏省青年美术家协会新人展;《梦游家山》入选第四届江苏省山水画展;获第五届苏州市群众文化“繁星奖”作品14件,其中《红装素裹》获美术类作品成人组金奖,《凌寿祺诗一首》获书法类作品老年组银奖,《苏州古桥遗韵》获摄影类作品成人组银奖,《点石成金》获音乐类作品银奖。获江苏省文艺大奖民间文艺奖5人,其中姚慧芬苏绣作品《精卫填海之羽毛》、卢梅红苏绣作品《生如夏花》获优秀民间工艺美术作品金奖。王丽华苏绣作品《法海寺造像系列》(一组3件)获第16届中国民间文艺山花奖(优秀民间工艺美术作品)。

(文联 张 斌)

苏州高新区(虎丘区)残疾人联合会

【概况】 2023年,苏州高新区(虎丘区)残疾人联合会(简称“区残联”)加快提升残疾人事业治理效能,保障残疾人平等权利,构建全方位的残疾人服务体系。全区有持证残疾人7436人,其中听力残疾人1008人、视力残疾人890人、肢体残疾人3420人、言语残疾人21人、智力残疾人761人、精神残疾人1090人、多重残疾人246人。有残疾人之家10个。

【残疾人就业创业】 2023年,区残联开展残疾人专场招聘会1场、残疾人技能培训活动3场,其中收纳师培训1场、咖啡师培训1场、电商直播培训1场。推荐就业年龄段内残疾人入职区内企业68人次,全年实名制培训99人,新增实名制就业113人,净增任务完成率256.79%。发展残疾人新业态就业服务,指导北联新翼企业开展美甲直播培训、盲按团购直播培训、摄影培训等残疾人电商就业培训5场,惠及学员80人。开展“慈善同行,助残有我”慈善义卖活动、残疾人之家编织培训等残疾人公益直播4场,销售残疾人之家手工艺品。制作公益直播残疾人售卖场景宣传片、残疾人之家培训及团建活动宣传片等短视频6个。入库包含食品、生鲜、日用品、家访、文创等直播品类10余种,自营账号橱窗新增选品数100余种,通过平台直播稳定销量。开发残疾人新媒体实训岗位2个、自主创业岗位1个、辅助性就业岗位1个，所有开发的岗位人员全部实现稳定就业。全年稳定参与辅助性就业残疾人121人，通过劳动获得收入36.55万元，推荐残疾人就业3人。在建设运营高新区辅助性就业项目发包平台的基础上，完成北联云翼辅助性就业项目线上发包平台开发工作，指导各残疾人之家因地制宜，获取键盘包装、螺丝钉加工、标签打结、窗帘插件、橡胶等一批就业资源，实现以键盘包装为主的常态化就业资源。改建残疾人之家1个，获评市级星级残疾人之家1个。获第三届苏州市残疾人创新创业大赛二等奖、三等奖、优秀奖各1个，其中"袖珍虫控消杀项目"落地并推荐申报省大学生优秀创业项目。

【残疾人权益保障】 2023年，区残联为持证残疾人7436人发放各类社会保障补贴3991.96万元（含两项补贴1300万元、精防补贴400万元）。其中，发放装配助听器、矫形器、人工耳蜗等辅具补贴金约200万元，惠及残疾人130人。残疾人托养服务337人，其中日间托养118人、居家托养207人、全日制托养12人。

【残疾人康复服务】 2023年，区残联推进残疾预防、成人社区康复、辅具适配等方面工作，提高残疾人医疗和康复保障水平。开展残疾人综合服务需求调查及信息数据动态更新工作，通过市、县、镇残联三级联动和政府购买服务方式，帮扶困难残疾人7400余人，全部建立"一人一档一策"动态信息库，了解残疾人康复等各方面需求，开展精准帮扶。优化残疾儿童康复服务，逐步提高区内残疾儿童康复补助标准。全年发放肢体（脑瘫）、听力、孤独症等各类别残疾儿童康复补助经费935万元，惠及残疾儿童300人。联合苏大理想眼科医院开展"视力残疾早预防　光明巴士进社区"眼病筛查工程，筛查2384人，完成白内障手术252例。设置狮山、横塘街道，东渚街道社区康复服务点2个，为残疾人提供基本康复服务、辅具适配及租借、支持性服务、转介服务等。

【残疾人教育服务】 2023年，区残联持续扩大残疾人高中及以上教育阶段规模，加大高等融合教育支持保障力度，构建覆盖基础教育、职业教育、高等教育的残疾人高质量教育体系。苏州高等职业技术学校和高新区特殊教育学校合作创办区特教职高班，首批9名学生入学。区特教学校与苏州电子信息技师学院合作共建，为外聘专业师资、师生职业技能考级等提供专业支持。

【助残社会动员活动】 2023年，区残联融入公共文化体育惠民工程，推出具有区域特色的残疾人群众性文体服务项目和非遗文化项目。结合全国助残日、残疾人文化周、国际残疾人日等时间节点，举办残健共融活动20余场，其中包括"名人大讲堂"讲座、国际残疾人日活动、首届区残疾人之家趣味运动会等。开展高质量精神文化助残活动，常态化组织残疾人无障碍观影、残疾人假日健身体育、残疾儿童家庭亲子体验营、残疾儿童魔法互动秀、儿童全景舞台剧等文化体验活动。

（社会事业局　黄婉莹）

苏州高新区（虎丘区）红十字会

【概况】 2023年，苏州高新区（虎丘区）红十字会（简称"区红十字会"）弘扬人道、博爱、奉献精神，坚持以服务民生为出发点，推进"三救三献"体系建设。推动全区公立医疗机构成立红十字会，实现"博爱家园"建设全覆盖。普及应急救护知识，提升群众自救互救意识和技能。全年培训初级救护员3522人，参加应急救护知识培训8172人，发放人道救助金20.70万元，救助困难群众2004人次。动员社会各界参与无偿献血、骨髓捐献和遗体器官捐献。全年参与献血4353人次，献血量128.04万毫升；完成血样检测入库137份，成功捐献造血干细胞1例；全区全年实现捐遗登记52人次，其中登记遗体捐献49人、角膜捐献34人、器官捐献26人。

【基层组织建设】 2023年，区红十字会推进基层组织规范化建设，召开区第五次会员代表大会，成立理事会、监事会，选举产生理事、监事。定期举办学习培训和业务研讨，提高管理队伍业务能力。以街道社区、学校、医疗机构、党政机关和企事业单位为核心，发展红十字会基层组织。关注基层红十字会工作者能力培养，组织《红十字会法》解读、国际红十字运动基本知识普及、基层红十字会工作指导等专题培训，建立参观学习机制，提升队伍素质和业务能力。新吸纳苏州明基医院成为会员单位，实现全区公立等级医院和公立基层医疗机构红十字会全覆盖。狮山、横塘街道青春社区博爱家园获评省优秀博爱家园。

【救灾工作】 2023年，区红十字会持续优化应急救援体系，完善协同联动工作机制，增强应急响应能力。拓宽救灾筹资渠道，全年接收社会各类捐赠物资价值24.45万元，接收捐款46.62万元。组织家庭备灾箱募捐活动，参与活动2276人，采购备灾箱

270套。赈济家庭箱项目获评全省人道公益日公众筹款优秀项目。

【救护培训】 2023年，区红十字会推进应急救护知识普及、技能培训、设施配置等工作，打造“救在身边”救护新人培训品牌项目。扩大培训覆盖人群，重点涵盖集宿区、大型商超等人群密集场所。举办第二届区红十字应急救护技能竞赛，提升应急救护师资和救护培训队伍专业技能水平。开展红十字服务进台企活动，开展台资企业救护培训，粉尘、危化品防护知识讲座，流行病、传染病、艾滋病传播讲座，心理健康教育等服务项目。全年培训人数1.17万人，其中，培训初级救护员3522人，参与普及培训8172人。

【人道救助】 2023年，区红十字会开展“红十字博爱送万家”活动，针对贫病、孤寡、残障、失学等困难群体组织实施人道救助工作，扩大救助覆盖面。打造助学爱心接力，面向困境学生定向捐赠3.90万元。全年发放人道救助金20.70万元，惠及困难群众2004人。

【造血干细胞和遗体（器官）捐献】 2023年，区红十字会开展捐献造血干细胞知识主题宣讲活动，安排成功捐献者讲解造血干细胞相关科学知识，开展造血干细胞捐献“志愿者保留”项目，保持与入库志愿者持续互动，打消捐献顾虑。全年完成血样检测入库137份，初配再动员成功11例，成功捐献造血干细胞1例。管理全区捐遗志愿者档案库，理顺遗体（器官）捐献工作运作体系。在苏州科技城医院、高新区人民医院、基层社区设立区捐遗登记站和咨询点，在苏州明基医院新设立捐遗捐献登记办公室，做好捐遗志愿者登记、管理和服务工作。加强志愿者跟踪服务和人道关爱，组织两批次捐遗家属清明祭扫活动。

【无偿献血】 2023年，区红十字会开展“6·14”世界献血日时间宣讲活动，动员红十字会工作者、志愿者、机关干部、企事业单位职工和社区居民等参与无偿献血。全区全年参与献血4353人次，献血量128.04万毫升。

【红十字青少年服务】 2023年，区红十字会开展“博爱青春”志愿活动。采取线上筹资方式，向学校投放体外除颤仪19台，提升校园急救响应速度。开展针对初中、高中新生专场应急救护培训，面向狮山商务创新区各学校开展“教师季”专项救护培训，成立科技城实验小学教育集团救护站、科技城实验幼儿园救护站，扩展校园救护培训工作。开展红十字学校专项调研，在省红十字示范校召开红十字工作规范化推进会。新建学校红十字会6个，完成南大苏州校区红十字救护培训基地建设，指导成立志愿者服务队、爱心捐献宣传队、“红小新”救援队。苏州高博软件技术职业学院获市红十字会“博爱青春”暑期志愿服务项目三等奖。

（社会事业局　黄婉莹）

编辑：马　藤

法　治

政法委与综治

【网格化社会治理】 2023年，高新区按照规模适度、管理高效、方便群众原则推进网格优化调整，构建纵向贯通基层网格、横向联接全部职能部门的联动工作体系，形成多网融合、一网覆盖网格化联动工作新格局。出台《关于加强综合网格员队伍管理的指导意见（试行）》，推动建成综合网格员队伍系统化管理、专业化培养、规范化发展体系。截至年底，全区有一级网格6个，二级网格69个，三级综合网格706个。微网格增至4034个。

【平安高新区建设】 2023年，高新区高效运行社会稳定风险合成处置机制，有效处置各类风险，持续保障社会大局平安稳定。违法犯罪警情下降32.7%。建成贯通区、镇、村三级社会矛盾纠纷调处化解中心（工作站）（简称“三级矛调中心”）工作体系，出台《关于进一步加强镇村两级矛调中心（工作站）工作的实施意见》，完善矛调机制，配强调解力量。

【扫黑除恶专项斗争】 2023年，高新区推进扫黑除恶常态化工作，开展《反有组织犯罪法》宣传工作，推进无黑城市建设。多措并举确保“黑财清底”，全年处置黑恶财产1.8亿元。高压打击违法犯罪，区公安分局抓获5人以上涉恶犯罪团伙3个，传统接触类十类案件立案24起，破案21起，破案率88%，采取刑事强制措施十类涉恶人员44人。

【三级社会矛盾纠纷调处化解中心建设】 2023年，高新区全面建成并实体运行三级矛调中心（工作站），通过强化一站式平台多元解纷能力、调解员队伍建设、督导问效等举措，提升矛盾纠纷化解能力水平。全年受理矛盾纠纷11400批次，覆盖17590人次，调解成功率99.68%，化解11358条，化解率99.63%。区社会事业局、人社局等单位优化运行及新建专业性、行业性调委会9个，提高医患纠纷、劳资纠纷等重点领域矛盾调处成功率。区矛调中心成立“青山”工作室，前置处置疑难复杂矛盾纠纷。

【政法队伍建设】 2023年，高新区举办学习贯彻党的二十大精神暨平安法治队伍建设能力提升培训班、政法系统专业能力提升培训班、“奋进新征程　建功新时代”压力管理集训班，落实“三官一律”（法官、检察官、警官，律师）同堂培训。组织政法领导干部政治忠诚剖析，开展政法干警旁听职务犯罪庭审、年轻干警教育管理“青廉工程”等警示教育系列活动。组织政法干警下沉村（社区）参与基层治理服务，推进年度机关党建“书记项目”及政法党建联盟等创建活动。

（政法委　朱振兴）

法治政府建设

【概况】 2023年，高新区持续推进法治政府建设，为在新征程上全面推进中国式现代化高新实践提供坚实法治保障。坚持领导干部带头尊法学法守法用法，区委理论学习中心组带头集中专题学法，新建区宪法主题公园，做好法治乡村片区化建设。联合吴中区法院、虎丘区法院，成立区行政争议协同化解工作站。出台《高新区法律服务业高质量发展三年行动计划（2023—2025年）》，打造区级法律服务产业园区。深化光子“产业链+法律服务”、企业合规指导行动。健全公共法律服务体系建设，推动一站式全周期法律服务实体平台建设。开展关爱民生法治行工作，对民生、营商环境等领域开展行政执法案卷评查专项行动和专项督察。做好社区矫正对象的监督管理。新增市级法治文化建设示范点4个，完成“数字天平法律服务工作室”等区级项目6个。培养“法律明白人”1288人，全部纳入网格化管理。

【依法决策】 2023年，苏州高新区（虎丘区）司法局（简称“区司法局”）

推进重大行政决策规范化建设，加强重大行政决策规范化管理。组织召开全区重大行政决策推进会，科学民主合法确定重大行政决策项目，确定区级项目2个，部门级项目2个，镇（街道）级项目3个。开展重大行政决策主体、程序、内容“法律体检”工作，推进依法决策。参与地方立法工作，提交江苏省、苏州市地方性法规、规章、行政规范性文件征求意见稿及立法文件反馈意见24份。

【规范性文件管理】 2023年，区司法局完善行政规范性文件管理机制，确保各类文件报备率、及时率、规范率全部保持100%。围绕行政处罚、安全生产等领域开展规范性文件清理2次，按要求严格审查各类区级文件。

【行政执法】 2023年，区司法局落实行政执法“三项制度”（建立执法全过程记录制度、严格执行重大执法决定法制审核制度、推行行政执法公示制度），推进“双随机、一公开”执法检查、多部门联合执法检查。贯彻苏州市涉企轻微违法行为免罚轻罚4.0版，运用政策辅导、行政建议、警示告诫、规劝提醒、走访约谈等方式，推行柔性执法。持续推行“一件事”改革，梳理“一件事”套餐清单100个。落实执法人员持证上岗制度，规范及清理行政执法监督平台中执法人员信息，组织参加新申领执法证考试68人，换发执法证57件、执法监督证35件。组织700余名行政执法人员开展公共法律知识网上培训。

【行政复议】 2023年，区司法局健全行政复议体制机制。受理行政复议案件68件，办结68件。完善区行政复议受理中心（窗口）接待室、听证室、阅卷室、档案室等多处室功能，优化群众提交行政复议申请流程。在通过省级行政复议规范化建设合格单位验收基础上，健全行政复议案件审理机制，提升行政复议办案质量。运用行政复议办案统计系统开展办案数据、信息上报，定期提交统计分析报告。

高新区宪法主题公园（政法委　供图）

【行政应诉】 2023年，区司法局完善应诉提示机制，建立涉诉案件时报制度，印发行政应诉提示函，确保行政机关负责人出庭应诉率100%。涉及全区一审行政诉讼案件结案52件（不含公安机关为被告的案件），涉及区政府本级案件18件。全区一审统计口径败诉6件，统计口径败诉率11.5%。全区产生实质性化解成效案件17件，实质性化解率32.6%。

【行政执法监管】 2023年，区司法局出台《苏州高新区行政执法监督工作计划（2023年）》，组织开展重点领域、重点执法部门专项执法检查活动。开展东渚街道、狮山街道等基层执法部门执法规范化督查调研。推进道路交通安全及运输执法领域突出问题专项整治，聚焦“五大类问题”开展现场查纠整治工作14次、各类宣传提示工作41次，收集民意事项约9000件。

（政法委　朱振兴）

公　安

【概况】 2023年，苏州市公安局苏州高新区分局（虎丘分局）（简称“区公安分局”）聚焦“市县主战、派出所主防”改革方向，围绕“五个一流”目标（一流目标定位、一流警务机制、一流科技装备、一流能力素质、一流担当作为），构建高新特色现代警务实战体系，落实防风险、保安全、护稳定、促发展各项措施，维护社会大局平安稳定。全区接报处置违法犯罪警情12499起，下降19.2%，完成各级两会、杭州第19届亚运会、第六届中国国际进口博览会、苏州太湖国际马拉松比赛等安保任务，钝化化解不安定因素188个，化解率92.6%。枫桥派出所试点打造新时代派出所典范样板，做好“派出所主防”牵动基层社会治理创新，推动形成党政领导、公安牵动、部门联动、社会参与、多元共治基层治理“苏州枫桥模式”，相关经验被新华社《国内动态清样》专题报道，获得省、市领导多次批示肯定。区公安分局获集体表彰36个，其中市级以上表彰7个，获个人表彰198人。

【打防违法犯罪】 2023年，高新区刑事案件立案3736起，破案1572起，破案率42.1%，接触式犯罪破案率73.2%。推进打击治理电信网络诈骗减量控大专项行动、百日行动专项行动，电诈刑事立案数下降7.7%，损失数下降27%，破案数上升59.8%，抓获数上升68.4%。组织开展夏季治安打击整治行动，严厉打击群众反响强烈的突出违法犯罪，行动期间接触式九类涉恶犯罪、性侵犯罪、寻衅滋事案件破案率100%。高压严打“黄赌毒”“盗抢骗”等违法犯罪，查破“黄赌毒”刑事案件45起、盗窃案件518起。

【道路交通安全管理】 2023年，高新区发生交通事故类警情89171起，其中亡人事故31起、死亡31人，道路交通亡人事故数下降6.1%、死亡人数下降8.8%。开展93家列管企业、9634辆重点车辆、5725名重点驾驶人日常检查行动，累计现场检查402家次，约谈整改486家次，抄告安监部门488家次。开展苏畅工程、电动自行车百日整治、夏日攻势、冬季攻坚等专项行动，加大路面违法查处力度，排查整改道路交通隐患，累计查处各类违法行为141736起，其中酒驾行为572起，排查整改各类隐患1000余个。开展“七进”文明交通宣传活动，宣传活动进企业310余次、进社区160余次、进农村70余次，开展主题宣传13次，在各类媒体刊发宣传信息700余条。

【公共安全治理】 2023年，区公安分局开展群租房安全整治居安行动、出租房屋及派出所监管范围内实有单位安全隐患排查整治专项行动，严查严处电动车违规充电、出租屋私拉电线等违规行为，整治各类安全隐患2.3万个，全年基层消防领域未发生亡人事故。严管严控社会面危化品，检查危险物品单位341家次，整改治安隐患21个，处罚单位6家次，全年未发生涉危安全事故。加强社会面大型活动排摸，加大检查指导力度，完善秩序维护、人流管控、交通疏导等预案建设，落实主办方安全保卫责任，确保全年39场次大型活动未发生安全事故。

【禁毒工作】 2023年，区公安分局开展涉毒领域突出违法犯罪攻坚会战等专项行动，全年涉毒刑事案件立案9起，破案9起，采取刑事强制措施18人，行政处罚78人。排查管控本地及外地在区吸毒人员，稳控涉毒严重精神障碍患者，管控率100%。部署开展失格人员驾驶专项治理，处罚有失格驾驶行为吸毒人员19人。对全区439家易制毒化学品企业开展全面检查，整改安全隐患、管理漏洞74个，开展企业专项培训3场，覆盖率100%。以防范合成毒品、新列管毒品及非列管成瘾危害元素为重点，开展“六进”禁毒宣传、开学第一课、全民禁毒宣传月等主题活动248场次，覆盖市民26.5万人。

【警务服务】 2023年，区公安分局深化公安政务服务一网通办、一窗通办、一件事一次办，构建全警种政务服务一站式办理流程，实现小事易事及时办结，难事要事跟踪解决，公安政务服务满意率100%。推出高新公安利企惠民十项措施，平等保护各类市场主体权益，加大知识产权保护力度。会同区行政审批局、人社局、商务局、招商中心等部门，建立健全部门联席会商、信息闭环流转等工作机制，解决企业困难诉求202件。

（公安分局　周欣泓）

检　察

【概况】 2023年，苏州高新技术产业开发区（苏州市虎丘区）人民检察院（简称“区检察院”）批准逮捕各类犯罪嫌疑人185人，提起公诉580人。履行法律监督职责，为全区提供检察保障。办理案件入选市级以上典型（优秀）案例19件，其中，入选最高检典型案例3件，入选省级参考性（典型）案例8件。获苏州市先进基层检察院等集体荣誉14项，个人荣誉53人次，其中获评全国十佳公诉人提名、全国优秀公诉人1人。

【刑事检察】 2023年，区检察院提升立案监督、侦查活动监督、刑事审判活动监督质量。监督立案、撤案31件，提出抗诉2件。坚决惩治腐败，审查起诉区监委移送的职务犯罪6件8人。在办理贪污贿赂犯罪案件中协作配合惩治洗钱犯罪，办理受贿案中的自洗钱犯罪案件1起。依法惩治司法腐败，协助市检察院开展司法人员职务犯罪侦查1件1人。探索轻罪治理检察路径，出台《不起诉案件适用非刑罚处分措施工作指引》，做好不起诉案件后续衔接工作。依法提起公诉的全国首例制作、销售车辆检测作弊设备案件，获法院判决支持。持续落实认罪认罚从宽制度，批准逮捕各类犯罪嫌疑人185人，不批准逮捕19人，起诉580人，不起诉221人。常态化开展扫黑除恶斗争工作，参与“无黑城市”建设，1件检察建议书入选市扫黑办优秀文书，1项工作入选市“无黑城市”建设优秀实践项目。持续打击电信网络诈骗，成立专业办案团队，提前介入缅北电信网络诈骗专案，对提请批准逮捕的25名犯罪嫌疑人全部依法批准逮捕。通过公检法协作，对1起网络诈骗案全额追赃挽损，入选市检察机关“聚焦急难愁盼 力解群众难题”十大典型案例。

【民事检察】 2023年，区检察院办理各类民事检察监督案件49件。其中，制发再审检察建议5件，采纳率100%；支持起诉16件；对生效裁判结果案件提出意见6件。与市检察院合作开发“破产领域失信、限高及被执行人信息公示模型”，发现并依职权办理民事执行监督案件8件。出台《关于破产案件中防范和打击虚假债权的协作意见》，保障债权人合法权益。多元化解矛盾纠纷，实现当事人申请监督案件息诉罢访率100%。能动开展虚假诉讼精准监督，强化检法虚假诉讼联合防范查处机制，办理案件6件，涉案金额1067万元。1起申请执行监督案被最高检第六厅作为典型案例发布。

【行政检察】 2023年，区检察院办理各类行政检察监督案件165件，制发行政检察建议8份。强化行刑反向衔接落地落实，会签《关于建立行政检察与行政执法反向衔接的若干意见》，实现行刑衔接闭环管理，确保相关案件依法轻处但不轻纵，办理反向衔接案件共101件。开发“行刑反向衔接监督模型”，发挥行刑反向衔接工作效能，高效发现未及时没收违法所得等监督线索，精准监督“不刑不罚”。在全市率先探索开展涉未成年人领域行政检察工作，督促纠正未成年人犯罪记录封存问题，维护当事人合法权益，相关案例获评全省未成年人犯罪记录封存典型案例。

【公益诉讼】 2023年，区检察院释放公益诉讼制度效能，深化“六长出题”工作机制（六长：地方党委书记、政府首长、人大常委会主任、政协主席、政法委书记、检察长），提升检察公益诉讼精准性、规范性。打造“检益太湖”品牌，用好苏州市生态资源公益修复基地（太湖片区），探索最佳修复方案。有20余名赔偿义务人通过补植复绿、增殖放流、劳务代偿等方式兑现生态环境损害赔偿。办理的全省首例以认购碳汇实现生态环境资源替代性修复案件，入选最高检服务保障碳达峰碳中和典型案例。聚焦网络食品安全，从严打击在食品中添加降血压药物等违法行为，依法适用惩罚性赔偿制度，保障人民群众生命健康权。开展保护地理标志农产品公益诉讼专项行动，相关案件入选全省检察机关服务农业现代化典型案例。推进叉车等重点车辆治理，相关做法获全省检察机关试点推广。

【控告申诉检察】 2023年，区检察院做到信访“件件有回复”，围绕“温心驿站”品牌建设，通过设置便捷线上入口等方式，提高群众办事效率。推进信访业务标准化建设，制定来访接待工作规范，细化信访接收告知、受理要求。牵头区公安分局、区法院制定合力化解涉法涉诉信访实施办法，定期开展联合接访、适时公开听证。重视信访源头治理，发挥领导包案、简易公开听证等制度优势，降低群众信访成本，促进息诉息访。通过大数据整合，建立困难群众数据池，收集低保人员、被欠薪农民工等困难群体及被侵权的退役军人信息，比对办案数据发现司法救助线索80条，发放司法救助金40万余元。对1起食药领域公益诉讼案的被侵权人进行司法救助，被省检察院及省妇联作为典型案例联合发布。联合区慈善总会在全市率先探索设立“未爱绽放”未成年人保护基金、“温心驿站”司法救助专项基金，调动社会力量参与救助涉案困难群体。

【特殊群体司法保护】 2023年，区检察院做实残疾人权益保障工作，持续推进无障碍环境建设，实现检察大数据与“苏州市无障碍地图”App双向互联，相关案件入选最高检、住建部、中国残联联合发布的典型案例。落实根治欠薪工作专项行动部署，重点关注、排查涉农民工欠薪纠纷线索，依法支持起诉农民工追索劳动报酬纠纷6件。联合苏州公证处、区法院、区人民医院会签全省首个支持未成年人追索精神损害赔偿办法，明确支持起诉协作配合、精神心理评估、赔偿款提存等内容。 （检察院 王歆瑶）

法 院

【概况】 2023年，苏州高新技术产业开发区（苏州市虎丘区）人民法院（简称“区法院”）受理案件18337件，上升5.44%；审结16607件，上升6.05%。员额法官人均结案395件。审判质量指标、无纸化办案、互联网司法、司法调研工作居全市法院前列。全年获市级以上集体表彰16个、个人表彰64人。

【刑事审判】 2023年，区法院审结刑事案件503件，判处罪犯646人。依法严惩暴力犯罪，审结故意杀人、抢劫、强奸等案件44件。审结危害食品、药品安全犯罪案件9件19人，判令支付公益赔偿金1768万元。打击整治养老诈骗，刑事审判庭获评全省法院打击整治养老诈骗专项行动先进集体。常态化开展扫黑除恶斗争，审结涉黑恶案件1件，处置黑恶财产7400万元，2篇司法建议分别获全市常态化扫黑除恶斗争优秀“三书一函”评选二、三等奖。审结贪污贿赂等职务犯罪案件7件。加强文物及文化遗产司法保护，依法分别判处盗掘吴楚贵族墓葬群的3名犯罪分子有期徒刑9年至11年3个月，督促支付古墓修复费用8万余元，相关经验做法入选最高人民法院依法保护文物和文化遗产典型案例。

【民事审判】 2023年，区法院审结金融借款、民间借贷案件1746件，涉及金额14.71亿元。落实保交楼重大决策，利用示范诉讼机制化解处置问题楼盘。审结涉教育、就业、医疗、养老、社会保障等案件4213件。审结劳动争议案件442件，持续开展治理欠薪专项行动，为务工人员追回拖欠工资758万元。审结“离职员工诉公司直播账号实名认证变更案”，保护个人信息及企业网络虚拟财产，促进平台优化实名认证变更规则。审结“夫妻离婚百万粉丝账户归属案”，受到《人民法院报》、司法部官微等媒体报道。

【商事审判】 2023年，区法院审结商事案件4015件。出台服务“企业敢干”举措23项。联合区工商联实施《“立审执破”协调联动护航民营经济健康发展》项目，获评全省民营企业产权司法保护协同创新实践典型。联合区司法局、企业服务中心等成立中小投资者法律服务中心，聚力保护中小投资者合法权益。开展23家企业法律体检工作，针对知识产权、劳动用工等四类突出问题定制合规指引82条，发布典型案例11个。

【行政审判】 2023年，区法院审结行政诉讼案件7件、行政非诉执行案件11件。联合区司法局、吴中区人民法院建立行政争议“异地管辖+属地化解”协作联动机制，成立行政争议协同化解工作站，合力化解行政纠纷11件。参与重大决策风险评估、规范性文件论证7次，培训行政执法人员50人次。针对行政机关被诉情况及征收拆迁、城建拆违等领域存在的风险点，向党委政府提交行政审判年报及行政诉讼案件败诉分析报告。

【知识产权案件审判】 2023年，区法院审结知识产权案件895件。《貂蝉拜月》玉雕侵权案、定制销售盗版冰墩墩案入选苏州市版权保护和“扫黄打非”十大典型案例。妥善处理保护商业秘密与人才合理流动的关系，依法判决违反竞业限制义务、集体跳槽至同行企业的14名被告，支付违约金340万元，相关经验做法入选中国法院年度案例。联合成立苏绣品牌法治保障中心，发布刺绣行业合规经营风险提示10条，持续优化“苏绣一点通”平台。

【破产案件审判】 2023年，区法院审结破产及强制清算案件111件，处置债权2.93亿元，盘活土地、房产5.07万平方米。深化破产府院联动，牵头区检察院、公安分局出台防范打击破产虚假债权实施意见11条。

【执行工作】 2023年，区法院执结案件4069件，执行到位金额10.15亿元，实际执行到位率列全市第一位。开展“天网行动”等专项执行7次，拘传拘留44人，罚款20人。限制高消费3483人次，纳入失信被执行人名单721人次，判决拒执罪案件12件。网拍涉案财产186件，成交金额2.7亿元，为当事人节省佣金528万元。移送执转破案件97件，裁定受理破产案件83件，推动化解“执行不能”案件687件。开展执行领域突出问题整治，健全案款发放机制，清理案款6.9亿元。

【苏州互联网法庭】 2023年，苏州互联网法庭揭牌成立。该法庭是经最高人民法院批准，在区法院内设立的专门审理互联网案件的机构，负责审理苏州市辖区内应由基层人民法院受理的七类第一审互联网案件。搭建“1+4+10+N”互联网诉讼服务平台，以苏州互联网法庭为中心，打通4个在线诉讼端口，提供面向苏州市10个县市区、惠及N名当事人的普惠式、共享式诉讼服务。建立全流程在线“云智”互联网诉讼机制，融合线上诉前调解等互联网司法九步要素，形成全链条闭环式新型无纸化审理机制。开发数字法官助理，实现智能化诉讼引导、审判辅助、普法宣传等多元功能，入选苏州市元宇宙重大应用场景需求列表。成立苏州互联网法庭专家智库。依托苏州互联网法庭深化涉新业态从业者民商事案件归口审理机制。出台服务光子、高端医疗企业产业创新集群发展举措14项，扩大“数字天平法律服务工作室”服务范围，与京东、百度等互联网企业及食行生鲜等21家本地互联网企业建立常态化对话机制。苏州互联网法庭获评苏州法院优化营商环境工作先进集体。

（法院　王　峥）

司法行政

【概况】 2023年，区司法局推进全面依法治区、司法行政工作。新建法治游园、法治广场等阵地4个，获评市级法治文化建设示范点2个。新建区宪法主题公园，改造升级新区水质净化厂公园景观，构筑城市水质净化、市民公园景观、主题普法宣传有机综合体。推进多层次多领域依法治理，抓好省级民主法治示范村（社区）动态管理，以法治乡村建设为抓手，培育农村“学法用法示范户”。发挥狮山、横塘街道金色社区“全国民主法治示范社区”示范引领作用，加强对民主法治示范村（社区）创建工作培育指导。抓好村（社区）“法律明白人”培育。做好村（社区）“援法议事”活动。借助党建、网格、社会组织力量，开设红色议事厅、社工议事厅、网格议事厅等基层民主议事制度，推动形成党建引领、崇法善治的基层依法治理新格局。立足辖区镇湖苏绣重要发源地的独特区位特点，以“特色行业+法治保障”思路，在镇湖街道建立苏绣品牌法治保障中心，打造“绣美高新法护营商”法治街道示范创建品牌。树山村“法小守”议事厅、万枫社区“阿万茶楼”议事厅工作入选全省“援法议事”范例。

【法治宣传教育】 2023年，区司法局学习宣传习近平法治思想，开展重点法律法规专题宣传教育，各地各部门专题学法20场次。建立法律法规学习培训制度，在区委党校安排法治课程，举办法治类培训4期。落实领导干部任前宪法宣誓制度。组织创作“法小守”普法IP的宪法宣传动画、定制苏绣等文创产品，开展融入式普法宣传。搭建“法润民生”微信群、“苏高新普法”微信公众号等网上阵地，2021—2023年累计参与学法积分答题42万余人次。编写创作具有地域文化特色、群众喜闻乐见的法治评弹、法治小品等一批作品。高标准运行区法治宣传教育基地，持续开展“六个一”融入式法治宣传教育。建设青少年法治宣传教育基地，完善政府、学校、社会、家庭共同参与的青少年法治教育新格局。围绕民法典宣传月、“12·4”宪法宣传日等时间节点，常态化开展法治非遗课堂、校园宪法晨读、国旗下讲宪法等活动。

【公共法律服务】 2023年，区司法局完善公共法律服务体系，强化法律服务供给能力构建错位发展、功能互补、一体联动的公共法律服务实体平台服务矩阵。以区公共法律服务实体平台为主干，整合法律援助中心、非诉讼服务中心、行政复议中心、社区矫正中心等平台资源，升级打造一站式公共法律服务中心。结合“万所联万会”“法治体检”等活动，聚焦区内集成电路、光电子、医疗器械等产业，动态调查产业链法律服务需求，举办系列法治讲座。围绕产业链建设热点、重点法律问题，帮助企业制定法律方案，指导律师“精准送法”，助力企业建立健全风险防控机制，制定发布《苏州高新区法律服务业高质量发展三年行动计划（2023—2025年）》《苏州高新区关于促进法律服务业高质量发展若干政策（试行）》等法律服务业促进政策，成立苏州高新区天都法律服务产业园，依托狮山商务创新区打造法律服务产业集聚发展示范区。

【法律援助】 2023年，区司法局进一步扩大精准援助范围，增强人民群众获得感和安全感，指导督促区法律援助中心持续推进法律援助应援尽援、应援优援。紧盯劳动争议关键多数，对接劳动仲裁院，建立常态化沟通渠道，派驻值班律师参与劳动争议案件化解。对接劳动仲裁、道路交通、外来务工群体，全年新收法律援助案件1147件，常住人口受援率超过万分之十三，扩大法律援助服务覆盖面。在6个乡镇（街道）各选址1个群众基础较好的村（社区）建立法律援助联络点，依托村（社区）法律顾问，提供社区群众法律咨询200余次。

【人民调解】 2023年，区司法局持续开展社会矛盾纠纷大排查、大调解、促和谐专项活动，聚焦群众关心、社会关注矛盾类型，关注影响社会稳定的矛盾领域，升级并运行非诉服务平台，加强对多发性、涉民生、涉众型等矛盾纠纷的排查化解，确保未发生因排查不到位、调解不及时而引发的群体性事件、个人极端事件。全区人民调解组织接待群众24280人，受理纠纷15197件，调解成功率99.98%。组织人民调解员参与培训、技能大赛、典型案例及优秀卷宗评选等，推进调解员实训基地建设，提升调解员队伍纠纷化解能力。做好人民调解员证统一下发工作和区级人民调解个案补贴发放工作。推动新成立的村（社区）规范成立人民调解组织，建设调解基础平台。培育能够有效承接政府购买服务的矛盾纠纷化解类社会组织，引进嘉禾社会工作服务中心、韵和公益法律服务中心服务协助参与基层矛盾源头防范化解工作。成立区商会人民调解委员会和枫桥商会人民调解委员会，打造企业调解联盟，搭建跨企业、跨行业矛盾化解平台。强化涉企纠纷排查化解工作，指导建成人民调解委员会示范点企业10家。畅通规范矛盾纠纷多元化解渠道，聚焦源头预防、前端化解、实质解纷、后期修复等环节，健全完善逐层分流、有机衔接、协调联动的矛盾纠纷多元化解机制。

【社区矫正与安置帮扶】 2023年，区司法局严格特殊人群管控，防范安全稳定风险，强化防控管控举措。通过蓝信App、微信等方式做好社区矫正工作，实现24小时电子监管，做到社区矫正对象每日听声、每日见人。加大日常轨迹巡查力度，利用定位手机、电子腕带、监管平台、蓝信App、矫务通等远程技术对在册社区矫正对象进行信息化核查，开展信息化核查6000余人次，处理平台异常数据507条，24小时处置率100%。依法依规对31名违反社区矫正监督管理规定社区矫正对象作出训诫处罚，对12名违反社区矫正监督管理规定社区矫正对象作出警告处罚。分批分层分阶段恢复走访、当面报告、集中教育和社区服务，有序回归社区矫正常态工作。开展常态化、滚动性、不间断排查，及时更新报送“9+5”类社区矫正、安置帮教对象排查情况。对排查出的重点社区矫正对象签订包管控、包教育、包转化责任书，对重点安置帮教对象逐个签订帮教管理责任书。落实必接必送，防止源头脱管，定期开展危险性评估，确保高、中风险对象纳入重点管控。每月请求公安机关协查下落不明刑释人员，切实消除安全隐患。加强重点社矫对象思想道德教育、法律法规教育、警示谈话教育，降低和消除社区矫正对象重新犯罪风险。加强社区矫正对象教育引导，增强社区矫正人员政治思想和法律意识，开展针对性的社会适应性帮扶活动。

（政法委　朱振兴）

仲　裁

【劳动争议仲裁】 2023年，高新区仲裁院受理劳动争议案件1612起，当期仲裁结案1567件，结案率94.91%（考核指标90%）。劳动人事争议调解成功率77.24%（考核指标60%），仲裁终结率55.94%，终局裁决率15.45%，挽回劳动者经济损失约6121万元。

【仲裁管理机制创新】 2023年，高新区仲裁院持续探索智慧仲裁建设，推动技术赋能提高仲裁办案质效，打造从立案到审理、从线下到线上、从普通到简易、从同步到异步的多环节、多层次智慧仲裁模式。实现线上远程开庭“互联网+”庭审模式，解决当事人无法到庭问题。持续推进“问诊清单+异步质证”机制，开通当事人通过微信公众号在线举证质证服务，突破时空双重维度限制，提高案件审理效率。推广线上、邮寄等立案渠道，提供二维码下载全套申请材料模板。

（人社局　孙茜妮）

编辑：刘　鹏

军 事

人民武装

【概况】 2023年，苏州市虎丘区人民武装部（简称“区人武部”）落实上级党委部署要求，围绕争第一奋斗目标，团结带领广大官兵奋发进取、积极作为，推动民兵工作、征兵工作、双拥工作等各方面取得成效。区人武部代表苏州市参加全省民兵工作综合考评，列全省第一位。

【军事训练】 2023年，区人武部瞄准战斗力标准，保持战备工作常态化，落实基干民兵年度训练任务，抓好专武干部、民兵营连长及“四会”教练员集训。完成基干民兵训练任务，开展弹药装载及机场抢修抢建联演联训，为一线部队演训提供支援保障。

【征兵工作】 2023年，区人武部围绕一年两征要求，聚焦“五率”（报名率、上站率、合格率、择优率、退兵率）考评标准，开展宣传发动、奖惩激励、廉洁征兵等工作，出台《虎丘区国有企业员工“带岗入伍”激励办法》，完成市征兵办明确的指标任务。

【后勤保障】 2023年，区人武部对照军队党建条例和“四个秩序”细则，全面推动人武部正规化建设，通过规范流程标准和制度机制，持续推进人武部各项建设规范化运行。定期分析安全形势，组织隐患排查整治，开展防间保密教育，落实预防犯罪工作制度要求，坚决杜绝事故案件发生，聚力抓好安全稳定工作。

（人武部　彭睿宇）

国防动员

【概况】 2023年，高新区把握国防动员改革战略机遇，完成国防动员及人民防空改革工作。成立以区经济发展委员会（国动办）为主任单位，区人武部为副主任单位的国动委联合办公室，构建军地协调机制。召开区国动委第一次全体会议，审议通过《区国防动员委员会工作规定》《区国防动员委员会成员单位工作分工》《区国防动员建设实施计划（2023—2025年）》，调整优化国防动员组织体系。

【国防动员发展规划】 2023年，高新区贯彻深化国防动员体制改革部署，统筹经济建设与国防建设同步发展。国动联合办公室制定《区国防动员建设实施计划（2023—2025年）》，开展全区新质新域领域潜力调查工作，参加“苏动2023”国防动员演练，构建区级国防动员中心各工作席位人员组成，明确中心内各席位战时工作内容，重点演练运行流程，加强国防动员办公室成员协调指挥能力，完备新的国防动员运行体系。

【人防工程建设与管理】 2023年，高新区累计立项人防工程面积18.71万平方米，开工面积23.33万平方米，竣工面积47.83万平方米。启动区人防工程控制性详细规划编制工作，推动人防工程建设可持续发展。落实人防工程维护监督管理，开展巡查工作、消防安全专项整治，安全生产持续保持平稳有序。

【人防指挥通信建设】 2023年，高新区更新、新增人防警报设施设备19个，开展定期巡查维护，确保区域内防空警报设施完好率及覆盖率。结合“9·18”防空警报试鸣活动，组织苏州高新城市交通发展集团有限公司、苏州高新区成大实验小学、镇湖街道马山村村委会等单位320人参与防空防灾演练，提升指挥协同及通信保障能力。

【人防宣传教育】 2023年，高新区开展学习宣传国防动员法律法规宣传教育活动。依托苏州高新区成大实验小学及马山村人防宣教馆开展日常宣教，为小学和初中学校发放人防知识教材及人防知识教育视频光盘。全年发放教材及光盘2.11万册（套），中小

2023年9月18日，苏州高新区成大实验小学开展人防知识宣传教育（经济发展委员会 供图）

学民防教材订阅量100%。苏州高新区成大实验小学获评江苏省人防知识进校园示范点。

（经济发展委员会　朱剑波）

双拥工作

【概况】 2023年，高新区以创建新一轮省级双拥模范区为契机，结合全区资源优势及经济社会发展实际，开展科技拥军、文化拥军、社会化拥军等活动。支持部队完成战备执勤、训练演习、抢险救灾等军事任务，持续开展送政策、送法律、送文化、送岗位、送技能、送健康的“六送”进军营活动，开展驻苏驻区部队参与国防教育、文明共建等活动，营造全区军政军民团结巩固浓厚氛围。区退役军人事务局双拥工作被《中国退役军人》《中国双拥》《中国国防报》和中国军网等国家级媒体报道9次，在《新华日报》《苏州日报》《姑苏晚报》和学习强国、引力播等省市级媒体刊登宣传稿件80余篇，1人获评全省退役军人事务系统宣传工作先进个人。

（退役军人事务局　方　芳）

【拥政爱民】 2023年，高新区驻苏驻区部队依托旅史馆、队史馆、武器装备等特有资源开展全民国防教育，组织党政机关及企事业单位进军营宣传主题党日、国防教育、军事日等活动5场。利用清明节、“9·18”纪念日、烈士纪念日等时间节点，联合部队官兵、党政机关、社区学校开展爱国主义教育和烈士墓祭扫活动。武警苏州支队强化战备训练，配合做好重大活动、重要场所安保工作，加强节日期间重大交通枢纽安全防卫值班执勤。江苏省军区苏州第五离职干部休养所组织参战老兵进校园宣传革命故事，录制口述历史资料片，发挥爱国主义教育及国防教育功能。区人武部组织民兵志愿者参加应急训练、战备执勤、社会治理等工作，动员民兵分队参与地方抢险救灾、文明城市创建等活动。依托双月论坛、区委党校等教育阵地，开展国防教育进机关、进学校、进企业等活动。创新开展学生军训动员，组织女子民兵到广东参加绣艺传承活动，相关做法受到《中国国防报》关注报道。

（退役军人事务局　方　芳
人武部　彭睿宇）

【拥军优属】 2023年，高新区建立健全双拥工作领导机构，结合“融合发展 先锋先行”系列活动，成立“拥军支前”行动支部。持续巩固“退役军人+人武”工作深度融合成果，建立健全合署办公机制，简化办事流程，部门联动完成送立功喜报、迎接老兵、欢送新兵等“四尊崇、五关爱、六必访”相关工作。利用春节期间、建军节等重要节日走访慰问驻苏部队，参与“名城结名舰，双拥共发展”军地共建活动，为海军苏州舰官兵宿舍配齐新风设备，发放VR眼镜、咖啡机、健身器材等物资。引导企业无偿为驻苏某部队升级维修后勤保障特种装备。

【双拥宣传】 2023年，高新区开展国防双拥宣传教育活动，利用政府网站、微信公众号、板报、画廊、橱窗等平台开展双拥专题宣传教育，推动公共场所设立“军车免费”“军人依法优先”等标志，建军节在商务区电子屏发布双拥宣传标语海报，加强镇（街道）、社区双拥口袋公园、双拥广场、双拥长廊等宣传普及。

（退役军人事务局　方　芳）

编辑：刘　鹏

经济管理

宏观经济调控

【经济运行调度】 2023年是新冠疫情防控转段后经济恢复发展的一年。面对复杂严峻的外部环境和多重超预期因素影响，高新区坚持稳中求进工作总基调，把握高质量发展首要任务，贯彻落实省、市推动经济运行率先好转和促进经济持续回升向好政策等稳增长措施，出台实施《高新区全力以赴推动经济又稳又快发展行动方案》28条举措，推动经济逐步恢复、回升向好。强化经济运行调度和服务保障，制定加强经济分析及指导服务工作方案，加密经济运行调度频次，建立重点企业服务保障专班，推动经济平稳健康发展，主要经济指标实现稳中有进。全年实现地区生产总值1826.75亿元，按可比价格计算增长5.1%，增速列全市第三位。

（经济发展委员会　陆晓东）

【固定资产投资】 2023年，高新区完成固定资产投资629.76亿元，增长8.7%。其中，第二产业投资111.69亿元，增长15.2%；第三产业投资517.97亿元，增长7.3%。重点领域和重大项目投资支撑有力。全年完成工业投资111.69亿元，增长15.2%，占固定资产投资的比重为17.7%，提高1个百分点。其中专用设备制造业投资、电气机械和器材制造业投资分别增长36.8%和25.9%。全年完成基础设施投资104.31亿元，增长11.3%。亿元以上项目完成投资274.49亿元，增长19.9%。投资结构持续优化。全区完成高技术产业投资153.21亿元，增长12.9%，其中，高技术制造业投资增长14.0%，高技术服务业投资增长12.3%。全区完成新兴产业投资214.09亿元，增长13.8%，占固定资产投资比重达到34.0%，提高1.6个百分点，其中新能源、生物技术和新医药、高端装备制造、软件和集成电路等行业投资分别增长124.0%、38.6%、15.8%和12.3%。全年完成房地产开发投资352.08亿元，增长2.9%。

【重点项目建设】 2023年，高新区入围江苏省重大项目8个，数量连续3年实现翻番，获批数量列全省各区县第二位、全市第一位，其中6个产业类项目实现新高。持续优化完善区领导挂钩联系重点项目制度，加强省、市、区三级重点项目统筹协调及跟踪服务，通过全链审批、绿色通道、定期调研、项目服务专员等形式，推动重点项目建设各项工作，服务保障项目加快落地建设、竣工投产，省、市重点项目上半年全部开工，开工率达到100%，省、市、区项目全部超额完成年度投资计划。8个省重大项目全年完成投资28.76亿元，完成年度投资计划的135.6%。其中，中科科仪、百胜动力厂房封顶，进入二次结构施工；华能一期部分封顶；锐杰微、迈得诺主体施工；有轨电车T5线开通运营。49个市重点项目全年完成投资325.9亿元，完成年度投资计划的119.1%。167个区重点项目全年完成投资528亿元，完成年度投资计划的100.1%。其中，光羿科技、灏华一期、安捷利、南大苏州校区东区等15个项目投产投用，固德威、吉威思、住友电工等20个项目主体竣工。省、市重点工业项目方面，8个项目入围江苏省重大工业项目，年度计划投资18.7亿元，全年完成投资21.6亿元，完成年度投资计划的117%，其中，安捷利竣工投产，斯科厂房装修完成，锐杰微主体封顶。10个项目入围苏州市重大工业项目，年度计划投资23.2亿元，全年完成投资27.2亿元，完成年度投资计划的115%，其中君康医疗土建竣工、协鑫光伏设备进场试产。

表18　2023年高新区入围江苏省重大项目一览表

序号	项目名称	项目类型
1	苏州通用技术中国汽研长三角研究院暨检验检测基地	续建
2	苏州长光华芯化合物半导体	新开工
3	苏州百胜动力军民两用舷外机	新开工
4	苏州中科科仪半导体核心装备领域专用磁悬浮分子泵	新开工
5	华能苏州燃气轮机创新发展示范	新开工
6	苏州高新区有轨电车T5线一期工程及配套工程	新开工
7	苏州锐杰微高端芯片封装	新开工
8	苏州迈得诺医疗主动脉瓣TAVR系统	新开工

表19　2023年高新区入围苏州市重点实施项目一览表

序号	项目名称	项目类型
	一、创新载体	
1	苏州市集成电路创新中心	新开工
2	通安片区产业更新	新开工
3	长三角一体化太湖国际创新社区	新开工
4	高新区凯菱中日绿色产业创新区	续建
5	通用技术中国汽研长三角研究院暨华东总部生产基地	续建
6	高新区灏华华东总部项目	续建
	二、产业项目	
7	太湖科学城高性能光传感等智能制造基地和产业创新中心	续建
8	高新区长光华芯先进化合物半导体	新开工
9	高新区锐杰微高端芯片封装	新开工
10	高新区安捷利电子集成电路封装基板	续建
11	速腾电子光通信模块	新开工
12	高新区生命科技医疗护理设施设备	续建
13	高新区狮山生物医药创新药	续建
14	高新区迈得诺医疗主动脉瓣TAVR系统	新开工
15	高新区狮山生命科技医疗器械生产基地	续建
16	苏高新生命科技医疗超声影像设备	新开工
17	高新区长兴电子光阻干膜	续建
18	高新区珂玛材料先进材料生产基地	续建
19	高新区协鑫光伏太阳能电池硅片	新开工
20	高新区固德威全球总部双碳智慧能源研发和产业化	续建
21	高新区精控能源一体化电池电控智能系统	新开工
22	高新区福莱盈电子高密度互连印制电路板和柔性多层印制电路板	新开工
23	高新区斯科车规级碳化硅芯片模组	新开工
24	高新区鑫狮智能装备电气自动化系统设备设施	新开工

续表

序号	项目名称	项目类型
25	高新区兆威机电微型驱动、传动系统	续建
26	高新区百胜动力新型电动及中高功率军民两用舷外机	新开工
27	高新区中科科仪半导体核心装备领域专用磁悬浮分子泵	新开工
28	高新区科伦特新能源汽车绝缘母排	新开工
29	高新区力生能源科技汽车零部件生产基地	新开工
30	浒墅关运河文旅产业综合开发	续建
31	高新区中建国际全球总部及产业配套	续建
32	高新区中铁十二局第二总部	新开工
33	高新区大家保险苏州双子金融广场	新开工
34	中国移动云资源新型基础设施建设	续建
35	高新区腾讯（苏州）数字产业基地	续建
36	高新区中国检验认证集团苏州检验检测基地	续建
37	高新区中软国际（苏州）软件开发及集成测试中心	续建
	三、民生保障	
38	南大苏州校区项目	续建
39	苏州大学附属第二医院浒关院区二期工程	续建
	四、生态环保	
40	环太湖科创圈环境提升工程	续建
41	虎丘区高标准农田建设提升改造	续建
	五、基础设施	
42	苏州市城市轨道交通工程	新开工
43	华能苏州燃气轮机创新发展示范项目	新开工

表20　2023年高新区入围苏州市重点储备项目一览表

序号	项目名称	序号	项目名称	序号	项目名称
	一、创新载体		二、产业项目	5	苏台高速公路树山互通工程
1	ESR科技城高标产业园一期项目	3	力神高功率锂电池	6	太湖科学城交通工程项目
2	中日智能智造华东产业化基地	4	苏锡太湖通道工程		

表21　2023年高新区重点实施项目一览表（重大创新载体项目）

序号	项目名称	项目类型
	一、研发平台	
1	裕太微电子以太网芯片研发中心	新开工
2	太阳油墨中国区研发中心	新开工
3	欧冶半导体营销总部及研发中心	新开工
4	市产研院新材料产业平台	续建
5	希格玛智慧交通研发中心	续建

续表

序号	项目名称	项目类型
6	狮山量子计算与量子探测前沿实验室	续建
	二、科创园区与产业载体	
7	长三角一体化太湖国际创新社区	新开工
8	苏州市集成电路创新中心	新开工
9	光电科技园	新开工
10	生荣产业园二期（生命健康小镇影像检测类医疗器械二期新建项目）	续建
11	浒墅关绿色技术小镇下城绿色产业基地	续建
12	阳山绿色智能装备产业化基地（一期一标、二标）	续建
13	苏州星河WORLD数创港	续建
14	上市科创园自动生产装备生产基地	续建
15	联东苏高新创新港二期	续建

表22　2023年高新区重大产业项目一览表（制造业项目）

序号	项目名称	项目类型
	一、新一代信息技术	
1	速腾电子光通信模块	新开工
2	联讯仪器光通信测试设备	新开工
3	长光华芯先进化合物半导体	新开工
4	斯科车规级碳化硅芯片模组	新开工
5	福莱盈电子高密度互连印制电路板和柔性多层印制电路板	新开工
6	锐杰微高端芯片封装测试	新开工
7	龙驰硅基晶圆芯片	新开工
8	新磊半导体MBE工艺外延晶片	新开工
9	天蕊半导体第三族氮化物非极性系列同质衬底与外延	新开工
10	名硕电脑车载产品生产线技改	新开工
11	统硕高密度互连印制线路板	新开工
12	国巨电子车用电阻、电容	新开工
13	狮山商务创新区工业企业智能提升	新开工
14	联玮光电液晶显示及配套组件	续建
15	安捷利电子集成电路封装基板	续建
	二、高端装备制造	
16	百旺工业塑料加工辅助设备	新开工
17	中科科仪半导体核心装备领域专用磁悬浮分子泵	新开工
18	苏州金橙子激光柔性智能制造	新开工
19	苏大高端智能装备（苏大一期重建项目）	新开工
20	百胜动力军民两用舷外机	新开工
21	鑫狮智能装备电气自动化系统设备设施	新开工
22	京山轻机智能装备	续建

续表

序号	项目名称	项目类型
23	苏州天准科技工业视觉装备	续建
24	佳祺仕自动化检测设备	续建
25	新思气体工业气体装备	续建
26	通用技术中国汽研长三角研究院暨华东总部生产基地	续建
	三、医疗器械及生物医药	
27	速迈医学手术显微镜	新开工
28	苏州艾益动物疫苗	新开工
29	元禾医疗器械生产基地	新开工
30	拨云制药创新眼药	新开工
31	易晋设备制造医用分析仪器	新开工
32	晋宝设备制造医用手术机器人	新开工
33	阅微基因基因检测试剂	新开工
34	迈得诺医疗主动脉瓣TAVR系统	新开工
35	江苏国仟医疗科技诊断试剂耗材	新开工
36	苏高新生命科技医疗超声影像设备	新开工
37	百普赛斯重组蛋白产品	新开工
38	长光华医全自动化学发光免疫分析系统	续建
39	生命科技医疗护理设施设备（医疗器械产业园四期）	续建
40	君康医疗血液透析器	续建
41	德品医疗护理产品	续建
42	科美诊断试剂免疫分析仪器	续建
43	虎丘影像医学影像耗材	续建
44	狮山生物医药创新药（狮山生命健康产业基地）	续建
45	狮山生命科技医疗护理设备设施	续建
46	思鹏生物制药关键原辅料	续建
47	赛默飞生命科学产业基地	续建
48	科技城李良济国药展示馆	续建
	四、新材料	
49	★三束镀膜热敏打印头	新开工
50	金立鑫特种合金新材料	新开工
51	雅谱新能源用电致变色材料	新开工
52	长兴电子二期光阻干膜	续建
53	光羿科技总部和研发生产基地	续建
54	珂玛材料先进材料	续建
55	墨光新能电子用辐射制冷膜和静电纺丝制冷膜	续建
	五、绿色低碳	
56	精控能源一体化电池电控智能系统	新开工

续表

序号	项目名称	项目类型
57	科伦特新能源汽车绝缘母排	新开工
58	协鑫光伏太阳能电池硅片	新开工
59	力神高功率锂电池	新开工
60	元启动力企业总部及储能和绿电交通	新开工
61	福氢氢能质子交换膜	新开工
62	莱克新能源汽车零部件	续建
63	NGK环保陶瓷蜂窝车用尾气过滤器	续建
64	固德威智能光伏逆变器	续建
	六、其他	
65	力生能源科技汽车零部件	新开工
66	易进研设备制造通用仪器仪表	新开工
67	三井物产中日智能智造	新开工
68	厨芯科技商用厨房智能硬件	新开工
69	英示测量量具组件	新开工
70	梓森科技高端凝胶漱口水	新开工
71	绿宝块毯高端块毯	新开工
72	熠铎科技玻璃载板	新开工
73	朗坤自动化智能设备	新开工
74	纪宝科技工业园二期智能制造	新开工
75	吉威思科技过滤器	续建
76	东泰精密家用电源开关配件	续建
77	科士达印务印刷	续建
78	住友电工电子线	续建
79	泰纳包装高品质瓦楞纸箱	续建
80	兆威机电微型驱动、传动系统	续建
81	亿聚得电子科技智能家具	续建
82	奇玥石材智能装备	续建

表23　2023年高新区重大产业项目一览表（服务业项目）

序号	项目名称	项目类型
	一、总部经济	
1	中铁十二局第二总部	新开工
2	灏华华东总部	续建
3	苏州中建国际全球总部	续建
4	大家保险康养产业集聚区（大家保险双子金融广场）	续建
5	上市总部园K01、K02、K04、K05地块	续建
6	凯菱中日绿色产业创新区（凯菱绿色产业基地一期）	续建

续表

序号	项目名称	项目类型
	二、信息与检测服务	
7	安领生物动物设施及GLP实验中心	新开工
8	中软国际(苏州)软件开发及集成测试中心	续建
9	中国检验认证集团苏州检验检测基地	续建
10	中国移动云资源新型基础设施	续建
11	腾讯(苏州)数字产业基地	续建
	三、商贸文旅	
12	宝爱捷高端汽车4S店	续建
13	龙之梦酒店群及会议中心	续建
14	绿宝广场三期	续建
15	狮山金融创新中心	续建
16	浒墅关运河文旅产业综合开发	续建

表24　2023年高新区重大产业项目一览表(房地产项目)

序号	项目名称	项目类型
1	苏州斜港置业64号地块	新开工
2	中检中软配套设施	续建
3	度假区动迁保障房锦湖花园五期	续建
4	中建国际国际家园	续建
5	中建国际菁英人才社区	续建
6	狮山商务商贸集聚区配套设施	续建

表25　2023年高新区重大产业项目一览表(重大生态保护项目)

序号	项目名称	项目类型
1	科技城水质净化厂扩建及提标改造工程	新开工
2	高新区市政排水管网修复工程	续建
3	高新区河道整治与退圩还湖生态修复工程	续建
4	浒墅关高标准农田	续建
5	科技生态功能片区高标准农田	续建
6	高新区污水处理厂扩建及提标改造工程	续建

表26　2023年高新区重大产业项目一览表(重大民生工程项目)

序号	项目名称	项目类型
1	浒墅关学校新建	新开工
2	吴县中学浒墅关校	新开工
3	苏州实验中学太湖科学城校	新开工
4	南京大学附属学校建设	新开工

续表

序号	项目名称	项目类型
5	狮山横塘农贸市场新建工程	新开工
6	苏州乐园森林世界	续建
7	狮山横塘公交三厂地块小学	续建
8	苏州大学附属第二医院浒关院区二期工程	续建
9	苏州高新区公共卫生中心	续建
10	苏州太湖科学城南大教育园区	续建
11	狮山文化广场	续建
12	南大苏州校区（东区）	续建

表27　2023年高新区重大产业项目一览表（重大基础设施项目）

序号	项目名称	项目类型
1	华能苏州燃气轮机创新发展示范项目	新开工
2	浒关新建道路及周边景观环境整治	新开工
3	牌永河改建及河道周边景观绿化提升项目	新开工
4	狮山商务创新区道路和桥梁工程	新开工
5	有轨电车T5线一期工程及配套工程	新开工
6	昆仑山路西延（北太湖大道—长巷路）	新开工
7	通安镇部分道路绿化改造升级及道路修复工程	续建
8	通浒路改造工程	续建
9	泰山大桥新建工程（一期）	续建
10	武夷山路西延、金地地块景观提升、土储地块配套支路工程	续建

表28　2023年高新区前期重点工作项目一览表

序号	项目名称	序号	项目名称
	一、产业项目	12	冠礼全国总部及产业化基地
1	美阅新能源新型动力电池盖板	13	苏州博锐创合医药
2	ESR科技城高标产业园一期		二、其他
3	百赛生命科学科研耗材	14	230省道苏州高新区段改扩建工程（包含武夷山路—惠东路段）
4	英威腾三期高端电机产品线等		
5	纽威数控高端智能数控装备及核心功能部件生产研发基地	15	兴贤路二期改造工程
6	苏州赛晶CIDM特色工艺制造	16	大阳山隧道
7	汉拿科锐动汽车底盘电子和传感器	17	太湖大道下穿230省道工程
8	火炬路52号及速锐达（孔辉项目）	18	苏台高速公路树山互通工程
9	苏轴股份精密滚动轴承改扩建	19	何山路隧道西延一期工程
10	盛诠全球总部	20	苏锡北太湖通道
11	新施诺总部基地（SY）		

【重点项目资金争取】 2023年，高新区紧盯国家投资政策窗口期，动态完善区级重大项目储备库，做好资金争取工作。专项债券方面，2批次10个项目列入地方政府专项债项目清单，获批债券额度19.54亿元，项目数量列全市第三位，获批额度列全市第四位。南大苏州校区专项债券发行，创新做法作为全市异地高校谋划专项债券示范推广。中央预算内资金方面，获批中央预算内资金2.5亿元。其中，高新区公租房项目获批3390万元，枫桥街道排水管网修复工程、浒墅关经开区排水管网修复工程和狮山、横塘街道排水管网修复工程等6个项目累计获批中央预算内资金1.81亿元，获批项目数量及资金均列全市第一位。特别国债方面，7个排水防涝类项目获批国债资金9428万元，获批项目数量占全市三分之一。

（经济发展委员会　高　婷）

自然资源管理

【重点项目用地保障】 2023年，高新区落实国土空间用途管制，推进自然资源要素保障工作。开展落地上图、成片开发等征地前期工作，落实国土空间指标117.60公顷。划定土地征收成片开发片区3个，总规模258.60公顷。完成建设用地报批组卷材料48批次，用地总面积188.73公顷。其中，保障经营性用地、产业项目用地，完成上市地块及产业项目单独组卷13次，用地总面积90公顷；保障长光华芯、锐杰微、中科科仪、汽研院、百胜动力、华能燃气、有轨电车T5线等7个省级重点项目，用地总面积26.67公顷。

【工程建设项目用地审批】 2023年，高新区加强用地审批前期工作，深化建设用地审批制度改革。全年发放建设用地预审与选址意见书43件，建设用地规划许可证85件。

【自然资源确权登记】 2023年，高新区完成浒光运河（吴中区木渎界—江南运河）、江苏大阳山国家森林公园2个自然资源统一确权登记项目验收。配合完成春申湖自然资源项目登簿工作。

（资源规划分局　周丽萍）

【不动产登记】 2023年，苏州市不动产登记中心虎丘分中心发放不动产权证书65071本、不动产权证明38902本。常态化提供存量房“带押过户”、交房（地）即发证、二手房转移和水电气联动过户、“苏小登”送证上门等服务。推行线上办、自助办、云收件业务，实现抵押登记、预告登记、登记资料查询等高频业务全程网办。苏州市不动产登记中心虎丘分中心获评苏州市工人先锋号，1人获首届全国不动产登记技能竞赛个人综合奖第一名。

（不动产登记中心　张春梅）

【地质和矿产管理】 2023年，高新区落实地质灾害防治，规范矿产资源管理。印发《苏州高新区地质灾害防治方案（2023年）》，落实地质灾害隐患防治工作。开展矿山企业服务，提供区内征供地项目压覆重要矿产资源查询功能。

【测绘和地理信息管理】 2023年，高新区按照《关于推进苏州高新区新型智慧城市建设的工作方案》，推进高新区城市信息模型CIM基础平台一期项目建设，在全域范围内，建设基础地理场景和三维数据底板。在狮山片区重点区域范围内，完成建筑、公园、广场、植被、水系及各类城市部件精细化建模。

【国土空间总体规划编制】 2023年，高新区围绕“五级三类”国土空间规划体系，构建以国土空间总体规划（分区规划）为统领，三大功能片区（商务创新、先进制造、科技生态）总体规划为衔接，住区规划、九曲河城市设计等专项规划和城市设计为

2023年1月28日，在高新区不动产登记中心，工作人员介绍苏州不动产自助查询终端（杨炎橙　摄）

支撑，控制性详细规划和村庄规划为落地的完整体系。根据《苏州高新区（虎丘区）国土空间总体规划（分区规划）（2021—2035年）》，融入区域协同发展，把握长三角区域一体化发展新机遇，引领共建环太湖科创圈、沿沪宁产业创新带。优化国土空间保护开发总体格局，落实苏州市国土空间总体规划中划定的永久基本农田保护红线、生态保护红线、城镇开发边界。围绕"一轴两带，一心三片"总体格局，推动三大功能片区错位发展、连通相融。保障产业发展空间，推动创新要素集聚，持续提升土地利用效率，加快构建现代化产业体系。发挥真山真水资源特征，保护利用56座山体、28千米太湖岸线、28千米运河岸线和古镇、古村等建筑肌理，建设山水公园体系，打造宜居宜业城市品质。

（资源规划分局　周丽萍）

国有资产监督管理

【概况】 截至2023年底，高新区纳入国有资产统计年报汇编的国有企业资产总额3090.3亿元，实现营业收入189.8亿元，净利润7.0亿元。其中区直属国有企业资产总额2382.3亿元，实现营业收入175.2亿元，净利润10.9亿元。

【国有资产布局】 2023年，高新区围绕产业体系部署，实施战略性重组及专业化整合，引导资源向优势企业集中，深化国企协同发展。组建苏州高新区国有资本控股集团有限公司并获评AAA级主体信用评级，降低苏州高新文旅集团有限公司资产负债率，完成三大功能片区一级国有企业组建13家，全区国资国企形成"九大直属国企+三大中心+专业公司+功能片区国企"发展新格局。落实中央企业合作发展工作推进机制，推动央企、省市属国企、民营企业合作，累计引进央企合作项目70余个、省市国企合作项目50余个。

【国有企业改革】 2023年，高新区出台《苏州高新区国资国企高质量发展三年行动计划（2023—2025年）》《关于建立健全高新区国有企业统一监管机制的指导意见》《苏州高新区国有企业改革深化提升行动实施方案（2023—2025年）》，制定"一企一策"实施方案，推进区直属国有企业开展对标一流企业价值创造行动，跟踪指导各功能片区国企改革。苏州苏高新数字经济产业发展有限公司"苏高新云"获得麒麟软件认证，苏州东菱振动试验仪器有限公司入选国家专精特新"小巨人"企业名单，苏州高新绿色低碳科技产业发展有限公司创新全省首个净水厂柔性支架光伏项目。

【国有企业监管】 2023年，高新区健全以管资本为主的国资监管体系，修订投资监督管理办法、投资项目负面清单、授权放权清单制度，推动各功能片区健全完善国资监管体系。修订《苏州高新区直属国有企业人员管理指导意见》，优化人员招聘及干部选任等工作机制，首次核定区直属国企内设机构及领导职数，实现编制、人员、资金等要素有效运转。全面加强国企监管，深化国有企业外派监事会改革，出台《关于构建区级机关部门与区直属国有企业高效协同关系的指导意见》。借鉴央企"一利五率"（利润总额，资产负债率、净资产收益率、营业现金比率、全员劳动生产率、研发经费投入强度）经营指标体系及市属国企先进考核经验，出台区直属国企高质量发展考核方案，促进国资国企降本提质增效。

（国资办　黄　鑫）

【重点国有企业】 2023年，高新区有重点国有企业12家。分别为苏州苏高新集团有限公司（简称"苏高新集团"）、苏州新区高新技术产业股份有限公司（简称"苏高新股份"）、苏州金合盛控股有限公司（简称"苏高新金控"）、苏州高新区国有资本控股集团有限公司（简称"苏高新国控"）、苏州高新城市交通发展集团有限公司（简称"苏高新交发"）、苏州高新文旅集团有限公司（简称"文旅集团"）、苏州医疗器械产业发展集团有限公司（简称"医疗器械产业集团"）、苏州高新集成电路产业发展有限公司（简称"集成电路公司"）、苏州光子产业发展有限公司（简称"光子产业公司"）、苏州高新产业招商中心有限公司（简称"产业招商中心"）、苏州高新科技招商中心有限公司（简称"科招中心"）、苏州高新现代服务业招商中心有限公司（简称"服务业招商中心"）。6月，在原苏州高新国有资产经营管理集团有限公司基础上，苏高新国控成立，注册资本60亿元。8月，服务业招商中心成立，注册资本2000万元。

苏高新集团　全年实现营业收入235.12亿元，区内税收贡献13.11亿元。各类载体签约重点项目152个，新增注册内资209亿元，新增注册外资及港澳台资2.1亿美元，实际使用外资及港澳台资1.21亿美元，新增签约面积超过26万平方米。新建续建项目51个，其中市重点项目6个、区重点项目16个，总建筑面积816万平方米。南大苏州校区东区主要建筑竣工交付，校区启用。发行2亿元全省首单城市更新债券、7亿元全省首单数字人民币支付承销费应用场景企业债券、3.3亿元全省首笔双机构认证可持续发展美元债。苏州苏高新科技产业发展有限公司打造"园享+"产业园服务体系，开展企业服务活动66场。签约全国首店项目25个，狮山金融创新中心开业，苏州首家悦榕庄发布。持续深化国企改革，确立"一企一主业"发展策略，苏州新高城市发展有限公司筹建专业房地产营销公司。苏州市狮山总部园发展有限公司打造"苏新乐荟"品牌。苏新服务、金狮物业公司做优物业服务。苏州建融集团有限公司、钟山苏新发展有限公司合作打造贸易板块，全年贸易营业收入占到集团总营业收入的40%。苏州西部生态城发展有限公司、苏州太湖湿地世界旅游发展有限公司盘活沿太湖岸线文旅资源，拓展酒店、食堂业务板块。苏州高新农业发展有限公司发展规模农业、生态农业。苏高新集团获评江苏省优秀劳动关系和谐企业，列全国产业园区运营商第11位。苏州博物馆西馆项目入选2022—2023年度第二批中国建设工程鲁班奖（国家优质工程），部分项目获国家优质工程奖、中国安装工程优质奖。

（苏高新集团　蒋逸凡）

苏高新股份　全年实现营业收入78.14亿元，区内税收贡献7.01亿元。引入注册资本金超过290亿元，新增注册外资及港澳台资约2亿美元，落地高质量项目56个，超亿元项目27个。全年新建续建项目22个，其中市重点项目5个，完成投资总额101.40亿元。天都大厦累计入驻优质企业130家，楼宇税收超过4亿元，获评党建引领省级示范点、苏州市高产出楼宇。白荡水质净化厂二期扩建及提标改造项目、浒东水质净化厂二期扩建及提标改造项目、苏高新绿色低碳产业园（GLC PARK二期）、苏州乐园森林世界家庭游乐区等8个项目竣工。白荡净水厂索结构柔性支架光伏电站等绿色应用场景投运。下属苏州东菱振动试验仪器有限公司入选国家级专精特新"小巨人"企业名单，累计授权专利468项，"振动台磁路结构及其安装方法"发明专利获中国专利优秀奖，"航空航天装备复杂服役环境大型振动实验系统"项目获国家重点研发计划项目立项，全球首台100吨电动振动试验系统、数字振动台仿真系统等多项新品成功研发。下属苏州高新环保产业（集团）发展有限公司获评AA主体信用等级，苏州高新旅游产业集团有限公司永续中票创全国首单AA-级主体永续债券。苏高新股份及下属公司获评江苏省优秀劳动关系和谐企业、江苏省优质工程奖"扬子杯"、江苏省海绵城市优秀工程案例、江苏省青年安全生产示范岗、江苏省房地产开发行业综合实力50强企业等荣誉。　（苏高新股份　华　雪）

苏高新金控　全年实现营业收入12.27亿元，利润总额4.61亿元，区内税收贡献1.35亿元，苏州金融小镇入驻单位上缴税金5.83亿元。发行全国首单区县级混合型科创票据"苏州金合盛控股有限公司2023年度第二期中期票据"。自主管理母基金规模40亿元，子基金规模263亿元，母基金认缴18.58亿元，引导倍率超过14倍。实现裕太微电子股份有限公司、阿特斯阳光电力集团股份有限公司、苏州贝克微电子股份有限公司、苏州卓兆点胶股份有限公司等被投企业上市10家，累计助力投资项目上市90个。对接招商项目300余个，推动落地高质量招商项目82个（含产业项目、数字金融生态圈项目及金融机构）。苏州金融小镇新增注册机构193家，新增注册资本303.39亿元，新增基金规模532.95亿元，累计完成注册机构1118家，管理资本规模2771.24亿元。引入外资及港澳台资机构7家，合计注册外资及港澳台资3.70亿美元。制定《苏州金合盛控股有限公司改革深化提升行动实施方案（2023—2025年）》，推动国有资本及国有企业发展。苏高新金控获江苏经济发展突出贡献机构奖。苏高新创投获评清科中国股权投资市场机构有限合伙人50强、投中2022年度最佳早期创业投资机构50强、融资中国2022—2023年度中国最佳政府引导基金50强。苏州高新区中小企业担保有限公司获评2022年度担保行业先进机构。苏州市聚鑫商业保理公司获商业保理行业贡献单位奖、坚持主业突出奖。　（苏高新金控　代少青）

苏高新国控　成立于2023年6月。全年实现营业收入37.68亿元，区内税收贡献2.68亿元。获AAA级主体信用评级，推进企业转型升级。创新融资方式，为重点项目提供资金保障，为国企提供融资担保，对市、区、镇各级国有企业履行出资职能并实施股权管理。深化市、区两级国企合作，与苏州资产管理有限公司合作设立苏州苏润高新合伙企业（有限合伙）。加强区属国企合作，购入苏州金合盛控股有限公司汇利母基金中合曜认缴部分份额及苏州高新供应链管理有限公司股权，联合苏州高新创业投资集团有限公司、苏州高新产业招商中心有限公司设立裕昇产业投资合伙企业（有限合伙），增资苏州高新文旅集团有限公司下属苏州高新合生商业管理有限公司。按序推进重点项目，与苏州高新城市交通发展集团联合实施苏州太湖科学城产业融合发展一期项目，推进马山游客中心、枠山交通枢纽、高新区公共卫生中心、高新区福利中心等资产收购项目。成立枠山交通枢纽及山旺村项目专班，推进与苏州市农业发展集团有限公司、镇湖街道等乡村振兴项目。截至年底，有对外投资企

业32家，自持及代管资产7处，出租率100%。（苏高新国控　杨　菁）

苏高新交发　全年实现营业收入3.04亿元，区内税收贡献0.22亿元。苏州高新有轨电车全年线网总运营里程458万列千米，年度客流704万人次，增长39%。开通运营有轨电车T5线一期，设置共享（电）单车点位608个，投入运营车辆2840辆，总注册用户13万人。全年承建建设项目90个，项目总投资约105亿元，累计完成投资约18亿元，有轨电车T5线一期工程、通浒路改造、泰山大桥新建工程（一期）、大家保险及运河路改造工程等项目完工。承接养护道路37条，总长度57.50千米，绿化养护总面积127万平方米，环卫作业总面积306万平方米，水利闸站142座。截至年底，接管停车场128个，停车泊位12309个，服务车主比例占全市总数的32%。打造"安心停""苏停车"等综合停车管理平台。上线运营公共快充站14个，驻地站11个，快、慢充终端350台。通过第三批及第四批检验检测机构资质认定，获批建工质量、环境监测、勘察资质等各类检测能力32大类133小类，共计1013项参数。下属企业苏州高新检测有限公司获批江苏省高新技术企业，完成科技型中小企业入库备案，开展与河海大学、苏州科技大学、大乘环保新材料公司等研发合作。苏高新交发智慧有轨5G暨综合提升项目获第六届工业和信息化部"绽放杯"5G应用征集大赛三等奖，获评2023年智慧江苏重点工程，泰山大桥新建工程（一期）项目获评江苏省建筑施工标准化星级工地（一星），苏州高新区防洪排涝及活水自流联控联调平台获评江苏省重点工程。（苏高新交发　吴超驰）

文旅集团　全年实现营业收入3.20亿元，区内税收贡献0.40亿元。南京大学学术交流中心开业，金融小镇酒店咨询项目签约，望亭大运河文体馆对外开放。举办江苏省青少年现代五项锦标赛、长三角轮滑赛、苏州太湖马拉松、海峡两岸青年文化月、刺绣文化艺术节等活动，打造太湖阅读马拉松、"星空杯"作文大赛、寒山美术馆等自主品牌。承办国际机器人大会、全国微全分析系统学术会议，举行大型商业性文化演出项目德云社相声演出、"趣北"集市、人文地理课、书店"啡"凡体验等活动。建设狮山大剧院、198数字文化产业园，原创品牌"合方书坊"入驻狮山街道。文旅集团获评江苏省体育产业示范单位，下属高新区图书馆获苏州阅读节优秀活动奖，"合方书坊"获评第13届江苏书展优秀分展场，旗下清山会议中心获评年度中国最佳会议酒店，龙山人才会客厅入选苏州人才会客厅示范点。（文旅集团　许　婷）

医疗器械产业集团　全年实现营业收入2.10亿元，区内税收贡献2929万元。落地招商项目155个，其中，高质量科技项目32个，高质量产业项目36个，超亿元项目14个。获批高新技术企业（含培育）28家次，市级以上"独角兽""瞪羚"企业（含培育）9家次，科技型中小企业评价入库28家，全年新增注册证120张。国家药品监督管理局智能化医疗器械研究与评价重点实验室启动，江苏省药监局审评核查苏州高新区工作站、江苏省医疗器械审评审批实训基地揭牌。推动江苏医疗器械科技产业园四期开园，首批入驻企业20家。建成一站式服务中心，发布11大板块123项服务内容。举办智能化医疗器械创新大会、脑科学主题投融资大会等活动10余场。江苏医疗器械科技产业园获评现代服务业"331"工程高质量发展集聚示范区、长三角G60科创走廊产融结合高质量发展示范园区、2022年度创新医疗健康产业园区。园内企业心擎医疗（苏州）股份有限公司入选MedTech Outlook亚太医疗科技企业十强，苏州蓝马医疗技术有限公司获科学技术部颠覆性创新大赛总决赛最高奖，东南大学苏州医疗器械研究院、苏州长光华医生物医学工程有限公司获中国专利优秀奖，康多机器人入选2022年度中国"独角

有轨电车1号线樱花主题展台秀岸站（苏高新交发　供图）

兽”企业。

（医疗器械产业集团　朱冠群）

集成电路公司　全年实现营业收入0.26亿元，增长91%；区内税收贡献180万元，增长118%。引进高质量产业项目25个，高质量科技项目65个，超50亿元项目2个，超10亿元项目2个，超亿元项目14个。惟清半导体SiC晶圆制造产线、新声半导体滤波器、苏州赛晶CIDM特色工艺制造、芯聆半导体等产业项目落地；锐杰微高端芯片封装总部、龙驰半导体碳化硅IDM研发生产总部、清科珈合总部等项目开工建设；西安交通大学微电子学院苏州创新实践基地揭牌。举办苏州市自主可控汽车电子芯片创新联合体研讨会、IC技术专题分享会、集成电路产业知识产权创新发展论坛、苏州汽车芯片产业发展推进会暨汽车电子产业投资年会、南京大学苏州集成电路产业创新融合发展沙龙等活动20余场。全区有集成电路企业254家，其中上市企业9家。裕太微电子股份有限公司在上海证券交易所科创板发行上市，苏州贝克微电子股份有限公司在香港联合交易所主板发行上市。苏州市集成电路创新中心（一期）入选首批苏州市数字经济特色产业园、苏州市集成电路产业园、苏州市招商运营成绩突出楼宇。高新区获评中国集成电路年度最佳园区前10强。

（集成电路公司　侍光浩）

光子产业公司　成立于2022年9月。2023年，光子产业公司承办中国（苏州）世界光子产业发展大会，运作苏高新（武汉）协同创新中心，引进盛显新材料、一际智能亿级像素计算摄像系统、半导体高端激光切割设备、龙擎视芯高性能处理器芯片等亿元以上重点项目。筹划建设光子“3+2”基础工艺与公共服务平台，先进化合物半导体平台一期投入使用，推进硅光集成、微光机电、光电芯片封装与测试、光电器件测试与验证等平台建设。苏州长光华芯光电技术股份有限公司获批省级创新联合体，安捷利电子科技（苏州）有限公司、苏州国芯科技股份有限公司等获批市级创新联合体，长光华芯、亨通光电等企业与苏州科技大学共建太湖光子前沿技术研究院，普源精电与南京大学合作共建先进测量融合发展中心，长光华芯与中科院苏州纳米所联合孵化的镓锐芯光公司，促进国内氮化镓蓝绿光激光器领域产业化。组建苏州市光子产业联合会，开展法律服务活动、芯光同行分享会、元器件失效分析技术专题研讨会等活动10余场。组建苏州高新区光子产业集群党委，光芯片封装测试平台项目入选省重点联系产业链党建攻坚项目。全区有光子领域企业318家，产值达到720亿元。

（光子产业公司　王　飞）

产业招商中心　全年围绕经济高质量发展及招商引资突破年总目标，引进高质量产业项目296个，投资规模超50亿元产业类项目5个，超10亿元项目26个，超亿元项目172个。新增认定省级总部项目2个、市级总部项目13个。惟清半导体、创明新能源、协鑫储充研发产业基地、英威腾集团长三角总部、新施诺半导体设备总部等项目签约落户。龙驰半导体、精控能源总部、新磊半导体、太阳油墨研发中心等项目开工建设。西门子长三角人工智能共创实验室启用，徕博科研发创新基地、晟成光伏研发基地、登临科技、水芯电子、宝爱捷等项目开业投用。（产业招商中心　雷　震）

科招中心　全年围绕招商引资突破年总目标，加快形成科技招商及基金管理、成果转化、知识产权“1+3”业务格局。新增创新型企业1528家，增长26.3%。新增高质量科技项目448个，增长19%。主导引进高质量科技项目142个，增长11%，其中超亿元项目25个，增长127%。引进新施诺半导体、联科熙和、唯柯医疗等高质量科技项目，实现超50亿元项目新突破，落户同济大学校友创新创业中心、苏创投招投联动中心、谷仓数字经济创新中心等创新平台，厨芯科技、创维新能源、中细软集团等80余个重点项目开工开业，新施诺半导体、斯科半导体、锐杰微科技总部等项目入选省、市重大项目，中科地星研究所院士朱日祥团队获评市级顶尖人才团队，旗芯微半导体、众钠能源等项目入选“独角兽”潜在企业，获评苏州市科技招商工作先进集体。投资科技企业31家，增长38%，撬动社会资本6亿余元，协助完成超亿元融资企业17家，获批市、区领军人才企业22家。苏州贝克微电子股份有限公司在香港联合交易所主板上市，2家参股基金在投企业进入上市梯队，入选中国最佳早期投资机构“综合榜50强”“活跃榜50强”。与西北大学等36家高校及协会建立合作，建设苏高新（西安）协同创新中心，打造全省首批概念验证中心8家，上线全市首个线上成果转化服务平台。举办“高新智链”活动10余场，促成高质量产学研合作项目40个、重点科技成果转化142项。新增知识产权服务机构22家，培育专业人才339人。新增预审授权专利546件，增长91%。建设江苏省集成电路产业知识产权运营中心，打造“新知会客厅”服务品牌，服务企业2000余家。

（科招中心　黄成江）

财　政

【概况】　2023年，高新区财政系统围

绕财源建设、财政监督、产业发展、民生保障、风险防控、财政改革六大工作重点，坚持稳中求进工作总基调，发挥财政职能，调整优化支出结构，为全区高质量发展提供坚实财力保障。全年全区完成一般公共预算收入193.1亿元，增长6.1%。其中税收收入169.2亿元，增长8.7%。完成一般公共预算支出143.4亿元，增长7.9%。

【财政预决算管理】 2023年，高新区强化预算管理，落实政府带头过紧日子常态化要求，坚决兜住"三保"（保基本民生、保工资、保运转）底线，不留硬缺口。优化转移支付流程，加强预算执行管理，提高资金使用效益。落实全过程绩效评价体系，树立绩效优先思维，开展新增项目事前绩效评估工作。强化绩效运行监控，按照"谁支出，谁负责"原则，组织预算单位对纳入绩效目标管理的项目开展日常绩效监控工作，促进绩效目标保时、保质、保量完成。

【财政改革创新】 2023年，高新区深化预算管理一体化改革，三大功能片区上线省预算管理一体化执行系统，实现江苏省统一预算管理系统、执行系统本区域全覆盖目标。启用单位核算模块，区级预算单位会计核算工作全部纳入一体化管理范围。推进数字人民币财政支付改革。实现数字人民币交易金额跨越提升，全区预算内财政资金使用数字人民币支付比例列全市靠前。持续推进政府采购改革，强化政府采购内控制度建设，出台政府采购编制指导意见，发挥政府采购政策在促进中小企业发展中的引导激励作用，扩大中小企业获得政府采购合同份额。

【产业发展支出】 2023年，高新区推进产业创新集群建设，落实全区产业政策。聚焦新一代信息技术、高端装备制造、光子、集成电路等区内重点发展产业，做好政策优化提升，支持产业大招商工作。开展企业走访，为企业开展联合创新、推动科技成果转化提供支持。强化财政金融协同，放大财政资金杠杆作用，助力中小微企业解决融资难问题。组织开展江苏省普惠金融专项资金申报工作，动员符合条件企业申报，做好贷款评审、平台搭建，通过贷款贴息、风险补偿、基金投入等模式构建多层次支持体系，助力实体经济高质量发展。

【民生领域支出】 2023年，高新区持续优化支出结构，民生占比支出持续提升。全年民生领域支出占一般公共预算支出比重的83.46%，增长2.75%。促进社会保险提质扩面，加大全区居民医保补助力度，统筹安排财政补助资金，发挥社保兜底保障作用。保障医疗卫生事业发展，支持苏州科技城医院、高新区人民医院运行发展。强化教育基础地位，全年新建、改扩建学校20所，高新区获评省义务教育优质均衡发展区。精准帮扶重点群体就业，做好常态化就业政策落实，继续实施稳定就业补贴、一次性创业补贴、渔民社保补贴，落实创业载体补助、大学生优秀创新创业项目奖励。

【生态建设支出】 2023年，高新区加强保护绿水青山资金投入，践行"绿水青山就是金山银山"发展理念，促进生态环境持续改善。全年下达生态补偿资金3000万余元。在市级生态补偿标准基础上，对水稻田、区级认定的公益林等进行额外补贴。加大水环境治理投入，下达太湖水治理资金约1000万元，用于太湖蓝藻围隔、太湖蓝藻打捞及无害化处理。

【城乡建设支出】 2023年，高新区推动实现城市品质改善提升，支持南大苏州校区、高新区公共卫生中心、苏州科技馆及工业展览馆等项目建设，推进城市风貌整治提升，推动城市生命线安全运行，增强区域辨识度。打造乡村振兴样板片区，对乡村振兴片区进行政策倾斜，鼓励申报中央预算内投资、特别国债及专项债等政策性工具。排水管网修复项目获得中央预算内投资及特别国债资金支持。

【重大项目支出】 2023年，高新区强化重大项目资金保障，推动项目建设，促进产业发展。保障南大苏州校区启用，统筹本级和市级资金，支持南大苏州校区运维服务、人才引进、学科建设工作。通过财政资金支持、发行专项债券等方式支持狮山广场、高标准农田、南京大学苏州附属幼儿园等一批项目建设。 （财政局 张丽瑶）

税 务

【概况】 2023年，高新区税务系统坚持组织收入原则，优化税收营商环境，推动税收征管改革深化。全年税务系统组织各项收入678亿元，增长7.6%。其中，税收收入325亿元，增长13.6%；社会保险费收入134.8亿元，增长7.6%；非税收入218.2亿元，下降0.3%。完成一般公共预算收入169.2亿元，增长8.7%。国家税务总局苏州高新技术产业开发区（苏州市虎丘区）税务局（简称"区税务局"）获评全国最美工会户外劳动者服务站点、江苏省优秀"戎耀之家"、江苏省模范职工小家、江苏省五四红旗团支部，纳税服务科入选江苏省税务系统首批新时代"枫桥式"税务所（分局、办税服务厅）。

2023年3月5日，区税务局志愿者服务队到通安镇树山村，向当地民众宣传个人所得税年度汇算相关政策（王钦　摄）

【税费收入】 2023年，高新区税务系统聚焦推动高质量发展，实现税费收入量质齐升。发挥以税资政作用，制发全区收入形势分析、经济政策分析89篇。区税务局、财政局联合编印决策参考资料《重点企业调研报告》蓝皮书，提升政务信息参谋辅政实效。

【减税降费】 2023年，高新区税务系统继续落实减税降费政策。兑现各类税费优惠140.72亿元。全年落实新增减税降费及退税缓税缓费46.25亿元，其中新增减税降费29.49亿元、增值税留抵退税16.76亿元。

【税费营商环境优化】 2023年，高新区税务系统聚焦办税缴费高效便利，推进税费服务运营中心建设。截至年底，税费服务运营中心非接触式办税量超过187万笔，办理率上升至92%，全域通办办理量5182笔，后台集约化工作团队处理线上业务14.6万笔。12366热线呼入总量21.06万个，增长11.5%。转人工语音量19.94万个，增长17.46%。人工接听量19.37万个，增长18.56%，人工接听率97.15%。创新12366热线“三三三”工作法（三制：健全责任机制、协作机制、闭环机制；三全：布局全覆盖培训、全链条实践、全方位激励；三着：着眼质检督办、着手量化考核、着力协同监督），《“三三三”工作法唱响热线“好声音”　持续提升纳服质效打造高效便利“软环境”》报告获得江苏省税务局批示肯定，1人获江苏省“税费服务明星”称号。依托可视化互动中心、税收共治平台，建立高新区助力“企业敢干”优化企业诉求闭环处办机制。创新“青税护航”企业咨询定制服务，开展各国税收协定（安排）、相关缔约优惠条款等政策辅导，响应企业跨国复杂涉税诉求、政策确定性问题。采集企业基础数据87户，撰写精准画像分析101户，帮助6户符合条件境外投资企业申请享受协定优惠政策。邀请法律专家开展业务培训。完善公职律师队伍管理，成立公职律师涉税争议咨询调解中心，加强重大疑难涉税矛盾纠纷调处化解力度，维护纳税人缴费人合法权益。提供依申请公开信息及采购合同签署等法制审核、行政复议及行政诉讼法律意见，现场化解纳税人缴费人税费争议60余次。行政复议案例获苏州税务系统“法眼观税”交流评比二等奖。

【税费征管体系建设】 2023年，高新区税务系统提升精准监管水平，推进税收监管运营中心建设，构建全领域覆盖、全数据赋能、全过程统筹、全智慧运营、全集成融合的税费日常监管体系。提高重点领域专业化监管水平，大企业税收专业化团队重点服务千户集团企业（年度缴纳税额达到国家税务总局管理服务标准的企业集团）2户、精准监管重点列名企业74户。完成数电票（全面数字化的电子发票）推广任务，组织培训21场，推广试点纳税人5.3万户，开具数电票3.3万户，实现“去三专”（去纸质专印、去专用设备、去固定版式）存量纳税人5.2万户，“去三专”率达到90.95%。完成优化调整社会保险费申报缴纳流程改革，首月养老保险申报率99.92%，医疗保险申报率99.95%。区税务局、财政局联合印发《关于进一步加强税收协同共治的通知》，税务系统与区内各部门交互数据18次，采集建筑业、楼宇经济、日资企业等外部数据。加强区税务局、法院、人社局部门协作，破产企业债权清偿入库782万元，破产处置过程中解除非正常户12户次，注销破产企业31户。强化风险防控，加强信息化团队数据管理能力，开发定制查询功能，实现研发费加计扣除风险项目入库税款380.56万元。搭建出口退税等日常监管指标库，开发税务局综合数据管理平台风险指标，增强“信用+风险”动态监管功能，升级改造风险应对任务流程。全年通过税收风险分析应对入库税收4.63亿元，完成异议申诉1.53万人次。实施欠税全流程闭环管理，清理陈欠税收2.75亿元。分析

房地产企业大额欠税清欠能力并提出清欠合作建议。　（税务局　杭　颖）

审　计

【概况】 2023年，高新区审计系统坚持稳中求进工作总基调，立足经济监督定位，依法履行审计监督职责。全年实施审计项目18个，查出管理不规范资金8.6亿元，促进整改落实问题资金6.98亿元，提交审计专报11份。苏州高新区（虎丘区）审计局（简称“区审计局”）获全市审计机关综合考核优秀等次，获评全市优秀审计项目2个，“党和国家监督体系内国家审计与其他监督协同机制研究”课题入选2023—2024年江苏省审计应用研究课题。

【财政审计】 2023年，高新区审计系统聚焦财政政策加力提效，强化预算执行审计，创新采取“大数据+两统筹”审计模式，同步开展财政同级审和部门预算执行审计，坚持数据分析先行，疑点分散核实审计思路，搭建项目预算执行情况等审计模型10余个，实现全区36家一级预算单位审计监督全覆盖。以政策、项目、资金为主线，融合开展“打造先进制造业基地”等专题4个，推动相关部门主动将绩效管理嵌入预算管理，推动财政资金聚力增效。完成审计报告2份、审计结果报告1份、审计建议函2份。截至年底，财政同级审报告反映的17个问题全部完成整改，促进整改问题资金7.23亿元。

【投资审计】 2023年，高新区审计系统出台《苏州高新区（虎丘区）本级政府投资建设项目审计监督实施细则》，突出投资审计重点，明确政府投资项目审计监督各项工作。完成南大苏州校区第四阶段、狮子山改造提升及地下空间项目第五阶段跟踪审计，共发现审计问题30个，提出审计建议7条。苏州市2023年度第二次投资审计工作会议在南京大学苏州校区召开，会上交流讨论高新区投资审计转型发展的经验做法，助力全区投资审计转型发展。

2023年11月28日，审计人员现场查看狮山文化广场建设及改造效果落实情况（冯英翔　摄）

【经济责任审计】 2023年，高新区审计系统完成经济责任审计项目8个（包含阳光离任交接审计3个），对1名领导干部开展自然资源资产离任审计，其中涉及地方党政领导干部1人、部门领导干部4人、国有企业领导干部3人。发现主要问题86个，提出整改意见及建议28条。完成3名领导干部离任交接审计核查，出具离任交接核查认定书3份，通过监督领导干部经济决策权、执行权、管理权、监督权，促进领导干部依法秉公廉洁用权。

【重大政策执行跟踪审计】 2023年，高新区审计系统根据江苏省审计厅统一部署，聚焦地方政府债务和隐性债务风险防范等方面开展政策跟踪审计，审计重点关注地方政府债务存量、资金管理使用绩效和隐性债务化解等方面，揭示存在的突出问题及风险隐患，深入分析原因，提出意见建议，推动完成隐性债务化解目标任务，促进打好防范化解重大风险攻坚战。

【专项审计】 2023年，高新区审计系统围绕三大功能片区改革，开展国有（集体）企业经营性资产管理使用情况专项审计调查，摸清存量资产底数，提升经营管理水平。围绕医疗领域资金使用绩效，对全区8家社区卫生服务中心开展经费管理使用情况专项审计调查，督促加强内部管理，规范采购流程管控，促进医疗服务更好惠及人民群众。围绕政务信息系统建设，首次开展区级部门信息化建设专项审计，涉及信息系统95个、问题资金5095.43万元，规范信息系统建设管理，促进政务系统服务水平提升。

【审计管理】 2023年，高新区审计系统开展研究型审计，加强项目实施过程研究，通过检查经济问题、经济责任，反映政治问题、政治责任。加强审计现场管理，加强问题分析研究，提出合理化建议，发挥审计建设性作用。开展专业技术岗位竞聘上岗工作。选派审计人员参加十四届省委巡视、审计署组织的计算机中级培训，派出干部双向挂职、换岗锻炼。区审计局获苏州市审计局内部审计理论研讨优秀组织奖，撰写交流论文13篇，获评省级荣誉5篇。（审计局　冯英翔）

统　计

【统计调查】 2023年，苏州高新区（虎丘区）统计局（简称“区统计局”）执行国家统计调查年定报制度，组织实施国民经济各行业各领域常规调查，规范管理、动态维护法人基本单位名录5.6万家，科学采集联网直报平台单位数据1800余家。组建由25个部门组成的区第五次全国经济普查领导小组办公室，做好第五次全国经济普查机构、经费、人员落实工作。指导完成第五次全国经济普查苏州市级唯一综合试点地区狮山商务创新区东浜社区试点任务。建立专业联动、督导检查、定期调度、问题解答等机制，全区划分普查区94个、普查小区903个，完成第五次全国经济普查清查登记工作，整体采集量（含单位、个体户）10.74万家，整体采集率81.5%。完成人口抽样、城乡一体化住户调查、居民科学素质调查、市级综合满意度评价调查、政府实事项目市民评议调查等专项调查。

【统计监测】 2023年，区统计局研究苏州市高质量发展绩效评价考核共性指标体系变动情况，召开指标解读会议，分解落实到责任部门，对涉及的51项76个共性指标动态开展跟踪监测预警及测算分析。协助区考核办修订完善“市考”指标争先进位工作成效考核办法，推进高质量发展综合绩效评价共性指标监测工作。加强“准四上”单位监测，推动企业申规纳统，全年实现新增入库企业364家，增长42.7%，增速高于全市37.6个百分点，列全市第一位。组织开展经济大镇、特色小镇监测，经济大镇实现全域覆盖，特色小镇数量列全市各县区第一位，跟踪监测龙头企业、市级产业创新集群、新兴服务业、乡村振兴等情况，服务经济运行及民生保障。

【统计服务】 2023年，区统计局持续完善地区生产总值统一核算方法，推进分功能片区生产总值部分行业数据进一步分劈，有效衔接区、镇两级核算数据，客观真实反映各地经济社会发展成果。推进统计工作数字化转型，加强比对统计数据与部门行政数据，形成各类数据资源目录，依托大数据局信息化平台制订公共数据年度开放计划，编制开放目录，明确公共数据开放工作责任分工，推动统计数据目录优质高效开放。利用数据资源优势，挖掘统计数据内涵，调查研判经济走势，撰写统计快报、分析报告、调研专报、信息快讯等95篇，编发《统计资料》29期。1篇统计课题报告获第九届全国统计建模大赛江苏选拔赛三等奖。

【统计法治建设】 2023年，区统计局制订年度法治建设工作要点，聘用法律顾问、公职律师参与重大行政决策及法制审核。推进全区统计造假屡禁难绝专项治理行动。落实统计行政执法“三项制度”，完成统计“双随机”、部门联合“双随机”执法检查单位81家，其中下达责令改正通知书单位13家，督促全部整改到位。开展数据核查企业（项目）1918家。融入监督体系，与区巡察办联合印发《关于建立健全全区巡察机构与统计局协作机制的实施办法》，与区审计局联合印发《审计监督与统计监督贯通协同工作办法》，增强统计监督质效。加强统计信用建设，组织开展省、市级统计信用“红名单”推荐及区级统计信用“红名单”认定工作，集中开展全区统计政务诚信承诺及企业诚信统计承诺

2023年12月22日，区统计局开展“千村万企、千家万户”大走访暨《中华人民共和国统计法》宣传活动（统计局　供图）

工作，新增各类承诺340份。连续4年推进《中华人民共和国统计法》纳入党校主体培训班课程。利用统计开放日、《中华人民共和国统计法》颁布纪念日等时间节点，开展第五次全国经济普查及统计法律法规宣传咨询活动。获评全市优秀统计法治动漫微视频1部。

【统计基层基础建设】 2023年，区统计局加强基层统计规范化建设，定期通报基层统计人员配备情况。截至年底，全区有基层统计机构4个，配备统计人员32人，增加3人。建立完善挂钩联系基层机制，开展“千村万企、千家万户”大走访，加强统计调查研究，了解并解决基层统计工作实际困难。发挥“数库”作用，围绕调研企业发展中的问题，开展企业分析预测。持续加强统计业务培训，开展送课下乡、印发填报手册（提示卡）、随堂测试等活动，累计开展业务培训50场次，培训乡镇（街道）及企业统计人员4200余人次。（统计局 慜瑞祥）

市场监督管理

【概况】 2023年，高新区入选国家知识产权服务业高质量集聚发展示范区、全省首批商业秘密保护创新试点城市，获评苏州市质量工作先进地区、苏州市食品安全工作成绩突出基层集体。苏州高新区（虎丘区）市场监督管理局（简称“区市场监督管理局”）获评江苏省打击传销专项执法行动先进集体，质量与标准化工作、执法效能工作、创优消费环境（无理由退货）工作、宣传信息调研4项工作获苏州市市场监督管理系统高质量监管服务高质量发展专项表扬。区市场监督管理局浒墅关经济技术开发区分局被评定为江苏省四星市场监督管理分局，区市场监督管理局枫桥分局、狮山分局被评定为苏州市三星市场监督管理分局。（市场监督管理局 姚宝伟）

【市场主体登记注册】 2023年，高新区新登记市场主体19475户。其中，国有、集体及控股企业新登记3021户，私营企业新登记9008户，外资及港澳台资企业新登记167户，个体工商户新登记7279户。截至年底，高新区市场主体达到141829户，注册资金累计9182.3亿元，市场主体总量、注册资金较2022年底分别增长4.50%、5.34%。截至年底，高新区实有企业累计68901户，增长11.92%。其中，内资企业66970户，增长12.97%；外资及港澳台资企业1931户，增长2.44%。实有个体工商户累计72858户，下降1.65%；实有农民专业合作社累计70户，下降9.09%。推广登记便利化服务，实现全市首家外商投资企业分支机构集中统一办理。推行企业“一照多址”应用。全年发放企业电子营业执照103张。完成外商投资线上迁移登记2例。

（数据局 张 力
市场监督管理局 姚宝伟）

【网络交易和合同监管】 2023年，高新区夯实数据基础，推进电商分类监管，发挥网络监管平台技术支撑作用，摸排电商平台、网站、各类网络交易载体，建立完善主体数据库。开展《重点监管数据库》月巡查8次、重要节假日集中促销专项监测4次，开展非法捕捞渔获物市场禁售春季执法、防范和制止借主题教育搞不当营商活动、茶叶过度包装治理等定向监测4次，合计监测数据5000余条，下发各类线索34条，电子取证22条，网络快速协查8家，违法线索流转下发34家。结合“市场主体优服年”主题，调研走访一批新模式新业态经营主体，督促提升直播营销合规水平及营销能力。全年办理各类网络案件53件。协助企业建立合同信用管理制度，培育申报市级守重企业201家，增长30%以上。组织开展“合规最前沿暨家装我先行”网上商城家装企业行政指导会。加强格式合同审查，全年累计检查企业84家，整改不公平格式款78条，协助处理投诉举报23家，查处违法案件12起。

【企业质量发展】 2023年，高新区召开全区质量工作大会、质量发展委员会联席会议，出台《关于深化质量强区建设的工作方案》，健全质量宏观政策制度。新建质量赋能站4个，在全市率先实现国家级开发区及各镇（街道）质量赋能站全覆盖。开展质量赋能站“巡回问诊”系列调研，创新提出实施质量赋能站“三个五”工程建设（五个深度融合：推动质量赋能站与区域定位、产业发展、政府关注、企业需求、资源集聚；五个一建设：开展建设一个企业咨询服务总入口、实施一揽子企业培训计划、架设一座企业资源汇聚对接的桥梁、形成一套企业诉求响应机制、完善一组企业服务标准体系；五个高服务：提供高效率开展咨询事项受理、高标准开展各类培训活动、高质量开展对接协调服务、高频次开展企业走访服务、高水准做好各类延伸服务）。开展10家医疗器械小微企业质量管理体系认证提升行动，报送成效案例2个。推动医疗器械行业协会、产业园区等11家多元组织成立苏州市医疗器械产业质量创新联合体。牵头开展的医疗器械行业质量提升项目入选第二批长三角质量提升示范试点。举办“质量月”活动。出台《苏州高新区促进检验检测认证服务业发展三年行动计划（2023—2025年）》，开展检验检测机构开放日活动，报送检验检测服务重点产业链成效案例5个，支持中汽研筹建国家汽车电子通信与软件质量检验检测中心。建立质量提升企业库288家，报送企业质量提升成效案例10个。获评江苏省质量信用AAA级企业2家、AA级企业3家、A级企业141家。获苏州市质量管理优秀奖企业2家，获苏州市质量奖企业10家。获评“江苏精品”企业3家，获评“苏州制造”企业4家，科达科技获得全市首张“苏州制造”品牌企业质量管理体系认证证书。莱克电气、西门子入选全市质量管理数字化赋能优秀管理案例。莱克电气获得全国首张企业数字化转型等级评价证书，“‘四高十法双控’质量管理工法的运用”入选全国企业首席质量官质量变革创新典型案例。区市场监督管理局获全市质量提升微创新成果竞赛优秀组织奖。

【标准化管理】 2023年，高新区深入实施标准化政策，完成2022年度标准化战略资助项目（市、区）两级经费发放共计497.5万元。全区企事业单位新增主导及参与制定（修订）国家标准、行业标准97项，发布市级地方标准7项、团体标准3项，自我声明公开企业标准3101项。天准科技等4家企业获得江苏省质量强省标准化奖励，莱克电气获长三角G60科创走廊质量标准贡献奖，阿特斯获评苏州市推进标准制度型开放优秀实践成果，电加工机床研究所及中汽院（江苏）汽车工程研究院获评苏州市标准化促进产业强链补链延链优秀实践成果。在全市产业创新集群制造业细分领域牵头开展新型显示、高端医疗器械和汽车电子及汽车零部件3个领域的标准化体系建设，成立全市标准化联盟，参与集成电路、人工智能标准化体系建设。在全市率先开展知识产权服务标准体系研究，发布《苏州市知识产权服务标准体系建设指南》。全区企事业单位主导及参与制定（修订）国际标准6项，其中主导制定国际标准2项。新增国际标准化技术组织1个，实现辖区国际标准化技术组织零的突破。

【计量管理】 2023年，高新区在全市率先出台《关于深入推进计量工作的实施方案》。做好计量标准器具核准行政许可工作，受理建立企业最高计量标准申请52项，办结50项。完成计量标准考核证书年审工作50份。推进民用“三表”中燃气表及水表到期轮换。开展计量服务中小企业行活动，走访调研光子、集成电路等产业园区企业20家，发放调研问卷200余份。开展计量惠民进社区活动，无偿为市民群众检测校准血压计、电能表等民生领域计量器具120余台，清洗维修眼镜35副，接受群众咨询服务260余次。出台《关于开展定量包装商品净含量计量专项监督抽查的通知（2023年）》，联合市计量测试院对5家定量包装商品销售企业开展净含量计量专项监督检查，抽查小食品、化妆品等定量包装商品30批次，结果全部合格。开展全区电子计价秤综合整治行动，检查各类经营户1007户、各类市场72次、电子计价秤2328台，责令停止使用并限期改正不规范使用计量器具行为25起，立案调查8起。开展眼镜店、加油站计量器具检查52台次。推进电动汽车充电桩监管工作，建成电动汽车交直流充电桩端口2100余个，覆盖运营企业34家，联合市计量院完成充电桩端口强制检定工作。推进省级仪器仪表产业园培育。

【信用与广告监管】 2023年，高新区落实企业年报公示制度，加强年报宣传指导工作，开展新设主体、上年度晚报主体、上年度列异主体上门指导，强化企业自主申报意识。通过定期通报机制，推进年度批量吊销工作，剔除年报不良基数，全年吊销各类市场主体357户。全区企业年报率97.8%，个体户年报率62%，企业年报率连续3年列全市第一位。严格把关移出异常名录核审，加快各类信用修复材料受理、审查、审核流程。为符合行政处罚信用修复主体提供信用修复前置服务。全区列入经营异常名录6187条，移出经营异常名录1974条，修复行政处罚记录11户。推动涉企信息归集公示工作及市场监管领域“双随机、一公开”监管工作，全区各成员单位落实单部门抽查2042户，跨部门抽查1271户，归集行政处罚信息738条，抽查检查结果5285条。完善注册、监管领域内共建共管共享工作机制，全年办理虚假注册登记案件48起，罚没款24.07万元。开展经营主体虚数清理专项行动，实地核查各类市场主体。落实全市信用监管数据质量提升工作，协助企业修复知识产权出质错误信息74条。开展“每万家企业法人中高新技术企业数”指标提升工作、企业法人专项清理工作，清理全区存量企业中的空挂企业451户。落实严重违法失信企业名单管理。开展互联网广告监测17511条次，下发线索100条，处置89条。其中广告监测下发相关线索转广告类案件7件。开展整治规范医疗美容行业秩序专项行动、涉嫌非法集资风险排查及防范宣传、落实“双减”政策，加强教培机构广告监测、做好防范及制止借主题教育搞不当营商活动、开展通过评书机等产品发布虚假违法广告等专项整治行动。组织违法广告查办业务培训，全年办理广告类案件56件，罚没款

11.9万元。扶持广告业发展，指导广告业主体申请财政奖补资金23.5万元，获得中国广告协会“CNAA”一级广告企业1家、2022年苏州市金桂奖平面银奖企业1家、苏州创博会高新区特展区广告布展服务项目补助企业1家。落实广告业规上企业入统动员工作，纳入规上库广告业企业5家。

【反不正当竞争执法】 2023年，高新区加强反不正当竞争执法，规范公平竞争市场秩序，重点查处刷单炒信、虚假宣传、侵犯商业秘密等不正当竞争违法行为，查办不正当竞争案件23件，其中入选国家局典型案例1件。贯彻落实苏州市“免罚轻罚”意见，全年办理从轻处罚案件75件，减轻处罚案件41件，免予处罚案件144件，减免罚没款合计1031.26万元。开展企业帮扶工作，走访调研“一链双环”企业，推广“苏链保”政企协同保护平台应用。推进商业秘密保护创新试点，组织开展企业商业秘密保护培训活动5次，参训企业180余家，修订制发《企业商业秘密保护指导手册》200册，统筹推进商业秘密保护示范基地创建，引导26家企业申报商业秘密保护示范点、3个产业园区申报商业秘密保护指导站。组织召开公平竞争审查联席会议1次，公平竞争审查抽查迎检会议2次。全年各发文机关自我审查新增政策措施213件，梳理存量政策措施499份，委托第三方评估机构开展区内文件公平竞争审查抽查，抽查政策措施101件，发现问题38个。推进公平竞争审查纳入政府制定重大行政决策事项。全年移送公安机关案件线索10件，公安机关立案9件。建立行政检察与行政执法反向衔接工作机制。建立被通报行贿人违法行为处置工作机制，立案查处商业贿赂案件3件，罚没款约400万元。开展多地集中、跨区域办案行动，累计发出线索移送、协查函393件，办理外地协查及各类线索移送163件。

【食品安全监管】 截至2023年底，高新区取得许可及备案的食品生产经营主体11795户，其中正常生产经营主体9287户。全年检查食品生产经营单位9319家次，实现全域全覆盖检查。食品抽检6735批次，不合格205批次，发现问题率3.04%，不合格产品按时处置率100%。立案查办食品案件321件，其中获评市级以上典型案例2件。移送公安有毒有害食品案件6件。推行“包保+”工作机制。开展全区401名包保干部包保督导工作，覆盖各类包保主体9287家。针对督导发现问题进行闭环处置，问题整改率100%。落实企业主体责任，培育打造一批食品安全优选示范点位。

【药品和医疗器械安全监管】 2023年，高新区完成药械化审批1026件，其中，药品经营许可135件，第一类医疗器械生产备案37件，第二类医疗器械经营备案290件，第三类医疗器械经营许可149件，医疗器械网络销售备案86件，第一类医疗器械产品备案320件，科研及教学单位所需医疗用毒性药品购用审批3件。开展药品经营企业及使用单位现场检查210家次、医疗器械经营企业及使用单位现场检查260家次、一类医疗器械生产企业现场检查27家次、化妆品经营单位现场检查50家次、化妆品非生产企业备案人监督检查9家次，完成药品不良反应报告1011例，其中新的、严重的不良反应221例，完成药品抽样31批次，医疗器械国抽、省抽7批次，开展跨部门“双随机”检查40家次。开展疫苗储存运输质量、药品网络销售、医疗器械经营环节稳价保质、医疗美容机构双随机、医疗器械质量安全隐患排查、国产普通化妆品备案人、儿童化妆品等专项检查。印发《苏州高新区市场监督管理系统疫苗放心工程实施方案》，推进疫苗储存、运输及预防接种环节质量监管规范化建设，开展疾控中心及15家疫苗接种点全覆盖检查。督促疾控机构及接种单位切实履行主体责任，做好疫苗接收、储存、运输、分发、使用管理等工作。开展商场、社区医疗器械安全宣传周、安全用药月、化妆品安全科普宣传周等活动，丰富过期药品回收、药品安全网络知识竞赛、家庭药师进社区等宣传形式。苏州无双医疗设备有限公司在全国首创植入式心脏复律除颤器。江苏省药监局审评核查苏州高新区工作站揭牌，联合江苏省药监局审评核查苏州分中心开展驻站服务，全年现场接待企业18家，接受线上咨询企业22家。

【特种设备安全监管】 2023年，高新区有燃气压力管道使用单位550家，有化工相关企业33家，涉及特种设备737台，压力管道86千米。召开特种设备系统隐患处置会议，布置特种设备系统隐患动态“清零”工作，全年消除系统隐患700余条。开展气瓶充装单位安全隐患排查，督促充装单位更换瓶阀，召回气液双相瓶172个，督促2家液化石油气充装单位开展自查自纠，完善更新管理制度及应急救援预案。推进燃气压力管道专项整治，落实新建及更新改造燃气压力管道安装告知和安装监督检验，检验登记使用单位燃气压力管道单位130家。常态化开展化工企业专项整治，聘请专家对33家化工企业开展排查，确保在用特种设备应检尽检，重点对使用年限超过20年的设备开展安全评估，发现安全隐患42条，全部完成整改。开展导热油锅炉及管道隐患排查专项整治，排查相关企业16家、导热油锅炉39台，落实隐患整改30条，开具特种设备安全监察指令书2份，全部完成整改。推进冷库特种设备使用单位安全排查整治，排查区内冷库使用单位10家，落实隐患整改2条。做好重点时段游乐设施专项检查，指导苏州乐园森林世界弹射过山车设备完成排查。

【产品质量安全监管】 2023年，高新区开展"春雷"专项整治行动，覆盖机动车安检机构5家。开展产品质量安全专项整治，覆盖燃气用品、电动自行车、消防产品、防爆电气、危险化学品等重点工业产品20余类。召开"灶管阀"等燃气用品质量安全专项整治工作推进会，举办燃气用品质量安全宣讲，检查商用燃气热水器生产企业1家、燃气用品销售单位89家，立案查处销售单位7家。开展工业产品生产许可证、自愿性管理体系认证、强制性产品认证、检验检测机构"双随机、一公开"监督检查，检查企业50家。配合完成国家、省、市三级监督抽查任务基础上，申请专项经费37万余元，组织开展区级重点工业产品质量监督抽查及消费品质量合格率监督抽查，抽查燃气器具及配件、电动自行车及配件、儿童学生用品等30余类97批次产品，其中合格的91批次、不合格的6批次，不合格产品全部移交查处。召开落实工业产品质量安全主体责任"两个规定"工作部署会，完成燃气器具及配件销售单位、工业产品生产许可证获证企业、强制性产品认证获证企业等152家单位平台信息录入。

【消费者权益保护】 2023年，高新区市场监管部门收到消费者投诉、举报、咨询、建议40980件，增长72.3%，其中投诉34007件、举报6492件、投诉及举报481件，投诉举报中心直接答复173件，退单11994件，流转处室及分局处办28813件。全年收到信访件331件，其中阳光信访平台172件、市长信箱34件、市公众监督38件、市委书记信箱15件、领导信箱6件、上级交办6件、来人上访14件，共受理266件，退单65件。开展"3·15"现场宣传咨询服务活动，组织消费维权宣传活动15场，受理投诉136件，接受电话咨询158人次，办结136件，为消费者挽回经济损失15万余元。启动线下无理由退货工作，实现全域覆盖。签约线下无理由退货承诺商户8725家，受理无理由退货2030件，折合金额164.13万元。摸排区域内重点领域矛盾纠纷及风险隐患问题。

【行政执法稽查】 2023年，高新区市场监管部门持续开展民生领域案件查办"铁拳"行动，查办食品"二超一非"、销售劣质燃气具、利用不公平格式条款侵害消费者权益等重点类型案件83件，货值金额100万余元。开展集中打击整治危害药品安全违法犯罪"雳剑"行动，组织医美行业集中整治及养老机构稽查等专项执法，查办药品、医疗器械、化妆品案件20件，罚没款39万余元。开展打击制售假冒伪劣商品专项行动及打击商标侵权专项行动，查办"双打"案件56件，罚没款100万余元，移送公安机关案件线索1件。查处网络传销案件2件，合计罚没款约120万元。严厉查处市场领域违法行为，办结不正当竞争、食品药品、知识产权、假冒伪劣等普通程序行政处罚案件506件、简易程序行政处罚案件197件，罚没款1522.82万元。

（市场监督管理局　姚宝伟）

价格管理

【价格监测】 2023年，高新区落实价格调控目标任务，加强价格与收费管理，拓宽价格工作领域，强化价格监测预警工作，持续提升价格服务水平。从区域实际出发开展全区重要民生商品价格监测工作，按照定人、定时、定点要求对区内6家农贸市场及8家大型超市在售的米面粮油、肉禽蛋奶等主要农副产品价格信息进行定点监测、汇总、分析，形成价格监测分析周报。做好重要节假日期间民生商品市场价格行情采集报送。开展市场调查，及时、准确掌握市场情况，紧盯价格异常波动现象，加强苗头性、倾向性、潜在性问题监测预警和处置，为全市价格调控、保供稳价、价格监测上下联动提供数据支撑。

【物价补贴】 2023年，高新区启动物价上涨动态补贴机制，全年对符合条件对象发放一次性物价补贴114.36万元，惠及困难群众1.25万人。

【价格机制改革】 2023年，高新区开展收费报告巡访工作，完善收费项目清单，加强行政事业性收费管理，规范收费行为，指导行政事业性收费单位及部分实行政府定价、政府指导价管理的收费单位落实收费情况报告。采取收费、非税、票据三检合一方式，分部门、分单位，按照突出重点及兼顾一般原则，开展相关收费单位2022年度收费情况巡访，梳理收费项目新增、删减及权属转移情况，公布《2022年苏州高新区行政事业性收费项目目录》。落实煤热价格联动管理，根据煤炭价格指数，结合天然气门站价格和燃机机组蒸汽价格联动，测算华能苏州热电有限责任公司混合蒸汽成本，按季度公布每月混合蒸汽销售价格。加强市区及周边联动，做好价格衔接，保障供热价格市场平稳运行。

（经济发展委员会　严鹏飞）

【价格收费监管】 2023年，高新区规范转供电主体收费行为，落实减税降费政策，营造良好营商环境。开展大工业及一般工商业用电性质转供电主体收费情况专项检查，涉及多收电费全部完成清退工作。对公用事业企业及工程安装公司进行收费政策提醒告诫，指导企业对通报的各类问题清单开展自查自纠，清理收费项目，规范经营者收费行为。检查、规范行业协会收费情况，维护行业协会收费秩序。引导电动自行车店家明码标价，监督检查宠物医疗机构价格行为。联合开展浒墅关经开区经营性公墓专项核查工作，整改完成未按减半收取管理费节地型公墓1个。抽查检查学校和培训机构收费情况，抽查绣品店明码标价行为。开展房地产开发经营活动检查，规范在售项目开发商价格行为。关注民生必需品及节日商品价格波动，发放节假日价格提醒函，开展农贸市场巡查，配合节日主题重点对月饼、大闸蟹等商品开展专项检查，规范宾馆行业价格行为。畅通投诉举报渠道，回应群众关切的各类生活诉求。区市场监督管理局全年办理价格案件21件，罚款56.76万元，没收款物629.50万元，退款56.54万元。共处办价格类投诉举报1053件，增加40%，退款6.40万元，涉及退款人数752人。（市场监督管理局　姚宝伟）

知识产权管理

【概况】 2023年，高新区获批首批国家知识产权服务业高质量集聚发展示范区。年末有效发明专利量1.53万件，比上年末增长25.5%；万人发明专利拥有量181.43件，比上年末增加36.91件。全年PCT（专利合作条约）专利申请263件。普源精电科技股份有限公司获第24届中国专利金奖，为全市唯一获金奖企业。获中国专利优秀奖企业8家。新增国家知识产权示范企业1家、国家知识产权优势企业4家，引进知识产权服务机构20家。

2023年4月23日，高新区举行知识产权服务业高质量发展推进大会暨新知会客厅品牌发布活动。会上，知识产权服务品牌“新知会客厅”发布（杨炎橙　摄）

【知识产权创造】 2023年，高新区开展专利质量提升工程，培育知识产权示范企业。举办苏州高新区集成电路产业知识产权创新发展论坛，启动产业知识产权运营中心建设，加快企业专利转化运营。普源精电科技股份有限公司专利“亚稳态检测装置和方法、ADC电路”获第24届中国专利金奖，苏州长光华医生物医学工程有限公司专利“一种免疫分析仪磁清洗分离装置涉及的免疫分析仪磁清洗分离装置是化学发光免疫分析设备的核心部件”等8家单位专利获中国专利优秀奖。

【知识产权保护】 2023年，高新区推进知识产权保护载体建设，苏州市知识产权保护中心高新区分中心率先在全省县区级投入运行。加强海外知识产权纠纷应对指导，帮助多家医疗器械企业及时有效化解海外知识产权纠纷。联合签署《高新区贯彻落实“四敢”要求　完善知识产权法治保障机制的实施意见》。提升地理标志保护及运用能力，完成区内首笔地理标志被侵权损失险树山杨梅地理标志保险签约。

【知识产权运营】 2023年，高新区聚焦重点产业知识产权运营。获批开展江苏省集成电路产业知识产权运营中心建设，围绕医疗器械产业情报、技术热点等资源建立知识产权数据平台，发挥医疗器械产业知识产权运营中心职能。依托审协江苏中心完成光子产业专利导航报告，推动光子产业创新集群发展。

【知识产权服务】 2023年，高新区聚焦知识产权服务业发展，制定推动知识产权服务业发展行动计划和扶持政策，加强政策支持及资金保障，营造业态齐备的知识产权服务生态圈。到北京、上海、深圳等地开展专题招商推介，新引进知识产权服务机构20家。

（市场监督管理局　姚宝伟）

社会信用体系建设

【信用制度建设】 2023年，高新区印发《2023年苏州高新区社会信用体系建设工作要点》，明确7个任务26项措施，推进社会信用体系建设工作。出台《苏州高新区关于进一步加强政务诚信建设的工作方案》《苏州高新区关于落实政务诚信监测工作的实施方案》《苏州高新区关于落实信用状况监测工作的实施方案》等政策文件，其中，区域监测涉及8个方面29项细分指标，政务诚信建设涉及8个方面32项细分指标。通过细化各项信用工作指标，全面启动信用状况、政务诚信监测工作，区域监测综合信用指数提升至90.49分。建立区信用办（经济发展委员会）、法院、司法局三方联动机制，定期梳理行政诉讼败诉案件、行政复议纠错事项，共同推进政府履约。强化信用工作考核，明确将政务诚信、区域监测等信用工作纳入部门及乡镇（街道）考核，同步建立政务诚信工作定期通报机制。组织各部门、乡镇（街道）签署政务诚信承诺书，实现行政部门信用承诺全覆盖。

【信用信息“数据池”扩充】 2023年，高新区全面推进省、市、区公共信用信息一体化归集，实现区级部门、乡镇（街道）两级33个单位数据归集及信息应用一体化，累计归集各类信用信息约90万条。厘清“三清单”目录（“双公示”“五类公示”“信用承诺”），其中上报区级“双公示”数据3万余条、法人主体信用承诺30万余条，“双公示”上报率、合规率全部达到100%，数据总量及“五类公示”数据覆盖面稳步提升。

【信用全流程监管】 2023年，高新区在原有劳动保障领域、工业企业安全生产等四类信用等级评价基础上，新增开展口腔医疗机构、城市管理、劳务派遣三类重点领域信用评价。在全省首创口腔医疗机构领域创新建立信用分级分类监管机制，并实现结果运用，相关经验做法入选社会信用体系建设典型案例。

【创新信用管理与服务试点】 2023年，高新区印发《苏州高新区（虎丘区）创新信用管理与服务试点实施方案的通知》，明确试点工作三年实施目标及六大行动任务，制订年度工作计划，细化十项工作内容。组建创新信用管理与服务试点工作专班。以苏州太湖光子科技园为信用赋能数字经济试点园区，探索创新可复制、可推广的“信易+应用”场景建设，其中“高新贷”助力企业信用贷款场景入选苏州市“信易+”十大优秀场景。启动信用信息数据应用项目建设，在用好全区信用数据及省、市两级公共信用信息数据库和服务系统基础上，通过利用大数据全过程采集行为痕迹数据，汇集生活、生产经营活动中产生的信息数据，互通政企信用评价数据。实现以软件及信息技术产业为基础的涉企信用信息全量归集，基本构建数字经济企业信用图谱。（经济发展委员会　李　欣）

编辑：刘　鹏

开放型经济

招商引资

【概况】 2023年，高新区持续加大产业招商、科技招商及服务业招商力度，提升企业服务水平，持续完善四级招商体系，推动一批优质项目落地建设。8月25日，苏州高新现代服务业招商中心有限公司揭牌成立。全年举办招商活动70余场。开展欧、美、日、韩重点国家及地区海外招商活动，疏通与重点企业、跨国公司总部联络渠道。到新加坡、中国香港开展招商推介活动，举办高新区投资推介会。举办春季对日合作交流会暨日资企业突破700家活动，受到新华社、《中国日报》《日本经济新闻》等主流媒体报道关注。

【利用外资及港澳台资】 2023年，高新区实际使用外资及港澳台资3.33亿美元，其中高技术产业使用外资及港澳台资1.37亿美元，占实际使用外资及港澳台资总额的比重达到41.0%。新增外资及港澳台资项目130个。引进星映投资、珑井工业、易新QFLP（易新股权基金）等投资额超亿美元项目。汉拿集团二期工厂开工建设，汉拿万都汽车中国软件中心开业，德国威卡苏州二期项目启动。全区集聚外资及港澳台资企业约2000家，其中世界500强企业投资项目61个。持续招引跨国公司区域总部，实现“生产+总部”“生产+研发”企业转型。吉威思科技（苏州）有限公司被认定为省级跨国公司地区总部，爱尔铃克铃尔汽车部件（中国）有限公司被认定为省级跨国公司功能性机构，苏州制胜信息科技有限公司、苏州聚力电机有限公司等6家企业通过市级总部机构认定，松下神视等31家企业申报市级外资研发中心。彰显日资高地效应，累计引进日资企业751家。外资企业持续为全区经济和社会发展做出贡献。从产值贡献看，规上外资企业工业总产值2367亿元，占全区规上企业工业总产值的68.45%（全区规上外资企业实现营收约2406亿元，占全区规上企业总营收的69.96%）。从进出口贡献看，外资企业的进出口额占全区进出口总额的74.8%。从纳税贡献看，全区税收贡献排名前十的工业企业中，6家为外资企业。

【投资环境推介活动】 2023年，高新区在上海、北京、深圳举办以科技创新、现代服务业、产业集群为主题的综合性投资促进说明会。3月7日，苏州高新区（上海）投资说明会举行。会上，集中签约项目52个，总投资306亿元，其中超10亿元项目10个。商务部中国国际投资促进中心中欧跨境产业创新合作中心、中国国际投资促进中心跨境产业投资与科技创新合作委员会长三角联络处揭牌，同济致蓝长三角临床医学成果转化基地、同济校友会苏州成果转化基地揭牌。4月18日，苏州高新区（北京）投资说明会举行。会上，集中签约项目67个，总投资360亿元，其中超20亿元项目7个，涵盖光子、医疗器械和生物医药、集成电路、智能制造等领域。5月10日，苏州高新区（深圳）投资说明会举行，集中签约项目63个，其中超5亿元项目20个，涵盖光子、医疗器械和生物医药、集成电路等领域。9月27日，苏州高新区（深圳）产业创新合作对接会举行，集中签约项目26个，涵盖光子、医疗器械和生物医药、集成电路等领域。10月25日，苏州高新区（上海）现代服务业高质量发展合作对接会举行，集中签约合作平台8个、重点项目30个，涵盖生产性服务业、商务及金融服务、商贸文旅等领域。会上，高新区服务业金秋招商季启幕。11月28日，苏州高新区（北京）产业集群发展合作对接会举行，集中签约项目38个，包括Halara跨境贸易中心等海外拓展类项目8个，专精特新企业培育服务基地等科技创新类项目10个，易新股权基金等现代服务业类项目10个，高速电机动力总成等产业类项目10个。会上，中讯邮电咨询设计院苏州工业互联网咨询研究院、华为（苏州）先进制造赋能中心揭牌。

【重大招商引资项目】 2023年，高新区新增外资及港澳台资企业167家，新增内资注册资金1719.5亿元，新引进高质量项目296个，新增超50亿元项目3个、超10亿元项目16个、超亿元项目166个。惟清半导体、创明新能源、协鑫储充研发产业基地、英威腾集团长三角总部、新施诺半导体设备总部等高质量项目签约落户。龙驰半导体、精控能源总部、新磊半导体、太阳油墨研发中心等项目开工建设。西门子长三角人工智能共创实验室启用，徕博科研发创新基地、晟成光伏研发基地、登临科技、水芯电子、宝爱捷等项目开业投用。中国移动云能力中心、NGK陶瓷、汉拿科锐动、岛津仪器、威卡等既有企业增资扩产。新引进三井物产、密科伦精密、豪雅集团人工晶体中国基地等多个高技术含量、高附加值、高成长性日资企业，全区日资企业累计751家。 （商务局 胡源远）

对外及对港澳台贸易

【概况】 2023年，高新区货物进出口总额2478.8亿元，下降12.7%。其中，出口额1751.8亿元，下降7.4%；进口额727.0亿元，下降23.3%。贸易顺差1024.9亿元，扩大8.5%。以美元计价，高新区货物进出口总额352.9亿美元，其中，出口额249.5亿美元，进口额103.4亿美元。完成服务贸易进出口总额13.2亿美元，完成跨境电商出口额13.4亿元。加快集贸中心建设，推动物流公司集货功能，发展特色进口贸易。区内5家企业获评2023—2024年度新增苏州市出口名牌企业，数量列全市第一位。

【货物贸易】 2023年，高新区货物进出口额占全市的10.1%，规模占比保持稳定。外商投资企业实现外贸值1854.6亿元，占比74.8%。加工贸易方式进出口额1347.3亿元，占比54.4%。全区一般贸易进出口额819.3亿元，增长11.4%，占比33.1%。保税区进出境仓储或转口货物进出口额270.1亿元，占比10.9%。高新区前三大贸易伙伴分别为欧盟、美国和东盟，其中对欧盟实现总值478.9亿元，对美国实现总值462.7亿元，对东盟实现总值353.5亿元。出口机电产品1613.3亿元，占同期出口总值的92.1%。进口机电产品596.4亿元，占同期进口总值的82%。成立全区稳外贸工作专班，建立重点企业预报机制，实时掌握企业动态。组织区内企业参加中国国际进口博览会、中国进出口商品交易会、线上外贸对接会等国际国内大型贸易促进活动。第134届中国进出口商品交易会上，高新区参展企业数、摊位数及面积刷新参展纪录。第六届中国国际进口博览会上，首日采购商意向成交金额1.86亿美元，意向成交总额较上届增长25%以上。全年组织170余家企业申报各级商务专项资金，申报资金总额超过3100万元。

【服务贸易】 2023年，高新区完成服务贸易进出口总额13.2亿美元，下降0.54%。根据商务部服务外包统计系统数据显示，全年完成服务外包接包合同额31.7亿美元，下降0.4%。总量列全市第二位；离岸执行额18.8亿美元，增长10%，总量列全市第二位；在岸执行额11.1亿美元，总量列全市第三位。

创新服务品牌 与中国国际投资促进中心合作共建中欧跨境产业创新合作中心。强化亚马逊、乐天、天猫等国内外平台合作，助力企业一键铺货至全球202个国家及地区。加强与外部平台合作，持续推动全球线上店开设，服务销售品牌132个，部分线上店品牌产品入选亚马逊新品榜第一名。推进“海贸云仓”全球布局，覆盖北美、德国、俄罗斯等国家和地区。

培育跨境电商 全年完成跨境电商出口额13.44亿元，增长34.5%。其中，9610出口总量列全市第一位，9810出口、B2C非报关出口总量均列全市第二位。合作设立唯品会苏州海淘运营中心，发布KIMIGO跨境电商平台、“数智出海”跨境生态平台。

2023年11月5—6日，第六届中国国际进口博览会在上海举行，全区28家企业的22家总部设展位（杨炎橙 摄）

举办重要活动　10月20日，高新区跨境电商高质量发展大会召开。活动聚焦数字贸易、数智出海、中亚跨境等领域，签约发布一批优质项目，推动跨境电商高质量发展。会上，商务部国际投促会数字服务应用专委会"数智出海"跨境生态平台发布，全市首支跨境电商产业发展基金苏州高新区跨境电商产业基金发布。

打造重要平台　高新区在全市率先设立首个跨境电商企业服务中心。服务中心采用"政府引导+国企担当+市场化运作"模式，吸引入驻专业服务机构25家，为苏州及周边地区企业提供一站式跨境电商综合服务。截至2023年底，服务企业约450家，其中服务上市企业10家。服务跨境电商贸易额超过40亿元。

（商务局　胡源远）

【"一带一路"沿线国家和地区贸易】　据苏州海关统计，2023年高新区同"一带一路"沿线国家和地区实现进出口704.9亿元，增长5.2%。其中出口454.4亿元，增长22.2%；进口250.5亿元，下降15.9%；贸易顺差203.9亿元，扩大175%。折合美元总值100.5亿美元，下降0.1%。其中出口64.8亿美元，增长16.2%；进口35.7亿美元，下降20.4%；贸易顺差29.1亿美元，扩大166.4%。全年全区外商投资企业对"一带一路"沿线国家和地区进出口456.5亿元，下降6.3%。民营企业进出口242.3亿元，增长37.7%；国有企业进出口6.1亿元，下降10.9%。年内，全区以一般贸易方式对"一带一路"沿线国家和地区进出口314.3亿元，增长32%；加工贸易进出口271.4亿元，下降11.6%；保税区进出境存储或转口货物进出口100.7亿元，下降3.5%。

（苏州海关驻虎丘办事处　周　展）

【二手车出口业务】　2023年，高新区二手车出口总额超过3000万美元，列全市同类企业前列。在全市率先完成二手车出口订单，首单金额340万美元。全市二手车出口工作会议召开，高新区二手车出口企业入选案例并分享经验。江苏世极星联国际贸易有限公司获评苏州市首批二手车出口试点企业。（商务局　胡源远）

境外经济合作

【概况】　2023年，高新区企业境外投资项目44个，中方协议投资额3.38亿美元。对外投资国别（地区）包括泰国、越南、马来西亚、新加坡、美国等。行业主要涉及专用（通用）设备制造业、商务服务业、批发业、计算机（通信）设备及其他电子设备制造业等领域，产业层次较高。截至年底，全区有133家区内主体在34个国家及地区累计投资项目（含分支机构）207个，中方协议投资额17.80亿美元。

（商务局　胡源远）

【境外投资】　2023年，高新区鼓励支持企业参加各类境内外展会，举办境外投资政策解读及风险防范专题讲座等培训活动。全年完成境外投资1亿美元以下企业项目备案44个，投资总金额1.53亿美元。其中，新设项目33个，投资金额0.69亿元；并购项目5个，投资金额0.52亿元；增资项目6个，投资金额0.32亿元。投资金额1000万美元以上项目5个，投资总金额0.88亿美元；200万美元以上、1000万美元以下项目11个，投资总金额0.43亿美元；200万美元及以下项目28个，投资总金额0.22亿美元。截至年底，高新区有49家企业在18个共建"一带一路"成员国投资项目75个，中方协议投资额13.9亿美元，占中方协议总额的77.7%。"一带一路"投资主要以阿特斯阳光电力、新施诺半导体、固锝电子、纽威阀门、莱克绿能、晶银新材料等骨干企业为主，行业主要涉及光伏、专用（通用）设备制造业、批发业、计算机（通信）设备及其他电子设备制造业。其中泰国项目占到全区企业境外投资协议投资额的40%以上。

（经济发展委员会　孔妤雯
商务局　胡源远）

【境外民营企业座谈会】　2023年8月8日，高新区邀请重点民营企业召开座谈会，了解企业困难需求，精准支持服务民营企业开展境外投资。会上，介绍全区民营企业海外市场拓展情况，区内光伏、高端装备制造、光子等领域10余家企业围绕政策培训、国际贸易环境、人才招聘培养、合作服务平台等方面分享经验做法，并提出意见、建议。（商务局　胡源远）

海关监管

【概况】　2023年，苏州海关驻虎丘办事处共审核进出口报关单45.52万份，其中进口18.26万份、出口27.26万份。监管进出口货值364.97亿美元，监管进出境货运量96万吨，监管集装箱13.04万箱次，实际入库税收56.58亿元。12月底进口整体平均通关时间压缩68.42%，出口整体平均通关时间压缩64.39%。监管二科党支部获评省级机关先进基层党组织、南京海关先进基层党组织，"丝路卫士"党建品牌获评南京海关示范品牌。

【海关监管服务】　2023年，苏州海关驻虎丘办事处聚焦RCEP协定生效实施，提升查检执法规范化水平，推动关地合作网格化监管服务平台扩面增效，落实简政放权改革要求，持续推进核查领域“企业自查结果认可模式”改革，服务跨境电商新业态发展。

税收征管　苏州海关驻虎丘办事处落实进出口税收优惠政策，指导企业用足用好选择性征税政策。受理放行RCEP项下享惠进口货物货值1.15亿美元，累计为企业减免关税1.45亿元。签发出口原产地证书2.20万份，签证金额10.50亿美元，其中RCEP签证4000份，签证金额1.15亿美元，帮助出口企业获得目标国关税减免1.45亿元。落实“关长送政策上门”机制，帮助解决苏州首诺导热油有限公司进口商品归类、名硕电子烟保税维修进口环节产生消费税等问题。

检验检疫　苏州海关驻虎丘办事处开展“国门绿盾”行动。做好苏州博物馆入境文物展品监管工作，到苏州博物馆（西馆）驻场监管大英博物馆主题作品177件，货值3.5亿英镑。全年完成报关单、核放单、内贸货物查验3196票。开展两个储存场地卫生监督8次，媒介生物本底调查22次，捕获病媒生物107只，未检出病原体。出具入境货物检验检疫证明158份、出境卫生证书21份。

改革创新　苏州海关驻虎丘办事处与区商务局联合制定《关地合作网格化服务管理办法》，合作建设苏州高新区阳光加贸信息服务系统，创新开辟区商务局微信公众号“阳光加贸”服务模块，帮助企业人员通过电子设备进行政策查询、问题答疑及业务办理，发布《推动加工贸易持续高质量发展的16条改革措施》及相关政策解读内容，全年在线解答企业问题约500个。落实简政放权改革要求，推进核查领域企业自查结果认可模式改革，试点参与企业扩大到12家，平均压缩企业停产周期36小时。接收核查指令92起。推进国务院综保区高水平开放高质量发展21项政策、总署综合改革23条措施落地，支持检测维修、保税租赁等业务增效，保税租赁货值1.67亿元，保税维修货值6.33亿元。落实减税降费、一般纳税人改革试点等措施助力综保区融入“双循环”，办理一纳试点资格业务22家，累计有一纳企业62家，数量列南京关区第一位。

新型贸易业态监管　苏州海关驻虎丘办事处推动智慧跨电四项试点见效，推广跨境电商零售进口商品条码应用，开展跨境电商零售进口税款电子支付试点，实施网购保税进口商品“订购人身份信息”四要素验核，推动跨境电商出口海外仓无纸化备案扩面增效。完成江苏省内首票9810项下申报出口、因滞销退运商品结关工作，实现苏沪跨境电商数字化转关出口。据海关跨境电商管理平台统计，全年全区跨境电商进出口总额12.34亿元，增长39.8%。“网购保税进口+实体新零售”进口（1210）出区额816.78万元，列全市第一位。新增海外仓无纸化备案企业12家，累计备案海外仓企业31家。

（苏州海关驻虎丘办事处　戴舜生）

苏州高新区综合保税区

【概况】 2023年，苏州高新区综合保税区（简称“综保区”）完成规上工业总产值708.97亿元，全社会固定资产投资8.22亿元，工业投资6.99亿元，实现进出口总额148.50亿美元，其中出口额102.47亿美元、进口额46.03亿美元。综保区入选省级高质量发展集聚示范区，综保区东区保税物流园获批省级示范物流园。

【招商引资】 2023年，综保区继续强化项目招商，促进创新发展。挖掘盘活区内区外两种载体资源，开拓新项目源，打造新项目亮点。苏州百胜动力科技有限公司、天蕊半导体材料（苏州）有限公司等重点项目开工建设。全年新增合同外资及港澳台资6629.68万美元，实际使用外资及港澳台资3068.39万美元。引进高质量产业类项目27个，引进投资规模超亿元项目9个。

【产业发展】 2023年，综保区聚力打造“五大中心”（加工制造中心、销售服务中心、研发设计中心、物流分拨中心、检测维修中心）。完成首票《关于跨境电子商务出口退运商品税收政策公告》出台后的9810出口退运业务，举办高新区跨境电商高质量发展大会，全年完成跨境电商出口业务94465票，总货值11.22亿元。苏州中欧班列依托省级平台优势，班列公司成为中欧货运主通道之一，中国（苏州）东南亚卡航贯彻落地RCEP协定，打造连通东南亚跨境陆路运输行业标杆，全年苏州中欧班列开行进出口班列381列，东南亚卡航发车482车次。通过重点企业示范带动，引导支持更多企业开展检测维修业务，实现保税检测维修进出口额5.70亿美元。

【科技创新】 2023年，综保区坚持创新驱动发展战略，支持人才科技建设。持续加快科创项目招引及科创产业赋能，带动一批优质项目落地发展，助力区域科技创新平台升级及创新产业集聚。全年引进创新型企业56家，获批高新技术企业14家，高质量科技型项目18个，省、市级工程技术中心6家。举办“海智服务基层行”暨海内外人才项目走进高新区综保区活动。

2023年10月31日，2023“海智服务基层行”暨海内外人才项目走进高新区综保区活动举行（综保区　供图）

申报各级领军人才项目人才58个，获批国家级人才3人、省级双创人才2人。获批省、市级“瞪羚”企业6家、“独角兽”企业2家。首次获批市级创新联合体培育，获批唯一省级综保区院士工作站，累计研发投入48亿元，入选南京海关特殊监管区域改革创新先行区。

【基础设施建设】 2023年，综保区有电子厂房、机械厂房、物流仓库、创新载体等各类房产资源226万平方米，其中创新载体10万平方米。完善载体功能建设，做好公共设施及涉企维修工作，提升园区内外部环境。开展北区厂房提升改造、消防管网维修和综创新地块消防改造提升等。

【一般纳税人资格试点】 2023年，综保区推进一般纳税人资格试点工作。围绕企业需求导向，鼓励有条件的企业参与试点。截至年底，累计获批一般纳税人资格试点企业49家。年内31家运营试点企业总计开票10107份，总金额9.11亿元，税额9320.55万元，国内采购金额7.43亿元，进项税9731.01万元。

（综保区　陆亚瑾）

编辑：刘　鹏

区域发展

长江三角洲区域一体化发展

【概况】2023年，高新区全面服务及融入长三角一体化发展，抢抓环太湖科创圈、沿沪宁产业创新带“一圈一带”交汇点机遇，制定出台《苏州高新区扎实推进长三角一体化发展2023年工作要点》，编制《服务构建新发展格局上走在前》《对接虹桥国际开放枢纽融入上海大都市圈行动方案》课题报告，举办全区长三角一体化高质量发展专题培训活动。2个项目入选江苏省长三角一体化发展重大项目推进计划表，18个项目入选苏州市长三角一体化发展年度重点项目清单，5个案例入选苏州市长三角一体化发展典型案例。高新区获批长三角G60科创走廊科技成果转移转化示范基地，江苏医疗器械科技产业园Medpark入选长三角G60科创走廊第二批产融结合高质量发展示范园区，苏州创业园获评首批长三角G60科创走廊留学人员创业示范园，医疗器械行业质量提升项目入选长三角质量提升示范试点。

表29　2023年高新区列入苏州市长三角一体化发展重点项目一览表

序号	项目名称	项目类型
1	力神高功率锂电池	新建
2	长三角一体化太湖国际创新社区	新建
3	中科科仪半导体核心装备领域专用磁悬浮分子泵	新建
4	阅微基因基因检测试剂	新建
5	百胜动力新型电动及中高功率军民两用舷外机	新建
6	长光华芯先进化合物半导体	新建
7	太湖科学城光电科技园	新建
8	中建国际全球总部及产业配套	续建
9	中国检验认证集团苏州检验检测基地	续建
10	通用技术中国汽研长三角研究院暨华东总部生产基地	续建
11	凯菱中日绿色产业创新区	续建
12	科技城水质净化厂扩建及提标改造工程	新建
13	苏州太湖科学城南大教育园区	续建
14	有轨电车T5线一期工程及配套工程	新建
15	华能苏州燃气轮机创新发展示范项目	新建
16	中国移动云资源新型基础设施建设	续建
17	腾讯（苏州）数字产业基地	续建
18	狮山量子计算与量子探测前沿实验室	续建

【区域发展协同推进】 2023年，高新区举办苏州高新区（上海）投资说明会、苏州高新区（上海）现代服务业高质量发展合作对接会，一批重点项目集中签约。深化上海证券交易所战略新兴产业培育基地、长三角资本市场服务基地苏州分中心建设，新增上市企业5家，数量并列全市第一位。累计集聚上市企业33家，其中科创板上市企业10家，列全市第二位。

【科创产业融合发展】 2023年，南大苏州校区东区启用、西区全面开工，成立学院7个、研究院9个，首批师生入驻。举办南大苏州校区产业科技创新大会、中外院士前沿科技论坛、中国智能产业科技创新大会等活动，累计签约校地合作项目210个。举办中国（苏州）世界光子发展大会暨太湖光子产业博览会。会上，苏州市政府与中国光学工程学会签署战略合作协议，共同设立中国光学工程学会长三角业务总部。西门子设立的首个国外长三角人工智能共创实验室、英威腾长三角研发总部启用。

【基础设施互联互通】 2023年，高新区新增两列南京仙林地区至苏州新区站动车班次G7037、G7118，苏南硕放机场苏州高新区城市航站楼揭牌，苏州市首条直达苏南硕放机场的公交线路苏锡公交1号开通运营，苏锡太湖通道项目形成可行性方案初步成果。

【生态环境共保联治】 2023年，高新区制定《苏州高新区环太湖地区城乡有机废弃物处理利用示范区建设工作方案》，推动环太湖地区有机废弃物处理利用协同治理，促进长三角地区生态环境共保联治。白荡、浒东净水厂二期工程投产运营，环太湖大堤剩余工程（苏州段）竣工验收。

【公共服务便利共享】 2023年，高新区打造南京大学苏州附属学校教育链，南京大学苏州附属幼儿园、小学、初中加快建设，南京大学陶行知教师教育学院苏州分院揭牌启用，合作共建南京大学教育博士与教育硕士实践基地。苏州科技城医院挂牌南京大学医学院附属医院，推进创建三甲医院，建设高水平苏州西部医疗中心。举办苏州（太湖）国际马拉松赛、“运河穿越”第二届沪苏赛艇对抗赛等活动。浒墅关蚕里街区获长三角及全国部分省市最美公共文化空间大赛优秀公共文化空间案例奖。

（经济发展委员会　郭彬斌）

市域一体化建设

【毗邻地区协同发展】 2023年，高新区深入落实与姑苏区、吴中区、相城区协同发展系列合作协议，在环境整治、路网规划、创新协同等方面加强协同联动发展。推进“飞地”协调相关事项，与相城区、吴中区围绕“飞地”调整需求达成一致意见。

【浒墅关—望亭跨区域合作】 2023年，高新区加快推动浒墅关—望亭转型升级发展，开展浒墅关环境整治、面貌提升“百日攻坚”专项行动，重点开展中环北线西塘河路段景观提升、北太湖大道沿线等14个与毗邻区域一体化环境提升项目，项目全部实施完成并通过市级验收。

（经济发展委员会　郭彬斌）

对口帮扶支援和东西部协作

【概况】 2023年，高新区开展对口支援协作合作、东西部协作铜仁万山区过渡期工作及南北挂钩（“五方挂钩”）工作，巩固拓展脱贫攻坚成果同乡村振兴实现有效衔接，助力受援地经济及社会事业发展。累计投入区级援建帮扶资金13196万元，其中财政划拨省市统筹资金11136万元（援藏、援疆、援青）、区级帮扶资金2060万元。

【对口帮扶江苏省宿迁市宿城区】 2023年，高新区落实关于南北挂钩（“五方挂钩”）及乡村振兴工作决策部署。专题研究与宿城区等地对口协作工作计划，开展乡村振兴工作。如期拨付区“五方挂钩”援建资金，主要用于宿城区农业产业项目建设。选拔优秀干部到乡村振兴（帮促）工作队工作，优先提拔使用表现突出、成绩优异干部。区派驻干部发挥自身资源优势，协调区内企业、项目及资金开展自创动作帮扶，共同推进挂钩地区各项建设。

【对口支援重庆市云阳县】 2023年，高新区分管领导和慈善总会领导多次率队到云阳县开展对口支援及社会帮扶活动，考察云阳苏州高新区特殊教育学校桂湾校区及九龙校区，开展社会帮扶及慈善捐资助学活动。云阳县领导多次回访高新区，商讨协作事宜。区对口支援云阳资金60万元列入财政预算并按期划拨到位。区慈善总会累计捐款助学助困金179.62万元。

（经济发展委员会　陆宏明）

【对口合作苏州盐城沿海合作开发园区】 苏州盐城沿海合作开发园区（以下简称“苏盐园区”）是苏州、盐城两市积极响应江苏沿海开发国家战略联合成立的共建园区。2023年，苏盐园区瞄准招商引资、项目建设两个核心，加速形成以海工装备、循环经济、

2023年11月18日，苏盐园区举行项目集中签约暨开竣工活动（苏盐园区供图）

新材料为主导产业体系。全年完成营业收入13.6亿元，增长70.0%，实现盐城市下达全年指标的174.0%。完成一般公共预算收入4600万元，增长53.3%，实现盐城市下达全年指标的138.0%。完成固定资产投资5亿元，增长101.0%，实现盐城市下达全年指标的166.7%。新签约亿元以上项目20个，开工亿元以上项目12个，竣工亿元以上项目10个，合计总投资98.6亿元。截至年底，苏盐园区有盐城市四星级工业企业（年纳税额5000万元以上）1家、高新技术企业3家、科技型中小企业6家、规上企业9家。苏盐园区在盐城市合作园区高质量考核中排名第一。（苏盐园区　高　宇）

【对口协作贵州省铜仁市万山区】 2023年，高新区对口协作铜仁市万山区重点做好互访交流、产业合作、劳务协作及消费协作等过渡期工作。铜仁市万山区主要负责人率队到高新区，商讨交流合作，统筹推进两地资源共享协同发展。投建的苏高新农产品供应链示范基地、铜仁·苏州大厦及牙溪生态农场项目保持市场化运营方式，发挥巩固拓展脱贫攻坚成果同乡村振兴有效衔接作用。持续开展劳务协作，鼓励高新区与万山区企业之间以市场化运作模式开展消费协作工作。

（经济发展委员会　陆宏明）

编辑：刘　鹏

功能片区建设

狮山商务创新功能片区

【概况】 狮山商务创新功能片区功能定位为充分发挥狮山、横塘街道，枫桥街道创新及产业优势，汇聚商务、服务等发展资源，打造产业、创新、现代服务业融合发展新示范。全年全片区完成一般公共预算收入103.18亿元，增长9.4%；全社会固定资产投资194.4亿元，增长10.0%；工业投资38.3亿元，增长1.5%。市场主体6.6万家，其中法人单位3.2万家、工业企业3100余家。狮山商务创新功能片区获评江苏省城市户外广告和店招标牌设施设置规范片区、苏州市民营经济贡献突出单位。片区内企业莱克电气入选全国质量变革创新案例，雷允上入选首批江苏省工业遗产名单。

【产业发展】 2023年，狮山商务创新功能片区围绕“2+4”体系，加快产业转型升级。新一代信息技术产业方面，围绕计算机、通信等领域，有科达科技、松下等领军科技企业68家，实现产值678亿元。高端装备制造产业方面，以数字化、绿色化、智能化为重点聚焦汽车零部件、工业阀门等领域，有汉拿万都、纽威阀门等企业170家，实现产值877亿元。新能源产业方面，聚焦光伏、储能、逆变器等领域加强项目招引，有固德威、阿特斯等新能源企业150余家，实现产值380亿元。集成电路产业方面，聚焦自主可控安全芯片、接口显示芯片、车规芯片等领域建成10万平方米苏州市集成电路创新中心，推进项目二期建设。有国芯科技、硅谷数模、裕太微等企业137家，实现产值180亿余元。现代服务业方面，发

狮山夜经济（朱卫东　摄）

展总部经济、楼宇经济，重点推进人力资源、科技金融等集聚区建设，入驻总部企业55家。有商务楼宇69座，其中超亿元楼宇15座、超5亿元楼宇4座，实现楼宇税收48亿元。有律师事务所、会计师事务所、证券、保险、银行等机构170余家。

【科技创新】 2023年，狮山商务创新功能片区制定科技人才高质量发展若干意见政策，打造“才智汇狮山　乘枫向未来”人才科技品牌。组建科技招商中心和人才科技领导小组，重点做好以商引商、以才引才工作。举办国际精英周暨医疗器械创新论坛活动、第九届中国海归大赛、智汇苏高新创新创业大赛系列活动，新增科技招商项目722个，新增高质量科技型项目203个，新增高企培育企业109家。新认定国家高企320家，累计有国家高企777家、国家科技型中小企业评价入库1941家。新增完成产学研合作项目262个、有效发明专利1572件。科达股份、阿特斯阳光电力企业获中国专利优秀奖，WO68创意科技园获批国家级孵化器，硅谷数模入选江苏省“独角兽”企业，长风航空、安捷利电子科技企业获批市级创新联合体。新增获批科技领军人才项目146项，累计获批1212项。新增获批国家级人才5人，累计获批30人。国际人才港开港，苏高新环保产业园公寓、运河铂湾高端人才公寓启用。苏州轴承厂股份有限公司获评国家级博士后工作站。

【城市更新】 2023年，狮山商务创新功能片区加快打造“一核一带两区”的城市空间布局。推进狮山未来城、桃园度假酒店等地块建设，盘活低效产业用地121.88万平方米，建成产业载体19幢58万平方米，加快推进64幢211万平方米在建产业载体建设。建设大运河文化带，围绕狮子山、何山、横山、高景山、上方山、观音山等6座山体，打造山体公园风景链，依托枫津河、金山浜、马运河、胥江等辖区主要河道，打造滨水景观廊道。推进老旧小区改造、电力接入工程项目、综合管线迁改项目等公共配套设施建设。新增口袋公园10个，狮山公园对外开放。Ⅲ类以上河道占比提升至88%；PM2.5浓度下降26%，优良天数比例达到80%以上。

【狮山商圈】 2023年，狮山商务创新功能片区有1万平方米以上商场9个、大型超市4个、特色商业街6条、中高端酒店10余家和高新国际汽车城1个。运营狮山龙湖、泉屋、美罗等特色高端商圈，举办狮山新动夜、“五五购物节”等促消费活动，狮山夜间文旅消费集聚区入选省级集聚区。发展首店首发经济，新增各类首店45家。开展房交会等促销活动，完成房地产销售48万平方米，销售额159.8亿元。布局跨境电商“三中心一平台”建设（苏州时尚名品中心、跨境电商培训创孵服务中心、跨境电商运营服务中心、跨境电商区域展示平台），建设3万平方米跨境电商示范基地，推动跨境电商与产业集群深度融合。

（狮山商务创新区　张　道）

表30　2023年狮山商务创新功能片区国民经济和社会发展主要指标统计表

指标	单位	实绩	比上年（±）
一般公共预算收入	亿元	103.2	9.1%
全社会固定资产投资	亿元	194.4	10.0%
工业投资	亿元	38.3	1.5%
规上工业总产值	亿元	1781.6	–1.3%
限上批发业销售额	亿元	371.0	7.6%
限上零售业销售额	亿元	200.3	1.8%
新增内资企业数	个	6872	–5.0%
内资新增注册资金（含增资）	亿元	526.0	–17.5%

浒墅关先进制造功能片区

【概况】 浒墅关先进制造功能片区功能定位为依托苏州浒墅关经济技术开发区坚实产业基础，加强苏州高新区综合保税区体制创新，发挥两个国家级重要平台叠加效应，融合打造先进制造业高地、自贸区联动创新区标杆。全年全片区完成一般公共预算收入39.3亿元，增长14.9%；全社会固定资产投资137.5亿元，下降5.2%；

工业投资35.8亿元，增长23.9%。中细软集团全球总部开业。多肽类生物药产业集群入选全国中小企业特色产业集群。浒墅关经济技术开发区在国家级综评考核中列全国第29位，进位35名；在省级综合考评中列全省第8位。综合保税区在海关总署发展绩效评估中获评A类等级，列全国第17位。

【产业发展】 2023年，浒墅关先进制造功能片区有规上工业企业317家，上市企业7家。完成合同外资及港澳台资7.0亿美元，实际使用外资及港澳台资1.5亿美元，实现进出口总额163亿美元。跨境电商9610出口总量连续5年列全市第一位。引进美国PSS集团项目、博锐创合项目等高质量产业类项目78个，其中超亿元项目50个。举办北京招商会、美中药协中国年会等活动，美中药协中国分会永久会址签约落地。赛默飞、徕博科、精鼎医药项目等一批优质项目投产投用，苏州昊帆生物股份有限公司上市，中细软集团全球总部等重大项目开业。

【科技创新】 2023年，浒墅关先进制造功能片区新认定国家级高新技术企业171家，获批国家科技型中小企业835家、国家级“专精特新”企业13家。入选中国潜在“独角兽”企业2家，入选省级潜在“独角兽”企业2家、“瞪羚”企业12家。新增省、市级工程技术研究中心29家。新增获批国家级人才计划8项，入选省级双创人才6人，区级以上领军人才90人。江苏医疗器械科技产业园（Medpark）获评长三角G60科创走廊第二批产融结合高质量发展示范园区，安领生物院士工作站、新磊半导体院士工作站获批省级院士工作站。新当选中国科学院院士1人。

【自贸联动创新】 2023年，浒墅关先进制造功能片区与苏州海关驻虎丘办事处开展多维度沟通联动，持续深化监管改革创新。解决通道进出、卡口进出区车辆异常处置等流程问题1000余个。研发上线创新信息化平台管理系统，加快监管模式创新和卡口功能升级，提高通关服务水平。截至年底，平台注册企业72家，受理进出车辆3万余车次。探索创新保税研发、检测维修等方面政策，提高通关便利化程度。制定企业入区指引，提供工商注册、海关注册、装修改建等全流程服务。建成启用中科院声学所苏州电声产业化基地声学计量中心。

（浒墅关经济技术开发区 满 亮）

表31 2023年浒墅关先进制造功能片区国民经济和社会发展主要指标统计表

指标	单位	实绩	比上年（±）
一般公共预算收入	亿元	39.3	14.9%
全社会固定资产投资	亿元	137.5	−5.2%
工业投资	亿元	35.8	23.9%
规上工业总产值	亿元	1186.3	−10.5%
限上批发业销售额	亿元	161.6	27.6%
限上零售业销售额	亿元	26.7	−12.9%
新增内资企业数	个	2279	−3.4%
内资新增注册资金（含增资）	亿元	433.0	−1.3%

太湖科学城功能片区

【概况】 太湖科学城功能片区功能定位为依托苏州科技城良好创新基础、苏州西部生态旅游度假区优越生态资源，不断提升创新策源能力，培育壮大新兴产业，深入推进科技创新及生态人文融合发展，打造环太湖科创圈先行示范区。全年全片区完成一般公共预算收入34.6亿元，增长12.2%；全社会固定资产投资297.9亿元，增长16.9%；工业投资37.6亿元，增长23.9%。建设落地2个全国重点实验室、1个中科院重点实验室，启用国家药监局智能化医疗器械研究与评价重点实验室、西门子长三角人工智能共创实验室。片区内企业普源精电1项专利获中国专利金奖。

【产业发展】 2023年，太湖科学城功能片区新增上市企业3家，新增高质量产业类项目75个、高质量科技项目106个、投资规模超亿元项目43个。创明新能源项目、ESR太湖科学城光子科技园项目、ZAP-X光子手术机器人项目、联科熙和新能源总部项目、芯聆半导体项目等一批优质项目落地。厨芯科技总部项目、金橙子中国研发总部项目开工建设。英威腾长三角研发总部项目开业运营。中国汽研长三角研究院暨华东总部基地项目入选江苏省长三角一体化发展重大项目。协鑫光伏、普源精电入围工信部智能制造优秀场景。

【科技创新】 2023年，太湖科学城功能片区在全区率先启动重大科技攻关项目，签约项目20余个，启动自主研发项目35个。新增获批国家级“独角兽”企业1家、市级创新联合体2个。获批国家级专精特新“小巨人”企业15家。获批各级领军人才134项，其中国家级领军人才9项、市级以上领军人才47项。入选科技部火炬计划项目1项，入选苏州市顶尖人才团队项目1项。新增高新技术培育企业60家、高质量高新技术企业16家。长光华芯获江苏省企业技术创新奖，天准科技入选江苏省海外研发机构项目。举办首届世界光子产业发展大会，加快建设太湖光子中心，建成先进化合物半导体基础工艺平台一期项目。南大苏州校区首批师生入驻。启用西门子长三角人工智能共创实验室，加快建设长三角机器人与人工智能研究院、清华苏州环境创新研究院二期等创新平台，通安振苏产业园获批国家级科技企业孵化器。完成国际青年创新社区10万平方米建设，27万平方米人才公寓全面投用。江苏医疗器械科技产业园创新基地开园，光电产业园竣工。

【国家药监局智能化医疗器械重点实验室启用】 2023年10月26日，智能化医疗器械创新大会在高新区举行，国家药监局智能化医疗器械研究与评价重点实验室、医疗装备网络数据安全公共服务平台启动。国家药监局智能化医疗器械研究与评价重点实验室由中国信息通信研究院牵头联合国家药监局医疗器械技术审评中心共同建设，面向人工智能医疗器械、移动/远程医疗器械、医疗器械网络和数据安全3个方向，开展技术研究、标准制定、产业服务、评估评测、国际合作等工作。活动上，中国信通院和GE医疗创新联合实验室、中国信通院和迈瑞医疗创新联合实验室揭牌成立，落户江苏省医疗器械科技产业园。

（苏州科技城　顾妍萍）

表32　2023年太湖科学城功能片区国民经济和社会发展主要指标统计表

指标	单位	实绩	比上年（±）
一般公共预算收入	亿元	34.6	12.2%
全社会固定资产投资	亿元	297.9	16.9%
工业投资	亿元	37.6	23.9%
规上工业总产值	亿元	490.8	3.8%
限上批发业销售额	亿元	194.7	18.3%
限上零售业销售额	亿元	6.5	7.6%
新增内资企业数	个	2878	-10.4%
内资新增注册资金（含增资）	亿元	617.3	-4.5%

编辑：张肖千

数字高新区建设

数字基础设施建设与通信服务

【概况】 2023年，高新区推进数字基础设施建设，发展数字经济核心产业。全年新增5G基站528个，累计推动运营商建成5G基站3541个，实现核心区域5G网络全覆盖。建成上线国家工业互联网标识解析二级节点1个（苏州联通工业互联网标识解析二级节点），累计接入企业1175家，标识解析注册量及解析量均超过25亿条次。

（经济发展委员会　李　欣）

【中国电信股份有限公司苏州分公司高新区电信局】 2023年，中国电信股份有限公司苏州分公司高新区电信局新建5G基站494个（含共享），重点区域5G网络通达率超过98%。千兆光网覆盖实现“千兆到户、万兆入企”，城市千兆光纤网络覆盖率100%。网络覆盖全域小区，实现光纤到户率100%。服务高新区通信用户约61万，其中5G用户约40万、家庭宽带用户约21万，营业网点超过110家。建设智能化综合性数字信息基础设施，支撑全区新型智慧城市建设，推动区内企业智能化改造及数字化转型。以数字城市建设为主线，推动数字产业化、产业数字化，服务城市治理现代化。发挥千兆光网、云计算、物联网、AI（人工智能）等信息化优势，保障区大数据局、公安局、城乡局、统计局、民宗局等多条线信息化项目实施运行，协助推进智能制造诊断、星级上云申报及企业供需对接等工作。联合区内企业申报多家国家级5G工厂、省级5G工厂。联合各街道（社区）开展反诈骗宣传活动、进小区便民服务活动，定期开展“智慧课堂”，普及防诈知识及手机操作指导。截至年底，在全区扩建“爱心翼站”68个，举办“暖冬计划”“爱骑月”关爱等送温暖活动。做好安装、维护“最后一百米”服务。

（中国电信股份有限公司苏州分公司高新区电信局　卢　艺）

【中国移动通信集团江苏有限公司苏州新区分公司】 2023年，中国移动通信集团江苏有限公司苏州新区分公司新建5G基站285个。实现高新区室外5G全覆盖，部分重点企业、党政军机关办公楼、大型商超、居民区、星级酒店5G室内深度覆盖。网络覆盖宽带小区719个、楼宇238栋，实现光纤到户率100%。服务高新区移动通信用户62.7万，其中，5G用户31.3万，家庭宽带用户17.4万。有营业网点112个。持续推进“5G+”计划，推动5G与人工智能、云计算、大数据等新兴信息技术深度融合，服务集团客户约1700家。举办“走进中国移动”“总经理接待日”等现场活动，利用苏州移动抖音、苏州移动视频号、心级服务专题直播等开展宣传。联合区公安分局反诈中心开展“苏州高新区全民反诈在行动”“守护平安　警彩苏州”活动，组织反诈宣传进社区活动20场。

（中国移动通信集团江苏有限公司苏州新区分公司　馨　仪）

【中国联合网络通信有限公司苏州市高新区分公司】 2023年，中国联合网络通信有限公司苏州市高新区分公司新建5G基站159个，累计建成5G基站653个。实现高新区5G室外100%全覆盖，重点商务楼宇、重点商超、政企部门、星级酒店、居民住宅区5G室内深度覆盖。新增覆盖宽带小区34个，新覆盖用户2.3万户，宽带覆盖率97%。完成全区老旧小区千兆改造，实现老旧小区宽带覆盖率100%，全面具备千兆光网接入能力。发挥千兆光网、云计算、大数据、物联网等信息化优势，助力高新区推进“智改数转”工作，华旃航天5G工厂项目获第六届工业和信息化部“绽放杯”5G应用征集大赛三等奖。建立中国联通苏州市分公司浒关分局、中国联通苏州市分公司科技城分局，建设社区门店17家。组建“文明苏高新　联通你我他”68人志愿服务团队，持续开展“我为群众办实事”实践活动，累计开展多个社区及行政村贫困帮扶、重阳敬老、反诈宣传、小燕讲堂等公益活动85场，服务时长2778小时，服务群众人数超过2万人。中国联合网络通信有限公司苏州市高新区分公司获2020—2022年度江苏联通“红船先锋号”荣誉称号。

（中国联合网络通信有限公司苏州市高新区分公司　曹　敏）

数字政府

【概况】 2023年，高新区以数字高新区建设为抓手，围绕数字政府“一体化、一盘棋、一张网”建设思路，以“一网通用”为共性支撑和能力供给，以“一网通办”“一网统管”为需求牵引和业务驱动，系统谋划数字政府建设。成立数字政府建设工作领导小组，制定出台《苏州高新区数字政府建设三年行动计划（2023—2025年）》《2023年苏州高新区数字政府建设工作要点》。推动数据密集型部门设置专职分管领导、成立大数据管理处室或中心，构建“领导小组+大数据局+街道板块”新型首席数据官组织体系，加快形成“一小组、一局、一中心、一公司”工作格局。组建数字政府工作专班，抽调专业人员充实专班力量，推进大数据管理和数字政府一体化工作。

【数字基座“一网通用”】 2023年，高新区构建“一基础（电子政务数据中心）、二朵云（政务外网云、业务专网云）、三张网（政务外网、业务专网及泛在感知网）”电子政务云资源体系，有效支撑“一网统管”“一网通办”等跨部门、跨层级、跨区域应用运行安全。以上云为原则、不上云为例外，推动非涉密系统全面向政务云迁移。网络融合应用持续深化，推动现有业务专网归并整合至电子政务外网，电子政务网互联网出口带宽2500兆，上联苏州市政务外网中心，下联各镇（街道）、村（社区），为全区5000余个用户提供政务网络通信服务。全面摸清政务数据资源底数，逐步建立数据目录分类分级管理机制，规范编制政务数据目录。加强政务数据分类管理及分级保护，以政务数据目录为基础，提升数据资源配置效率，明确数据治理规则，实现数据资源全生命周期规范化治理。优化政务信息资源共享服务平台，统一提供数据管理能力、数据共享能力、数据服务能力。落实基础设施实时监测措施，提升及时发现网络攻击、病毒木马传播、漏洞隐患等风险威胁能力。建立完善网络安全信息通报预警机制，提升通报预警能力。落实重大事件处置措施，建立网络安全事件报告制度和应急处置机制，制定网络安全事件应急预案并实施演练，提升应对突发事件能力。构建科研院所、安全厂商、高校等协同联动、信息共享与会商决策机制，提升联合应对重大威胁能力。

（数据局　顾建文）

【政务服务“一网通办”】 2023年，高新区以数字化改革为指引，编订《苏州高新区推进数字政府“一网通办”建设实施方案（2023—2025年）》，加快建设政务服务“一网通办”平台。推动高频事项网上办、掌上办、一次办，实现从网上可办向好办、易办转变。强化网上办事统一入口，发布《苏州高新区（虎丘区）政务服务全流程网办事项清单（2023年）》，事项可网办率超过98%。“一网通办”平台累计注册用户3.5万人，归集区、镇（街道）、村（社区）三级政务类办件62.1万件，收到各类评价43.2万条，好评率99%，差评处置反馈率100%。加快试点平台端、移动端、自助端及大厅端“四端融合”。落实省级强化线上线下各端服务整合互通试点任务，编制《苏州高新区依托省一体化政务服务平台强化线上线下各端服务深度融合试点方案》，在全市率先建设“苏服办”App区县旗舰店，自助服务终端向村（社区）、产业园区延伸覆盖，社区覆盖率82%。上线自助终端远程导办功能，实现办事人员和审批人员线上屏对屏交流。升级“一件事”网办功能。加强省、市业务中台数据对接，上线16个省定“一件事”，推出一批具有地方特色的服务套餐。实现居民充电桩报装“一件事”等在“苏服办”App平台掌上办理，材料、流程、跑动压缩率全部超过50%；实现社会组织登记“一件事”，在全市率先推出“集成服务+在线验资”模式，审批时限压缩88%。全年办件量11万件。扩大“两个免于提交”应用。发布《苏州高新区（虎丘区）政务服务“两个免于提交”高频事项清单（2023年）》。升级“一网通办”个人证照空间，留存历史办件材料，接入电子证照51类，调用130万次，线上办事直接调取、线下办事扫码亮证，实现政府部门核发材料、有电子证照的材料“两个免于提交”。

（数据局　张　力）

【城市运行“一网统管”】 2023年，高新区推行一类事统办，聚焦社会治理重点领域，形成一类事清单，打通业务系统、融合治理数据，加强大数据分析研判及风险预警信息流转处置能力。推进新一代雪亮技防等项目，加快首批省级“智慧版技防城”试验区建设。成立城市运行和社会中心建设工作专班，打造特色社会治理及城市运行模式。深化“高新域”应用建设，建设以城市运行监测体系、事件流转处置体系、指挥调度体系、考核评价体系为主的多功能平台，打通城市运行各管理服务信息系统，提升综合预警、分析研判、指挥调度、辅助决策能力。搭建“一网统管”主题数据库，融合“一标三实”、网格基础数据及各单位业务数据，建设全区网格治理“一张图”。加快“云绣”计划项目建设，整合12345热线、数字城管、寒山闻钟论坛、网格化管理、物联感知等各问题处办通道，深化区、镇、村、网格四级联动指挥平台建设，实现三层四级指挥调度体系纵向贯通、横向联通。赋能综合执法，形成区级各领域综合行政执法队伍及板块综合行政执法局案件流程闭环。推进城市运行和社会治理中心“数字高新驾驶舱”建设工作，筹建全区城市运行和社会治理平台，实现与数字苏州驾驶舱互联互通，与镇（街道）三整合“1+4”平台贯通。整合升级平台，承载社会治理处置、城市运行管理、矛盾纠纷调解、公共事件监测、应急事件处突、重大事项调处等六类职能。

（数据局　顾建文
城管局　邓昌伟）

【数字应用项目】 2023年，高新区重点推进城市建筑信息模型BIM、城市信息模型CIM、新一代雪亮技防等数字应用项目建设，发布文化旅游、医疗健康、政务办事、企业服务等高频应用场景。苏州高新区获中国领军智慧城区奖，入选江苏省智慧教育样板区培育建设单位。苏州高新区城市生活服务总入口入选亚太城市数字化服务优秀解决方案。苏高新数纽平台入选数字中国典型方案案例征集优秀实践案例。“依托智慧教育大脑　推动数字治理转型”入选教育部智慧教育优秀案例。“基于智慧教育云的教师评价平台构建研究”获江苏省基础教育前瞻性教学改革实验项目立项。“基于协同机制的城市影像建档模式

2023年，通安镇树山村村民委员会申报的苏州树山智慧乡村项目入选江苏省智慧文旅示范项目。图为树山数字乡村立体管理平台三维地图截图（通安镇　供图）

及展示平台研究”立项江苏省档案科技项目。苏州高新区防洪排涝及活水自流联控联调平台入选智慧江苏重点工程拟认定项目。苏州树山智慧乡村项目入选江苏省智慧文旅示范项目。苏高新数纽平台、高新区河道消劣争优一体化管理系统入选江苏省数字政府创新发展优秀案例。苏州高新区智慧乡村项目入选苏州市数字政府优秀案例。树山村旅游区入选苏州市文旅信息化培育项目（数字景区专题）。“区域智慧教育数字治理转型探索与实践”入选苏州国家智能社会治理优秀实践成果路演示范案例。

（数据局　顾建文）

数字经济

【概况】 2023年，高新区加快推动企业全要素数字化转型，促进数字经济和实体经济深度融合。获批全市唯一江苏省首批工业互联网安全应用先导区、江苏省信息技术应用创新先导区，数字经济核心产业增加值占地区生产总值比重达到23.4%，提升0.4个百分点，占比列全市第二位。

【数字产业发展】 2023年，高新区强化关键核心技术攻关，加大集成电路、新型显示、工业软件等重点领域核心技术创新力度，入选工业互联网App优秀解决方案1家，山石网科工业安全软件研究院有序建设，完成中期评估。加强示范标杆推广，加快推动数字技术与各领域场景融合应用创新，在全市率先召开苏州市元宇宙生态大会，发布高新区元宇宙融合创新十大优秀应用场景。新增工信部信息技术应用创新典型解决方案2个、应用示范项目1个，入选全省信息消费优秀产品推广目录公示名单1家。布局载体平台建设，推动江苏医疗器械科技产业园、太湖光子科技园、中移软件园、集成电路创新中心、苏高科珠江路创新中心等5家单位入选苏州市首批数字经济特色产业园（含培育）名单，获批数量列全市第一位。支持中移软件园、苏州科技大学入选苏州市首批软件产业人才培训基地试点，获批数量列全市第一位。

【产业数字化】 2023年，高新区加快重点数字产业创新发展，打造软件及信息技术产业创新集群，切实巩固

工业互联网、云计算大数据、网络安全等优势领域，加快布局算力、信创、工业软件、元宇宙、区块链等前沿领域。全年新增入选江苏省规划布局内重点软件企业1家、江苏省专精特新软件企业2家。获评苏州市“头雁”企业1家、“头雁”培育企业4家。新增苏州市重点软件企业18家，累计获评53家，新增及累计数量均列全市第二位。新增苏州市数字经济示范企业4家，累计获评20家。纵深推进制造业数字化转型，培育智能制造发展主体，获批国家智能制造优秀场景2家，获批数量列全市第一位。新增江苏省示范智能车间13家、苏州市示范智能车间11家，累计获评省、市示范智能车间176家；新增苏州市智能工厂3家。在全市率先完成中小企业数字化能力评估工作，完成评估企业1430家。入选苏州市智能制造优秀服务商企业4家。聚焦网络、平台、安全三大核心体系，提升工业互联网效能。推进“5G+工业互联网”创新发展，引导企业开展数字化转型试点示范建设，新增工信部工业互联网安全深度行活动典型案例1个、江苏省工业信息安全防护星级企业1家、江苏省工业互联网标杆工厂2家、苏州市工业互联网优秀服务机构1家。新增江苏省星级上云企业142家，其中五星级10家、四星级11家、三星级121家。新增江苏省5G工厂1家、苏州市5G全连接工厂1家。强化产业协同创新，开展政策宣贯、走访调研、研学推广等活动。举办苏州市数字产业推进会、工业互联网系列重点项目解读培训会、苏州市AI赋能产业发展大会、苏州高新区工业互联网产创融合“走进浪潮”智能5G全连接工厂、工业软件企业沙龙等活动。

（经济发展委员会　张晓雯　李　欣　孙中友）

表33　2023年高新区省级示范智能车间一览表

序号	项目名称	企业名称
1	高速电机智能生产车间	莱克电气绿能科技（苏州）有限公司
2	球阀智能生产车间	苏州纽威阀门股份有限公司
3	轨道车辆制动系统智能生产车间	克诺尔车辆设备（苏州）有限公司
4	机器人智能生产车间	川崎精密机械（苏州）有限公司
5	低压控制电器智能生产车间	苏州西门子电器有限公司
6	太阳能硅片智能生产车间	苏州协鑫光伏科技有限公司
7	微电脑控制器智能生产车间	苏州路之遥科技股份有限公司
8	柔性封装基板智能生产车间	安捷利电子科技（苏州）有限公司
9	电梯智能生产车间	爱默生电梯有限公司
10	太阳能电池智能生产车间	苏州阿特斯阳光电力科技有限公司
11	锂离子电池制造智能车间	星恒电源股份有限公司
12	全自动覆铜板智能生产车间	腾辉电子（苏州）有限公司
13	贴片式积体陶瓷电容智能化外观检测车间	国巨电子（中国）有限公司
14	电子测试测量仪器SMT智能化生产车间	普源精电科技股份有限公司
15	高端乘客电梯智能制造车间	歌拉瑞电梯股份有限公司
16	汽车电动助力转向装置智能生产车间	吉安汽车配件（苏州）有限公司
17	汽车镜面折叠器和转向器注塑智能生产车间	美视伊汽车镜控（苏州）有限公司
18	汽车电动助力转向系统（EPS）智能生产车间	万都底盘部件（苏州）有限公司
19	汽车镜面折叠器和转向器智能生产车间	美视伊汽车镜控（苏州）有限公司
20	汽车电机智能生产车间	江苏莱克智能电器有限公司
21	精密线束智能生产车间	苏州路之遥科技股份有限公司
22	低压电器智能生产车间	苏州西门子电器有限公司

续表

序号	项目名称	企业名称
23	LCD液晶显示器智能生产车间	苏州佳世达电通有限公司
24	SMT智能制造车间	松下系统网络科技（苏州）有限公司
25	智能总装车间	前途汽车（苏州）有限公司
26	电路板智能制造车间	苏州佳世达电通有限公司
27	高效数码电机智能制造车间	莱克电气股份有限公司
28	汽车制动电子防抱死系统智能制造车间	万都底盘部件（苏州）有限公司
29	720MW光伏组件智能制造车间	苏州阿特斯阳光能源科技有限公司
30	便携式电子产业结构模组精密加工智能制造车间	苏州胜利精密制造科技股份有限公司
31	光伏硅片智能制造车间	苏州协鑫光伏科技有限公司
32	便携式电脑智能制造车间	名硕电脑（苏州）有限公司
33	电极智能制造车间	力神电池（苏州）有限公司
34	车载LCD 显示屏制造车间	晶端显示精密电子(苏州)有限公司
35	平板显示屏用聚酯膜制膜车间	三菱化学聚酯膜（苏州）有限公司
36	PCBA制造车间	梯梯电子集成制造服务(苏州)有限公司
37	智能磨工车间	苏州轴承厂股份有限公司
38	中药微丸生产车间	雷允上药业集团有限公司
39	变频器制造车间	苏州英威腾电力电子有限公司
40	注塑成型车间	苏州艾纽智能科技有限公司
41	平板显示屏用聚酯膜生产车间	三菱化学聚酯膜（苏州）有限公司
42	汽车转向与刹车系统用表面贴装电路板（SMD）制造车间	汉拿科锐动电子（苏州）有限公司
43	游戏机智能制造车间	名硕电脑（苏州）有限公司
44	5G电子元件及组件智能制造车间	苏州华旃航天电器有限公司
45	平面四方无管脚封装产品智能制造车间	苏州固锝电子股份有限公司
46	新能源汽车动力电池基板及模组智能制造车间	安捷利电子科技（苏州）有限公司
47	护肤产品智能制造车间	苏州绿叶日用品有限公司
48	轻量化仪表盘支架智能制造车间	爱尔铃克铃尔汽车部件（中国）有限公司
49	液晶显示模组智能生产车间	苏州佳世达电子有限公司
50	PCBA智能车间	固德威技术股份有限公司
51	新能源汽车自动驾驶精密部件智能生产车间	苏州瑞玛精密工业股份有限公司
52	半导体激光器芯片及模块智能生产车间	苏州长光华芯光电技术股份有限公司
53	汽车液晶显示器面板工程智能制造车间	晶端显示精密电子（苏州）有限公司
54	毅嘉SMT智能车间	毅嘉电子（苏州）有限公司
55	吸尘器智能制造车间	莱克电气绿能科技（苏州）有限公司
56	百级净化智能车间	苏州华锝半导体有限公司
57	汽车安全气囊智能生产车间	苏州明远汽车零部件制造有限公司
58	吸尘器智能制造车间	莱克电气股份有限公司

续表

序号	项目名称	企业名称
59	测试测量仪器总装智能生产车间	普源精电科技股份有限公司
60	柔性线路板SMT智能制造车间	福莱盈电子股份有限公司
61	高端数控装备智能制造车间	纽威数控装备（苏州）股份有限公司
62	高效能电磁线智能制造车间	埃赛克斯古河电磁线（苏州）有限公司
63	CNC精密加工智能车间	苏州圣美特压铸科技有限公司
64	蜂窝陶瓷目封智能车间	NGK（苏州）环保陶瓷有限公司
65	KW水平铸造智能制造车间	苏州勤堡精密机械有限公司
66	锻钢阀体智能加工车间	中核苏阀科技实业股份有限公司
67	化成智能制造车间	力神电池（苏州）有限公司
68	车用精密连接器组件智能制造车间	苏州中兴联精密工业有限公司

【"双碳"数字监管平台】 2023年，高新区继续搭建"双碳"数字监管平台，推动全区绿碳产业数字化、智能化建设。"双碳"数字监管平台包含智慧能源WE平台、光伏安全管理平台、智慧产业园微网平台3个智慧平台，为光伏电站投资者、园区运营商、工商业用户等提供资产数字化管理、综合能源管理和增值服务。2022年12月，智慧能源WE平台投入运营，涵盖电量保障、智能运维、电费代缴等服务，接入白荡厂光伏电站、路之遥光伏电站、医疗器械产业园光伏电站等实现上线运营。2023年8月，光伏安全管理平台投入运营，利用实时监测、数据分析和智能预警等手段，为光伏电站提供全生命周期安全管理支持。2023年6月，智慧产业园微网平台启动建设。（苏高新股份　华　雪）

数字社会

【智慧城管】 2023年，高新区建设完成城市运行管理服务平台暨"云绣"计划，打造城市管理云时代，实现业务在微信公众端、移动App端、业务PC端、中心大屏端聚合。基于"云绣"计划生态体系，以城市运行管理服务平台框架为支撑，构建大屏端赋能应用、聚焦实战"六朵云"运行模式（云汇聚、云中心、云应用、云预警、云指挥、云质态）。（城管局　邓昌伟）

【智慧公安】 2023年，区公安分局持续推进数智治理"新链"工程，围绕公共区域、居民小区、商贸场馆、重点场所、重点单位、市域治理、边界封控七大场景，新建前端"感知触角"9400个，智能化占比66%。整合汇聚警务、政务、社会面各类数据474类80亿条，搭建侵犯本地企业商标权线索挖掘、基础管控质态提升等实战模型38个。探索数字派出所建设，打通数据壁垒、下沉前端应用，推动派出所层面数据汇聚、资源整合、业务重组、流程再造及可视化管理，实现派出所26项主要业务数字化转型，111项业务指标实时一屏展示。

（公安分局　周欣泓）

【智慧法院】 2023年，区法院践行"如我在诉"司法理念，持续优化电子诉讼机制，实现诉讼事务掌上办理，推进智慧法院建设。全年在线立案16804件，在线开庭11202次，在线执行约谈3234次。通过在线方式送达93.66%的法律文书，电子送达成功率93.2%，列全市法院第一位。在诉讼服务大厅、官微设立联络法官终端，帮助401名当事人联系到法官，解决群众反映强烈的法官"开庭多、人难找"问题。推广运用异步审判模式，将异步质证与要素式审判有机结合，庭审时间压缩三分之一，调研成果入选中国法治蓝皮书。探索数字档案建设，建立电子卷宗一键归档新模式。

（法院　王　峥）

【智慧人社】 2023年，高新区苏高新社银平台二期综合柜员业务管理服务平台竣工，项目建设完成数据中心建立、统一公共服务接口支撑平台、本地特色化服务业务经办平台三大功能。其中，统一公共服务接口支撑平台包括数据资源管理、资源权限管理、省平台接口对接管理、数据共享接口管理；本地特色化服务业务经办平台基于数据中心，整合综合柜员制业务、退管业务、被征地业务、区医保补差、财务管理、待遇追退、风控预警、消息平台、通用审批流、台账、固定资产管理等功能，完成相关数据整理清洗及迁移。按季度对人社综合业务平台（社银平台）开展信息安全检测，针对监测结果进行系统加固，强化安全巡检、渗透漏扫、应急演练等工作，保障信息系统安全等级，防范系统漏洞攻击，保障系统安全稳定。加强信息队伍整体业务能力建设，全年开展网络安全培训2次，对各单位分级管理员及街道网络联络员等开展政务网安全、网安意识及权限操作培训。

（人社局　孙茜妮）

【智慧教育】 2023年，高新区打造数字治理、数字应用、数字赋能的“小巧灵”数字化转型应用场景。建设区域教育专题数据库及动态监测平台，提供统一数字服务，提升区域教育治理转型水平，形成数字赋能教育教学、赋能管理实践、赋能教育服务三大典型场景。入选苏州市首批江苏省智慧教育样板区建设工程。区教育局申报的“基于智慧教育云的教师评价平台构建研究”获江苏省基础教育前瞻性教学改革实验项目立项。区教育发展中心申报的“依托智慧教育大脑，推动数字治理转型”获评教育部智慧教育优秀案例，“基于数字化治理转型的区域智慧教育迭代研究”获江苏省重点规划课题立项，“高新区区域智慧教育数字治理转型探索与实践”获评苏州国家智能社会治理优秀实践成果路演示范案例。苏州高新区实验小学校教育集团和苏州市枫桥中心小学教育集团获批中央电教馆全国第三批智能研修平台应用试点工作校。苏州科技城实验小学校通过首批苏州市中小学师生信息素养提升实验基地审核认定。组织全区教师、学生参加各级各类信息化项目比赛，获“领航杯”江苏省信息化教学优质课大赛一等奖1人，获苏州市信息化教学优质课大赛（中小学组）特等奖1人、一等奖1人，高新区代表队获第七届苏州市青少年网络信息安全应用能力竞赛小学组特等奖、初中组一等奖。

（教育局　毛子昂）

【智慧文旅】 2023年，高新区优化完善智慧旅游系统，完成主要景区在江苏省智慧文旅综合管理平台、苏州智慧文旅数据中心市级平台公园监控及客流对接工作，包括监控视频接入、闸机客流接入等。优化苏州高新文化云数字化平台，提供公共文化场馆线上免费预约服务。高新区图书馆利用Interlib图书馆集群自动化管理系统，全年借书101.95万册次，通借通还20.67万册次。发布全国首个刺绣数字云平台“云上苏绣小镇”，实现苏绣小镇及苏州西部生态旅游度假区周边景点在线浏览。第12届苏州文化创意设计产业交易博览会上，埃洛克科技（苏州）有限公司展示元宇宙文创星球探索系列，依托“宇宙猜想”App扫描行星模型，运用AR技术实现虚拟互动与科普创新结合。高新区数字文体旅推荐官“枫灵Lynn”呈像苏州高新区文旅资源长三角推介活动发布会、苏州高新区数字文化产业合作发展大会。推出苏州树山智慧乡村平台，建设及运用智慧管理、智慧监管、智慧服务应用三大智慧化体系，实现村务信息数字化公开、商业环境数字化监管、休闲旅游数字化服务，构建全过程陪伴式服务为基准的智慧乡村。苏州树山智慧乡村项目入选江苏省智慧文旅示范项目名单，智慧苏州乐园5G综合管控平台入选江苏省智慧文旅培育项目名单。

（文化体育和旅游局　曹　涛）

【智慧有轨电车】 2023年，高新区推进智慧有轨电车建设，开展智慧有轨5G暨综合提升项目，围绕司机驾驶状态综合感知、乘客信息系统智能化升级、有轨电车路口行人通过预警等多个场景，创建全省首个有轨电车5G独立专网，构建立体化现代化城市轨道交通系统。智慧有轨5G暨综合提升项目获第六届工业和信息化部“绽放杯”5G应用征集大赛三等奖、2023年智慧江苏重点工程。优化升级便民出行服务系统，搭建“苏e行”平台有轨电车专区信息功能，增添站点信息、到站时刻、乘客公告及电车资讯4个模块，为乘客提供智能化、人性化、便捷化出行服务，提升市民出行体验及有轨电车运营服务水准。

（苏高新交发　吴超驰）

编辑：刘　鹏

科技创新

综　述

【科技政策】 2023年，高新区构建涵盖企业发展全周期科技创新政策体系。落实研发费用加计扣除政策，覆盖企业3155家，增长21.91%；加计扣除金额122.69亿元，增长28.62%。研发费用加计扣除政策落实企业数、加计扣除金额均列全市第三位。减免企业所得税30.67亿元，其中211家高企减免企业所得税9.34亿元。兑现高企奖补9225万元，其中市级3469万元、区级5756万元，覆盖企业574家。

【苏南国家自主创新示范区核心区建设】 2023年，高新区结合区域发展实际，围绕载体平台建设、重大项目攻关、创新要素集聚、区域协同创新等方面，推进苏南国家自主创新示范区核心区建设。推进苏南“四重清单”项目建设，江苏省集成电路先进制程工程技术联合实验室、狮山量子计算与量子探测前沿科学实验室、全脑在体单神经元解析成像实验装置入选苏南重大科技平台，苏州天准科技股份有限公司的基于机器视觉的高速高精度智能成套装备研发及产业化项目入选苏南重大科技项目。全年全区获苏南奖补资金1129万元，支持重大平台及项目16个，支持高企、企业研发机构、科技创新人才等创新型企业项目70个，开展跨区域合作项目3个。

（科技创新局　丁　娱）

科技创新集群

【光子产业创新集群】 2023年，高新区持续推进光子产业创新集群发展，推动“3+2”光子基础工艺与公共服务平台建设。完成光电芯片封装与测试平台、光电器件测试与验证平台合作签约，启动化合物半导体平台二期建设，完善硅光集成基础工艺平台、微光机电工艺平台建设运营方案。有序推进苏州半导体激光创新研究院、太湖光子前沿技术研究院、先进测量融合发展中心建设。举办中国（苏州）世界光子产业发展大会、苏州太湖光子中心建设推进会。全年新增光子领域高企30家、“瞪羚”企业27家，新增光子领域省级工程技术研究中心7家、市级以上领军人才项目20个。

【高端医疗器械产业创新集群】 2023年，高新区持续推动高端医疗器械产业集群发展，围绕《苏州高新区高端医疗器械及生物医药产业创新集群三年行动方案（2022—2024年）》，细化年度重点发展指标18项、重点任务30项和具体工作70项，依托高端医疗器械及生物医药产业协调小组和工作专班，建立“十个一”工作机制，协同推进产业发展。全年新增行业重大项目40个、高质量科技项目82个，新增省级工程技术研究中心5家、市级以上行业领军人才42人，新增二、三类医疗器械产品注册证127张，集聚医疗器械相关企业1200余家，产业规模约500亿元。启用国家药监局智能化医疗器械研究与评价重点实验室，获批消化健康全国重点实验室，提升数字医疗领域研发创新能力。落地省药监局审评核查苏州高新区工作站和药品监管实训基地，提升医疗器械审评审批服务水平。推进省医疗器械检验所二期建设，提升医疗器械检验检测服务效能。举办智能化医疗器械创新大会、SAPA-China年会等活动，提升江苏医疗器械科技产业园（Medpark）品牌影响力。

【多肽类生物药产业集群】 2023年，高新区鼓励引导多肽类生物药企业开展产业链协作，发挥昊帆生物、正济药业、立新制药、麦克奥特、赛默飞世尔等企业带动效应，推动多肽领先企业在化学试剂、原料药、创新药等领域开展合作，建立供应、生产、销售、服务等协作配套关系。截至年底，全区集聚多肽类生物药研发生产企业50余家，涵盖原料药、制剂、定制肽、药品组合包装类产品、固体类产品和诊疗产品六大领域，产业整体规模快速增长，形成以多肽类生物药为核心的一体化产业链体系。通过重点企业自主研发创

2023年2月19日，全区科技创新大会暨产业创新集群融合发展推进会召开（杨炎橙　摄）

新，填补系列多肽生物药空白，加快实现多肽药物国产替代。其中，多肽创新药企业以麦科奥特、怡道生物、艾缇克、敬业医药等为代表，多肽原料药企业以默迪夫生物、正济药业、特瑞药业为代表，多肽试剂及原辅料重点企业以昊帆生物、立新制药为代表，多肽分析仪器企业以赛默飞、恒瑞迪生、长光华医为代表，诊疗应用重点企业以中国科学院苏州医工所、鱼跃医疗为代表。多肽类生物药产业集群入选全国中小企业特色产业集群名单。

（科技创新局　丁　娱）

科技创新平台

【概况】 2023年，高新区持续推进重大科创平台立项、建设及投用，打造引领性、特色化高能级科创平台。国家药监局智能化医疗器械研究与评价重点实验室、西门子长三角人工智能共创实验室启用。

【全国重点实验室】 2023年，高新区累计获批全国重点实验室2家。中科院苏州国科医工消化健康全国重点实验室获批建设。有序推进苏州医工所实体肿瘤精准诊疗技术与装备全国重点实验室、长光华芯高亮度高功率半导体激光全国重点实验室、南京大学诊疗一体化智能生物材料全国重点实验室创建工作。

【南京大学创新平台】 2023年，高新区推动南京大学诊疗一体化智能生物材料实验室申报全国重点实验室，有序推进狮山量子实验室、集成电路先进制程工程技术联合实验室等创新平台落地建设。探索产学研合作新路径，举办中外院士前沿科技论坛、“智源南大　创赋高新”产学研合作大会等系列活动。

【院所平台】 2023年，高新区院所平台引进孵化企业约100家，获批各级科技领军人才50余人，其中市级以上领军人才17人。华东理工大学苏州工业技术研究院引进企业裕太微电子股份有限公司在科创板上市，浙江大学苏州工业技术研究院项目入选全国新型研发机构典型案例，北京航空航天大学苏州创新研究院先进结构及功能材料教授蒋成保获评中国科学院院士。中科院苏州医工所牵头组建的苏州市高端医疗器械产业创新联合体立项，东南大学苏州医疗器械研究院牵头组建的苏州市生物材料与器官芯片创新联合体、苏州协同创新医用机器人研究院牵头组建的苏州市医疗机器人技术及应用创新联合体培育立项。东南大学苏州医疗器械研究院获批市级概念验证中心，中科院苏州医工所、浙江大学苏州工业技术研究院、苏州光电技术研究院获批市级中试工程化服务平台，北航苏州研究院孵化企业苏州航大新材料科技有限公司获江苏

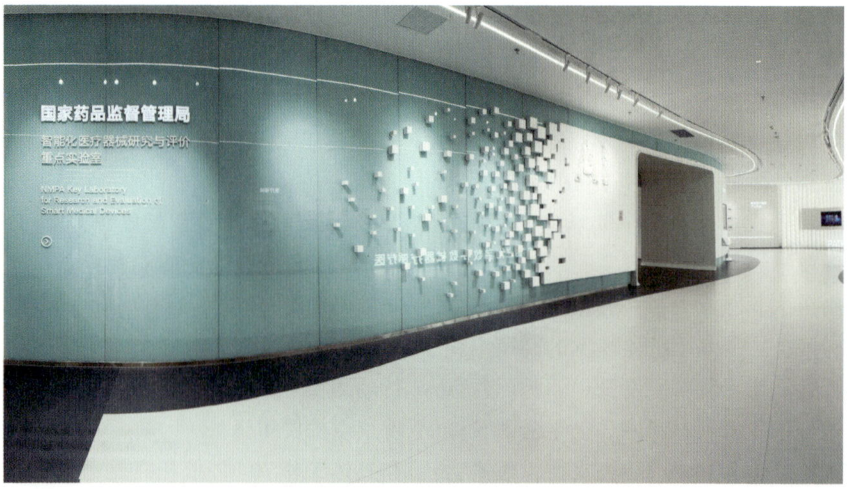

2023年10月26日，国家药品监督管理局智能化医疗器械研究与评价重点实验室启用（苏州科技城　供图）

省产业技术研究院重大项目投资约1500万元。（科技创新局 丁 娱）

科技创新生态

【科技金融结合】 2023年，高新区推进科技金融创新服务中心建设，优化调整科技金融政策体系，推出“光子贷”，制定“天使贷”，开展区级人才项目拨贷联动。帮助区内418家科技企业获得贷款金额13.75亿元，完成市、区两级贷款贴息513家次、保费补贴115家次。深化企业创新积分平台应用，优化积分评分模式，持续对接引入银行和投融资机构，扩大中小型科技企业覆盖面。全区列入国家高新区创新企业积分500强企业102家，其中先进制造与自动化企业49家，数量列全国高新区第一位。

【科技企业孵化器（众创空间）】 2023年，高新区新增省级众创空间8家、市级众创空间5家，全区累计有区级及以上备案众创空间109家，其中国家级众创空间12家、省级众创空间87家。新增国家级科技企业孵化器3家、省级科技企业孵化器3家、市级科技企业孵化器5家。

【科技创新创业活动】 2023年，高新区坚持引培并举，提升科技招商数量及质量。引进辅易航、恒流科技、谐振精密等优质项目。南京大学上海校友会创新中心、同济大学校友创新创业中心、苏创投创新中心等创新平台落户。新增创新型企业1300余家、高质量科技项目400余个。

【第九届中国海归创业大赛决赛】 于2023年7月12—14日在高新区举行。3月，大赛在北京启动，4—6月，先后在北京、西安、武汉、广州、厦门、上海等12个城市及澳门特别行政区举办“线下直通车”项目路演17场，结合线上报名评审，遴选入围决赛项目157个，入选数量历届最多。参赛项目集中于新一代信息技术、高端装备、生物医药与大健康、新材料、新能源与节能环保等战略性新兴产业领域。活动现场，中国海归创业大赛服务基地启动，狮山商务创新区和归国人才项目代表签约，“创业江苏”金融助企试点园区揭牌，海创中国智库揭牌。

（科技创新局 丁 娱）

【第十五届苏州国际精英创业周高新区分会场活动】 第十五届苏州国际精英创业周暨第四届苏州科学家日活动于7月8日开幕。高新区企业苏州中科地星创新技术研究所朱日祥院士团队获评苏州市顶尖人才团队。14日结束。高新区设分会场。9日，苏州国际人才科技领航精英赛大健康赛道活动在苏州国际人才港举行。10日，苏港“科创汇”创新合作对接会举行。11日，太湖科学城论坛绿色低碳产业创新集群发展论坛暨苏高新绿色低碳产业示范基地启用仪式举行。

活动期间，举办第十五届苏州国际精英创业周高新区分会场活动，通过五大类13场人才交流活动，集聚国内外顶尖科学家、行业领袖、优秀企业家、海内外高层次人才等约1400人，落户项目244个，增长22%。承办长三角留学回国人员创新创业发展大会暨首届江苏省留学回国人员创新创业大赛，入选江苏省留创园十大服务案例2个，入选优秀创业项目2个，获奖数量占到全省总数的六分之一。举办“赢在苏州 创赢未来”国际创客大赛（高新区海外直通赛）暨苏州光子产业人才需求发布会活动，50余个海外优质项目报名参赛，发布100家光子重点企业1391个高端岗位需求信息。举办百名海外博士江苏行苏州光子、医疗器械产业集群专场对接活动，促成46名海外博士与区14家重点企事业单位对接，达成意向77人次。启动高新区“百博汇高新”计划，70家优秀科研院所、企业提供博士、博士后岗位390个。举办苏州国际人才科技领航精英赛大健康赛道，围绕医药、诊疗系统、检测设备等领域征集、筛选出参赛项目15个，评出大赛一、二、三等奖项目共7个。

（科技创新局 丁 娱
人社局 孙茜妮）

2023年7月14日，第九届中国海归创业大赛颁奖仪式举行，中国海归创业大赛服务基地启动（科技创新局 供图）

2023年7月10日，长三角留学回国人员创新创业发展大会暨首届江苏省留学回国人员创新创业大赛在狮山国际会议中心举行（刘晶　摄）

科技创新企业

【概况】 2023年，高新区坚持精准招引，布局创新链推进产业链发展。新落户高质量科技项目中，新能源产业占比18.7%、光子及集成电路产业占比31%、医疗器械及大健康产业占比16%。引进吉林大学（苏州）技术转移中心、同济大学校友创新创业中心等创新平台。引进创新型企业1528家，高质量科技项目448个。

【科技创新企业培育】 2023年，高新区推进科技创新企业培育工作。新增上市企业6家，认定国家高企712家，数量列全市第三位。全区有效高新技术企业1631家。新增全球“独角兽”企业3家，中国“独角兽”企业2家、潜在“独角兽”企业10家，省级“独角兽”企业2家、潜在“独角兽”企业24家，市级“独角兽”培育企业28家。累计有省级“独角兽”企业49家。新增省级“瞪羚”企业46家，市级“瞪羚”企业78家，累计有区级以上“瞪羚”企业383家，其中省级“瞪羚”企业169家。完成科技型中小企业评价入库3763家，增长11.4%。完成省级民营科技企业资质确认1226家，数量列全市第一位。入库省级科技企业上市培育计划企业5家。年内，获全国颠覆性技术创新大赛总决赛优胜奖（最高奖）项目2个、优秀奖项目2个。推荐国家重点研发计划项目10个；获批各类省级科技项目21个，获省级资金支持2580万元；获批市级科技项目89个，获市级资金支持2484.5万元。征集光子产业“揭榜挂帅”项目73个，晋级第11届“创业江苏”科技创业大赛行业赛项目8个，数量列全市第二位。

（科技创新局　丁　娱）

表34　2023年高新区省级“独角兽”企业一览表

序号	企业名称	序号	企业名称
1	江苏云学堂网络科技有限公司	15	苏州新施诺半导体设备有限公司
2	硅谷数模（苏州）半导体股份有限公司	16	苏州亿铸智能科技有限公司
3	苏州康多机器人有限公司	17	山石网科通信技术股份有限公司
4	怡道生物科技（苏州）有限公司	18	苏州乐米信息科技股份有限公司
5	裕太微电子股份有限公司	19	苏州海吉亚生物科技有限公司
6	虎丘影像（苏州）股份有限公司	20	苏州长光华芯光电技术股份有限公司
7	苏州联讯仪器股份有限公司	21	福莱盈电子股份有限公司
8	诺一迈尔（苏州）医学科技有限公司	22	江苏随易信息科技有限公司
9	心擎医疗（苏州）股份有限公司	23	苏州伽蓝致远电子科技股份有限公司
10	昇显微电子（苏州）股份有限公司	24	苏州加拉泰克动力有限公司
11	苏州旗芯微半导体有限公司	25	苏州倍丰智能科技有限公司
12	法奥意威（苏州）机器人系统有限公司	26	苏州特瑞药业股份有限公司
13	拨康视云生物医药科技（苏州）有限公司	27	苏州万店掌网络科技有限公司
14	仁烁光能（苏州）有限公司	28	苏州晶银新材料科技有限公司

续表

序号	企业名称	序号	企业名称
29	苏州清听声学科技有限公司	40	江苏纳通能源技术有限公司
30	快住智能科技(苏州)有限公司	41	康湃医疗科技(苏州)有限公司
31	苏州无双医疗设备有限公司	42	科塞尔医疗科技(苏州)有限公司
32	苏州卓兆点胶股份有限公司	43	高视科技(苏州)股份有限公司
33	晟科药业(江苏)有限公司	44	江苏艾玮得生物科技有限公司
34	苏州纳故环保科技有限公司	45	江苏众钠能源科技有限公司
35	苏州天鸿盛捷医疗器械有限公司	46	苏州蓝马医疗技术有限公司
36	昂凯生命科技(苏州)有限公司	47	苏州识光芯科技术有限公司
37	苏州精控能源科技股份有限公司	48	苏州朗目医疗科技有限公司
38	苏州海鹏科技有限公司	49	苏州厨芯科技有限公司
39	苏州申赛新材料有限公司		

表35　2023年高新区省级“瞪羚”企业一览表

序号	企业名称	序号	企业名称
1	苏州瑞泰信息技术有限公司	25	普源精电科技股份有限公司
2	创迈精密金属成型(苏州)有限公司	26	苏州速迈医学科技股份有限公司
3	华晓精密工业(苏州)有限公司	27	苏州天准科技股份有限公司
4	江苏未至科技股份有限公司	28	星恒电源股份有限公司
5	苏州安硕软科软件有限公司	29	苏州德品医疗科技股份有限公司
6	苏州东华纤维材料制品有限公司	30	中移(苏州)软件技术有限公司
7	苏州凡特真空溅镀科技有限公司	31	固德威技术股份有限公司
8	苏州统硕科技有限公司	32	苏州天孚光通信股份有限公司
9	苏州协鑫光伏科技有限公司	33	苏州文迪光电科技有限公司
10	苏州贝尔特光伏电子科技有限公司	34	苏州朗捷通智能科技有限公司
11	苏州汉瑞森光电科技股份有限公司	35	苏州朗坤自动化设备股份有限公司
12	苏州苏福马机械有限公司	36	苏州科达科技股份有限公司
13	苏州沃伦韦尔高新技术股份有限公司	37	苏州市伏泰信息科技股份有限公司
14	苏州恒康新材料有限公司	38	苏州泰思特电子科技有限公司
15	江苏振翔车辆装备股份有限公司	39	山石网科通信技术股份有限公司
16	苏州纽迈分析仪器股份有限公司	40	苏州长光华医生物医学工程有限公司
17	苏州勤堡精密机械有限公司	41	苏州宏瑞达新能源装备有限公司
18	苏州长光华芯光电技术股份有限公司	42	苏州优纳科技有限公司
19	安捷利电子科技(苏州)有限公司	43	必信能源科技(苏州)有限公司
20	苏州昊帆生物股份有限公司	44	苏州晟成光伏设备有限公司
21	苏州华启智能科技股份有限公司	45	斯威泽尔压铸(苏州)有限公司
22	苏州晶银新材料科技有限公司	46	苏州广型模具有限公司
23	苏州凯迪泰医学科技有限公司	47	苏州海迈汽车防护材料有限公司
24	苏州珂玛材料科技股份有限公司	48	苏州茂立光电科技有限公司

续表

序号	企业名称	序号	企业名称
49	苏州海盛精密机械有限公司	87	苏州菱麦自动化设备科技有限公司
50	苏州苏媛爱德克机械有限公司	88	科誉德电气（苏州）有限公司
51	赢润尚善太阳能科技（苏州）有限公司	89	苏州佳祺仕科技股份有限公司
52	天纳克汽车工业（苏州）有限公司	90	苏州和林微纳科技股份有限公司
53	苏州百源基因技术有限公司	91	苏州融硅新能源科技有限公司
54	苏州格兰斯柯光电科技有限公司	92	苏州卓兆点胶股份有限公司
55	苏州聚元微电子股份有限公司	93	苏州精控能源科技股份有限公司
56	科尼普科技（江苏）有限公司	94	江苏唯律机器人科技有限公司
57	苏州荣基精密电子有限公司	95	苏州立人听力器材有限公司
58	苏州索力旺新能源科技有限公司	96	苏州德睿联自动化科技有限公司
59	苏州微影激光技术有限公司	97	新磊半导体科技（苏州）股份有限公司
60	苏州英威腾电力电子有限公司	98	苏州阅微基因技术有限公司
61	苏州瀚瑞微电子有限公司	99	苏州联视泰电子信息技术有限公司
62	苏州富晶微精密电子科技有限公司	100	苏州艾福电子通讯股份有限公司
63	苏州启芯信息技术有限公司	101	苏州市朗吉科技有限公司
64	苏州盖雅信息技术有限公司	102	江苏云学堂网络科技有限公司
65	苏州淡林环境科技有限公司	103	苏州博坤机电（苏州）有限公司
66	爱士惟科技股份有限公司	104	苏州明远汽车零部件制造有限公司
67	中国科学院苏州生物医学工程技术研究所	105	逸思（苏州）医疗科技有限公司
68	苏州东南机电设备制造有限公司	106	苏州天梭电梯有限公司
69	苏州博瑞达高分子材料有限公司	107	苏州卓汇自动化设备有限公司
70	苏州赫瑞特电子专用设备科技有限公司	108	苏州恩欧西智能科技有限公司
71	苏州百丰电子有限公司	109	艾弗世（苏州）专用设备股份有限公司
72	苏州友隆橡塑精密制造有限公司	110	苏州圣美特压铸科技有限公司
73	苏州西典新能源电器股份有限公司	111	苏州互盟信息存储技术有限公司
74	苏州鱼跃医疗科技有限公司	112	苏州瑞玛精密工业股份有限公司
75	苏州博海创业微系统有限公司	113	苏州安瑞可信息科技有限公司
76	苏州市科林源电子有限公司	114	苏州东剑智能科技有限公司
77	安卡机器人电缆（苏州）有限公司	115	苏州博源医疗科技有限公司
78	英普亿塑胶电子（苏州）有限公司	116	苏州咖博士咖啡系统科技有限公司
79	苏州市天灵中药饮片有限公司	117	科文特亚环保电镀技术（江苏）有限公司
80	阿纳克斯（苏州）轨道系统有限公司	118	苏州恒瑞迪生医疗科技有限公司
81	苏州贝克微电子股份有限公司	119	苏州舍勒智能科技有限公司
82	苏州晶讯科技股份有限公司	120	苏州冠礼科技有限公司
83	苏州泽达兴邦医药科技有限公司	121	苏州联讯仪器股份有限公司
84	苏州斯尔特微电子有限公司	122	苏州市东望医疗设备有限公司
85	苏州国建慧投矿物新材料有限公司	123	苏州格远电气有限公司
86	苏州国科医工科技发展（集团）有限公司	124	工业和信息化部电子第五研究所华东分所

续表

序号	企业名称	序号	企业名称
125	福莱盈电子股份有限公司	148	虎丘影像（苏州）股份有限公司
126	苏州威尔汉姆堆焊技术有限公司	149	江苏迈恩信息科技有限公司
127	快住智能科技（苏州）有限公司	150	江苏纳通能源技术有限公司
128	金榀精密工业（苏州）有限公司	151	江苏信实精密工具有限公司
129	苏州聚天合金属科技有限公司	152	苏州恩巨网络有限公司
130	苏州日川精密仪器有限公司	153	苏州海神联合医疗器械有限公司
131	苏州贝莱弗医疗科技有限公司	154	苏州海洲物资再生利用环保有限公司
132	苏州松控电子科技有限公司	155	苏州君康医疗科技有限公司
133	普利资环境科技（苏州）有限公司	156	中科图新（苏州）科技有限公司
134	苏州万店掌网络科技有限公司	157	中铁四院集团新型轨道交通设计研究有限公司
135	苏州苏沃特环境科技股份有限公司	158	苏州斯塔克机械制造科技有限公司
136	苏州云政网络科技有限公司	159	苏州鼎成精密科技有限公司
137	苏州西顿家用自动化有限公司	160	苏州弗士曼精密机械有限公司
138	苏州天孚精密光学有限公司	161	爱博诺德（苏州）医疗器械有限公司
139	苏州酷豆物联科技有限公司	162	苏州邦勒尔自动化科技有限公司
140	苏州安鼎爆破片制造有限公司	163	苏州特瑞药业股份有限公司
141	苏州和迈精密仪器有限公司	164	苏州康贝尔电子设备有限公司
142	苏州小鹰铸造装备有限公司	165	苏州市立普医疗科技有限公司
143	苏州鸿昱莱机电科技有限公司	166	苏州速安行新能源科技有限公司
144	科塞尔医疗科技（苏州）有限公司	167	苏州朗特斯医疗科技有限公司
145	苏州金钥匙测试系统有限公司	168	苏州倍丰智能科技有限公司
146	苏州博思得电气有限公司	169	苏州澜普智能技术有限公司
147	福伸电机（苏州）有限公司		

【苏州高新区企业服务中心】 2023年，区企业服务中心健全企业服务体系，与区政务服务中心有机衔接、协同运行，提供从企业注册到后续成长发展的全链条服务，完善“审批+服务+培育”企业全生命周期服务体系。挂牌成立三大功能片区企服中心，首批在产业园、楼宇建设“苏新办 企航家”站点6个，建立以区企业服务中心为枢纽的“1+3+X”企业服务体系，打造“一刻钟政企服务圈”。首个“企航家”站点在太湖科学城光子产业园投入试运营，推出四大服务包26项具体服务事项。出台《苏州高新区关于优化惠企政策申报及兑现的工作意见（试行）》，高新区企业综合服务平台注册使用企业1465家，汇总惠企政策奖补存量数据4.6万条，涉及金额667.5亿元。国家高新区科技金融创新服务中心旗舰窗口进驻区企业服务中心，服务企业1000余家次。持续举办标杆企业行、领军企业服务季、创新智慧链等线上线下各类培训121场次，覆盖4600余人次。实施领航工程计划，持续开办“独角兽”领航营、专精特新加速营等专项训练营。截至首期“独角兽”领航营闭营，14家“独角兽”领航营入营企业达到省级“独角兽”或潜在“独角兽”申报门槛，占首期35家入营企业的40%，入营后累计融资超5亿元。构建企业诉求闭环处办机制，举办苏州市“一企来办”企业诉求处办机制建设工作现场会暨《苏州市“一企来办”企业诉求分类标准》发布仪式，在全省率先打造“线上多通道，线下多途径，服务多功能”的企业诉求闭环处办机制。收集各类企业诉求数据4300余条，其中12345热线收集诉求2505条，各区级职能部门收集诉求576条，3个功能片区收集诉求731条，企业直报495条，平均处办时间5.2天，办结率100%。

（数据局 张 力）

科技创新人才

【概况】 2023年，高新区引进高层次科技人才，加强全链条人才服务。累计集聚各级科技领军人才（团队）2972人次，其中国家级人才91人次、省级人才（团队）169人次、姑苏领军人才（团队）501人次、区科技领军人才（团队）2211人次。

【科技创新人才引育】 2023年，高新区推进科技创新人才引育工作。在广州、深圳、西安、成都、武汉等地举办"智汇苏高新"创新创业大赛9场，吸引500余个高质量人才项目咨询报名，获区领军人才立项资格项目49项。承办"科创苏州 双创天堂"中国苏州创新环境推介会暨苏州创新创业大赛（西安赛区），获奖项目10个，其中获姑苏领军人才面试绿色通道项目5个。新增获批市级以上科技领军人才111项，数量列全市第二位。其中，朱日祥院士团队获批苏州市顶尖人才团队，实现突破。新增区级科技创新创业领军人才项目279个。获批国家高端外专引进计划项目2个、国家级外国专家重点支撑计划项目1个、省级外国专家工作室6个、市级外籍院士工作站1个。获批市海鸥计划36人，数量列全市第一位。立项区魅力科技人物5人，选树一批行业优秀人才典型。（科技创新局 丁 娱）

【科技创新人才服务】 2023年，高新区推进科技创新人才服务工作。打造"智汇高新 伴你前行"人才服务品牌，推出人才服务事项五大类115项。整合12345"一企来"企业服务热线及12345"尚贤"人才服务热线，开设外籍人士就业居留"一件事"窗口，提升人才服务便利水平。全市首个试点企业诉求闭环处办机制，建设"苏新办 企航家"服务站，提供人才企业陪伴式成长型服务。建立"一中心、一平台、一频道"三维服务矩阵，推出"智汇高新 品鉴生活"短视频12期，举办"苏苏有礼"人才体验月及赛艇体验、马拉松跑团等文娱活动10余场。全年审批外国人来华工作许可1418件，其中发放外国高端人才A类许可134件。举办各级科技领军人才培训约20场，培训人数1000余人次。组织区科技领军人才企业走进南大苏州校区、华为苏州研究所等高校院所，围绕企业发展需求，搭建交流平台，对接合作资源。组织动员2批次17人参加苏州商学院人才培训。

（组织部 黄明燕
科技创新局 丁 娱）

科技合作与交流

【产学研合作对接】 2023年，高新区推进创新联合体建设。举办第二届江苏产学研合作对接大会苏州光子产业分会场、"智源南大 创赋高新"产学研合作大会等产学研交流活动10余场，搭建企业、高校院所合作交流平台。获批江苏省产学研合作项目15项，达成产学研合作项目670项。新增获批市级创新联合体18个，累计获批量列全市第二位。长光华芯、国芯科技、纽威数控等通过共建创新平台、协同技术攻关、优化产业创新生态等举措取得一批建设成效。苏州长光华芯光电技术股份有限公司的江苏省高功率半导体激光创新联合体获评全区首个省级创新联合体。

【科技镇长团工作】 2023年，高新区持续开展科技镇长团工作，依托主导产业推进产业人才融合发展。举办"智汇苏高新科技镇长团杯"创新创业项目路演大赛，落地项目4个，引进领军人才2人。推进校企地产学研合作，达成校企地合作协议、产学研合作协议、技术服务合同和成果转化项目20个，合同金额约7000万元。辅导企业申报并获批人才科技项目20个，帮助企业申请专利17个，其中发明专利12个。发布对接需求30余条，引进建设各类创新平台5个。

（科技创新局 丁 娱）

2023年9月14日，光子公司第二届江苏产学研合作对接大会苏州光子产业分会场（科技创新局 供图）

编辑：马 藤

农业

综述

【农业经济发展】 2023年，高新区实现农林牧渔业总产值24037万元，按可比价格计算比上年增长7.1%。全区农作物播种面积2308.6公顷，其中粮食播种面积1816.7公顷。全年粮食总产量11589吨，创7年新高，比上年增长23.6%。

【现代农业发展】 2023年，高新区新建和改造提升高标准农田766.67公顷。绿色优质农产品比重98.90%，比上年提高6.75个百分点。通安镇绿色优质农产品（水稻）基地入选江苏省绿色优质农产品基地（建设期）名单。截至年底，全区有绿色食品、有机农产品品牌17个。有市级现代农业园区2个，分别为通安现代农业园、浒墅关现代农业园区。

【农业机械化】 2023年，高新区主要粮食作物耕种收综合机械化率97.50%，农业机械化发展财政资金总投入225.89万元。认定苏州市级高标准粮食生产“全程机械化+综合农事”服务中心1家。新购置拖拉机5台、履带自走式旋耕机8台、插秧机13台、收割机1台、植保无人机2台，农机装备基本覆盖农业生产的各个主要环节。

通安现代农业园（金洲宇　摄）

【智慧农业】 2023年，“智树”苏州高新区智慧乡村项目入选全国数字乡村优秀案例、江苏省智慧文旅示范项目。“遥感+AI+移动互联网”农业大数据采集、分析、服务应用模式入选农业部数字农业农村新技术新产品新模式推介优秀项目。浒墅关镇九图村被认定为苏州市智慧农村，5家企业入选首批苏州市数字乡村服务资源池，1个项目被认定为苏州市智慧农业示范生产场景。

【农业财政补贴】 2023年，高新区发放农业支持保护补贴（耕地地力保护）资金273.73万元，补贴面积1520.70公顷，涉及农户488户。发放种粮农民一次性补贴22.07万元，补贴面积782.59公顷。

（城乡发展局　曾有华）

农业生产

【粮食生产】 2023年，高新区粮食播种面积1816.70公顷，粮食产量11589.25吨，超额完成苏州市下达全区粮食种植面积2.10万亩（1400公顷）任务。夏粮小麦种植面积780公顷，总产量3614.25吨，增长95.36%。秋粮水稻种植面积1040公顷，总产量7975吨，增长5.98%。

【蔬菜种植】 2023年，高新区蔬菜播种面积334.90公顷，总产量8064吨，增长9.41%。

【水果种植】 2023年，高新区果业主要有梨、桃、杨梅等品种，果树种植面积396.42公顷，总产量5364.09吨。

【茶叶种植】 2023年，高新区茶叶种植面积183.68公顷，总产量15.46吨。

（城乡发展局　曾有华）

农业绿色发展

【高标准农田建设】 2023年，高新区完成高标准农田改造提升规模766.67公顷，并全部投入使用，提前完成苏州市政府下达“十四五”期间1万亩（666.67公顷）改造提升建设任务。科技生态功能片区高标准农田建设项目（通安片区）获评江苏省高标准农田建设项目典型案例、苏州市高标准农田优秀案例，镇湖街道西京湾高标准农田建设项目获评苏州市高标准农田优秀案例。

【植物保护】 2023年，高新区有外来有害生物监测点12个，有昆虫性诱智能电子测报设备30套，全覆盖涉农乡镇稻果蔬茶。提升外来有害生物测报水平，发布各类病虫情报19期，其中常规作物病虫情报13期，果蔬茶病虫情报3期，外来生物防治情报3期。

【农作物病虫害绿色防控】 2023年，高新区有19个绿色防控示范区，其中水稻病虫绿色防控示范区13个、果树绿色防控示范区3个、茶叶绿色防控示范区3个。按照市级绿色防控评价体系，开展主要农作物抽样调查评价，农作物病虫绿色防控覆盖率68.8%。拍摄绿色防控宣传视频3个，《绿色防控种出高新生态好茶》获江苏省农作物病虫害绿色防控技术短视频一等奖。

【农膜回收利用】 2023年，高新区根据《2022—2024年苏州高新区农药集中配送、农药包装物及农膜残膜回收处置实施方案》，开展全区农膜残膜回收处置工作，设立回收网点6个，回收废旧农膜4.1吨，回收利用率98.6%。

【农作物秸秆综合利用】 2023年，高新区在农作物秸秆全量机械化还田基础上，试点推行水稻秸秆打捆离田利用技术，完成夏熟作物小麦、油菜秸秆全量机械化还田，夏熟作物秸秆综合利用0.42万吨。完成秋熟水稻秸秆打捆离田利用213.33公顷，综合利用水稻秸秆0.70万吨。全年农作物秸秆综合利用率100%，水稻秸秆离田利用率17%。

（城乡发展局　曾有华）

特色农产品

【树山杨梅】 树山杨梅产地为高新区通安镇树山村，是“树山三宝”特色农产品之一。果实成熟期和采摘期在6月中下旬，属于甜山品种。2023年，树山杨梅总产量约300吨，增长10%，价格与上年持平，定价约50元每千克，全年总销售额约1500万元。

【树山云泉茶】 树山云泉茶原名“阳山龙湫茶”，产地为高新区通安镇树山村，是“树山三宝”特色农产品之一。茶叶成熟期和采摘期在3—4月，于4月批量上市，供应到5月底，属于碧螺春品种。2023年，树山云泉茶总产量约9吨，减少10%，价格与上年持平，定价每千克400~4000元，全年总销售额约1500万元。

【树山翠冠梨】 树山翠冠梨产地为高新区通安镇树山村，是“树山三宝”特色农产品之一。果实成熟期在7月下旬，采摘期在7—8月，于8月批量上市，属于翠冠梨品种，按国家标准化管理委员会无公害质量栽培技术规程生产。2023年，树山翠冠梨总产量约1900吨，减少5%，价格与上年持平，定价每千克16~20元，全年总销售额

树山云泉茶（杨炎橙　摄）

树山翠冠梨（金洲宇　摄）

镇湖黄桃（金洲宇　摄）

2.5亿元。（通安镇　吴素娟）

【镇湖黄桃】 镇湖黄桃产地为高新区镇湖街道，以锦绣黄桃为主，是镇湖特色农产品之一。果实成熟期在7月底，采摘期在8月初至中下旬，于8月批量上市。采取规模种植户入网监管、散户在上市期间现场抽样快检方式，确保上市黄桃质量安全。2023年，镇湖黄桃总产量约1900吨，平均价格每千克14元，价格和产量与上年持平，全年总产值2669万元。

（镇湖街道　赵蒙超）

【金墅水源米】 金墅水源米是高新区通安镇特色农产品，水稻田全程采用太湖饮用水源灌溉，推广轮作休耕、测土配方施肥、增施菜粕有机肥、人工除草等绿色高效栽培技术。采用科学化种植管理，完善优质稻米绿色生产、病虫害绿色防控、化肥农药减量使用、耕地质量综合提升等基本功能，全程实施可视化生产环境数据监测系统。2023年，种植面积37.9公顷，稻谷总产量286.5吨，增长10.4%，价格与上年持平，定价每千克7~16元，全年总销售额约120万元。金墅水源米获第七届芳桥杯“江苏好大米”品鉴推介银奖、第三届苏州银行杯苏州大米“好农种好米”品鉴优秀奖。

（通安镇　吴素娟）

农业监管与服务

【农产品质量安全监管】 2023年，高新区加强农产品质量安全监管体系建设。全年建设三星级乡镇农产品质量安全监管站3家，承诺达标合格证村级服务站点3家，胶体金快速检测技术应用示范主体2家。开展地产农产品监督抽检及风险监测，完成各类地产农产品定量抽检248批次，快速检测2230批次，其中胶体金检测474批次，合格率均达到100%。全年未发生农产品质量安全事件。

【动物检疫防疫】 2023年，高新区落实非洲猪瘟等重大动物疫病防控措施，严控动物疫病输入及传播风险，落实非洲猪瘟检测、车辆备案、消毒制度。屠宰检疫生猪18.06万头，生猪定点屠宰企业开展非洲猪瘟自检工作，共计自检样品4445份，区级进行监督抽检1080份，无害化处理病死猪及不合格产品388.17头，保障生猪产品准出安全。设置病死宠物集中收集点4个，无害化收集处理病死宠物107只，维护辖区公共卫生安全。开展消毒灭源行动及重大动物疫病专项监测工作，加强犬只狂犬病免疫监管，认定犬只狂犬病免疫社会化服务点25家，免疫犬5042条次，监测采样犬、猫血清208批次，监测采样光禽及环境拭子32批次，发放免疫宣传材料1600余份，悬挂宣传横幅19条。全区未发生动物疫情。

（城乡发展局　曾有华）

编辑：陈　燕

制造业

综　述

【产业规模及效益】2023年，高新区实现全部工业总产值3785.5亿元，其中规模以上工业产值3458.8亿元，下降4%。规模以上工业增加值增长3.4%。规模以上工业营业收入3440.27亿元，下降6.7%。规模以上工业利税总额259.17亿元，下降0.8%，其中规模以上工业利润总额208.72亿元，下降2.1%。规模以上工业综合能耗132.38万吨标煤，其中工业用电量47.09亿千瓦·时。工业投资111.69亿元，增长15.2%，其中技术改造投资57.75亿元，增长8.2%，占工业投资比重达到52%。

（经济发展委员会　彭伊潇）

表36　2023年高新区工业企业销售收入前5强企业一览表

序号	企业名称	序号	企业名称
1	名硕电脑（苏州）有限公司	4	罗技科技（苏州）有限公司
2	苏州佳世达电通有限公司	5	汉拿万都（苏州）汽车部件有限公司
3	苏州阿特斯阳光电力科技有限公司		

表37　2023年高新区工业企业利润总额前5强企业一览表

序号	企业名称	序号	企业名称
1	莱克电气股份有限公司	4	苏州西门子电器有限公司
2	克诺尔车辆设备（苏州）有限公司	5	固德威技术股份有限公司
3	苏州纽威阀门股份有限公司		

【工业土地结构优化】2023年，高新区深化“亩均论英雄”工作，提升工业用地节约集约利用水平。推进工业用地调查，实现工业宗地精准更新。全年调查工业地块1342个，完成全区1072家有地企业、5297家工业企业资源集约利用综合评价，覆盖工业用地3586.67公顷，采集企业属性77个、数据45万条。2022年度参评有地企业940家、暂缓参评有地企业87家、不参评有地企业45家。其中，参评有地企业占地4.34万亩（2893.33公顷），亩均税收34.50万元、亩均销售935.03万元。有地企业综合评价分类结果为：A类企业188家，占17.52%，亩均税收71.02万元、亩均销售1769.66万元；B类企业383家，占35.73%，亩均税收16.48万元、亩均销售547.34万元；C类企业189家，占17.63%，亩均税收6.89万元、亩均销售248.66万元；C-类企业93家，占8.68%，亩均税收2.58万元、亩均销售158.08万元；D类企业87家，占9.14%，亩均税收-5.51万元、亩均销售69.67万元。

【产业自主创新】2023年，高新区持续加强战略性新兴产业创新建设，实现战略性新兴产业产值1698.88亿元，占规模以上工业产值比重49.1%。加快推进产业创新集群发展，围绕工业母机、新能源汽车、光子、光子芯片及光器件等重点新兴产业细分领域，摸排全区产业链、创新链、人才链、资金链等情况，形成多篇产业创新研究专题报告，为产业链延链补链强链、构建现代化产业体系提供基础支持。增强创新载体平台集聚优势，指导培育优质企业开展企业技术中心创新工作。围绕新兴产业和未来产业重点领域、关键环节，加快推进产业关键核心技术攻关突破。新增获批江苏省企业技术中心20家、苏州市企业技术中心24家，全区累计获批市级以上企业技术中心302家。天准科技获批国家级企业技术中心。新增获批江苏省工程研究中心5家，获批数量列全市第一位，全区累计获批省级以上工程研究中心（实验室）21家。中移软件、电子五所华东分所获批工信部第五批产业技术基础公共服务平台，获批数量列全省第一位。20个项目入选江苏省重点技术创新项目导向计划，28个新技术新产品入选江苏省重点推广应用新技术新产品目录，13个新产品通过江苏省工信厅新技术新产品鉴定。认定江苏省首台（套）重大装备3家，认定数量列全市第一位。纽威数控装备获批苏州市先进技术研究院。获批“苏州制造”品牌登峰企业2家，获批数量列全市第一位。推进战略性新兴产业项目及重点攻关项目管理验收工作，珂玛材料、君康医疗获批苏州市先进材料产业融合集群发展示范项目，科达科技、星恒电源等5个全省战略性新兴产业项目完成验收，电加工所、山石网科承担的2021年省级关键核心技术攻关项目全部通过验收。

表38　2023年高新区省级以上工程研究中心（实验室）一览表

序号	工程研究中心（实验室）名称	依托单位
1	城市生活污水资源化利用技术国家地方联合工程实验室	苏州科技大学
2	江苏省锂离子动力电池工程研究中心	星恒电源股份有限公司
3	江苏省动力学环境智能试验装备工程研究中心	苏州东菱振动试验仪器有限公司
4	江苏省先进光电医疗仪器工程研究中心	中国科学院苏州生物医学工程技术研究所
5	江苏省国产卫星遥感数据应用工程研究中心	苏州中科天启遥感科技有限公司
6	江苏省电子信息产品质量可靠性工程研究中心	工业和信息化部电子第五研究所华东分所〔中国赛宝（华东）实验室〕
7	江苏省生化传感与芯片技术工程研究中心	苏州科技大学
8	江苏省智能医用监护系统工程研究中心	美合实业（苏州）有限公司
9	江苏省智慧环境技术集成与应用工程研究中心	清华苏州环境创新研究院
10	江苏省生态道路技术产业化工程研究中心	苏州科技大学
11	江苏省分离净化材料与技术工程研究中心	苏州科技大学
12	江苏省高端纺织智造工程研究中心	苏州经贸职业技术学院
13	江苏省智慧光伏逆变器工程研究中心	固德威技术股份有限公司
14	江苏省建筑碳中和技术工程研究中心	苏州科技大学
15	江苏省工业智能低碳技术工程研究中心	苏州科技大学
16	江苏省汽车电子芯片工程研究中心	苏州国芯科技股份有限公司
17	江苏省半导体激光工程研究中心	苏州长光华芯光电技术股份有限公司
18	江苏省核安全级阀门工程研究中心	苏州纽威阀门股份有限公司
19	江苏省肿瘤小分子靶向治疗及伴随诊断工程研究中心	苏州卫生职业技术学院
20	江苏省算力网络工程研究中心	中移（苏州）软件技术有限公司
21	江苏省智能共融机器人工程研究中心	苏州科技大学

表39　2023年高新区市级以上企业技术中心一览表

序号	企业名称	级别	序号	企业名称	级别
1	苏州天准科技股份有限公司	国家级	37	苏州富强科技有限公司	省级
2	莱克电气股份有限公司	省级	38	苏州福莱盈电子有限公司	省级
3	苏州科达科技股份有限公司	省级	39	世联汽车内饰（苏州）有限公司	省级
4	苏州兴业材料科技股份有限公司	省级	40	苏州胜禹材料科技股份有限公司	省级
5	苏州宝化炭黑有限公司	省级	41	固德威技术股份有限公司	省级
6	中外运高新物流（苏州）有限公司	省级	42	普源精电科技股份有限公司	省级
7	苏州胜利精密制造科技股份有限公司	省级	43	苏州市天灵中药饮片有限公司	省级
8	苏州阿特斯阳光电力科技有限公司	省级	44	歌拉瑞电梯股份有限公司	省级
9	苏州轴承厂股份有限公司	省级	45	苏州云白环境设备股份有限公司	省级
10	苏州建鑫建设集团有限公司	省级	46	苏州聚力电机有限公司	省级
11	纽威数控装备（苏州）股份有限公司	省级	47	全德精密配件（苏州）有限公司	省级
12	苏州路之遥科技股份有限公司	省级	48	山石网科通信技术有限公司	省级
13	雷允上药业集团有限公司	省级	49	苏州世纪福智能装备股份有限公司	省级
14	中核苏阀科技实业股份有限公司	省级	50	腾辉电子（苏州）有限公司	省级
15	苏州东菱振动试验仪器有限公司	省级	51	苏州英威腾电力电子有限公司	省级
16	苏州固锝电子股份有限公司	省级	52	安捷利电子科技（苏州）有限公司	省级
17	苏州华旃航天电器有限公司	省级	53	苏州伽蓝致远电子科技股份有限公司	省级
18	亿和精密工业（苏州）有限公司	省级	54	苏州鱼跃医疗科技有限公司	省级
19	克诺尔车辆设备（苏州）有限公司	省级	55	东泰精密模具（苏州）有限公司	省级
20	苏州金螳螂怡和科技有限公司	省级	56	菲斯达排放控制装置（苏州）有限公司	省级
21	苏州市科远软件技术开发有限公司	省级	57	苏州晟成光伏设备有限公司	省级
22	中铁二十局集团第一工程有限公司	省级	58	苏州明远汽车零部件制造有限公司	省级
23	苏州东风精冲工程有限公司	省级	59	创意塑胶工业（苏州）有限公司	省级
24	苏州西门子电器有限公司	省级	60	苏州和林微纳科技有限公司	省级
25	苏州天孚光通信股份有限公司	省级	61	苏州晶银新材料股份有限公司	省级
26	苏州苏福马机械有限公司	省级	62	苏州长光华医生物医学工程有限公司	省级
27	苏州长风航空电子有限公司	省级	63	苏州瑞玛精密工业股份有限公司	省级
28	苏州纽威阀门股份有限公司	省级	64	苏州恒瑞迦俐生生物医药科技有限公司	省级
29	苏州百胜动力机器股份有限公司	省级	65	苏州国芯科技股份有限公司	省级
30	苏州医疗用品厂有限公司	省级	66	苏州市伏泰信息科技股份有限公司	省级
31	苏州中化药品工业有限公司	省级	67	苏州市晶协高新电子材料有限公司	省级
32	苏州奥美材料科技有限公司	省级	68	苏州奥凯高分子材料股份有限公司	省级
33	苏州市世嘉科技股份有限公司	省级	69	苏州方林科技股份有限公司	省级
34	苏州旭光聚合物有限公司	省级	70	苏州长光华芯光电股份技术有限公司	省级
35	星恒电源股份有限公司	省级	71	苏州市欧陆杰电器有限公司	省级
36	汉拿万都（苏州）汽车部件有限公司	省级	72	苏州市灵通玻璃制品有限公司	省级

续表

序号	企业名称	级别	序号	企业名称	级别
73	苏州莱特复合材料有限公司	省级	109	苏州施莱医疗器械有限公司	省级
74	英普亿塑胶电子（苏州）有限公司	省级	110	协鑫集团有限公司	省级
75	中交一公局第二工程有限公司	省级	111	苏州远东砂轮有限公司	省级
76	苏州柯利达装饰股份有限公司	省级	112	苏州博海创业微系统有限公司	省级
77	苏州昊帆生物股份有限公司	省级	113	华晓精密工业（苏州）有限公司	省级
78	苏州勤美达精密机械有限公司	省级	114	苏州咖博士咖啡系统科技有限公司	省级
79	苏州爱普电器有限公司	省级	115	毅嘉电子（苏州）有限公司	省级
80	苏州中兴联精密工业有限公司	省级	116	苏州通锦精密工业股份有限公司	省级
81	苏州朗坤自动化设备股份有限公司	省级	117	苏州敬业医药化工有限公司	省级
82	苏州勤堡精密机械有限公司	省级	118	科塞尔医疗科技（苏州）有限公司	省级
83	苏州正济药业有限公司	省级	119	精华电子（苏州）有限公司	省级
84	苏州佳祺仕科技股份有限公司	省级	120	苏州中车轨道交通车辆有限公司	省级
85	达昌电子科技（苏州）有限公司	省级	121	苏州康多机器人有限公司	省级
86	苏州卓兆点胶股份有限公司	省级	122	东江塑胶制品（苏州）有限公司	省级
87	苏州德品医疗科技股份有限公司	省级	123	苏州聚天合科技有限公司	省级
88	新希望双喜乳业（苏州）有限公司	省级	124	苏州绿叶日用品有限公司	省级
89	苏州斯尔特微电子有限公司	省级	125	苏州士林电机有限公司	省级
90	苏州珂玛材料科技股份有限公司	省级	126	苏州泰思特电子科技有限公司	市级
91	苏州双金实业有限公司	省级	127	苏州国芯科技有限公司	市级
92	菲斯达精密工业部件（苏州）有限公司	省级	128	苏州三光科技股份有限公司	市级
93	纽威石油设备（苏州）有限公司	省级	129	建大电子（苏州）有限公司	市级
94	普尔思（苏州）无线通讯产品有限公司	省级	130	苏州市创捷工业控制技术有限公司	市级
95	苏州博洋化学股份有限公司	省级	131	苏州市华芯微电子有限公司	市级
96	苏州中晟精密制造有限公司	省级	132	苏州捷美电子有限公司	市级
97	德宏电子（苏州）有限公司	省级	133	苏州市新的电工有限公司	市级
98	苏州艾福电子通讯股份有限公司	省级	134	苏州瀚瑞微电子有限公司	市级
99	苏州新长光热能科技有限公司	省级	135	名硕电脑（苏州）有限公司	市级
100	苏州大森塑胶工业有限公司	省级	136	易程（苏州）新技术股份有限公司	市级
101	辉创电子科技（苏州）有限公司	省级	137	苏州纽迈分析仪器股份有限公司	市级
102	苏州柯利达装饰股份有限公司	省级	138	固纬电子（苏州）有限公司	市级
103	鸿硕精密电工（苏州）有限公司	省级	139	国巨电子（中国）有限公司	市级
104	中移（苏州）软件技术有限公司	省级	140	苏州井利电子股份有限公司	市级
105	沈苏科技（苏州）股份有限公司	省级	141	苏州市大富通信技术有限公司	市级
106	中建国际建设有限公司	省级	142	易程（苏州）电子科技股份有限公司	市级
107	快住智能科技（苏州）有限公司	省级	143	苏州晶讯科技股份有限公司	市级
108	苏州新区环保服务中心有限公司	省级	144	苏州信达光电科技有限公司	市级

续表

序号	企业名称	级别	序号	企业名称	级别
145	方圆化纤有限公司	市级	181	苏州神州数码捷通科技有限公司	市级
146	苏州汉达工业自动化有限公司	市级	182	易程（苏州）智能系统有限公司	市级
147	苏州新苏化工机械有限公司	市级	183	苏州博远容天信息科技有限公司	市级
148	苏州楚天激光有限公司	市级	184	苏州超锐微电子有限公司	市级
149	苏州农业药械有限公司	市级	185	苏州敬业医药化工有限公司	市级
150	苏州尚科洁净技术有限公司	市级	186	苏州碳黑工程有限公司	市级
151	苏州中科时代电子技术开发股份有限公司	市级	187	苏州市泰力达科技有限公司	市级
152	苏州市普金电力成套设备有限公司	市级	188	苏州友隆橡塑精密制造有限公司	市级
153	苏州苏净环保工程有限公司	市级	189	江苏泰尔新材料股份有限公司	市级
154	苏州电加工机床研究所有限公司	市级	190	苏州爱乐美实业有限公司	市级
155	苏州航天紧固件有限公司	市级	191	苏州文迪光电科技有限公司	市级
156	天纳克汽车工业（苏州）有限公司	市级	192	苏州钻石金属粉有限公司	市级
157	苏州市宝玛数控设备有限公司	市级	193	贝原合金（苏州）有限公司	市级
158	苏州市创建空调设备有限公司	市级	194	苏州沃伦韦尔高新技术股份有限公司	市级
159	江苏振翔车辆装备股份有限公司	市级	195	美合实业（苏州）有限公司	市级
160	苏州通锦精密工业有限公司	市级	196	苏州力康皮肤药业技术开发有限公司	市级
161	苏州特铭精密科技有限公司	市级	197	苏州凯迪泰医学科技有限公司	市级
162	苏州赫瑞特电子专用设备科技有限公司	市级	198	苏州浙远自动化工程技术有限公司	市级
163	苏州向隆塑胶有限公司	市级	199	苏州新协力机器制造有限公司	市级
164	苏州市龙源电力科技股份有限公司	市级	200	苏州远东砂轮有限公司	市级
165	苏州中航中振汽车饰件有限公司	市级	201	苏州电加工机床研究所	市级
166	苏州盛域机电设备有限公司	市级	202	中国兵器工业集团第二一四研究所苏州研发中心	市级
167	苏州雅泛迪铝业有限公司	市级	203	苏州兆科电子股份有限公司技术中心	市级
168	苏州市盛百威包装设备有限公司	市级	204	爱环吴世（苏州）环保股份有限公司技术中心	市级
169	苏州恒坤精密电子有限公司	市级	205	江苏奇力康皮肤药业有限公司技术中心	市级
170	苏州银河激光科技股份有限公司	市级	206	苏州爱科博瑞电源技术有限责任公司技术中心	市级
171	苏州市第二市政工程有限公司	市级	207	苏州东方水处理有限责任公司技术中心	市级
172	苏州水博士建材科技有限公司	市级	208	苏州新豪轴承股份有限公司技术中心	市级
173	苏州航天特谱风能技术有限公司	市级	209	苏州贝尔特光伏电子科技有限公司技术中心	市级
174	艾普斯电源（苏州）有限公司	市级	210	苏州东昇机电科技有限公司技术中心	市级
175	苏州小羚羊电动车有限公司	市级	211	苏州苏净船用机械有限公司技术中心	市级
176	苏州电器工业集团	市级	212	苏州凡特真空溅镀科技有限公司技术中心	市级
177	苏州安泰变压器有限公司	市级	213	苏州士林电机有限公司技术中心	市级
178	苏州高创特新能源发展有限公司	市级	214	安捷资讯科技（苏州）有限公司技术中心	市级
179	江苏亚太伟业智能科技有限公司（软件业）	市级	215	苏州格兰斯柯光电科技有限公司技术中心	市级
180	苏州华芯微电子股份有限公司	市级	216	苏州苏媛爱德克机械有限公司技术中心	市级

续表

序号	企业名称	级别	序号	企业名称	级别
217	苏州必信空调有限公司技术中心	市级	253	苏州中车轨道交通车辆有限公司	市级
218	苏州茂立光电科技有限公司技术中心	市级	254	苏州卓汇自动化设备有限公司	市级
219	苏州嘉沁新能源有限公司技术中心	市级	255	科塞尔医疗科技(苏州)有限公司	市级
220	苏州井上中鼎办公机器制品有限公司技术中心	市级	256	华晓精密工业(苏州)有限公司	市级
221	英瑟泰科精密注塑(苏州)有限公司技术中心	市级	257	毅嘉电子(苏州)有限公司	市级
222	力神电池(苏州)有限公司技术中心	市级	258	苏州康多机器人有限公司	市级
223	利诚服装集团股份有限公司技术中心	市级	259	协鑫集团有限公司	市级
224	苏州安特化妆品股份有限公司技术中心	市级	260	中移(苏州)软件技术有限公司	市级
225	速讯光学科技(苏州)有限公司技术中心	市级	261	江苏未至科技股份有限公司	市级
226	苏州藤堂精密机械有限公司技术中心	市级	262	苏州中科天启遥感科技有限公司	市级
227	光荣电子工业(苏州)有限公司技术中心	市级	263	苏州瑞泰信息技术有限公司	市级
228	吉安汽车配件(苏州)有限公司技术中心	市级	264	苏州中材非金属矿工业设计研究院有限公司	市级
229	苏州昶兴科技有限公司技术中心	市级	265	苏州华启智能科技有限公司	市级
230	苏州绿叶日用品有限公司技术中心	市级	266	苏州金立鑫特材科技有限公司	市级
231	东江塑胶制品(苏州)有限公司技术中心	市级	267	苏州贝克微电子股份有限公司	市级
232	苏州富欣智能交通控制有限公司技术中心	市级	268	苏州精控能源科技有限公司	市级
233	苏州沈苏自动化技术开发有限公司技术中心	市级	269	苏州晟成智能装备有限公司	市级
234	精华电子(苏州)有限公司技术中心	市级	270	博坤机电(苏州)有限公司	市级
235	苏州新和机械有限公司技术中心	市级	271	苏州滨特尔水处理有限公司	市级
236	允昌科技(苏州)有限公司技术中心	市级	272	苏州隆士丹自动化技术有限公司	市级
237	苏州普滤得净化股份有限公司技术中心	市级	273	苏州博瑞达高分子材料有限公司	市级
238	苏州恒星医用材料有限公司	市级	274	太阳油墨(苏州)有限公司	市级
239	苏州阿特斯阳光能源科技有限公司	市级	275	苏州百丰电子有限公司	市级
240	中铁十局集团第五工程有限公司	市级	276	苏州范斯特机械科技有限公司	市级
241	哈斯曼制冷科技(苏州)有限公司	市级	277	苏州万店掌网络科技有限公司	市级
242	江苏唯侓机器人科技有限公司	市级	278	苏州盖雅信息技术有限公司	市级
243	苏州易维迅信息科技有限公司	市级	279	裕太微电子股份有限公司	市级
244	苏州运宏电子有限公司	市级	280	苏州荣威工贸有限公司	市级
245	莱克电气绿能科技(苏州)有限公司	市级	281	苏州市悠越电子有限公司	市级
246	苏州聚天合金属科技有限公司	市级	282	苏州立新制药有限公司	市级
247	众达光通科技(苏州)有限公司	市级	283	苏州博思得电气有限公司	市级
248	苏州奥塞德精密科技有限公司	市级	284	元六鸿远(苏州)电子科技有限公司	市级
249	苏州咖博士咖啡系统科技有限公司	市级	285	江苏纳通能源技术有限公司	市级
250	苏州新区环保服务中心有限公司	市级	286	昇显微电子(苏州)股份有限公司	市级
251	苏州博海创业微系统有限公司	市级	287	苏州市立普医疗科技有限公司	市级
252	苏州美昱高分子材料有限公司	市级	288	苏州普诺英精密科技有限公司	市级

续表

序号	企业名称	级别	序号	企业名称	级别
289	苏州启航电子有限公司	市级	296	苏州宝馨智能制造有限公司	市级
290	苏州海鹏科技有限公司	市级	297	硅谷数模（苏州）半导体股份有限公司	市级
291	阿特斯光伏科技（苏州）有限公司	市级	298	江苏超敏科技有限公司	市级
292	苏州苏大卫生与环境技术研究所有限公司	市级	299	快住智能科技（苏州）有限公司	市级
293	苏州联讯仪器股份有限公司	市级	300	中科图新（苏州）科技有限公司	市级
294	勇气模具塑胶（苏州）有限公司	市级	301	冠骋信息技术（苏州）有限公司	市级
295	苏州冠礼科技有限公司	市级	302	江苏云学堂网络科技有限公司	市级

【亿元以上工业企业】 2023年，高新区有产值超过亿元的工业企业400家，累计实现工业产值3244.8亿元，占全部工业产值比重93.8%。其中产值超过100亿元的企业2家、产值50亿~100亿元的企业5家、产值20亿~50亿元的企业25家、产值10亿~20亿元的企业32家、产值5亿~10亿元的企业53家。

（经济发展委员会　孙中友）

表40　2023年高新区产值超5亿元工业企业一览表

序号	企业名称	序号	企业名称
1	名硕电脑（苏州）有限公司	24	莱克电气绿能科技（苏州）有限公司
2	苏州佳世达电通有限公司	25	力神电池（苏州）有限公司
3	苏州晟成光伏设备有限公司	26	苏州全像电子有限公司
4	罗技科技（苏州）有限公司	27	汉拿科锐动电子（苏州）有限公司
5	康硕电子（苏州）有限公司	28	苏州英威腾电力电子有限公司
6	汉拿万都（苏州）汽车部件有限公司	29	乐辉液晶显示（苏州）有限公司
7	固德威技术股份有限公司	30	松下汽车电子系统（苏州）有限公司
8	苏州纽威阀门股份有限公司	31	苏州宝化炭黑有限公司
9	苏州协鑫光伏科技有限公司	32	埃赛克斯古河电磁线（苏州）有限公司
10	莱克电气股份有限公司	33	苏州天孚光通信股份有限公司
11	克诺尔车辆设备（苏州）有限公司	34	苏州精控能源科技股份有限公司
12	苏州晶银新材料科技有限公司	35	苏州天准科技股份有限公司
13	苏州富士胶片映像机器有限公司	36	世联汽车内饰（苏州）有限公司
14	国巨电子（中国）有限公司	37	华昕科技（苏州）有限公司
15	苏州佳世达光电有限公司	38	苏州胜利精密制造科技股份有限公司
16	NGK（苏州）环保陶瓷有限公司	39	雷允上药业集团有限公司
17	佳能（苏州）有限公司	40	毅嘉电子（苏州）有限公司
18	苏州西门子电器有限公司	41	苏州乐轩科技有限公司
19	晶端显示精密电子（苏州）有限公司	42	苏州兴业材料科技股份有限公司
20	爱士惟新能源技术（江苏）有限公司	43	苏州西典新能源汽车电子有限公司
21	苏州阿特斯阳光电力科技有限公司	44	精华电子（苏州）有限公司
22	纽威数控装备（苏州）股份有限公司	45	苏州市天灵中药饮片有限公司
23	苏州范斯特机械科技有限公司	46	梯梯电子集成制造服务（苏州）有限公司

续表

序号	企业名称	序号	企业名称
47	苏州科达科技股份有限公司	83	飞得滤机(苏州)有限公司
48	星恒电源股份有限公司	84	苏州瑞玛精密工业股份有限公司
49	苏州聚力电机有限公司	85	威卡自动化仪表(苏州)有限公司
50	苏州苏尔寿泵业有限公司	86	纽威工业材料(苏州)有限公司
51	华能苏州热电有限责任公司	87	伟亚光电(苏州)有限公司
52	美视伊汽车镜控(苏州)有限公司	88	达格测试设备(苏州)有限公司
53	苏州优科豪马轮胎有限公司	89	科德宝.宝翎无纺布(苏州)有限公司
54	栗田工业(苏州)水处理有限公司	90	阿特斯储能科技有限公司
55	赛默飞世尔(苏州)仪器有限公司	91	爱普罗传感技术(苏州)有限公司
56	苏州爱普电器有限公司	92	苏州咖博士咖啡系统科技有限公司
57	积水中间膜(苏州)有限公司	93	辉创电子科技(苏州)有限公司
58	阿克苏诺贝尔防护涂料(苏州)有限公司	94	苏州华启智能科技有限公司
59	安捷利电子科技(苏州)有限公司	95	苏州首诺导热油有限公司
60	苏州天源服装有限公司	96	倍雅电子护理制品(苏州)有限公司
61	竹本油脂(苏州)有限公司	97	通用电气高压电气开关(苏州)有限公司
62	苏州固锝电子股份有限公司	98	川崎精密机械(苏州)有限公司
63	天纳克汽车工业(苏州)有限公司	99	普源精电科技股份有限公司
64	斯塔尔精细涂料(苏州)有限公司	100	舍弗勒摩擦产品(苏州)有限公司
65	苏州美昱高分子材料有限公司	101	苏州轴承厂股份有限公司
66	苏州诚河清洁设备有限公司	102	苏州正济药业有限公司
67	苏州福田金属有限公司	103	东泰精密模具(苏州)有限公司
68	住友电工(苏州)电子线制品有限公司	104	科蒂斯仪器(中国)有限公司
69	苏州旭光聚合物有限公司	105	优耐铜材(苏州)有限公司
70	福莱盈电子股份有限公司	106	苏州佳祺仕科技股份有限公司
71	加贺沢山电子(苏州)有限公司	107	苏州恩斯克轴承有限公司
72	苏州达方电子有限公司	108	益逻触控系统(苏州)有限公司
73	苏州华润燃气有限公司	109	爱尔铃克铃尔汽车部件(中国)有限公司
74	松下神视电子(苏州)有限公司	110	凯硕电脑(苏州)有限公司
75	雅马哈电子(苏州)有限公司	111	岛津仪器(苏州)有限公司
76	苏州滨特尔水处理有限公司	112	苏州日电波电子工业有限公司
77	卡乐电子(苏州)有限责任公司	113	苏州统硕科技有限公司
78	腾辉电子(苏州)有限公司	114	京瓷安施电子元件(苏州)有限公司
79	爱丽思生活用品(苏州)有限公司	115	苏州苏福马机械有限公司
80	太阳油墨(苏州)有限公司	116	苏州百胜动力机器股份有限公司
81	华东材料苏州有限公司	117	苏州市兴业化工有限公司
82	苏州路之遥科技股份有限公司		

【优质企业群体培育】 2023年，高新区新增国家级专精特新“小巨人”企业36家，获批数量列全省各区县第二位，累计培育国家级专精特新“小巨人”企业50家。新增江苏省专精特新中小企业106家、创新型中小企业309家，初步形成“创新型中小企业、省级专精特新中小企业、国家级专精特新‘小巨人’企业、国家制造业单项冠军”的梯度梯次培育体系。

（经济发展委员会　孔妤雯）

新一代信息技术产业

【概况】 2023年，高新区聚焦消费电子、新型显示、信息技术应用创新等领域，推动新一代信息技术与实体经济深度融合发展，推进新一代信息技术产业创新集群建设。打造苏州市集成电路创新中心、苏州创业园、新一代信息技术产业园、和枫科创园、苏高新软件园等多家聚焦新一代信息技术相关领域产业园区，围绕产城融合、双创社区等概念，为入园企业提供创业孵化、股权投资、公共服务平台等一站式服务。全年新一代信息技术产业实现营业收入1391.7亿元。

【产业布局】 2023年，高新区新一代信息技术产业依托佳世达、晶端显示及名硕电脑等企业，重点发展激光显示、3D显示、8K超高清等领域，统筹优化产业布局，扩大光子、医疗器械、消费电子等产业应用规模。重点围绕硅谷数模、昇显微的高速接口芯片、高清显示驱动芯片，打造新型显示芯片产业。抢抓手机产业链发展机遇，摸排手机产业链潜在企业15家，指导产招中心和镇（街道）招商部门加大项目招引。挖掘遴选城市生命线工程传感监测设备产品，12家企业58个产品入选市级目录，数量列全市第一位。

【代表企业】 2023年，高新区新型显示领域代表性企业有苏州佳世达电通有限公司、苏州乐轩科技有限公司、硅谷数模（苏州）半导体股份有限公司、昇显微电子（苏州）股份有限公司等。消费电子领域代表性企业有名硕电脑（苏州）有限公司、罗技科技（苏州）有限公司、苏州科达科技股份有限公司等。信息技术应用创新领域代表性企业有中移（苏州）软件技术有限公司、苏州国芯科技股份有限公司、山石网科通信技术股份有限公司。

【新一代信息技术产业专题活动】 2023年，高新区举办苏州市数字产业推进会、工业互联网系列重点项目解读培训会、苏州市AI赋能产业发展大会。开展苏州高新区工业互联网“产创融合”走进浪潮智能5G全连接工厂、工业软件重点企业沙龙等活动。

（经济发展委员会　李　欣）

高端装备制造产业

【概况】 2023年，高新区聚焦工业母机、新能源汽车、机器人、阀泵、仪器仪表等重点领域，建立高端装备制造产业体系，持续推进高端装备制造产业发展。形成以工业母机及集成化装备、智能装备及机器人、高端阀泵、新能源汽车及零部件、仪器仪表等领域为重点的千亿级产业集群，打造智能制造创新引领先行示范区。

【产业布局】 2023年，高新区有高端装备制造领域企业400余家，实现产值1461亿元，增长7.1%，占规模以上工业产值比重42.2%。高端测控仪器与装备产业获批江苏省创新型产业集群。截至年底，培育高端装备制造领域上市企业20家、国家专精特新“小巨人”企业26家。天准科技获批国家级企业技术中心，工信部电子五所华东分所获评工信部第五批产业技术基础公共服务平台。全区引进工信部电子五所华东分所、南大苏州校区、北航苏州创新研究院等院所平台112家，拥有高端装备制造领域企业技术中心95家、省级工程技术研究中心10家，累计获批首台（套）重大装备31个。高新区获批江苏省第二批先进制造业和现代服务业深度融合区域试点，拥有国家级服务型制造示范企业（平台）2家、省级服务型制造示范企业（平台）18家。持续打造工业母机产业园、上市科创园、苏高新环境与可靠性试验服务产业园、浒墅关阳山绿色智能装备产业化基地等载体。2021—2023年，累计为591家车间（工厂）提供无偿诊断服务，推动实施智能化改造数字化转型项目1845个，动态实现规上工业企业全覆盖。新增国家级智能制造示范工厂1家（莱克电气）、国家级5G工厂5家、国家级智能制造优秀场景5个。新增市级示范智能工厂5家，累计7家。新增省级示范智能车间26个，累计68个。新增市级示范智能车间47个，累计108个。

【代表企业】 2023年，高新区工业母机领域代表性企业有纽威数控、电加工所、三光科技、倍丰科技等。智能装备及机器人领域代表性企业有卓兆点胶、晟成光伏、朗坤自动化、华晓精密等。新能源汽车及零部件领域代表性企业有尼得科、天准科技、精控能源、国芯科技、汉拿万都等。仪器仪表领域代表性企业有英示测量、普源精电、东菱振动、纽迈分析等。高端阀泵领域代表性企业有纽威阀门、中核苏阀等。航天航空领域代表性企业有华旃航空、长风航空、馥袓空间等。

（经济发展委员会　孙中友）

光子产业

【概况】 2023年，高新区聚力打造太湖光子中心。聚焦光芯片及关键材料、光器件及模组、光子终端设备等核心领域，赋能光通信、光传感、光医学及光显示等光子应用行业，打造光子技术原始创新先导区、光子赋能产业升级引领区、光子产业自主可控示范区，加快打造千亿级光子产业创新集群。

【产业布局】 2023年，高新区有光子领域企业318家，产值达到720亿元。制订光子产业集群建设三年行动计划，成立光子产业公司，实施“高光20条”支持政策，30万平方米太湖光子科技园、10万平方米光电科技园投入使用，设立总规模100亿元光子投资基金，首期启动投资10亿元，创新推出“光子贷”等科技金融产品，构建热带雨林式产业生态系统。承办世界光子产业发展大会，成立成都、西安、武汉三大协同创新中心。姑苏半导体激光创新中心获批国家级技术创新中心，天准科技获评国家级企业技术中心。筹划建设光子“3+2”基础工艺与公共服务平台，先进化合物半导体平台一期投入使用，推进硅光集成、微光机电两个平台建设，加快建设光电芯片封装与测试、光电器件测试与验证两个公共服务平台。中国科学院苏州医工所“医学成像”重点实验室获批建设，南京大学狮山量子实验室、先进传感研究院建设加快。长光华芯获批省级创新联合体，普源精电等3家企业获批市级创新联合体，普源精电与南京大学合作共建先进测量融合发展中心，长光华芯与中科院苏州纳米所联合孵化镓锐芯光公司。

【代表企业】 2023年，高新区光子产业链主要包括上游光芯片及关键材料〔砷化镓（GaAs）、磷化铟（InP）、激光器芯片及探测器芯片等〕、中游光元器件及模块（光学元件、有源光器件、无源光器件、光模块等）和下游光制造（激光器、激光设备等）及重要应用领域（汽车、航空航天、电子信息、轨道交通、通信、医疗等）。光芯片及关键材料代表性企业有长光华芯、中国兵器214所苏州研发中心、昇显微电子、新磊半导体等。光元器件及模块代表性企业有天孚光通信、伽蓝致远、众达光通、住友电工光电子等。光制造代表性企业有天准科技、英示测量、恒久光电、倍丰激光、金橙子等。

【光子产业专题活动】 2023年，高新区组建第12批苏州市光子产业科技镇长团，汇聚来自南京大学、吉林大学、武汉大学、上海光机所等单位的光子及交叉学科背景人才。举办成都协同发展交流会、先进成果交易大会、省产学研合作光子专题对接会等专题活动10余场，达成各类签约100余项。举办中国（苏州）世界光子产业发展大会，组织发展研讨会及5场产业发展论坛，邀请专家院士20余人，覆盖企业100余家、参会人数1000余人。举办苏州太湖光子中心建设推进会，发布产业核心区规划及特色园区。

（科技创新局　丁　娱）

医疗器械产业

【概况】 2023年，高新区继续推动高端医疗器械产业创新集群建设。引进艾益动物疫苗总部及产业化基地、日本豪雅集团人工晶体生产基地等行业重大项目40个、高质量科技项目82个，有医疗器械相关企业1200余家，新增二、三类医疗器械产品注册证127张。消化健康全国重点实验室、国家药监局智能化医疗器械重点实验室等创新平台落地，设立江苏省药监局审评核查苏州高新区工作站及药品监管实训基地。启用38万平方米医疗器械产业创新基地，加快推进32万平方米医疗器械上市总部基地项目、15万平方米狮山生命健康产业园等专业载体建设。苏州高新区多肽类生物药获批全国中小企业特色产业集群。

【产业布局】 2023年，高新区依托高端医疗器械及生物医药产业协调小组和工作专班，建立“十个一”工作机制。围绕《苏州高新区高端医疗器械及生物医药产业创新集群三年行动方案（2022—2024年）》，细化年度重点发展指标18项、重点任务30项及具体工作70项，定期召开产业集群推进会及工作专班例会。围绕体外诊断、医学影像、医用材料及植介入器材等重点细分领域，加快培育本土创新型领军企业。苏州国科康成医疗科技有限公司获批国家重点研发计划项目，义倍医疗科技股份有限公司等6家企业获批省科技成果转化专项。心擎医疗体外心室辅助设备、无双医疗植入式心脏复律除颤器2个产品进入国家药监局创新医疗器械产品特别审查程序。获批消化健康全国重点实验室，推进体外诊断关键技术与装备先导专项、生物医学仪器装备全国重点实验室等重点项目落地，打造医疗器械产业高能级创新平台。深化与中国信息通信研究院合作，共建国家药监局智能化医疗器械研究与评价重点实验室，加快“生物技术+信息技术”布局，推动新一代人工智能医疗器械产业转型升级。

医疗器械产业园（摄影家协会　供图）

【代表企业】 2023年，高新区医疗器械产业包括体外诊断、医学影像设备、医用材料及植介入器材、先进治疗设备等领域。体外诊断领域代表性企业有赛默飞世尔、长光华医、阅微基因等。医学影像设备领域代表性企业有速迈医疗、博思得、虎丘影像等。医用材料及植介入器材领域代表性企业有诺一迈尔、科塞尔医疗、恒瑞迦俐生等。先进治疗设备领域代表性企业有心擎医疗、康多机器人、法兰克曼等。

【医疗器械产业专题活动】 2023年，高新区举办智能化医疗器械创新大会。国家药监局智能化医疗器械研究与评价重点实验室项目启动，中国信通院和GE医疗创新联合实验室揭牌，苏州市人工智能医疗器械创新任务入选单位名单发布，医疗装备网络数据安全公共服务平台落地。

（科技创新局　丁　娱）

集成电路产业

【概况】 2023年，高新区集成电路产业实现销售收入超过240亿元，有集成电路企业254家，其中上市企业9家。各级各类"独角兽"（含潜在、培育）企业17家，"瞪羚"企业30家，专精特新企业30家。裕太微电子股份有限公司在上海证券交易所科创板上市，苏州贝克微电子股份有限公司在香港联合交易所主板上市。围绕重点行业应用国产化契机，全区集成电路产业规模高速增长。引进芯聆半导体（车载音响芯片）、龙擎视芯（图像显示芯片）、盛显新材料（MiniLED显示基板材料）等集成电路高质量产业项目25个，惟清半导体（SiC晶圆制造产线）、新声半导体（滤波器制造产线）、璞晶科技（MEMS及功率器件制造）等集成电路超亿元项目21个，道晟半导体（半导体封测设备）、清科珈合（半导体流量控制器）、铂睿希电子（高端研磨及抛光设备）等集成电路集群重大项目26个。锐杰微高端芯片封装总部、龙驰半导体碳化硅IDM研发生产总部、清科珈合总部等多个项目开工建设。围绕国芯科技、裕太微电子、旗芯微半导体等打造车规芯片产业集群，培育硅谷数模、昇显微为代表的接口显示芯片产业集群，国芯科技、合芯科技为代表的计算与安全芯片产业生态，锐杰微、华昕半导体为核心的先进封测产业集群及珂玛材料、新磊半导体等为代表的高端半导体材料产业集群，形成多个特色细分产业优势。集成电路产业集群基金规模超过400亿元。

【产业布局】 2023年，高新区发挥集成电路设计、材料及设备产业集聚优势，布局集成电路生产制造相关节点，持续提升优化产业结构。全区有集成电路设计企业107家，占比44%。集成电路材料及设备企业数量占比34%。狮山商务创新功能片区、太湖科学城功能片区及浒墅关先进制造功能片区均有一定规模的集成电路企业集聚，区域分布范围广。在各细分领域布局中，三大功能片区呈现出各有侧重、错位发展格局。重点聚焦车规芯片、计算与安全芯片、接口显示芯片、高功率激光芯片等特色芯片设计产业，优化芯片设计服务、可靠性验证、晶圆制造服务，加大先进封装测试领域重点项目招引力度，引导国内外装备与材料优质企业落户。

【代表企业】 2023年，高新区集成电路产业主要包括车规芯片、计算与安全芯片、接口显示芯片、光电通信芯片、先进封测及半导体材料等领域。车规芯片领域代表性企业有苏州国芯科技股份有限公司、裕太微电子股份有限公司、恩智浦（中国）管理有限公司苏州分公司、苏州旗芯微半导体有限公司等。计算与安全芯片领域代表性企业有苏州国芯科技股份有限公司、合芯科技（苏州）有限公司、苏州微五科技有限公司等。接口显示芯片领域代表性企业有硅谷数模（苏州）半导体股份有限公司、昇显微电子（苏州）

股份有限公司等。半导体材料领域代表性企业有苏州珂玛材料科技股份有限公司、新磊半导体科技（苏州）股份有限公司、安捷利电子科技（苏州）有限公司、福莱盈电子股份有限公司等。

【集成电路产学研专业论坛】 2023年，高新区推动高等院校资源与区产业生态融合。举办苏州市自主可控汽车电子芯片创新联合体研讨会、IC技术专题分享会、集成电路产业知识产权创新发展论坛等活动约20场。12月13日，苏州高新区集成电路产学研合作推进会召开，首批集成电路产业需求合作签约。围绕关键环节攻坚、产学研协同创新、项目人才招引、高能级平台打造、产业链上下游合作等方面提出意见建议。（商务局　胡源远）

软件和信息技术产业

【概况】 2023年，高新区持续巩固大数据、网络安全、工业互联网等领域优势，培育人工智能、区块链、信息技术应用创新、集成电路设计等细分领域，加快布局工业软件、元宇宙（人工智能）等前沿领域。以数实融合为主线，推进数字技术融合应用及全要素数字化转型、软件和信息技术产业集群建设，获批江苏省首批工业互联网安全应用先导区、江苏省信息技术应用创新先导区。

【产业布局】 2023年，高新区聚集软件和信息技术企业约300家，软件和信息技术产业规模超过350亿元。新增集成电路设计领域上市企业2家，新增江苏省规划布局内重点软件企业1家、专精特新软件企业2家，新增苏州市"头雁"企业（含培育）5家，入选苏州市重点软件企业18家，累计53家。新增江苏省软件企业技术中心1家，苏州市软件企业技术中心6家。山石网科联合瑞玛精密共建苏州市唯一软件创新应用研究院并通过第一阶段验收，中移南大省级联合信创实验室建设基本完成。推动江苏医疗器械科技产业园、太湖光子科技园、中移软件园、集成电路创新中心、苏高科珠江路创新中心等5家单位入选苏州市首批数字经济特色产业园（含培育）名单。支持中移软件园、苏州科技大学入选苏州市首批软件产业人才培训基地试点。推进江苏省区块链技术创新与应用试验区建设，完成苏州市国家区块链先导区创新应用区建设工作指标。

【代表企业】 2023年，高新区大数据和云计算领域代表性企业有中移软件、伏泰信息、易维迅、中科天启等，获评工信部大数据产业发展试点示范项目1个、江苏省大数据应用示范项目2个。网络安全领域代表性企业有山石网科、国芯科技、启明星辰等，获评网络安全技术应用试点示范项目1个，获评江苏省工业领域数据安全防护优秀产品5个、解决方案1个。工业软件和工业互联网领域代表性企业有泽达兴邦、冠骋信息、瑞泰信息、赛飞工业互联网、工信部电子五所华东分所，获评江苏省工业软件优秀产品和应用解决方案2个、江苏省重点领域首版次软件产品4个，瑞泰信息入选工信部2022年工业互联网App优秀解决方案。元宇宙（人工智能）领域代表性企业有蓝海创意云、创捷传媒、中细软、天准科技、快住智能、高视科技等，入选江苏省人工智能融合创新产品和应用解决方案13个，入选苏州市人工智能应用场景示范项目4个。区块链领域代表性企业有万向区块链、鸿链信息等，累计完成区块链备案数10个。信息技术应用创新领域代表性企业有中移软件、科达科技、山石网科、虎丘影像等，获评江苏省信创优秀解决方案3个。

【软件和信息技术产业专题活动】 2023年，高新区举办苏州市数字产业推进会、苏州市元宇宙大会、苏州高新区工业软件重点企业沙龙等活动，开展软件和信息技术集群"百链千企"产业链党建蹲点解剖调研。

（经济发展委员会　张晓雯）

绿色低碳产业

【概况】 2023年，高新区以《绿色低碳产业创新集群发展三年行动计划》为指引，围绕建设国家绿色产业示范基地目标，推进绿色低碳产业创新集群建设。全区有绿色低碳产业企业95家，其中工业企业72家、服务企业23家，涵盖清洁能源、清洁生产、节能环保、生态环境及绿色服务等绿色低碳核心领域。全年绿色低碳产业实现产值612亿元，增长19%。形成《绿色产业示范基地建设进展情况中期报告》，梳理产业"三单一图"，总结发展典型案例，明确基地建设工作规划。推动产业应用，促进区域能通结构调整优化。备案分布式光伏项目117个，新增备案容量127兆瓦。新增并网容量62.47兆瓦，增长94.97%。

【产业布局】 2023年，高新区优化整合绿色产业功能布局，发挥区内清洁能源与节能环保产业优势，形成"一链两网三领域"绿色低碳产业布局。"一链"指光伏产业链，构建覆盖上中下游全品类特色光伏产业链体系，包含硅片切割、电池片及组件、接线盒、逆变器等工艺设备生产领域。"两网"指节能降碳产业网、环境保护产业网，构建覆盖高效节能装备制造、先进交通装备制造（新能源汽车核心装备）、低碳服务的节能降碳产业网，构建覆盖水、气、固、土、声全领域，包含先进环保设备与新材料制造、环境检测监测、污染治理、智慧环境管理、环境咨询服务的环境保护产业网。“三领域”指氢能、储能、智能电网领域，构建顺应产业绿色转型趋势，抢抓能源技术革命机遇，布局氢能、储能及智能电网行业三大领域，赋能制造业持续健康发展。全区围绕核心绿色产业，打造多元化绿色服务业，推动产业绿色集群化融合发展。依托区内国资平台、中日合作区、大院大所、品牌功能区载体等资源，加强绿色低碳产业招引及培育工作，助力绿碳产业链提质升级。

【代表企业】 2023年，高新区有光伏产业领域核心企业24家，代表企业有阿特斯、固德威、协鑫、仁烁光能、晟成光伏等。有节能与环保领域核心企业15家，代表性企业有NGK（苏州）环保陶瓷、同和资源、云白环境等。有氢能领域核心企业20余家，代表性企业有东创氢能、氢澜科技、福氢氢能、异科彼欧燃料电池等。有储能及动力电池领域核心企业13家，代表性企业有力神电池、星恒电源等。有智能电网领域核心企业8家，代表性企业有英威腾、固锝电子、龙源电力等。有一批服务业领域核心企业，代表性企业有苏州高新绿色低碳科技产业发展有限公司、苏州和欣致远、绿普惠碳中和、中国建筑西南勘察设计研究院、清源白泽科创发展（苏州）有限公司等。

（经济发展委员会　夏　莹）

苏高新绿色低碳产业园（GLC Park一期）（苏高新股份　供图）

编辑：刘　鹏

建筑业

综　述

【建筑业规模】 2023年，高新区建筑业生产稳步扩大。全区完成建筑业总产值485.5亿元，比上年增长13.2%，其中，建筑安装工程产值480.3亿元，增长12.4%；竣工产值227.9亿元，比上年增长128.2%，竣工率46.9%。全年资质以上建筑业企业房屋施工面积1341.8万平方米，比上年增长39.0%，其中新开工面积351.3万平方米，比上年下降9.7%。建筑业企业在外省完成建筑业产值208.4亿元，比上年增长5.3%。

【建筑产业现代化】 2023年，高新区建筑产业现代化各项任务顺利推进。坚持以规划设计条件为引领，强化图审部门预制装配率安全质量把关，落实居住建筑预制装配率不低于50%，公共建筑预制装配率不低于45%新标准。全年通过建设用地规划条件落实装配式建筑面积119.65万平方米。新开工装配式建筑面积269.31万平方米，超额完成年度任务。新开工建筑面积占比45.26%。南大苏州校区（东区）本硕宿舍组团项目、枫桥中心小学塔园路校区一期扩建项目等通过江苏省装配式建筑示范工程、BIM技术集成应用示范工程评估。苏地2022-WG-10号地块项目获批江苏省建筑产业现代化示范项目。

【建筑市场营商环境优化】 2023年，高新区完善建筑工程项目审批服务，助力优化建筑市场营商环境。在全市率先推行“桩基先行”、分段验收、平行验收，“一对一”预服务，压缩审批时间，帮助项目早开工、早投产。依托高新区政务服务一网通办系统，及时受理答复建筑业企业诉求工单，加强政企沟通交流。回复及时率、满意率均达到100%。持续开展建筑业企业走访调研。加强对重点项目系统填报及资料准备事前指导，提高直接发包效率和项目发包成功率。建立审图中心、消防审验、质量监管协调机制。简化项目质监申报手续，实现即来即办、资料齐全、当场办理、立等可取。

【建筑企业发展】 2023年，高新区推进重点建筑业企业资质升级、技术创新。指导协助中建国际城市建设有限公司、中铁十二局集团城市发展建设有限公司、中国建筑西南设计研究院有限公司等前期引进企业各类业务有序开展，本地化发展进程加速。中建国际建设有限公司全年完成产值70亿元，获评江苏省建筑业企业技术中心、苏州市建筑业综合实力30强企业。中建国际建设有限公司苏州总部基地封顶。中铁十二局集团城市发展建设有限公司全年完成产值27亿元，

2023年6月6日，高新区举办消防应急救援演练观摩暨建筑施工领域“安全生产月”活动（住房和建设局　供图）

获市政公用工程总承包一级资质。中建国际城市建设有限公司获评江苏省建筑业企业技术中心。苏州柯利达装饰股份有限公司获评2022年度江苏建筑业百强企业。

（住房和建设局　赵亚迪）

勘察设计

【建筑项目现场踏勘】 2023年，高新区推进建筑项目现场踏勘工作。城建监察大队现场踏勘工地160余个，发放普法宣传手册600份，对100余家次参建单位的项目负责人进行建筑业施工现场交底和普法宣传，新建项目工程普法交底实现全覆盖。接待管理及务工人员咨询200余人次，为相关人员解读法律知识政策，开展建筑市场行为交底和普法宣传贯彻，持续开展建筑领域违法行为有奖举报行动，累计发放有奖举报公告1000余份。

【建筑项目设计审查】 2023年，高新区推进建筑项目设计审查工作。全年共受理项目报审包括施工图设计文件326项，总面积646万平方米；勘察设计文件102项，总面积597万平方米；装修设计文件150项，总面积329万平方米，变更设计186项。完成审查项目中包含人民防空、消防专项内容的多图一审项目150项。审查重点项目68个。通过专家论证审查模式，审查海绵城市工程项目76个、技术防范工程项目38个。推行数字化审图系统，简化报审单位办事流程，实现设计审查“不见面”审批。落实施工图审查自审承诺制，依照施工图审查改革实施意见要求，缩小审图范围，明确免于审查项目类型、规模。全年免审抽查项目109个，其中被抽查44个。通过预审、容缺等方式受理施工图审查项目93个。在苏州市住房与城乡建设局组织开展的勘察设计企业施工图质量检查活动中，高新区建设工程设计施工图审查中心获综合评价优秀等次。

【消防设计审验】 2023年，高新区创新重点项目分期分批申请单体建筑或建筑局部消防验收（备案）组织模式，创新土建、装修合并开展消防验收机制，开辟消防审批服务专窗、绿色通道。完成太湖科学城南大教育园区、狮山文化广场等重点项目消防设计审查验收126件，总面积215万平方米。

（住房和建设局　赵亚迪）

建筑施工

【概况】 2023年，高新区共受理房屋建筑和市政基础设施工程质量安全监督申请508个，总造价306.65亿元，其中房屋建筑工程450个、市政工程58个，新开工项目总数增长22.4%。全年竣工项目481个，总造价356.67亿元，其中房屋建筑工程竣工432个、市政工程竣工49个，竣工项目总数增长41.5%。

【墙体材料】 2023年，高新区做好墙体材料政策宣传、新型墙体材料专项基金返退工作，保障建设单位合理利益，确保基金返退规范准确。全年返退2个项目新型墙体材料专项基金，总金额313.81万元。

【智慧工地建设】 2023年，高新区利用新型信息化手段，以智能建造引领项目建设质量安全，助力建筑业高质量发展。开发建设高新区建筑工地安全监管平台，实现项目质量、安全、生态环境保护等方面全方位动态监管。建设智慧工地平台，融合施工现场视频监控、起重机械安全监控、塔机安全监控系统、升降机安全监测、现场从业人员实名制通道、现场施工环境（扬尘、噪声）监测、施工扬尘自动化控制系统，实现工程集约式管理。组织举办智慧工地建设观摩交流，利用各类建筑机器人、BIM智慧指挥中心、智能安全帽、电子围栏等新技术，提升工程施工效率及质量安全管理水平。

【建筑工程创优】 2023年，高新区房屋建筑和市政基础设施工程中获国家级项目6个。其中，苏州博物馆西馆项目获中国建筑工程鲁班奖，阳山花苑农贸市场重建工程获国家优质工程奖。苏州高新区狮子山改造提升及地下空间综合开发项目能源中心安装工程获“中国安装之星”称号。获江苏省优质工程奖“扬子杯”项目21个、苏州市“姑苏杯”优质工程奖项目36个，获评江苏省建筑施工标准化星级工地项目40个、苏州市建筑施工标准化示范工地（平安工地）项目53个。

【建设工程质量管理】 2023年，高新区提升施工现场质量安全管理水平，提升在建项目质量创优管理。举办建筑工程监督人员春季培训班，开展“质量月”活动，组织重点项目观摩会，分享优秀项目经验。创新分段式竣工验收模式，平衡施工工期、施工安全、造价成本、质量水平各方因素，助力产业类建设项目提前产生效益，提高住宅开发类建设项目开发建设效率。

【工程建设领域整治】 2023年，高新区城建监察大队处罚各类建筑领域违法违规案件110起，罚款金额368.45万元。其中，无证施工类违法违规案件36起，安全管理类违法违规案件44起，市容环境扬尘类违法违规案件28起，消防审验类违法违规案件2起。案件数量有所增加，安全管理类案件数量增长率最高。接到各类举报投诉31起。查证举报内容中反映的违反法规行为，均及时完成立案查处。全年对11家轻微违法建筑业企业做出不予处罚决定，涉及金额11.60万元。对尚未涉嫌违法的建筑业企业，通过普法约谈、现场警示等方法，避免后续违法违规行为发生。建立与区建设工程质量安全监督站部门联动机制，协商分工建筑违法行为调查、取证、询问、立案、审批、处罚等具体环节。开展与区建设工程质量安全监督站、区住房和建设局消防审验处、区建设工程设计施工图审查中心、区清理拖欠工程款和建设领域农民工工资工作办公室、区燃气管理办公室等部门联合执法，受理移交各类违法违规案件65起，处罚金额244.60万元，案件全部及时办结。城建监察大队行政处罚案件被申请听证0次、被行政复议0件、被行政诉讼0件，行政处罚案件办理均合法合规。

【建筑施工领域安全生产监管】 2023年，高新区围绕零事故、保安全、保稳定年度目标，着力消除安全事故风险隐患，保障建筑施工领域安全生产形势持续平稳。组织开展安全生产执法检查1934项次，查出各类安全隐患2532个，涉及隐患全部要求责任单位整改闭环。处罚违法违规项目41个，处罚金额155.9万元。全年约谈企业42家，函告企业28家，通报项目44个。

【施工安全培训】 2023年，高新区全面贯彻落实关于安全生产工作部署要求，提升作业人员安全理念和防范意识。组织监管人员集中学习相关法律法规和专业课程，提升质量安全监管业务能力。组织安全生产文明施工标准化工地集中观摩，以高标准项目示范带动区内工地高质量发展。开展“安全生产月”系列活动，组织区内建筑业企业及在建项目企业学习事故报告，提高应急应对能力。组织编发建筑施工“防高坠”白皮书、口袋书和《建设工程高质量发展安全生产标准化宣传册》等，宣传事故防范知识理念。

（住房和建设局　赵亚迪）

建筑市场管理

【建筑市场信用评价体系建设】 2023年，高新区加强建筑市场信用评价体系建设，开展建筑业企业信用评价工作。加强区住建部门、招标投标办公室、建设工程质量安全监督站、环境保护局等部门联动，宣传建筑业企业信用评价工作要点，赋分建筑业企业各类行为，开展数据化归集、综合评比，引导企业诚信经营，帮助企业提高竞争力，确保建筑市场健康有序运转。

【建筑业企业综合监管】 2023年，高新区加强建筑业企业综合管理。新增一级资质建筑业企业27家。全区有主要活动经营建筑业企业355家，其中，特级资质建筑业企业2家，一级资质建筑业企业86家，二级资质建筑业企业108家，三级资质建筑业企业140家，不分等级建筑业企业19家。

【工程项目招投标管理】 2023年，高新区加强招投标政策宣传，配备重点项目专人跟进服务，加强指导完善发包服务，助力推进区内投资建设工程项目。登记审核建筑工程项目434个，发包项目标段567个，总金额295.88亿元。其中，公开招标项目标段281个，直接发包项目标段286个。

（住房和建设局　赵亚迪）

编辑：马　藤

商贸服务业

综　述

【消费规模】 2023年，高新区实现社会消费品零售总额668.5亿元，增长6.0%。其中，批发和零售业零售额595.5亿元，增长4.8%；住宿和餐饮业零售额73.0亿元，增长16.4%。

【消费结构】 2023年，高新区商贸企业运行平稳回升，消费要求持续释放，消费品市场继续保持增长势头。限上汽车类商品零售额135.1亿元，增长1.8%，其中新能源汽车零售额41.1亿元，增长12.6%，新能源汽车零售额占限上汽车类商品零售额的比重达到30.4%，提高2.9个百分点。升级类消费需求加快释放。限上批发和零售业单位商品零售额中，智能家用电器和音像器材、金银珠宝类、智能手机等商品零售额分别增长195.5%、15.9%和6.9%。限上批发零售业和住宿餐饮业通过公共网络实现商品零售额分别增长12.8%和16.0%。

【批发和零售业】 2023年，高新区批发保持良好增长态势，增速较快。全区限上批发业销售额727.3亿元，增长14.3%；限上零售业销售额233.5亿元，比上年持平。批发方面，批发重点企业建融集团（高新生产资料、高新商旅、融洲旅业）全年实现销售额94.8亿元，增长61.2%。零售方面，新能源汽车企业理想全年实现销售额16.4亿元，增长110.4%；传统汽车企业海星奔驰全年实现销售额19.6亿元，增长14.3%。宝爱捷兰保行、中悦骏宝行等企业于年内纳入统计库，宝爱捷兰保行全年实现销售额1.2亿元，中悦骏宝行全年实现销售额0.7亿元。盒马鲜生网络门店数量增加，全年实现销售额11.5亿元。

【“一刻钟便民生活圈”建设】 2023年，高新区开展“一刻钟便民生活圈”申报创建工作，挖掘区内优质资源，统筹规划空间布局，发挥市场主体作用，实现社区服务规范、商户共赢、居民满意的良性循环。康佳社区、马浜社区、鸿文社区、南津社区、龙山社区等5个社区通过市级评定验收。全区累计有13个社区通过苏州市“一刻钟便民生活圈”考核验收。

【首店经济】 2023年，高新区推动一批全国首店、城市首店、区域首店到新概念店入驻，营造消费市场新亮点，推动消费潜力释放。有各类首店50家，其中全国首店5家、江苏首店7家、苏州首店38家。华为智能生活馆、苏州古运河逸衡酒店、宝爱捷（中国）苏州中悦骏宝行等各类首店开业。扬州宴苏州首店、寻味顺德苏州首店、星巴克绿色臻选苏州首店、肯德基博物馆主题旗舰店等一批首店集中入驻狮山商务创新区核心区狮山金融创新中心。狮山生活广场特步综合运动场景概念店、俄罗斯莫尔恰诺夫自由潜水品牌店两家全国首店筹备开业。

【夜间经济】 2023年，高新区夜间经济依托文商旅各项主题活动，从购物消费、美食餐饮、特色文化、夜游演出等方面拓展夜间消费空间。推出苏州乐园国风潮玩节、大阳山星亮夜国潮光影奇遇园、树山“星享夜”、蚕里有礼主题活动、thirdcup星空露营，打造全新夜间经济沉浸式游购体验。依托苏州乐园、狮山街区等重要平台载体，创新推出品牌夜游产品，持续擦亮夜市品牌名片。苏州乐园森林世界夜市打造多元化消费场景，入选第二批苏州市品牌夜市，“大阳山奇妙夜寻趣之旅”入选苏州乡村旅游十大精品线路。

【购物节活动】 2023年，高新区持续推出“高新欢乐购”系列活动，举办“五五购物节”、金秋购物节、“双12购物节”等节庆消费品牌活动。4月28日，启动“春惠苏城·乐享高新”苏州高新区“五五购物节”主题促消费活动，举办促消费活动80多场，集聚宜家、永旺、开市客、迪卡侬等商超品牌，龙湖、金鹰、美罗等超过1000家商家参与让利。9月16日，启动“高新欢乐购”金秋购物节，持续至11月

2023年11月18日，"福暖四季·数惠高新"高新欢乐购暨第四届"双12苏州购物节"系列促消费活动启动仪式举行（丁翊彪　摄）

底，推出特色活动80余场。11月18日，启动"福暖四季·数惠高新"高新欢乐购暨第四届"双12苏州购物节"系列促消费活动，持续至2024年2月，三大功能片区在分会场推出主题促销活动100余场。

（商务局　胡源远）

跨境电子商务

【概况】2023年，高新区持续营造发展生态，推动跨境电子商务发展走在全市前列。全年完成跨境电商出口额13.44亿元，增长34.5%。其中，9610出口总量列全市第一位，9810出口、B2C非报关出口总量均列全市第二位。合作设立唯品会苏州海淘运营中心，发布KIMIGO跨境电商平台、"数智出海"跨境生态平台。举办高新区跨境电商高质量发展大会，商务部国际投促会数字服务应用专委会"数智出海"跨境生态平台发布，全市首支跨境电商产业发展基金苏州高新区跨境电商产业基金发布。在全市率先设立首个跨境电商企业服务中心。区内企业苏州贝宝信息科技有限公司通过"市采通"平台以市场采购贸易方式申报出口的跨境电商货物通关，实现苏州市内联动首单。截至年底，高新区跨境电商B2C出口业务（9610）连续4年列全市第一位，通过中欧班列发运的跨境电商业务连续两年列全省第一位。苏州高新区综合保税区作为苏州跨境电商综试区首批线下重点园区，在省级电子商务示范区综合考评中获评A级。综保区海贸通入选中国国际投资促进会数字服务应用专业委员会首届成员单位，"海贸贷"获全省电子商务示范基地优秀案例。

【"全球开店"战略实施】2023年，高新区持续聚焦解决企业转型跨境电商过程中的痛点难题，帮助企业零成本、零门槛实现跨境电商试错，实现以线上"苏州工匠馆"店铺为载体，数字贸易为手段，服务苏州制造及苏工苏作产品展销全球。线上店铺采用"自营+合作"店铺模式，其中苏作馆自营店铺3个，合作店铺46个，主要遍布亚马逊、ebay、乐天、阿里国际、速卖通、趣天、敦煌、沃尔玛、OZON、Lazada、Shopee、Shopify等国际主流平台，助力企业铺货至全球202个国家和地区，上架商品SKU（库存进出计量基本单元）达到497个，累计实现销售额约2亿元。通过线上店服务品牌132个，部分品牌产品入选亚马逊新品榜第一。推动爱普、恒星医疗、奥瑞特等企业通过跨境电商平台或自建平台承接订单，应用数字化手段及互联网工具开展海外精准营销和供需匹配。

（商务局　胡源远）

居民生活服务业

【住宿业】2023年，高新区限上住宿业实现销售额5.8亿元，增长25.5%。苏州高新商旅发展有限公司全年实现销售额1.9亿元，增长67.3%。苏州新城花园酒店有限公司全年实现销售额1.0亿元，增长21.7%。苏州金科大酒店管理有限公司全年实现销售额0.8亿元，增长23.7%。苏州树山书香世家酒店有限公司全年实现销售额0.2亿元，增长19.8%。

【餐饮业】2023年，高新区限上餐饮业实现销售额49.2亿元，增长16.9%。苏州肯德基有限公司全年实现销售额36.3亿元，增长13.8%。新入库企业瑞幸咖啡（苏州）有限公司全年实现销售额5.8亿元，增长86.4%。苏州书香餐饮物业管理有限公司全年实现销售额0.7亿元，增长20.3%。苏州杰膳食品科技有限公司全年实现销售额0.6亿元，增长22.2%。（商务局　胡源远）

【家庭服务业】2023年，高新区扩充家庭药师服务队伍，区内8家社区卫生服务中心药师全部通过江苏省家庭药师培训。通安镇社区卫生服务中心、阳山社区卫生服务中心建立家庭药师工作室。区属公立医疗机构派出家庭药师70余人，在全区开展家庭药师进万家、进社区等活动，落实签约患者随访、入户家庭药箱管理、用药重整、用药指导等便民举措，服务辖区居民约300人次。

【养老服务业】 2023年，高新区推动城乡养老服务设施布局均衡发展，基本养老服务覆盖常住人口，逐步实现养老服务均等化。全区建成养老机构12家，总床位数4790张，每千名老年人拥有机构床位数53.9张。截至年底，入住人数2573人，入住率53.72%。加强基本养老服务综合监管，制定考核及补贴标准，委托第三方监管考核居家上门服务、日照中心等工作，提高养老服务水平。全区新建改造综合性养老（为老）服务中心3家、示范性乡村互助养老睦邻点（日间照料中心）3家、城市长者食堂（助餐点）4个。完成60周岁及以上老年人家庭适老化改造638户，无偿安装空巢独居老年人家庭烟雾报警器1422户。建成社区养老服务设施82个、综合性养老（为老）服务中心6家、市场化运行乡村互助养老睦邻点（日间照料中心）23家、老年助餐点75个。

【托育服务业】 2023年，高新区加大惠普托育服务体系建设。新增普惠性托育机构5家，实现“一镇一街道一普惠”全覆盖。1家企业获评江苏省社区托育示范点。截至年底，全区有托育机构44家，可提供托位3152个，每千常住人口拥有托位数3.62个。

（社会事业局　黄婉莹）

商务服务业

【人力资源服务】 2023年，高新区人力资源服务产业实现营业收入180亿元，区内税收贡献3.37亿元。全区有人力资源机构326家，其中，中国百强机构30家，占全市的52%；自主培育百强总部机构7家，占全市的47%；省级骨干人力资源机构13家，占全市的36%；数量均列全市第一位。出台《关于促进新时代人力资源服务产业高质量发展的实施意见》，制定机构扶持政策实施细则，形成“产业发展意见+机构扶持办法+产业高质量发展考核”政策体系。建立领导小组决策、领导小组办公室实施、专业化公司运营的三级管理机制，打造“五位一体”服务团队（行业主管部门、区级招商部门、属地招商机构、专业运营公司、招商合伙人），由苏高新人才发展集团统筹推进全区人力资源服务产业一体化运营。

（人社局　孙茜妮）

【律师服务】 2023年，高新区新增律师事务所5家，其中，新设立3家，新转入2家。截至年底，全区有律师事务所42家，专职律师660余人。制定出台《苏州高新区法律服务业高质量发展三年行动计划（2023—2025年）》《苏州高新区关于促进法律服务业高质量发展若干政策（试行）》。优化区域法律服务机构布局，加快法律服务产业集聚示范区建设，吸引法律服务机构落户，推进法律服务产业空间集聚，打造法律服务产业高地。开展法律服务业高质量发展推介，面向北京法律服务机构代表推介区位优势、产业结构、法律服务业发展情况及政策。

（政法委　朱振兴）

邮政业

【概况】 2023年，中国邮政集团有限公司苏州市新区分公司营业收入1.4亿元，报刊投递量913万份，杂志投递量29.2万份，年计划完成率101.4%。下设10个邮政支局（所）、10个营业投递部，有从业人员347人，汽车34辆（燃油车26辆、新能源汽车8辆），三轮电动车94辆，投递道段171个。

【邮政业普遍服务保障】 2023年，高新区邮政系统以支局（所）营业窗口和投递段道为基础，围绕高新区居民需求和社会经济发展，创新服务模式，扩大开放合作，拓展服务界面，提升服务能力。以原有普遍服务业务为基础，打造城乡邮政便民服务体系，服务项目包括多项公共服务费代收代缴、邮件报刊代投、智能包裹柜自提、社区金融服务等。全年为辖区居民提供公共服务74981笔，代缴金额948.48万元。

【邮政服务创新】 2023年，高新区邮政系统依托全国统一快递信息查询系统，为客户提供便捷快递信息查询服务。创新“智能快递柜”服务方式，提高快递收取效率，新增快递签收短信提醒、代收货款等附加服务。加强快递员培训，提高快递员工作质量和服务水平，建立完善快递员管理制度，确保快递服务质量安全。

（中国邮政集团有限公司苏州市新区分公司　顾晓燕）

编辑：刘　鹏

金融业

综　述

【金融运行】 2023年，高新区推进金融服务创新，防范与化解重大金融风险，增强金融产业集聚效应，提升金融服务供给能力。金融业实现增加值134.61亿元，增长10.4%，占地区生产总值比重7.4%，高于地区生产总值增速的5.3个百分点，拉动地区生产总值增长0.8个百分点。截至年底，全区有各类金融机构164家，其中有银行业金融机构32家、保险总公司及分支机构35家、证券业金融机构14家、在中国证券投资基金协会登记的私募基金管理人68家、地方金融组织15家。

【金融服务】 2023年，高新区出台《苏州高新区推进金融业高质量发展若干政策》，加大对金融机构、投资基金、股权投资企业、数字金融生态圈企业的支持力度。修订出台《苏州高新区“高新贷”实施方案》，强化风险防控，提升业务审批效率。全年服务企业45家次，授信金额1.39亿元。累计参与银行22家，服务区内企业319家次，授信金额8.89亿元。引导区内企业、银行、担保公司接入苏州综合金融服务平台，缓解银企信息不对称问题，提升融资对接效率。在区镇两级6个涉企服务点位开展平台宣传推广，打造常态化金融服务驻点。截至年底，各金融机构通过“信保贷”业务支持企业1080家，授信金额133亿元，发放企业信用贷款2611家，授信金额206亿元。组织召开全区金融工作暨数字人民币工作推进会，承办苏州市金融支持稳外贸专场活动，参加苏州市金融发展大会，推动一批银行授信项目落地。组织金融机构开展全国个体工商户服务月宣传活动。开展专题活动、发放宣传材料、协调解决个体工商户问题诉求，提升个体工商户金融服务体验。（国资办　庄　懿）

【地方金融组织监管】 2023年，高新区全面落实监测监管，确保区内持牌地方金融机构合规有序经营。开展日常监管及重点事项专项核查，以企业自查、第三方审计、现场及非现场检查等形式，开展异地放贷情况检查、典当年审、融资租赁及商业保理公司年审、国有地方金融组织异地政信业务风险排查、“双随机、一公开”联合抽查及全覆盖现场走访检查等，深入排查合规性、非法风险、发展状况及难题，全年开展各项检查50家次。做好地方金融组织设立变更等行政事项初审转报，完成部分小额贷款公司注册地址变更、融资租赁公司注销、典当行股权变更等事项。强化行业分类监管，开展融资租赁公司名单制管理扫尾专项工作，根据监管办法认定辖区内融资租赁公司名单制管理类型。

（国资办　段颖寅）

【金融风险防控】 2023年，高新区加大对实体经济的支持力度，加强完善现代金融监管，有效防控金融风险，切实提升金融服务。非法金融活动明显减少，非法集资涉案金额、参与人数实现“双下降”。推动区金融风险化解委员会实体化运作，召开联络员会议、委员会专题会议，总结全区金融风险防范化解工作，研究部署重点任务。制定《金融放贷领域整治工作方案》，成立工作专班，高压严打套路贷、非法放贷、暴力催收等金融放贷领域违法犯罪活动。组织各镇（街道）全面排查风险隐患，深入商业楼宇、二手车交易市场等重点场所，累计排查企业700余家。高效运行区防范和处置非法集资工作协作机制，召开全区防范及打击处置非法集资半年度工作会议，完成元旦春节期间、6—8月非法集资风险集中排查，完成数字藏品、民间投融资中介等专项排查。开展商业楼宇、汽车城、沿街店铺等重点区域摸排。强化风险研判，下发风险提示函2封。建立12345热线、市长信箱等快速反应机制，全年调解金融消费者纠纷56起。做好全国两会及杭州亚运会暨中秋国庆期间金融领域稳定工作。利用公众场合电子屏、小区宣传栏等循环播放宣传标语。通过百名局长进社区宣讲、区助企直播间等新形式开展宣传活动。针对重点人群、重点领域开展精准宣传，加强对养老领域金融诈骗、虚拟货币、数字藏品、区块链等新型非法集资形式的警示教育。（国资办　王栋梁）

【数字人民币试点】 2023年，高新区持续深化数字人民币试点工作，重点推进数字人民币在对公交易、企业贷款、零售消费等领域的应用。全年对公钱包交易量3054.09亿元，发放贷款金额196.38亿元，预算内外财政资金数币支出228.52亿元，消费交易金额94.40亿元。推动“保险+科技”试点，数字人民币保费缴纳7.45亿元。发展数字金融产业，新增数字金融生态圈企业27家、数字金融实验室1家、数字金融创新项目1个。（国资办　周　怡）

银行业

【概况】 截至2023年底，高新区有银行业金融机构32家，其中内资银行30家、外资及港澳台资银行2家。全区银行业本外币存款余额3462.10亿元，增长17.65%；本外币贷款余额3546.76亿元，增长12.82%。

表41　2023年高新区内资银行一览表

序号	银行名称	序号	银行名称
1	中国工商银行股份有限公司苏州高新技术产业开发区支行	16	宁波银行股份有限公司苏州高新技术产业开发区支行
2	中国农业银行股份有限公司苏州高新技术产业开发区支行	17	宁波银行股份有限公司苏州虎丘支行
3	中国银行股份有限公司苏州高新技术产业开发区支行	18	兴业银行股份有限公司苏州高新技术产业开发区支行
4	中国建设银行股份有限公司苏州高新技术产业开发区支行	19	中国邮政储蓄银行股份有限公司苏州市高新区支行
5	交通银行股份有限公司苏州高新技术产业开发区支行	20	上海银行股份有限公司苏州高新技术产业开发区支行
6	江苏银行股份有限公司苏州新区支行	21	广发银行股份有限公司苏州高新技术产业开发区支行
7	中信银行股份有限公司苏州高新技术开发区支行	22	江苏江阴农村商业银行股份有限公司苏州分行
8	中信银行股份有限公司苏州高新技术开发区科技城支行	23	江苏苏州农村商业银行股份有限公司高新支行
9	上海浦东发展银行股份有限公司苏州高新技术产业开发区支行	24	江西银行股份有限公司苏州高新技术产业开发区支行
10	招商银行股份有限公司苏州新区支行	25	浙商银行股份有限公司苏州高新技术产业开发区支行
11	招商银行股份有限公司苏州城西支行	26	浙江泰隆商业银行股份有限公司苏州高新支行
12	苏州银行股份有限公司高新技术产业开发区支行	27	渤海银行股份有限公司苏州新区支行
13	华夏银行股份有限公司苏州新区支行	28	恒丰银行股份有限公司苏州高新区支行
14	中国光大银行股份有限公司苏州高新技术产业开发区支行	29	南京银行股份有限公司苏州新区支行
15	中国民生银行股份有限公司苏州高新技术产业开发区支行	30	平安银行股份有限公司苏州高新区支行

表42　2023年高新区外资及港澳台资银行一览表

序号	银行名称	序号	银行名称
1	三井住友银行（中国）有限公司苏州分行	2	合作金库商业银行股份有限公司苏州高新支行

【中国银行股份有限公司苏州高新技术产业开发区支行】 2023年，中国银行股份有限公司苏州高新技术产业开发区支行本外币合计存款424亿元，增加73亿元。本外币合计贷款538亿元，增加59亿元。下辖11家营业网点。加大实体经济支持力度，推动创新经济转型升级。加大普惠金融投放力度，与中小民营企业对接，解决企业发展难题。助推绿色环保、城市更新等领域发展，推进财富金融价值创造，推动产业创新集群发展，为科技企业提供专属服务。获评第九届中国银行文明单位、苏州市五一劳动奖状。

【中国工商银行股份有限公司苏州高新技术产业开发区支行】 2023年，中国工商银行股份有限公司苏州高新技术产业开发区支行本外币全部存款416.91亿元，各项贷款488.12亿元，其中制造业贷款111.19亿元，民营贷款148.13亿元，普惠贷款56.14亿元。推进普惠网点下沉及全员办，推动乡村普惠金融，依托光子贷、数字贷精准支持中小微企业，提升普惠金融服务精准性及覆盖面。协助明基医院首批上线“先诊疗后付费”，开展“树山有梨”四期活动，为国巨电子（中国）有限公司办理全国首笔单一窗口关税保函，为苏州金合盛控股有限公司落地中国工商银行苏州分行首笔增资并购贷款，参与南大苏州校区智慧校园建设。

【中国农业银行股份有限公司苏州高新技术产业开发区支行】 2023年，中国农业银行股份有限公司苏州高新技术产业开发区支行加强对区域先进制造业、新兴产业及科技型中小产业的服务力度，新增法人贷款80%以上投向相关行业。全行本外币存、贷款双超500亿元，全行各项存款余额530.11亿元，增加110.94亿元；各项贷款余额535.47亿元，增加93.85亿元。支持长三角一体化太湖国际创新社区、苏州大学高端智能装备产业园等一批重点项目，累计投放固定资产贷款92.83亿元。服务制造业及优质科创企业，全年新增制造业贷款27.93亿元，余额87.97亿元，新增战略性新兴产业贷款22.57亿元。下辖湖滨支行获评江苏银行业文明规范服务适老网点。

【中国建设银行股份有限公司苏州高新技术产业开发区支行】 2023年，中国建设银行股份有限公司苏州高新技术产业开发区支行本外币一般性存款时点余额395.63亿元，本外币贷款时点余额482.42亿元。服务高新技术企业1214家，其中，省级以上专精特新企业217家，战略新兴产业客户122个。落地苏州市首单绿色债务融资工具。推进普惠金融业务，支持服务实体经济，办理全国首单委托代理模式E信通业务、苏州市首笔科技创新固定资产购置贷款业务，发放全区首单“首创贷”，实现全国首笔开业（入园）进阶贷。数字乡村平台新增签约7户，正式上线1户。支行营业部获评全国巾帼文明岗。 （国资办 庄 懿）

保险业

【概况】 2023年，高新区保险业实现保费收入279.97亿元，增长21.3%。其中，寿险公司实现保费收入177.97亿元，增长33.7%；产险公司实现保费收入102亿元，增长4.5%。全区有保险业金融机构78家，其中保险总公司及分支机构35家、保险公估机构4家、营销服务部20家、营业部2家、保险代理机构7家、保险销售机构6家、保险经纪机构4家。

表43 2023年高新区保险总公司及分支机构一览表

序号	性质	企业名称
1	总公司	东吴人寿保险股份有限公司
2	分公司	中国人民财产保险股份有限公司苏州市分公司
3	分公司	永诚财产保险股份有限公司苏州分公司
4	分公司	中国人寿保险股份有限公司苏州市分公司
5	分公司	招商局仁和人寿保险股份有限公司苏州分公司
6	分公司	安邦财产保险股份有限公司苏州分公司
7	分公司	中融人寿保险股份有限公司苏州分公司
8	中心支公司	阳光财产保险股份有限公司苏州中心支公司
9	中心支公司	大家财产保险有限责任公司苏州中心支公司
10	中心支公司	中国人民健康保险股份有限公司苏州中心支公司
11	中心支公司	大家人寿保险股份有限公司苏州中心支公司
12	中心支公司	信泰人寿保险股份有限公司苏州中心支公司
13	中心支公司	长城人寿保险股份有限公司苏州中心支公司
14	中心支公司	永安财产保险股份有限公司苏州中心支公司
15	新区支公司	中国太平洋财产保险股份有限公司苏州市高新技术开发区支公司

续表

序号	性质	企业名称
16	新区支公司	中国人民财产保险股份有限公司苏州市国家高新技术产业开发区支公司
17	新区支公司	中华联合财产保险股份有限公司高新区支公司
18	新区支公司	紫金财产保险股份有限公司新区支公司
19	新区支公司	太平财产保险有限公司苏州新区支公司
20	新区支公司	阳光财产保险股份有限公司苏州市高新技术开发区支公司
21	新区支公司	天安财产保险股份有限公司苏州新区支公司
22	新区支公司	中国人寿财产保险股份有限公司苏州市高新区支公司
23	新区支公司	中国大地财产保险股份有限公司苏州高新区支公司
24	新区支公司	中国人民财产保险股份有限公司苏州市电子商务支公司
25	新区支公司	中国人民财产保险股份有限公司苏州市太湖国家旅游度假区支公司
26	新区支公司	中国人民财产保险股份有限公司苏州市虎丘支公司
27	新区支公司	中国人寿保险股份有限公司苏州市新区支公司
28	新区支公司	中国人寿保险股份有限公司苏州市城区支公司
29	新区支公司	东吴人寿保险股份有限公司苏州分公司新区支公司
30	新区支公司	中国太平洋人寿保险股份有限公司苏州市高新技术开发区支公司
31	新区支公司	农银人寿保险股份有限公司苏州市区支公司
32	新区支公司	百年人寿保险股份有限公司苏州新区支公司
33	新区支公司	太平人寿保险有限公司苏州分公司新区支公司
34	新区支公司	幸福人寿保险股份有限公司苏州新区支公司
35	科技支公司	中国人民财产保险股份有限公司苏州科技支公司

【中国人民财产保险股份有限公司苏州市分公司】 2023年，中国人民财产保险股份有限公司苏州市分公司有营业网点180个，实现营业收入88.45亿元，列全市财险行业第一位。提供风险保障总额20.90万亿元，覆盖企业10万家、地方居民1000万人、机动车175万辆。缴纳各类税费8.30亿元。获评苏州市突出贡献企业、苏州市金融支持高质量发展突出贡献企业。

【中国人寿保险股份有限公司苏州市分公司】 2023年，中国人寿保险股份有限公司苏州市分公司实现总保费95.27亿元，增长7.37%，总保费市场份额13.40%。全年为457万人提供总保额1.61万亿元的保险保障服务，累计为58万人次赔付、给付资金总额18.98亿元。强化民营企业及中小微企业风险保障，定制化产品“员福保”累计为全市1800余家小微企业提供风险保障。残疾人保险项目惠及2.6万人，退（现）役军人保险项目惠及12.17万人，老年人保险项目惠及200万余人。首创失独家庭保险项目，累计赔付3万次，赔付总金额5000万余元。关爱女性保险项目惠及8万人，新业态人群保险项目惠及5398人。

【东吴人寿保险股份有限公司】 2023年，东吴人寿保险股份有限公司总资产374.9亿元，实现营业收入101.6亿元，原保费收入95.4亿元，累计在苏州地区投资余额83亿元。打造“险资入苏”模板，提升投资规模及占比。推进苏惠保、大病保险项目及长护项目，持续重点推进“保险+科技”发展战略，加快数字东吴建设，完善数字化运营体系。 （国资办　庄　懿）

资本市场

【企业上市】 2023年，高新区瞄准资本市场改革核心，实施上市企业倍增三年行动计划、上市企业培育“领峰”计划，扩充上市后备企业库，升级企业上市服务。截至年底，全区有上市企业31家，已申报上市企业8家，在中国证监会江苏监管局备案辅导企业7家。

【新上市企业选介】 裕太微电子股份有限公司　成立于2017年1月，2023年2月在上海证券交易所科创板发行上市。以以太网物理层芯片为市场切入点，推出系列芯片产品。产品应用范围涵盖信息通信、汽车电子、消费电子、监控设备、工业控制等市场领域，有商规级、工规级、车规级等不同性能等级，有百兆、千兆等不同传输速率及不同端口数量的产品组合可供销售，满足不同终端客户各种场合应用需求。

阿特斯阳光电力集团股份有限公司　成立于2009年7月，2023年6月在上海证券交易所科创板发行上市，是美股上市公司阿特斯阳光电力集团的控股子公司。从事主营研发、生产及销售太阳能组件、逆变器，并提供成套光伏系统解决方案。包括大型储能系统制造及系统集成业务，为公共事业、工商业及家庭用户提供一站式储能系统解决方案。

苏州昊帆生物股份有限公司　成立于2003年12月，2023年7月在深圳证券交易所创业板发行上市。是为全球医药研发及生产企业提供特色原料的高新技术企业，产品主要应用于多肽、核苷酸及医药合成等领域，形成以多肽合成试剂为主，通用型分子砌块及蛋白质试剂为辅的产品体系。在脂质体与脂质纳米粒药用试剂及核苷酸试剂等特色产品领域布局，拓展产品管线。

苏州卓兆点胶股份有限公司　成立于2015年7月，2023年10月在北京证券交易所发行上市。是从事高精度智能点胶设备、点胶阀及其核心部件研发、生产及销售的技术驱动型高新技术企业，主要产品包括精密螺杆阀、压电喷射阀、气动式喷雾阀、柱塞阀在内的全系列、多规格点胶阀产品及转子、定子等核心部件，根据客户需求灵活选配点胶平台及运动控制系统、多功能辅助装置，定制化研发、生产智能点胶设备，提供智能点胶解决方案。

苏州贝克微电子股份有限公司　成立于2010年11月，2023年12月在香港联合交易所主板发行上市。从事模拟与混合信号全品类芯片及系统级解决方案设计，量产近400款产品料号，覆盖开关稳压器、多通道IC及电源管理IC、线性稳压器、电池管理IC、监控及调制解调IC、驱动器IC、线性产品等多个产品方向。产品主要为高性能的通用型产品，可广泛用于各类电子器件，下游应用覆盖工业自动化、汽车电子、医疗、工业物联网、工业照明、仪表、通信、电力、储能及消费电子等主要芯片应用领域。

【企业债券】 2023年，高新区新增发行债券84笔，募集资金327.25亿元，其中企业债1支，募集资金7亿元。截至年底，全区存续期债券170支，债券余额791.78亿元，其中企业债3支，债券余额22亿元。

【创业投资】 2023年，高新区在苏州市发展改革委备案的创投企业有29家，注册资本57.37亿元，实收资本48.79亿元。辅导1家企业取得备案资格，新增实收资本8090万元。

（国资办　周　怡）

地方金融组织

【概况】 截至2023年底，高新区有辖内持牌地方金融法人机构15家，其中，小额贷款公司8家，融资担保公司1家，融资租赁公司2家，保理公司1家，典当行2家，交易场所1家。

表44　2023年高新区地方金融组织一览表

序号	单位名称
	小额贷款公司
1	苏州市高新区东渚农村小额贷款有限公司
2	苏州市聚创科技小额贷款有限公司
3	苏州高新区金屋农村小额贷款有限公司
4	苏州高新区通安农村小额贷款有限公司
5	苏州市新合盛科技小额贷款有限公司
6	苏州高新区国友农村小额贷款有限公司
7	苏州高新区鑫庄农村小额贷款股份有限公司

续表

序号	单位名称
8	苏州市苏润科技小额贷款有限公司
融资担保公司	
9	苏州高新区中小企业融资担保有限公司
融资租赁公司	
10	苏州新合盛融资租赁有限公司
11	苏州高新福瑞融资租赁有限公司
保理公司	
12	苏州市聚鑫商业保理有限公司
典当行	
13	江苏徽商典当有限公司
14	苏州众联行典当有限公司
交易场所	
15	江苏国际知识产权运营交易中心有限公司

【苏州高新区中小企业融资担保有限公司】 2023年，苏州高新区中小企业融资担保有限公司实现营业收入7764.38万元，净利润3635.60万元，区内税收贡献1452.18万元。全年担保发生额51.74亿元，其中融资担保39.21亿元、非融保函业务12.53亿元。全年担保发生户数988户，在保户数936户。承做产品信保贷、小微贷、高新贷、法拍贷、苏高新保函、保函通等，落地首创贷、更名贷、光子贷等新产品，与银行合作发行ABN（资产支票据）产品。评级保持AA+等级，获评2022年度苏州市金融服务实体经济综合评价先进单位、苏州担保行业先进机构。

【苏州市聚创科技小额贷款有限公司】 2023年，苏州市聚创科技小额贷款有限公司实现营业收入6644.66万元，上缴税金2288.05万元。截至年底，全口径业务余额6.43亿元，覆盖146户。与区企服中心、各类大院大所、专业产业园及区、镇（街道）联动挖掘市场需求，组合搭配产品，为符合准入的企业及相关人才提供一揽子债权服务计划。全年累计走访企业168家，发放贷款7.95亿元，覆盖企业156家。新创贷、人才通、聚融通等特色金融产品累计放款5.62亿元。获评A级江苏省小额贷款公司。

【江苏国际知识产权运营交易中心有限公司】 2023年，江苏国际知识产权运营交易中心有限公司为企业提供政策宣贯、政策咨询、政策申请服务等知识产权金融服务，全年服务企业约800家。服务全市完成知识产权质押融资企业934家，总金额162亿元。参与发行知识产权证券化产品，拓宽融资渠道，落地首单生物医药技术与知识产权对外许可收益权融资银团贷款，授信额1.3亿元，完成发放首笔贷款1亿元。知识产权金融创新业务获苏州市知识产权金融创新奖。

（国资办　段颖寅）

编辑：刘　鹏

房地产业

综　述

【楼宇经济发展】 2023年，高新区坚持产城人融合发展，制定出台《关于促进楼宇经济提档升级推进方案》，合理规划楼宇经济总体布局，优化楼宇内产业业态，提升楼宇经济质量，集聚一批特点鲜明、附加值高、产业关联度强的专业特色楼宇，引进一批优质运营平台载体，初步形成以狮山商务创新功能片区为核心，狮山路沿线为主轴，浒墅关城际商务区、太湖大道沿线等区域多点辐射、共同发展的楼宇经济格局。新增年税收亿元以上楼宇项目4个，5亿元以上项目2个，累计亿元以上楼宇项目19个。总税收贡献64.5亿元，增加19.8亿元，占全区税收总额比重超过30%。获批苏州市楼宇经济政策奖励楼宇6幢，其中高产出楼宇4幢、专业特色楼宇1幢、招商运营成绩突出楼宇1幢。天都大厦挂牌法律服务产业示范园区，苏州创业园累计引进科技服务业企业2200余家，人才大厦获评首批人力资源特色服务出口基地。苏州资管、东吴人寿等金融龙头企业入驻狮山金融中心，初步形成一楼宇一特色、一楼宇一产业的发展格局。以信息软件技术服务、数字经济等为代表的新兴产业初步发展，以批零住餐、金融业、文化体育娱乐等为主体的服务业稳步发展。全区信息、软件、咨询、技术服务等现代服务业增加值占地区生产总值比重超过30%。截至年底，全区启用楼宇项目61个，共计138幢，总建筑面积395万平方米。楼宇企业2.7万家，就业人数11.6万人。

（经济发展委员会　曹后侠）

【“房车联动”购房促消费活动】 2023年，高新区发布《“卖旧买新”购房契税补贴方案》，通过契税补贴提高购房人置换新建商品住房积极性，促进商品房销售。在全市率先推出“房车联动”促消费政策，制定《高新区“房车联动”实施方案》，促进房地产市场平稳健康发展，提升新能源车消费，形成行业联动效应，带动区域居民消费增长。

【房屋结构改造安全行政许可】 2023年，高新区推动房屋结构改造安全行政许可“一网通办”业务，线上办结业务1017件。既有建筑领域完成全部自建房及既有建筑排查工作，排查录入既有建筑38419幢，整治疑似严重损坏的既有建筑26幢，排查幕墙建筑1879幢，排查幕墙面积457.35万平方米。排查学校、医院、体育场所等公共建筑788幢，完成非承重墙拆改鉴定业务1273件，房屋安全鉴定业务147件。　（住房和建设局　赵亚迪）

房地产开发经营

【房地产开发】 2023年，高新区全年完成房地产开发投资352.08亿元，增长2.9%。房屋新开工面积162.16万平方米，下降20.1%。房屋施工面积1038.34万平方米，下降1.2%。房屋竣工面积186.30万平方米，增长299.5%。

【商品房销售】 2023年，高新区全年商品房销售面积186.78万平方米，增长3.1%，增幅列全市第一位。其中住宅销售面积171.56万平方米，增长14.8%。持续推动房地产市场平稳健康发展，规范房地产市场秩序，落实市场保交楼工作，推动商品房销售量稳步增长。在全市范围内，高新区全年问题楼盘数量、房产信访投诉量均为最少。

【房屋征收】 2023年，高新区持续开展征收（拆迁）“三精三保”专项行动（精心组织、精准攻坚、精打细算，保土地上市、保重点“清零”、保和谐稳定）。全年拆除住宅147户，占全年计划数的49.49%；拆除非住宅33户，占全年计划数的37.50%。完成征收拆迁项目12个，占全年计划数的36.36%，完成上市地块3个，完成拔“钉”扫尾17户。区主要领导、分管领导对征收工作累计作出批示18次，区住建局报送快报18期、报送每周简报49次，召开会商会办会议、专题推进会议、工作例会等80余次。浒墅关镇实现大通路国际高中项目和历史遗留项目“清零”，项目完成率、住宅房屋拆除率、非住宅房屋拆除率均达到100%。枫桥街道全年项目完成率75%、住宅房屋拆除率100%、非住宅房屋拆除率85.71%，拔“钉”扫尾任务全部完成。通安镇推进拆迁“清零”攻坚战，完成文旅项目、中学建设用地项目，非住宅房屋拆除率100%。狮山、横塘街道全年拆除住宅111户。东渚街道完成230省道东、石桥河以南上市地块红线范围内任务和2023-G-01地块项目。镇湖街道实现上市地块（学校高中地块）“清零”，为学校开工建设提供空间保障。

（住房和建设局　赵亚迪）

【存量房交易】 2023年，高新区存量房交易面积99.97万平方米，增长27.35%。全年全区存量房交易套均成交价为17939元，下降3.50%。高新区房产交易管理中心办理存量房资金托管6987处，面积71.51万平方米，全年存量房托管资金162.79亿元。

（房产交易管理中心　张春梅）

表45　2023年高新区存量房交易情况统计表

月份	成交套数（套）	同比（±）	环比（±）	成交总面积（平方米）	套均成交价（元）	套均合同价（元）
1	589	-10.08%	-10.21%	60314.19	19299	1976214.60
2	660	116.39%	12.05%	67529.85	18270	1863682.52
3	1269	142.18%	92.27%	122945.19	19122	1854103.80
4	1197	115.29%	-5.67%	119691.42	19621	1961961.72
5	898	84.02%	-24.98%	93299.80	19133	1985693.05
6	794	-1.49%	-11.58%	82503.08	17454	1813595.26
7	635	-30.45%	-20.03%	98381.43	14676	2270122.80
8	607	-26.60%	-4.41%	84565.87	16186	2247542.64
9	566	-16.89%	-6.75%	61266.82	17003	1840454.09
10	571	5.35%	0.88%	58686.15	17129	1760433.80
11	812	11.08%	42.21%	78735.42	17760	1722082.51
12	673	2.59%	-17.12%	71800.90	18846	2010544.42
合计	9271	—	20.65%	999720.12	17939	1933328.77

房地产中介服务

【房地产中介机构】 2023年，高新区新增入网备案房产经纪机构68家，累计有498家。房产中介行业从业人员3692人，其中有资格证书的658人，占从业总人数的17.8%。

【房地产中介机构管理】 2023年，高新区加强房产经纪机构及从业人员信息审核，落实房产经纪机构常态化管理工作。开展房地产经纪机构专项检查265家次，开具整改通知书11份，实施警告、公示等监管措施机构71家，失信房地产中介机构信用减分3家。

（房产交易管理中心　张春梅）

房地产业市场监管

【商品房价格备案】 2023年，高新区严格按照《苏州市新建商品住房价格备案工作规程》相关要求进行商品住房物价备案。房地产市场长效管理工作领导小组全年办理商品住房物价备案39批次，涉及新建商品住宅小区28个。

【房地产市场管理】 2023年，高新区持续推进房地产市场规范性管理和保交楼工作。根据《高新区商品房项目开盘规范性要求》，提升认筹、现场公示、销售管理、舆论引导等流程规范性，督促开发企业避免恶性价格竞争，营造“主体诚信、行为规范、市场有序”的房地产市场环境。持续完善保交楼工作机制，出台《苏州高新区保交楼工作方案》，明确问题楼盘处理机制和责任分工，提高房地产市场风险防控能力。加强监督指导，对存在风险的房地产企业和项目开展实地走访，强化预售资金监管，督促开发企业推进工程建设，确保土建和装修质量，妥善解决业主合理诉求。加强区住建局、资源规划分局、市场监管局等多部门联动，建立沟通协调机制，对问题楼盘提前介入，妥善化解涉房风险，确保实现平稳交房。

（住房和建设局　赵亚迪）

物业管理

【概况】 2023年，高新区有在管物业企业115家，物业管理项目327个，管理面积4986万平方米。其中，住宅项目273个，管理面积4643万平方米；商业办公项目54个，管理面积343万平方米。成立业主委员会129个，其中，住宅项目业主委员会120个，非住宅项目业主委员会9个。2个项目获评江苏省省级示范项目，7个项目获评苏州市示范项目，5个项目获评党建引领物业管理服务工作市级示范点。

【物业服务监管】 2023年，高新区履行物业行业监管职责，组织开展物业服务规范化评价、第三方测评、双随机检查等各类监督检查活动。完善行业主管部门牵头负责、镇（街道）和社区参与实施、业主共同参加的全区物业项目综合评价机制。对检查中暴露的各项问题，督促物业企业及时整改，持续提升全区物业服务质量。

【物业信用体系建设】 2023年，高新区依托苏州市智慧物业服务平台，持续开展物业企业信用评价，评价结果作为物业管理示范项目评价、评奖评优、日常监管、物业服务项目招投标、物业管理行业专家选聘等物业管理活动重要依据。对物业企业实施分级分类管理，实施守信激励、失信惩戒制度。　（住房和建设局　赵亚迪）

编辑：陈　燕

旅游业

旅游资源

【概况】 截至2023年底，高新区有AAAA级旅游景区6个，省级旅游度假区1个，国家森林公园2个，国家湿地公园1个，全国农业旅游示范点2个，全国乡村旅游重点村1个，国家生态旅游示范区1个。2023年10月，“环太湖生态游”线路入选中国体育旅游精品项目。

表46　2023年高新区特色旅游资源一览表

类型	级别	名称
A级景区	AAAA	白马涧龙池风景区、太湖国家湿地公园、中国刺绣艺术馆景区、大阳山国家森林公园、上方山国家森林公园、苏州乐园森林世界
度假区	省级	西部生态旅游度假区
森林公园	国家级	大阳山国家森林公园、上方山国家森林公园
湿地公园	国家级	太湖国家湿地公园
全国农业旅游示范点	国家级	树山生态村、镇湖生态旅游区
全国乡村旅游重点村	国家级	树山村
国家生态旅游示范区	国家级	镇湖生态旅游区

【白马涧龙池风景区】 位于高新区枫桥街道西部，占地面积1.5平方千米。2023年，接待游客45万人次。有饮马池、谢越岭等多处遗址，享有“江南九寨”称号。

【太湖国家湿地公园】 位于高新区西部，西枕太湖，东接东渚，南联光福，毗邻镇湖，占地面积2.3平方千米，其中水域面积71%。2023年，接待游客59.8万人次。有湿地保育区、湿地游览体验区、湿地宣教展示区、湿地合理利用区、湿地管理服务区5个功能分区，设苏州世博新馆、太湖大熊猫科普馆、湿地科普体验展示馆、科普宣教中心等，鸟类观测数量150余种。

【中国刺绣艺术馆景区】 位于高新区镇湖街道，占地面积0.64平方千米，由一纵一横两条主线构成，含绣品街、绣馆街（创意绣坊）、中国刺绣艺术馆等多个景点。2023年，接待游客59.8万人次。设有绣史馆、名人馆、工艺馆、精品馆及特展厅。

【大阳山国家森林公园】 位于古城西部，分大阳山和植物园2个景区。大阳山景区为森林公园东部景区，占地面积0.42平方千米，主峰箭阙峰海拔338.2米，有文殊寺等景点。植物园景区位于大阳山国家森林公园南部，占地面积0.86平方千米，北部设科普观赏性植物区和专类园，有百果园、菖蒲茶庄等景点。南部设休闲娱乐性植物分区，有植物1800余种3万余棵。2023年，接待游客114万人次。大阳山“星亮夜”国潮光影奇遇园活动于7月8日至10月6日举办，推出传统国潮灯会、科技灯光展示等多个主题活动，接待游客60万人次。

【上方山国家森林公园】 占地面积5平方千米，公园自然山水资源丰富、人文历史悠久，集生态、游览、休闲、科普等多功能为一体。林木覆盖率超

苏州太湖国家湿地公园（金洲宇　摄）

大阳山植物园（伊志明　摄）

2023年4月，苏州乐园“欢乐寻梦季”元宇宙灯会（文体旅局　供图）

过95%，有植物种类89科300余种。公园内有楞伽塔、乾隆御道、治平寺、石湖草堂、石佛寺、范成大祠、越公井等景点20余处，其中多处被列为省、市级文物保护单位。

【苏州乐园森林世界】 位于大阳山国家森林公园东南侧。景区有6个特色区域，游乐项目29个。2023年，接待游客230万人次。获评江苏省文明旅游示范单位。苏州乐园“欢乐寻梦季”元宇宙灯会于4月8—28日举办，演出30余场，接待游客13万余人次。第25届苏州乐园喜力超级啤酒音乐节于7月15日至8月13日举办，演出300余场，获得央广网、江苏卫视、《苏州日报》等20余家媒体关注报道。

（文化体育和旅游局　曹　涛）

西部生态旅游度假区

【概况】 位于高新区镇湖街道，三面环太湖。2023年，西部生态旅游度假区持续丰富苏绣文旅载体，盘活西京岭艺术中心（第三杯咖啡）、太湖科学营研学基地（原蚕桑基地）等太湖岸线载体。太湖科学营入选苏州市首批中小学劳动教育实践基地。在2022年江苏省旅游度假区发展评价报告中，西部生态旅游度假区获进位明显通报表扬。

【旅游项目】 2023年，西部生态旅游度假区制定乡村旅游农家乐（民宿）规范发展实施细则，推进民宿规范化管理。召开助力乡村振兴座谈会，推进农文旅融合发展。石帆村“归园田居”项目启动，市干桥“太湖桃源时光”民宿项目开工建设。

【旅游产业】 参见苏绣类目

【旅游活动】 2023年，西部生态旅游度假区举办“针凿之上　绣艳湖山”第15届中国刺绣文化艺术节、非遗传承与乡村振兴作品展、“承续与转换”苏绣新生代艺术作品展、“去太湖追光”苏州太湖十公里路跑锦标赛选拔赛、民间文艺助力乡村振兴研讨会、南京大学苏州文化周等系列活动。

【“环太湖生态游”线路入选中国体育旅游精品项目】 2023年10月，国家体育总局文化发展中心发布《关于入选“2023中国体育旅游精品项目”的通告》，“环太湖生态游”线路入选。线路全长234千米，途径大阳山国家森林公园、树山村、通安万亩良田、苏绣小镇、西京湾花海、太湖湿地公园等特色景观。有1万余个停车位，途经轨道交通线路2条，有双向6车道的太湖大道，18千米沿太湖跑道，近3年平均年接待游客197.5万人次。

（西部生态旅游度假区　赵蒙超）

树山村

【概况】 高新区通安镇树山村位于大阳山北麓，西邻太湖，全村占地面积5.20平方千米。山地面积310公顷，其中翠冠梨种植面积70.67公顷、茶叶种植面积66.67公顷、杨梅种植面积133.33公顷。村下辖11个村民小组，有村民370余户1700余人。村民人均年收入4.80万元。依托村庄基础发展特色生态农业、休闲农业，推出乡村微旅行线路。2020年，树山村获评全国乡村旅游重点村。2023年，获评江苏省生态宜居美丽乡村示范村、苏州市乡村休闲旅游农业精品村。

【旅游项目】 2023年，树山村打造树山自然课堂项目，挖掘地域特色“树山守”、抬猛将等乡土文化品牌，重建大石山十八景，弘扬“陆绩廉石”尚廉文化。创艺树山项目获评江苏省乡村旅游业态创新示范项目，苏州树山智慧乡村项目入选江苏省智慧文旅示范项目。

树山村民俗活动抬猛将（伊志明　摄）

【旅游产业】 2023年，树山村全年接待游客126万人次。村集体年收入超过1500万元，农副产品年总收入6000万余元。重点发展杨梅、茶叶、翠冠梨“树山三宝”为主，农家乐、民宿为辅的乡村旅游产业。截至年底，有民宿21家、农家乐46家，都喜天丽、花间堂、书香世家温泉酒店等一批知名商旅酒店入驻。

【旅游活动】 2023年，树山村围绕“春赏梨花、夏尝果实、秋品湖鲜、冬泡温泉”，挖掘村庄旅游资源，举办梨花文化节、树山星享夜、我在树山过大年等特色节庆活动。3月24日，“风起梨花醉　寻春太湖美”树山梨花旅游文化季活动在树山公园举办，发布5个主题。活动自2008年首次举办以来，每年吸引游客30万人次，先后获评最美中国榜、最具影响力特色节庆、中国最负盛名节庆等。（通安镇　吴素娟）

旅游接待

【景区接待】 2023年，高新区旅游业总体呈现回暖态势，基本实现旅游业稳步发展总目标。接待游客1018.86万人次，增长66.70%。其中，第三季度A级旅游景区接待游客169.98万人次，接待人数为全年最多，增长28.07%。

【旅游收入】 2023年，高新区旅游业收入实现稳步增长。全年旅游总收入197.60亿元，增长64.70%。A级旅游景区营业收入中门票收入占比57.40%，二次消费收入占比42.60%。

（文化体育和旅游局　曹　涛）

旅游业态

【工业旅游】 2023年，高新区有省级工业旅游示范点2个，分别是有轨电车科技体验基地和李良济中医药健康旅游基地。依托示范基地串联工业旅游点与其他旅游景区线路，利用区内长光华芯、清华环境研究院、清听声学等特色企业，面向青少年发布研学游基地7个、研学线路7条，打造中小学生广泛参与、活动品质持续提升、文化氛围健康向上的研学旅游发展体系。

【文化旅游】 2023年，高新区持续推动文化旅游工作，打造文化和旅游深度融合的特色发展体系。围绕四季游高新主题，推出四季十二时辰文旅宣传手册，承办中国刺绣文化艺术节，举办树山梨花文化旅游节、苏州乐园超级啤酒节等品牌文旅活动。推出大阳山“星空幻影”主题灯光秀、苏州乐园“欢乐寻梦季”元宇宙灯会等一系列特色旅游产品。开展“年在高新”冬季文旅消费季、高新区夏季文旅产品发布会等新型文旅消费活动。狮山文化广场、浒墅关运河文旅产业综合开发项目和苏州乐园森林世界入选江苏省重点文化和旅游产业项目。

【体育旅游】 2023年，高新区持续加强狮山文化广场、大白荡公园和月泊湾公园体育设施建设。“环太湖生态游”线路入选中国体育旅游精品项目。

【生态旅游】 2023年，高新区持续推进生态旅游建设，优化生态旅游环境。以西部生态旅游度假区（镇湖街道）、树山村、大阳山国家森林公园为核心，带动周边白马涧龙池景区、太湖国家湿地公园、杵山生态公园、西京湾、贡山岛、太湖大堤沿线等特色旅游资源，形成环太湖生态休闲旅游带和环阳山山水休闲旅游带。

（文化体育和旅游局　曹　涛）

【红色旅游】 2023年，高新区发展红色旅游线路，挖掘红色文旅资源。有大阳山政德教育基地、高景山红色文化阵地、何山烈士陵园、秦大刚（江）故居、太湖游击队西华联络点、夜袭浒墅关纪念碑、殷启辉烈士墓、镇湖街道烈士陵园、中国刺绣艺术馆等一批红色旅游资源。6月，高景山红色文化阵地建成开放，位于高新区枫桥街道马涧路188号。红色文化阵地线路始末点长约280米，参观时长20~30分钟。通过铁路行军、田野会议、捐赠物资、架设浮桥四大主题事迹，以连环画形式展示苏州解放前夕发生在原开山村（高景山公园旧址）的革命历史故事。区档案馆摸排串联全区红色旅游点位，制作红色资源地图、红色资源手册。镇湖街道烈士陵园入选苏州市党史教育基地。（党政办公室　张肖千）

2023年3月，苏州乐园森林世界迎来春游高峰（苏高新股份　供图）

旅游市场管理

【概况】 2023年，高新区通过开展“双随机、一公开”跨部门联合执法检查、完善旅游市场智慧监管体系建设、旅游市场普法宣传等方式，持续提升旅游市场监管水平。全年受理涉旅举报投诉238件，群众满意率99.98%。

【旅游市场日常监管】 2023年，高新区强化执法部门联动机制，区文化体育和旅游局联合公安、市场监管、消防、交通、新闻出版、民宗等部门，推进旅游市场百日整治等专项执法行动。建立文体旅统一数据资源中心及综合服务平台智慧执法监管系统，整合分析执法点位、内容、数据。接入区城市运行和社会治理中心平台、安全生产指挥平台等“互联网+监管”平台，形成事前事中事后一体化监管。A级景区全覆盖式接入“i高新”平台，实时监控掌握景区动态。做好旅游服务质量保证金补足期限延长政策发布和业务指导，落实旅行社责任保险续保、投保排查工作，完善旅行社团队安全报备流程，防范和化解旅行社经营风险。开展星级酒店用电、用气及消防安全自查督查，落实控烟专项督查等工作。

【旅游市场专项整治】 2023年，高新区持续开展旅游市场百日综合整治行动。建立旅游市场专项整治工作专班，制定检查方案，针对非法一日游等问题开展常态化联合整治。全年出动执法人员208人次，检查旅游购物店2家次、旅行社10家次、导游58人次、旅游团队58个。办理未经许可经营旅行社业务等行政处罚案件2起，没收违法所得4.62万元，收缴处罚款5.08万元。

（文化体育和旅游局　曹　涛）

编辑：陈　燕

城市建设

城市更新

【棚户区改造】 2023年，高新区推进棚改安置房项目建设，全年完成棚改安置房项目15.8万平方米，安置房竣工992套。

【城镇老旧小区改造】 2023年，高新区持续推进城镇老旧小区改造，实施人居环境整治提升三年行动计划，完成老旧小区改造10个，惠及居民1465户，覆盖楼栋68幢、建筑面积14.99万平方米。浒墅关镇完成浒新街68—69号、80—81号2个老旧小区整治提升工作。狮山、横塘街道完成航天小区、馨泰花苑西区、狮山花苑、吴甸园、供电局家属楼等5个老旧小区改造工作和人民银行家属楼、科大家属楼、农业局家属楼等3个老旧小区整治提升工作。通安镇完成华山路8号老旧小区改造工作和中心路9号等7个老旧小区整治提升工作。

【既有多层住宅增梯】 2023年，高新区推进既有多层住宅增设电梯工作，续建及新开工电梯8台，其中竣工并投入使用6台，完成增设电梯补贴发放3台。浒墅关镇阳山公寓投用电梯1台，理想家园小区在建增梯1台。狮山、横塘街道何山花园小区投用电梯4台；滨河花苑投用电梯1台，在建增梯1台。

【海绵城市】 2023年，高新区建成海绵城市项目77个，新增海绵城市达标面积2.89平方千米，累计面积19.68平方千米，建成区海绵城市建设达标率提升至40.93%。

（住房和建设局　赵亚迪）

【美丽街区】 2023年，高新区推进美丽街区建设。更新改造市政设施、景观绿化、建筑立面、道路道板、城市景观小品，对保洁标准、路面秩序、市政养护落实全天候、全过程、一体化管理，提升街区环境。建成绣美天都、城际商务区、树山广场、彩石湖美丽街区4个，绣美天都美丽街区获评苏州市精品美丽街区。

【口袋公园】 2023年，高新区推进口袋公园建设，打造“公园+”品牌。建成太湖大道嘉陵江路、庄里山宕口、长江路余角里路、城际园、通浒桥西侧桥下空间、贺九岭园、吴思园、达善园、状元台等口袋公园9个，吴思园入选江苏省“乐享园林”活力空间建设项目。

（城管局　邓昌伟）

【浒墅关历史文化街区保护】 截至2023年底，浒墅关经济技术开发区有文化遗存建筑24处，其中文物保护单位15处、历史建筑9处。有非物质文化遗产5项，包括省级非遗项目1项（浒墅关草席制作技艺）、市级非遗项目3项（手工工艺旗袍、中国民族乐

吴思园口袋公园（枫桥街道　供图）

器制作技艺、篆刻）、区级非遗项目1项（微缩古建模型制作技艺）。浒墅关草席制作技艺入选省级非遗项目。举办江南古镇守望者联盟大阳山雅集、运河文化带文旅创新论坛等活动，创建浒墅关运河文化带文旅创新智库团，挖掘浒墅关运河文化、钞关文化及蚕桑文化。签订浒墅关经开区文物保护管理责任书，明确文物日常管理单位。修缮浒墅关西陵堂、绿叶楼、天远堂等民国建筑3处，修缮张广桥、南将桥等明清古桥2座。完成文昌阁生态修复项目，获批苏州市大运河司法生态修复基地。新建蚕里展示馆、非遗技艺工作室，新设社区草席文化馆。举办运河非遗市集、非遗文化专题展、非遗特色手工体验等活动。

〔浒墅关经济技术开发区（镇） 满 亮〕

市政建设

【城市道路】 2023年，高新区推进交通市政项目建设，推动市域一体化发展，提升道路通勤需求，完善城市路网交通体系，加快三大功能片区周边互联互通。苏州市首条穿京杭大运河隧道横山路对接胥涛路隧道工程开通试运行，泰山大桥新建工程一期项目主体封顶，沪宁城际铁路苏州新区站P+R工程总承包完成招标，新区路口渠化升级改造工程启动。何山路西延工程获评中国市政工程最高质量水平评价工程，泰山大桥新建工程一期项目获评江苏省建筑施工标准化星级工地，环阳山路西路改造及附近道路沟通二期工程、运河路拓宽改造工程一期项目获苏州市“姑苏杯”优质工程奖。

索山公园（杨炎橙　摄）

竹园路（金洲宇　摄）

【桥梁建设】 截至2023年底，全区有农村公路桥梁269座，其中一类桥梁30座、二类桥梁237座、三类桥梁2座，桥梁总体运行情况良好。年内，进行区属桥梁经常性检查、定期检测、特殊检查及结构性检测，建立“一桥一卡”户籍式档案。

【城市绿化】 2023年，高新区坚持绿色、生态、环保、可持续发展原则，持续推进城市绿化建设。提倡使用本土植物营造自然生态景观，保护城市生物多样性，提高城市绿化质量和绿地生态功能，营造优美宜居城市环境。完成通浒路改造、横山路对接胥涛路下穿隧道高新区段、泰山大桥新建工程一期项目、轨道交通6号线城际路站周边重点景观绿化工程，新增和改建景观绿化面积约20万平方米。

（住房和建设局　赵亚迪）

【高架桥下空间综合整治】 2023年，

高架桥下城市花园(枫桥街道 供图)

中环北线桥下空间(张勇 摄)

高新区开展高架桥下空间综合整治工作,对中环西线、中环北线、苏福路高架桥火炬路路口、太湖大道鹿山路桥头约20千米桥下空间进行提升改造。建设口袋公园及绿化带4.5万平方米,新建机动车停车场地5个,新增城市家具小品360余件,打造市民舒适活动空间和美丽空间。

(城管局 邓昌伟)

公共交通

【公共汽车运营】 2023年,高新区推进公交惠民工程,布局完善周密的公交线网。全年新开辟、优化调整公交线路12条,公交线路总数97条,区公交客运总量3310.38万人次。区内里程1355千米,线网密度每平方千米2千米,建成区500米站点覆盖率100%,轨道交通站点公交换乘接驳率100%,其中区公交自有线路93条(定制公交线路9条),线路总长度1444.20千米。有公交场站35个,场站面积17.45万平方米。有中途站1492个,其中候车亭1104个、电子站牌352个。有新能源公交车693辆,实现中环内新能源车辆全覆盖,占比列全市第一位。开展各镇(街道)"公交管家"出行需求调研。制定南京大学苏州校区配套公交线路,新增3520路、3521路微巴线路2条及往返苏州站、京沪高铁苏州北站定制线路2条,定制高新区文体中心、光福文体中心、博物馆西馆等研学游专线,运送师生0.8万人次。

创新发展多样化线路。2月22日,开通敬老示范线399路,连接怡养老年公寓通安院区和渔洋街院区。3月10日,开通苏州首条到苏南硕放国际机场线路苏锡公交1号。4月24日,在全市率先试点推出响应式停靠站,涉及线路11条、站点77个,覆盖科技城、狮山、浒关、通安等片区。6月22日,开通苏州乐园双园接驳线,连接景区与停车场。9月1日,开通通安片区到达善小学儿童友好专线386路支线。 (住房和建设局 赵亚迪)

【有轨电车运营】 截至2023年底,高新区有轨电车运营线路2条〔1号线(含1号线延线)、2号线(含T5线)〕,运营总里程458万列千米,增长3.6%,设有车站30座。年内,实现T5线一期工程与2号线贯通运营。运送旅客704万人次,增长39.0%。有轨电车1号线全天运营时长18.5小时,最短发车间隔5分48秒;有轨电车2号线全天运营时长17.5小时,最短发车间隔5分57秒。全年未发生有责安全事故。年度服务质量评价得分934.15分,增长0.8%。全线平均旅速、运行图兑现率99.99%,3分钟运行图正点率99.48%。

（苏高新交发　吴超驰）

【轨道交通规划建设】 2023年，高新区推进轨道交通建设，落实长三角一体化国家战略，促进区域融合、市域一体化发展。苏州城市轨道交通第四期建设规划方案中途经区内线路2条，分别为9号线一期、苏锡快线。截至年底，全市轨道交通在建线路7条，其中途经区内线路2条，分别为6号线、8号线，均进入机电安装及装修阶段。6号线区内段包括苏州新区火车站、保丰站，区内里程1.98千米；8号线区内段包括西津桥站、新元站，区内里程2.83千米。

（苏州市轨道交通集团有限公司　高璐璐）

【公共骑行系统建设】 截至2023年底，高新区运营公共自行车租赁点460个，公共自行车保有量10775辆，办卡46757张，共享单车7347辆。年内，车辆日均使用频次1.83次，平均使用时间23.50分钟。开展公共自行车首轮缩减工作，淘汰使用率低、年限久站点35个，淘汰自行车4575辆。

（城管局　邓昌伟）

有轨电车行驶在太湖大道上（丁翊彪　摄）

公用事业

【供水】 2023年，高新区供水总用户数33.54万户，发展新用户2.84万户。全年出水量11728.71万吨，日均出水量32.13万吨，最高日出水量36.57万吨，水质指标正常，合格率100%。全年新建直径75毫米及以上供水管网174.60千米。截至年底，建设供水管网2167.48千米。其中，浑水管24.50千米，与市区建有清水互联互通管1.30千米。消火栓5728个。提升管网报情处理效率，应急抢修供水管网396次，抢修及时率100%。完成企业大口径水表远传技术改造工作，定期更换小口径水表4.7万只，实现全区远传覆盖率100%。

（城乡发展局　曾有华　苏州高新区自来水有限公司　史　思）

【供电】 2023年，高新区全社会用电量948769万千瓦·时，增长2.44%，占全市用电量5.51%。其中，第一产业用电量89万千瓦·时，增长1.14%；第二产业用电量600965万千瓦·时，增长1.33%；第三产业用电量240404万千瓦·时，增长9.10%。城乡居民生活用电107311万千瓦·时，下降4.76%。全社会用电最高负荷182.86万千瓦，下降6.29%。工业用电量592861万千瓦·时，增长1.16%，工业用电占全社会用电量62.49%。用电量前四位制造业行业分别为：计算机、通信和其他电子设备制造业156842万千瓦·时，下降10.27%；其他制造业127026万千瓦·时，增长4.62%；电气机械和器材制造业32801万千瓦·时，下降17.11%；金属制品业31549万千瓦·时，下降9.73%。4个行业用电量总和占工业用电量58.74%。截至年底，全区共有220千伏变电站（不含用户变电站）7座、110千伏变电站19座、35千伏变电站3座，35千伏及以上变电容量551.90万千伏安，线路长度643.30千米。电力客户总数40.14万户，总用电容量1186.55万千伏安。业扩报装申请户数2.63万户，申请容量88.78万千伏安，增长11.74%；业扩报装完成户数3万户，完成容量92.32万千伏安，增长36.99%。

（苏州供电公司　邵烨楠）

表47　2023年高新区用电分类情况统计表

分类	累计（万千瓦·时）	比上年（±）
一、全社会用电量	948769	2.44%
1.全行业用电量	841458	3.44%
第一产业	89	1.14%

续表

分类	累计（万千瓦·时）	比上年（±）
第二产业	600965	1.33%
第三产业	240404	9.10%
2.城乡居民生活用电	107311	-4.76%
城镇居民	90798	-3.99%
乡村居民	16513	-8.79%
二、全行业用电分类	841458	3.44%
1.农、林、牧、渔业	276	7.81%
2.工业	592861	1.16%
3.建筑业	8724	14.07%
4.交通运输、仓储和邮政业	24289	-3.86%
5.信息传输、软件和信息技术服务业	51884	6.93%
6.批发和零售业	31015	12.04%
7.住宿和餐饮业	9618	13.46%
8.金融业	1201	-0.33%
9.房地产业	57852	13.55%
10.租赁和商务服务业	11437	13.81%
11.公共服务及管理组织	52301	10.37%

【供气】 2023年，高新区铺设市政燃气管网约12千米，天然气供应量2.05亿立方米，新增用气人口约4万人。抢修管网设施280余起，维修故障1500余起，完成居民类报修1.9万起，完成管道防腐层检测150千米，维护阀门井219个、桥管26根，处理违章占压问题30个，巡检管网10万余千米，处理测漏立管3.5万根，开展工地监护3755次，探测63个小区PE低压管线250千米，检验市政中压燃气管道406千米。持续推进金色家园、长江花园等小区老旧管网改造，改造引入管3356根，共计8.4千米。加强燃气安全管理，检查居民燃气安全17.35万户。开展燃气安全应急演练13次。完成安全隐患整改130余个，高风险隐患整改率100%。更换民用到期表2.35万块，推广安装自闭阀10.7万只。采用无人值守智能巡检、调压远传数据采集平台、调度可视化平台优化等手段实时监测。新建浒关营业厅，启用“太阳花　润燃管家”企业微信。打造“太阳花服务”品牌，开展安全宣讲进社区、志愿服务进社区等社会公益活动。苏州华润燃气有限公司获评苏州市消费者满意单位。

（苏州华润燃气有限公司　石浩月）

【城市照明】 2023年，高新区加强城市照明设施管理，保障城市照明功能。全年投入路灯养护费用1362.42万元，景观亮化养护费用1166.90万元。养护路灯3.71万杆6.47万个，完成景观亮化项目51个，维护照明控制箱643台、专用变压器264台，确保城市照明设施完好，亮灯率超过99%。改造LED路灯2.57万个，升级完善单灯控制平台。截至年底，完成路灯灯具LED改造50578个。

（城管局　邓昌伟）

【污水处理】 2023年，高新区污水处理总量11518万吨，增长14.24%，创历史新高。其中，5座净水厂处理水量11014万吨，临时设施处理水量504万吨。全区日均污水处理能力34万吨，日均污水处理量31.6万吨。完成管网养护4200.10千米，增长6.98%。其中污水管道养护1462千米，雨水管道养护2738千米。污水泵站实现中控调度集约化运行，全年输水量12110.55万立方米，增长7.03%。白荡水质净化厂、浒东水质净化厂二期扩建运行。科技城水质净化厂扩建及提标改造工程竣工。

（城乡发展局　曾有华
苏高新股份　华　雪）

城市管理

【垃圾分类】 2023年，高新区强化日常监管，推进垃圾分类长效化管理。实现全区公共机构、公共场所垃圾分类设施覆盖率100%，居民小区厨余垃圾分出率稳定超过35%，生活垃圾资源化利用率85%，居民群众参与率、满意率95%。市区首个垃圾分类“三定一督”试点小区富康新村小区的“三三制”管理经验在全省生活垃圾分类工作现场推进会上交流推广。科技城集运中心垃圾分类宣教基地入选江苏省城市生活垃圾分类科普教育基地。

【市容环卫】 2023年，高新区推进市容环卫工作，建设完成狮绣园、永和园、枫津健康园、吴思园、金融小镇会客厅西区、天狮公园、慎思园、浅湾商业中心对面公园、同心园、达善园、丰茂里广场、秀峰公园等“席地而坐”城市客厅示范区12个。以“四无一见”标准（无垃圾、无污迹、无积水、无积尘，见道路本色），做好设施配备和人员保障，机械与人工保洁作业相结合。

【停车管理】 2023年，高新区加强零星、临时地块改造，设置封闭停车场。优化改造苏福路和中环西线高架桥下空间，设置多个小型智慧停车场，增划路边临时车位。新增停车泊位1575个。新增公共停车泊位215个、共享停车泊位170个、接入动态泊位1200个。

【渣土管控】 2023年，高新区核准出土项目59个，工程渣土处置量201万立方米，核发渣土处置证2897张，涉及相关运输企业25家，工程施工单位提供《建筑垃圾处理方案》备案59份。开展各类建筑垃圾整治行动，检查工地1.32万次，检查运输车辆5040辆次，办理建筑垃圾领域行政处罚案件216起，罚款金额74.73万元。全年资源化处置利用建筑垃圾29.94万吨。

【违建管控】 2023年，高新区加强管控安全隐患、不符合产业政策布局、未办审批排放不达标、高耗低效等重点领域违法建设。加强新建小区、低密度住宅区等违建易发区管理。全年拆除违法建设15.8万平方米，拆除新增违章建筑160起，面积9615平方米。运用限制登记交易等手段实施分类施策，冻结涉违房屋产权126起。

（城管局　邓昌伟）

【扬尘管控】 2023年，高新区印发《苏州高新区建筑工地扬尘管控监督考核方案》，落实施工现场扬尘防治相关要求。国控、省控空气质量监测站周边施工项目56处安装高杆喷淋降尘设备93套，182项规模以上工程项目均配备扬尘在线监测设备，重点项目试点楼层喷淋降尘及绿色防尘天幕系统，环境监管人员配备手持式扬尘监测仪。建立建筑工地综合监管平台，推动区内报建项目实行扬尘管控三班打卡制度。完成全区易起尘作业货种港口码头在线扬尘监测系统建设，系统覆盖率100%。全面强化道路抑尘保洁，对重点区域道路开展全天道路冲洗、洒水降尘及雾炮作业，分析研判反复出现积尘负荷超标问题道路，禁止车辆带泥上路，保持工地周边道路常态化湿润。

（生态环境局　倪晨媛）

水利水务

【水利水务工程建设】 2023年，高新区骨干河道金墅港河道整治工程项目完工，京杭大运河防洪排涝重点工程前桥港闸站工程完成建设，马运河闸站工程完成土建工程施工及水下阶段验收，进入水泵调试阶段。实施完成高新区太湖大堤沿线驳岸修缮工程、大堤沿线口门清淤及岁修工程、建林河闸站防洪排涝改造工程。

【水利水务工程管理】 2023年，高新区做好堤防管理巡查工作，开展全天候太湖堤防和沿线15座闸站巡查保护。全年太湖沿线堤闸安全稳定运行，设施设备完好。深化水利工程运管改革，全区水利闸站工程移交苏高新交发统一运行维护，建成全区防洪排涝及活水畅流联控联调平台。开展太湖饮用水源地巡查工作，做好每日巡查安全记录。开展引水畅流控制工程、浒光运河沿线口门、京杭大运河沿线口门等重点水利工程监管巡查。优化全区水资源调度，建林河闸站、杨柯桓闸站全年运行3.06万台时，有效改善城区水环境。（城乡发展局　曾有华）

编辑：马　藤

乡村振兴

综 述

【乡村振兴片区规划】 2023年，高新区按照“片区化推进乡村振兴、组团式开展乡村建设”要求，学习借鉴“千万工程”经验，召开虎丘区乡村振兴片区规划发布会。制发《苏州市虎丘区乡村振兴片区规划》，规划面积51.2平方千米，覆盖全域13个保留行政村、2个郊野单元。建设形成河湖生态、绿色农业等5类50个项目的片区项目库。沿太湖农文旅资源发布，苏州高新农业发展有限公司成立，树山和美乡村学院暨第一书记培训教育中心、驻村艺术家工作室揭牌。

【农业农村现代化工作推进】 2023年，高新区立足“离城市最近的乡村”区位优势，构建“一心两翼四单元”(一心：树山协同发展核心；两翼：运河水乡之翼、太湖智汇之翼；四单元：慢山“科”村、运河“科”村、田园“科”村、湖畔“科”村)片区格局，打造农业强、农村美、农民富的新时代“锦绣江南鱼米乡”。出台《苏州高新区全面推进乡村振兴 探索高水平率先基本实现农业农村现代化行动方案(2023—2025年)》《苏州高新区乡村建设行动实施方案》。提出高质量发展乡村产业，加快推进高标准农田建设，做好土地承包经营权有偿退出工作，推进智慧农业发展；高标准推进乡村建设，建设美丽庭院、美丽乡村，切实提升农村人居环境；高品质增进民生福祉，拓宽农民增收致富渠道，不断增强农民群众获得感、幸福感、安全感。

【农村集体资产管理】 2023年，高新区制订《苏州高新区促进新型集体经济高质量发展攻坚行动方案》，以提高经营性收入为重点，探索集体资产集中经营等资产运营新机制，鼓励通过资产发包、股权投资等多样化途径盘活村级资金，鼓励通过返租等方式盘活利用闲置农村土地，发展新型农村集体经济。

【美丽示范村镇建设】 2023年，高新区新增江苏省乡村振兴示范村创建名单2个、江苏省生态宜居美丽示范村2个。通安镇树山村、镇湖街道秀岸村入选江苏省乡村振兴示范村创建名单。通安镇树山村、镇湖街道石帆村获评江苏省生态宜居美丽示范村，全域保留镇、村全部建成苏州市人居环境整治提升示范镇、村。

【特色田园乡村建设】 2023年，高新区新增市级特色康居乡村4个、市级特色精品乡村2个、市级美丽菜园典型案例1个、市级美丽果园示范村2个、市级美丽庭院特色村1个、市级美丽庭院精品户2户、市级美丽庭院38

浒墅关镇九图村(周建根 摄)

户。浒墅关镇吴公村金埂郎、观音浜、沈家圩和邢姑港获评苏州市特色田园乡村（特色康居乡村）。镇湖街道秀岸村市干桥、浒墅关镇九图村盛家浜获评苏州市特色田园乡村（特色精品乡村）。浒墅关镇吴公村获评市级美丽菜园典型案例。镇湖街道马山村、石帆村获评市级美丽果园示范村。镇湖街道市桥村邢舍获评市级美丽庭院特色村。截至2023年底，累计建成省级特色田园乡村7个、市级精品乡村20个、市级特色康居乡村61个、市级特色康居示范区6个、市级美丽庭院特色村4个、市级美丽庭院精品户79户、市级美丽庭院830户。

（城乡发展局　曾有华）

树间院共享农庄（通安镇　供图）

产业振兴

【农村一二三产业融合发展】 2023年，高新区推动农村一二三产业融合发展，促进乡村产业全链条升级，拓宽农民增收致富渠道。鼓励扶持各类农业经营主体发展，加强农业龙头企业培育。新增认定市级农业产业化龙头企业3家，累计有市级以上农业产业化龙头企业13家，全年销售收入32.51亿元。

【共享农庄（乡村民宿）建设】 2023年，高新区有共享农庄（乡村民宿）4家，分别为大阳山共享农庄、树间院共享农庄、苏浒共享农庄、云泉共享农庄。共有客房92间。全年接待游客55万人，实现综合营业收入2450万元。带动当地就业人员120人，带动周边农产品销售收入519万元。其中，大阳山共享农庄总面积73.33公顷，绿色食品茶树基地26.67公顷，果园面积6.66公顷。树间院共享农庄总面积9.47公顷，茶树、梨树种植面积9.33公顷。苏浒共享农庄总面积18.25公顷，平均年产大米3万千克、小龙虾2.50万千克，年均接待休闲旅游游客约2万人次。云泉共享农庄总面积17.17公顷，翠冠梨种植面积3.20公顷、云泉茶种植面积4.87公顷、时令蔬菜种植面积0.83公顷、特色园艺种植面积0.23公顷。

（城乡发展局　曾有华）

人才振兴

【农业生产经营人才培养】 2023年，高新区组织姑苏乡土人才申报，发掘农业科学研究、农业技术应用、农业生产经营等方面人才。获评姑苏乡土人才（农业专业类）4人，其中，兴农科研英才2人，兴农技术能手1人，富民经营标兵1人。（城乡发展局　曾有华）

【农村二三产业发展人才培养】 2023年，高新区持续推进乡土人才建设工作，培育一批非遗项目传承人。新增省级乡土人才大师示范工作室1家，省级乡土人才大师工作室2家，市级乡土人才（能工巧匠）工作室1家。新培育姑苏乡土人才（能工巧匠）6人。非遗苏绣项目传承人张雪作品《玉兰蝴蝶》获评省、市级“十大绝技绝活”。

（人社局　孙茜妮）

【乡村治理人才培养】 2023年，高新区有市级乡土人才61人。新增省级乡土人才大师示范工作室1家，省级乡土人才大师工作室2家。举办区党工委理论中心组专题学习暨第三期领导干部“双月论坛”，组织全区51人参加实施乡村振兴战略暨学习浙江“千万工程”经验专题培训班。

（城乡发展局　曾有华）

文化振兴

【乡村文化载体建设】 2023年，高新区成立农民体育协会，举办农民田径运动、农民体育垂钓比赛等特色农文体旅活动。镇湖杵山体育公园、通安树山生态村健身公园获评市级美丽乡村健身公园，浒墅关大白荡生态体育基地获评市级农民体育基地。截至年底，累计有市级农民体育基地3个、乡村文化基地3个、美丽乡村健身公园7个。农家书屋实现在保留行政村全覆盖。

（城乡发展局　曾有华）

【乡村文化活动】 2023年，高新区持续推进乡村文化活动。举办“我在树山过大年”、树山“星享夜”暨书香树山文化艺术节、第四届“高新匠领”技能大赛等系列乡村文化活动。“我在树山过大年”活动时间从元旦至元宵节。活动期间，举办“扬帆太湖 创新潮头”太湖科学城功能片区摄影展，开设直播间销售景区门票、民宿房间等文旅产品，举办非遗、工艺、玩乐、美食等主题村集市，举行非遗抬猛将年俗活动及舞龙舞狮等年俗表演。树山“星享夜”暨书香树山文化艺术节活动时间从7月至8月。活动期间，举办“萤火夏夜”艺术展览、“村潮澎湃”音乐节、“梨奇夏日”市集、星空探索研学之旅、《游园惊梦》昆曲演出、树山翠冠梨推介、“声动树山”快闪、夜游图书馆等文化艺术活动。第四届“高新匠领”技能大赛于10月举办。大赛期间，选拔出一批高素质、高技能的苏绣从业者。苏州市卢福英刺绣培训学校申报的苏绣针法技能课程获评苏州市社区教育优秀课程。

（文化体育和旅游局　曹　涛）

【树上音乐会客厅】 2023年，全国文化馆服务宣传周启动暨第十届全国地市级文化馆“百馆联动”活动期间，由文化和旅游部全国公共文化发展中心、中国群众文化学会等联合主办的乡村公共文化空间设计展示活动终评结果发布，树上音乐会客厅入选最美乡村公共文化空间（创新案例类）前30强。树上音乐会客厅依托“民谣在路上”“新乐府”等音乐厂牌，设有制作中心、演艺中心、亲子中心、音乐主题餐厅、黑胶博物馆等综合体板块5个，打造一站式综合音乐体验服务。

（通安镇　吴素娟）

生态振兴

【乡村生态环境治理】 2023年，高新区出台《关于学习借鉴浙江“千万工程”经验高水平建设宜居宜业和美乡村的实施意见》，逐步形成强实效、严考核评价机制，强协同、合引领推进机制，强长效、共参与管护机制。持续加大村庄公共空间整治力度，开展村庄清洁行动，深化星级示范户政策，全面推行积分兑换实物模式，使农村基本具备现代生活条件。通安镇树山村持续提升村庄环境保护，加快推进乡村改造升级工程，实施精细化管理，亮化村庄面貌，协调村内业态有序发展，打造自循环生态乡村。通安镇、浒墅关镇获评第五批省级生态文明建设示范乡镇（街道）。通安镇获评省级宜居宜业和美镇、市级长效管护先进镇，树山村、石帆村获评省级生态宜居美丽示范村，西京村、秀岸村获评市级长效管护先进村，“树山说”节目被“乡村振兴看江苏”栏目专题报道。浒墅关镇华盛社区获评省级健康社区、省级美丽家园示范点，浒墅关镇九图村盛家浜获评市级智慧农村，浒墅关镇吴公村获评市级宜居宜业和美村。

（城乡发展局　曾有华）

【农村公路环境治理】 2023年，全区农村公路共计426.62千米，其中，县道139.19千米，乡道105.98千米，村道181.24千米。推进农村公路“路长制”工作。修订《关于印发苏州高新区（虎丘区）全面推行农村公路“路长制”实施方案的通知》，召开全区总路长会议1次，区级路长办会议2次。开展农村公路沿线环境综合整治，做好农村公路日常巡查、公路保养保洁、沥青路面灌缝、水毁坑塘修复等工作。县道公路技术状况指数（MQI）达到优良标准，各项指标在全市农村公路路面技术状况评定中靠前。浒青

浒墅关镇庄里特色田园乡村（丁翊彪　摄）

通安镇树山村（伊志明　摄）

路获评苏州市“美丽农村路”。

（住房和建设局　赵亚迪）

【绣美太湖特色康居示范区】　位于高新区西部太湖之滨，以苏州西部生态旅游度假区范围（镇湖街道）为主体，总面积20.19平方千米。示范区充分挖掘、整合利用山体、太湖岸线的秀美山体山水文化资源，以湿地公园、滨湖生态景观为基础推进科普旅游和生态休闲体验旅游，以刺绣产品、刺绣文化要素为载体推进文化体验旅游和研学旅游，以生态观光、文化体验、休闲养生为内涵培育主题文化旅游。通过对休闲民宿、主题度假酒店等配套设施开发，打造融传统节事演艺活动与现代生活方式于一体，生态、文化与旅游和谐发展的康居示范区。

（城乡发展局　曾有华）

组织振兴

【党建引领乡村振兴】　2023年，区党工委（区委）推进抓党建促乡村振兴工作，落实党建引领乡村振兴重点帮促村高质量发展十条举措。举办全区村（社区）党组织书记学习贯彻党的二十大精神示范培训班、全区乡村振兴培训班，组织参加全国村党组织书记和村委会主任视频培训班，成立树山和美乡村学院暨第一书记培训教育中心。（组织部　黄明燕）

【乡村振兴重点帮促村提升】　2023年，高新区开展市桥村和山旺村2个乡村振兴重点帮促村下沉帮促工作。制订《苏州高新区乡村振兴重点帮促村高质量发展工作方案》，分类明确3类27项重点任务，压紧压实五级书记抓乡村振兴工作责任。创新“海棠解忧”约办机制，建立村级集体经济发展滚动项目库，推动各类资源要素向重点帮促村倾斜。

（城乡发展局　曾有华）

【南京大学马克思主义学院乡村振兴实践教育基地】　2023年，通安镇与南京大学马克思主义学院合作打造南京大学马克思主义学院乡村振兴实践教育基地。利用“环太湖科创圈”建设机遇，创新教学理念模式，依托“树山新三宝”（梨花讲坛、南大课桌、创客小坞）开发社会实践课程。南京大学马克思主义学院乡村振兴实践教育基地围绕农村田园化更新、农业现代化建设、农民职业化培养等3个方面，建立人才联合培养机制，开展党建品牌打造、乡村振兴规划、教学模式提升交流等工作。（通安镇　吴素娟）

编辑：陈　燕

生态建设

综　述

【政策支持】 2023年，高新区持续推进大气、水、土壤污染防治三大战役，提高环境管理水平，完成各项目标任务，改善生态环境质量。印发《苏州高新区2023年大气污染防治工作计划》，围绕重点领域、源头治理、降低VOCs（挥发性有机化合物）排放水平等方面制定措施36条。召开区“无废城市”建设会议，创新提出“无废运河”模式，编制《苏州高新区“无废校园”创建系列活动工作方案》。

【生态环保投入】 2023年，高新区积极对上争取生态环保相关奖补资金。苏州宝化炭黑有限公司余热发电锅炉烟气脱硫技改项目获中央财政大气污染防治资金591万元，苏州高新旅游产业集团有限公司、苏州苏高新集团有限公司、苏州科技城发展集团有限公司及苏州高新有轨电车集团有限公司获绿色金融奖补资金（债券贴息）729万元。金墅水源地退圩还湖生态修复工程、浒东水质净化厂、科技城水质净化厂改扩建项目获中央、省、市奖补资金7245万元，增长20.9%。

（生态环境局　潘诚至）

【环保宣传教育】 2023年，高新区持续推进环保宣传教育。改版《新生态》内刊，印发4805册。拍摄《厚植绿水青山优势，绘就美丽高新画卷》生态文明宣传汇报片。“苏州高新区治污攻坚”微信公众号发稿307条次。发起线上“6·5”世界环境日环保公益达人评选活动，征集优秀案例9个。举行高新区“6·5”环境宣传月系列活动启动仪式暨百人环保公益徒步活动。开展“降碳减排　你我共行”碳汇公益植树活动。举办“感恩母亲湖　共护长江水”第九届环保企业鱼苗认捐放养活动。举办全区生态环境系统通讯员队伍工作会议。组织企业集中学习环保法律法规标准，引导企业自觉履行环境保护法定义务。做好中小学校绿色学校申报创建工作。苏州高新区白马涧小学获评江苏省绿色学校，白马涧小学西校区获评江苏省海绵城市优秀工程案例。

（生态环境局　钱晓霞）

生态环境质量

【环境空气质量】 2023年，高新区环境空气质量优良天数比率为79.2%，上升0.3%，PM2.5平均浓度每立方米32微克，上升3.2%。科技城区域环境空气质量优良天数比率为82.7%，下降1.7%，PM2.5平均浓度每立方米28.1微克，下降1.1%。取得有效监测数据207个，其中雨水样本49个。酸雨发生率18.4%，上升15.8%，pH值低于5.6酸雨样品9个。（生态环境局　姚　坚）

【地表水环境质量】 2023年，高新区金墅港、上山村水源地水质均达到地表水环境质量Ⅲ类标准，水源地达标率100%，连续16年实现“两个确保”目标（确保饮用水安全，确保不发生大面积湖泛）。“省考”断面水质达标率100%，优于Ⅱ类水质比例100%，太湖桥“省考”断面连续两年达到Ⅱ类水质，京杭运河轻化仓库“省考”断面首次达到Ⅱ类水质。

（生态环境局　陆　谊）

【声环境质量】 2023年，高新区昼间城市区域环境质量平均等效声级57.5分贝，上升1.1分贝，列城市区域环境噪声三级（一般）水平。道路交通声环境质量平均等效声级66.2分贝，下降0.8分贝，列道路交通噪声强度等级一级（好）水平。（生态环境局　姚　坚）

【土壤环境质量】 2023年，高新区开展重点建设用地安全利用率核算，重点建设用地安全利用率为100%。

（生态环境局　祝妍华）

水资源保护

【水资源管理】 2023年，高新区用水总量1.92亿立方米，下降5.8%，其中，生活用水增长2.2%，工业用水下降9.9%，农业用水下降10.9%。万元地区生产总值用水量8.53立方米，下降7.4%；万元工业增加值用水量6.72立方米，下降8.6%。完成地下水取水许可压减381.20万立方米。加强取水许可管理工作，办理取水许可证延续3笔、取水许可证变更2笔，累计发放取水许可证18张。完成取水工程规范化建设6处。水资源论证区域评估报告通过苏州市水务局审批，水资源费征收到位率100%。

【河长制工作】 2023年，高新区召开全区总河长会议，区委、区政府主要领导担任第一总河长、总河长，区领导干部带头巡河68次，开展“消劣争优”全面消除劣V类水体及水环境治理专题调研40余次。全区2个“省考”断面水质首次年均值达到Ⅱ类水质标准，提升一个水质类别。金墅港、上山村2个水源地水质稳定达到地表水Ⅲ类水质标准。太湖高新区段藻情保持稳定态势，全区46条劣V类水质河道全部完成市级销号，河道水质优Ⅲ类比例上升至87.5%。

【生态美丽幸福河湖建设】 2023年，高新区一体推进河湖系统治理及幸福河湖建设。寻剿劣V类水体经验做法获《中国水利报》推介，全区防洪排涝及活水自流联控联调平台入选智慧江苏重点工程，金墅水源地退圩还湖项目入选首届苏州市十佳湿地生态修复案例，游湖、真山公园河获评市级示范幸福河湖，东塘河等4条河道获评市级幸福河湖。截至年底，建成幸福河湖72条，城市建成区幸福河湖比例达到54.7%，实现镇（街道）全覆盖。

（城乡发展局　曾有华）

【水源地保护】 2023年，高新区开展金墅港、上山村饮用水源地安全度夏工作，保证饮用水安全，确保不发生大面积湖泛。落实专人巡查水源地保护区、太湖大堤沿线等敏感水域，蓝藻高发月实行每小时报告制度，及时掌握上报蓝藻集聚及湖泛信息。做好饮用水源地水质监测，开展饮用水从水源到出水全过程监管。完善与市供水管网互联互通工程，保障安全供水应急调度，构建水源达标、深度处理、严密检测、预警应急供水安全保障体系，确保饮用水源达标率100%。完成金墅港水源地退圩还湖生态修复工程，提升水源地水质。

真山公园河（朱卫东　摄）

【大运河生态保护】 2023年，高新区持续推进大运河生态保护。京杭运河高新区段33条支流支浜年均优于Ⅲ类水质比例超过75%，“省考”断面京杭运河轻化仓库断面首次达到Ⅱ类水质，全区319条河道优于Ⅲ类水质比例超过80%，在全市率先全域消除劣V类水质河道，水质达到《水污染防治行动计划》实施以来最好水平。

（生态环境局　陆　谊）

【节约用水】 2023年，高新区加强计划用水管理，推进节水载体建设。全区自备水源取水户17家，公共用水计划用水户1238家，总计划用水量9920.70万立方米。获评各类节水型载体15家，其中，省级节水型单位（小区）2家，省、市级节水型企业6家，省、市级节水型学校7家。建成省级节水教育基地1座。

【水政执法】 2023年，高新区水政执法工作围绕高质量发展及水环境治理重点，严查整治河道排污、雨污混排、违规取水用水排水等违法行为，推进水事重点领域整治。开展水行政执法巡查51次，清理网簖76处，下达责令限期整改通知书24份，立案查处各类水事违法行为22起，下达处罚决定书31份，罚款100.65万元。

（城乡发展局　曾有华）

土地资源保护

【耕地保护】 2023年，高新区严守耕地保护红线，全面落实耕地保护任务。开展耕地占补平衡专项整治、永久基本农田核实处置、耕地保护和粮食安全责任制考核工作。编制太湖科学城科技生态功能片区高标准农田永久基本农田调整方案。划定永久基本农田储备区14.23公顷。挖掘新增耕地潜力，推进占补平衡补充耕地项目复垦。

【节约集约用地】 2023年，高新区持续提升土地资源节约集约利用管理水平，盘活利用存量建设用地202公顷，新供应建设用地存量占比52.5%。严格执行准入标准，新上产业用地容积率均不低于2.0，亩均税收不低于每亩100万元，投资强度不低于每亩1000万元。鼓励企业通过市场转让、增资技改、提容改造、合作开发等方式实施更新改造。推进工业用地更新调查、低效用地再开发及工业用地弹性出让工作。开展城市更新、"退二进三"、城中村改造、老镇改造和企业用地回购工作，收回国有土地24宗。提升批而未供消化和供而未建土地处置力度，加强建设用地全生命周期监管，持续提高存量土地利用率。

【土地执法监管】 2023年，高新区提升土地执法监管能力，实施土地卫片执法检查，开展土地违法违规问题"清零"、农村乱占耕地建房整治等专项行动。高新区获评江苏省土地执法先进区，区资源规划分局承办的某公司违法占地案获评全国优秀案卷，区资源规划分局获评江苏省自然资源系统信访工作业绩突出单位。

（资源规划分局 周丽萍）

湿地资源保护

【湿地资源保护修复】 2023年，高新区重点推进国际湿地城市创建工作。在全市率先完成区湿地保护规划修编工作。金墅水源地退圩还湖生态修复工程获评苏州市首届十佳湿地生态修复案例。

太湖飞鸟（杨炎橙 摄）

【湿地公园建设】 2023年，高新区规范太湖国家湿地公园湿地用途管理。世博苏州馆更名为苏州太湖湿地科普馆，集中展示太湖湿地历史成因、保护修复成效等。太湖国家湿地公园获评第四批全国自然教育基地。

【湿地科研监测】 2023年，高新区强化湿地科研监测体系。增加监测点、监测面积，加强对太湖国家湿地公园、4个湿地保护小区及太湖沿岸监测。落实市级湿地生态补偿村保护责任。全年太湖湿地公园监测到鸟类108种，累计167种。

【湿地保护宣传】 2023年，高新区指导苏州太湖国家湿地公园策划，组织科普宣教活动。承办苏州市世界湿地日主题宣传暨创建国际湿地城市宣传启动仪式，联合苏州高新区白马涧小学、苏州科技城实验小学共建湿地示范自然学校。开展宣教活动50余场。

（资源规划分局 周丽萍）

森林资源保护

【森林资源保护体系建设】 2023年，高新区完善森林资源保护责任体系。报批建设项目使用林地6项，获批永久使用林地13.53公顷，完成国家、省两级森林督查和自然保护地监测图斑核实工作，查处涉林行政违法案件3起。修编湿地保护规划、森林防火规划，完成林草生态综合监测及市级森林步道建设。

【林长制工作】 2023年，高新区全面推行林长制工作，建立覆盖全域区、镇（街道）、村（社区）三级林长制体系，设立各级林长50人，出台林长制相关文件20余份。制定《全面推行林长制工作计划（2023年）》，召开各级林长会议27次，开展各级林长巡林90余次。全区全年完成造林总面积24公顷，森林抚育面积200公顷。

【林业有害生物防控】 2023年，高新区加强林业有害生物防控，遏制和防控美国白蛾、松材线虫等重大有害生物入侵扩散，释放周氏啮小蜂600万头、管氏肿腿蜂17万头、花绒寄甲17万头，采用以虫治虫方法防治蛀干害虫天牛和松材线虫病，完成全区森林、湿地生态系统外来入侵物种普查。创建2个国际湿地城市示范自然学校，完成4个湿地生态补偿村责任落实工作。持续提升森林防火基础设施建设和队伍水平。

【森林野生动物保护】 2023年，高新区组织开展爱鸟护鸟及湿地保护科普宣传，救助白鹭、夜鹭、红隼、珠颈斑鸠等陆生保护野生动物（含鸟类）45只。做好野生动物疫源疫病监测防控，对4个监测点开展日常动态监测，全年未发生重大野生动物疫源疫病疫情。

（资源规划分局　周丽萍）

污染防治

【概况】 2023年，高新区持续推进污染防治工作。坚持目标化管理、项目化推进，排定市级重点工程5类13项、区级工程项目7类20项，完成市级重点项目投资金额6.63亿元。推进新一轮太湖综合治理，形成重点项目清单45个，总投资金额32亿元。

（生态环境局　潘诚至）

【大气污染防治】 2023年，高新区印发《苏州高新区2023年大气污染防治工作计划》，完成VOCs综合治理、清洁原料替代、燃油叉车清洁化替代、餐饮油烟“回头看”等大气污染防治工程558项。完成秋冬季重污染天气应对工作，编制修订重污染天气应急管控企业名单。加强柴油货车路查路检及非道路移动机械污染防治，发放1176辆国Ⅲ及以下柴油车提前淘汰补助资金，核发非道路移动机械环保标志牌814个，加强集中使用和停放地入户抽测。持续开展秸秆、垃圾禁烧巡查，全年未发生因秸秆焚烧引发的重大环境污染、安全事件。

（生态环境局　祝妍华）

【水污染防治】 2023年，高新区有金墅港河太湖桥断面、京杭运河轻化仓库断面等“省考”断面2个，均达Ⅱ类水质，优于年度考核目标1个类别。完成太湖治理重点项目10个、水污染防治工作计划重点工程项目7个。完成全区446家涉磷企业第一轮整治，开展园区限值限量管理，建立排污总量指标储备库，推动工业废水与生活污水分类收集、分质处理。提升城镇污水处理能力。新增污水处理能力每日6万吨，全区污水处理能力每日34万吨，市政雨污水管网修复进度超过80%，实现排水管网检测全覆盖、城市污水处理提质增效达标区建设整治全覆盖。（生态环境局　陆　谊）

【土壤污染防治】 2023年，高新区更新土壤环境重点监管企业名单，确定土壤重点监管企业61家，组织企业签订责任书。对“两公一住”（公共管理、公共服务用地，住宅用地）及存在污染风险的49个地块开展专家评审。

（生态环境局　祝妍华）

【固体废弃物污染防治】 2023年，高新区有危险废物经营企业10家，处置利用、收集贮存能力23.43万吨。完成化学物质信息调查统计，培训和调查纳入名单企业671家，指导其中涉及清单物质企业247家填报全国化学品生产使用环境信息管理系统，配合完成抽查12批次。开展危废规范化评估工作，排查企业85家，发现问题隐患404个，均完成整改。推进纳入省危险废物全生命周期监控系统企业1569家，危险废物产生量11.55万吨，危险废物处置利用及收集贮存能力基本满足需求。有废旧电器电子产品拆解企业2家。

（生态环境局　冒学勇）

节能减排

【工业节能】 2023年，高新区持续开展能耗“双控”工作，落实节能审查制度，遏制高耗能和高排放项目，完善重点用能企业能耗预报、分析监测制度。全年规模以上工业综合能源消费量132.38万吨标准煤，下降4.95%；产值能耗每万元0.04吨标准煤，下降0.94%。出台《2023年度高新区电力迎峰度夏（冬）非工负荷管理专项方案》，成立区电力供需协调领导小组，保障电力能源安全稳定供应，确保电力迎峰度夏（冬）工作平稳有序。建设智慧能源碳达峰与碳中和“双碳”平台。（经济发展委员会　夏　莹）

【交通节能】 2023年，高新区持续推进交通节能减排，发展绿色公共交通，提高岸基电源设施使用率，优化调整运输结构。全区有公交运营车辆693辆，全部为新能源车。有公交场站17座，配有公交充电桩216个、充电枪288个。有效利用船舶停泊期间岸电设施，推进船舶靠港使用岸基电源常态化工作。全年码头岸基电源接电时间27198小时，用电量87493千瓦·时，船舶实际接电1979艘次。运用政策奖励补贴，促进大宗货物、中长途货物由公路运输转为水路运输，指导苏高新港开通集装箱短驳航线，利用内河航道资源发挥集装箱运输优势，洋山、外高桥、太仓等航线稳定运行，全年集装箱运量63966标箱。

（住房和建设局　赵亚迪）

【公共机构节能】 2023年，高新区

推动公共机构节能建设。全年全区公共机构人均综合能耗110.03千克标准煤、单位建筑面积能耗5.59千克标准煤、人均用水14.45吨。开展全国节能宣传周、全国低碳日，节能进机关、进校园、进社区等系列宣传活动。开展全区党政机关勤俭办一切事业暨迎峰度夏专项行动，完成“可单独计量的公共机构迎峰度夏（冬）时期相似日高峰时段负荷比上年下降10%”预定目标。统计登记全区公共机构自来水、燃气户号信息310个。（党政办公室　罗苍松）

【绿色建筑建设】 2023年，高新区新增绿色建筑面积407.50万平方米，新建民用建筑中绿色建筑比例保持100%。获评绿色建筑设计标识项目4个，均为二星级以上绿色建筑，总面积36.75万平方米。南大苏州校区东区项目全部取得绿色建筑设计标识，总建筑面积31.88万平方米，其中三星级绿色建筑面积7.22万平方米。

（住房和建设局　赵亚迪）

环境监督管理

【环境监测】 2023年，高新区定期开展蓝藻巡测、太湖湖体藻类群落演替监测、水华防控专项监测。覆盖水源地2个、省控断面2个、市控断面10个、河长制河湖260条、建城区107个、水域功能区7条、京杭运河干支流支浜34条及市级河长制河湖18条。每季度开展声环境功能区手工监测1次。依托自动监控系统实时监测空气质量，在乡镇点位开展降尘监测和降雨监测。蓝藻预警期间，以自动监控为基础，根据蓝藻生长情况适时加密监测，每周开展蓝藻巡测，每半月开展太湖湖体藻类群落演替监测，每月开展蓝藻水华防控专项监测。定期巡查国、省控断面周边人为干扰行为。取得各类手工监测有效数据2万个，编制河长制报告18期、河长制专报4期、支流支浜报告36期、蓝藻预警报告245期，编制水体消劣提质监测报告4期、环境空气报告12期。组织开展监督（执法）监测，覆盖企业168家次，其中自承担监测42厂次，自行承担率26%。监测危险废物处理企业11家次、太湖及长江流域入河排污口15个，取得监督（执法）数据1.11万个，其中入河排污口数据约100个。监测土壤重点排污单位周边及重点设施土壤和地下水104家次，取得监督（执法）数据5万个。（生态环境局　姚　坚）

【环保审批】 2023年，高新区完成建设项目环评审批242个，其中，环境影响报告书项目12个，环境影响报告表项目230个。登记表备案468个，完成建设项目网上服务288个。环评审批时间由法定时间的50%压缩至法定时间的30%。确保重点产业项目完成环评审批，保障省、市重点项目开工前完成环评审批。现场勘查项目环评、排污许可证注销企业110余家次。检查环境影响评价信用平台中注册地在高新区范围内环评编制单位和人员2次。组织参加重点项目引进专家评审会37场。完成请示会办意见42个，环保预审商务局产业项目用地21个，环保预审存量用地13个，招拍挂环保审查经营性用地和工业用地17个。按片区配备重点项目环评审批服务人员。（生态环境局　毛　祺）

【环境监管执法】 2023年，高新区完成环境监管执法企业检查2722厂次，出动执法人员6805人次，开展专项行动62次，下达行政处罚决定书52份，罚款金额985.90万元。办理案件2件，其中涉嫌污染环境罪移送案件2件。面对面帮扶企业291家，解决实际问题603个。下发非现场监管告警通知单193份，立案处罚4起。实现全过程监控及非现场执法，覆盖污染源雨污水排放口在线监控点141个、废气在线监控点125个、用电监控点5538个、无组织VOCs在线监控点20个。建立“线上+线下”执法监管联动体系。通过非现场数据分析发现排污单位环境问题线索1条，利用用电量监控系统预警功能，立案查处涉嫌不正常运行治污设施环境违法行为单位3家。排查污染防治设施安全隐患企业40家，完成重点环保设施企业安全风险评估6类523家。开展浒墅关经济技术开发区企业突发环境事件应急演练、浒光运河高新段突发水污染事件应急演练，制发《苏州高新区（虎丘区）环境保护局“三项制度”》（行政执法公示制度、行政执法全过程记录制度、重大决定法制审核制度）。全年未发生较大及以上突发环境事件。

【环境信访工作】 2023年，高新区受理各类环境信访件2823件，信访处理率100%。对重点重复信访和信访积案实行领导挂钩包案，因案施策指导帮扶企业抓好信访投诉难题化解工作，带案下访29次。实现中央环保督察交办环境信访投诉18批21件、省环保督察交办环境信访投诉10批12件全部办结并销号验收，动态排查重信重访、可能引发集体访或群体性事件信访案和各类风险隐患。畅通信访渠道，受理环境违法有奖举报1例。

（生态环境局　韩可欣）

编辑：马　藤

教 育

综 述

【学校规模】 2023年，高新区有各级各类幼儿园75所、小学26所、初中13所、普通高中4所，民办九年一贯制学校1所、十二年一贯制学校1所，国际学校2所，特殊教育学校1所。在校学生139174人，其中高中生11963人、初中生28441人、小学生72071人、在园幼儿26609人、特殊教育学校学生90人。

表48　2023年高新区公办中小学、幼儿园基本情况统计表

序号	学校名称	占地面积（平方米）	建筑面积（平方米）	班级数（个）	学生数（人）	专任教师数（人）
1	苏州高新区天都幼儿园	5540.00	3150.00	7	179	20
2	苏州新区实验幼儿园（何山分园）	4529.03	6014.08	8	232	19
3	苏州高新区惠丰幼儿园	9131.60	7514.72	18	561	38
4	苏州高新区金通幼儿园	9493.30	8396.39	17	483	40
5	苏州高新区文昌实验幼儿园	6310.00	4764.33	18	548	39
6	苏州高新区实验幼儿园	48525.90	47998.68	46	1342	113
7	苏州高新区狮山中心幼儿园	15780.96	20105.80	21	601	43
8	苏州高新区竹园幼儿园	4764.01	3947.08	9	240	23
9	苏州高新区枫桥中心幼儿园	6945.00	6760.00	14	331	32
10	苏州高新区成大实验幼儿园	9314.60	17398.70	16	439	34
11	苏州高新区浒墅关中心幼儿园	10271.97	9306.94	14	425	37
12	苏州高新区阳山实验幼儿园	13703.00	18048.59	21	628	47
13	苏州高新区通安实验幼儿园	9785.00	4725.08	16	441	35
14	苏州高新区东渚实验幼儿园	11500.00	6700.00	16	424	37
15	苏州高新区镇湖幼儿园	10088.70	10411.98	15	420	37
16	苏州高新区新升幼儿园	6300.00	4892.00	12	327	28
17	苏州高新区青灯幼儿园	7661.01	4549.04	5	124	12
18	苏州高新区龙惠幼儿园	9447.52	8734.04	10	289	29
19	苏州高新区文星幼儿园	8847.25	6619.82	15	409	35
20	苏州科技城实验幼儿园	9705.00	5475.12	17	512	42
21	苏州高新区星韵幼儿园	8833.00	9242.00	11	277	27
22	苏州高新区枫桥实验幼儿园	6554.10	9778.49	12	300	29

续表

序号	学校名称	占地面积（平方米）	建筑面积（平方米）	班级数（个）	学生数（人）	专任教师数（人）
23	苏州科技城彭山实验幼儿园	11285.90	9417.98	20	594	46
24	苏州科技城锦峰实验幼儿园	13250.90	16840.84	24	726	62
25	苏州高新区华山幼儿园	12821.47	13122.08	24	730	56
26	苏州高新区玉山幼儿园	7715.00	10669.28	9	226	22
27	苏州科技城天佑实验幼儿园	14857.20	13397.28	24	733	57
28	苏州科技城西渚实验幼儿园	10811.00	15129.67	14	366	31
29	苏州浒墅关实验幼儿园	9066.00	15150.20	26	841	59
30	苏州高新区枫桥观枫幼儿园	9450.80	10228.54	10	283	20
31	苏州高新区枫桥天籁城幼儿园	10007.00	5932.00	18	561	39
32	苏州高新区红叶幼儿园	9703.00	4718.26	12	339	23
33	苏州高新区枫桥天之运幼儿园	4213.00	3220.58	8	210	20
34	苏州高新区上方山实验幼儿园	8556.70	9483.77	2	31	5
35	苏州高新区文韵实验幼儿园	9561.60	13944.20	15	421	30
36	苏州高新区枫桥枫华幼儿园	10148.20	11445.40	6	124	11
37	苏州高新区和祥幼儿园	9839.80	15062.05	8	221	18
38	苏州高新区闻鼓幼儿园	15775.00	15289.88	5	149	10
39	苏州学府实验小学校	19189.10	22531.00	35	1399	87
40	苏州市阳山实验小学校	50667.00	27834.50	86	3534	230
41	苏州高新区秦馀小学校	35783.50	27843.00	34	1240	65
42	苏州高新区达善小学校	40822.00	37063.00	60	2631	144
43	苏州高新区文星小学校	73729.41	32101.70	48	1809	109
44	苏州高新区文昌实验小学校	37363.60	36991.46	71	3010	161
45	苏州高新区文正小学校	40771.40	37348.50	61	2593	153
46	苏州科技城彭山实验小学校	31938.40	44812.98	55	2389	133
47	苏州科技城西渚实验小学校	36728.40	39000.00	45	1900	111
48	苏州科技城玉屏实验小学校	47170.80	59674.60	4	163	11
49	苏州高新区实验小学校	145979.00	166936.50	247	10684	628
50	苏州高新区新升实验小学校	14493.00	17334.00	40	1736	105
51	苏州高新区狮山实验小学校	34876.73	27672.12	88	3756	212
52	苏州市枫桥中心小学	79126.14	86053.17	122	5326	320
53	苏州高新区白马涧小学	68180.55	61008.55	93	3943	226
54	苏州新区枫桥实验小学	22672.10	22831.35	39	1640	98
55	苏州高新区成大实验小学校	26922.40	37274.52	37	1504	91
56	苏州市浒墅关中心小学校	48324.00	41370.24	54	2295	129
57	苏州高新区敬恩实验小学	48413.00	33837.00	43	1840	114
58	苏州高新区通安中心小学校	38550.40	32414.84	64	2698	158

续表

序号	学校名称	占地面积（平方米）	建筑面积（平方米）	班级数（个）	学生数（人）	专任教师数（人）
59	苏州高新区东渚实验小学校	22888.00	13934.00	31	1241	81
60	苏州高新区镇湖实验小学校	34468.00	38630.00	28	988	86
61	苏州高新区金色小学校	23516.00	20923.45	40	1704	101
62	苏州高新区长江小学校	24806.00	22354.00	57	2337	132
63	苏州科技城实验小学校	84881.61	95024.10	104	4542	281
64	苏州学府中学校	33350.00	34551.00	21	850	81
65	苏州市阳山实验初级中学校	55882.00	30039.00	40	1819	158
66	苏州高新区第三中学校	60000.00	29453.52	31	1266	119
67	苏州高新区第五初级中学校	74136.95	40873.40	19	699	75
68	苏州高新区第一初级中学校	76457.50	76102.71	83	3620	279
69	苏州高新区实验初级中学	189366.00	200876.90	204	9559	703
70	苏州高新区第二中学	48509.00	22158.00	39	1692	145
71	苏州高新区通安中学校	55826.00	25118.00	49	2227	165
72	苏州文昌实验中学校	42088.00	39969.00	46	2114	164
73	苏州高新区景山实验初级中学校	61510.00	23737.96	28	1167	92
74	苏州高新区成大实验初级中学校	42993.10	40429.36	16	633	52
75	苏州高新区文贤实验初级中学校	45252.00	29832.00	30	1244	95
76	苏州高新区文达实验初级中学校	54016.90	46385.00	0	0	0
77	苏州高新区第一中学校	125355.00	98628.00	84	3900	370
78	江苏省苏州实验中学	163590.00	159261.00	77	3605	367
79	吴县中学	152697.00	98954.00	87	4095	367
80	苏州高新区特殊教育学校	6266.30	5117.52	9	90	32

表49　2023年高新区民办中小学、幼儿园基本情况统计表

序号	学校名称	占地面积（平方米）	建筑面积（平方米）	班级数（个）	学生数（人）	专任教师数（人）
1	苏州高新区瑞景幼儿园	2100.00	1198.80	8	116	18
2	苏州高新区沁怡公馆幼儿园	4000.32	2305.04	10	252	20
3	苏州高新区金色幼儿园	4200.00	3728.00	11	272	22
4	苏州高新区新狮幼儿园	4800.00	2848.08	9	219	18
5	苏州高新区马浜幼儿园	6700.00	4121.70	14	423	28
6	苏州高新区白马涧第一幼儿园	5802.30	4425.00	13	381	26
7	苏州高新区马涧幼儿园	4624.00	3192.08	9	271	18
8	苏州高新区鑫苑幼儿园	5077.80	3064.60	13	296	26
9	苏州高新区山河佳苑幼儿园	5550.90	4156.33	11	284	22
10	苏州高新区新浒幼儿园	13102.40	15133.64	27	887	54
11	苏州高新区学府花园幼儿园	10307.30	8827.41	19	494	38

续表

序号	学校名称	占地面积（平方米）	建筑面积（平方米）	班级数（个）	学生数（人）	专任教师数（人）
12	苏州高新区华通幼儿园	9312.88	4595.91	16	558	32
13	苏州科技城青山绿庭幼儿园	7190.00	5114.00	14	420	28
14	苏州高新区阳山花苑第二幼儿园	7580.10	5940.08	16	449	32
15	苏州高新区新港名墅幼儿园	3398.00	1128.00	9	266	18
16	苏州高新区长江幼儿园	4845.00	2930.00	11	330	22
17	苏州高新区新鹿幼儿园	4130.00	3369.00	14	333	28
18	苏州高新区理想幼儿园	5200.00	4200.25	11	296	22
19	苏州高新区吴甸园幼儿园	1825.70	1150.70	4	110	8
20	苏州外国语学校附属幼儿园	6489.10	4906.15	13	315	26
21	苏州高新区万枫幼儿园	4273.30	2892.03	9	261	18
22	苏州高新区名城三之三幼儿园	2300.00	1900.00	4	69	9
23	苏州高新区阳光假日幼儿园	5439.00	10675.96	16	448	34
24	苏州市康佳幼儿园	7659.00	4781.00	16	465	32
25	苏州高新区格林幼儿园	1248.96	1913.14	10	143	20
26	苏州高新区尔家新未来幼儿学校	3000.00	2752.39	7	119	16
27	苏州高新区云锦城幼儿园	4130.00	3064.00	13	380	26
28	苏州科技城外国语学校附属幼儿园	4482.94	6320.00	19	356	38
29	苏州高新区苏外附属阳山幼儿园	6751.00	4665.22	14	339	28
30	苏州科技城外国语学校附属第二幼儿园	11796.00	12113.20	11	312	25
31	苏州高新区杜蒙幼儿园	10926.20	11495.00	22	465	44
32	苏州高新区（虎丘区）苏科外附属玉屏幼儿园	12708.00	8169.07	9	193	15
33	苏州高新区新浒学校	31234.36	15368.16	46	1831	130
34	苏州科技城外国语学校	38408.28	49611.21	98	2454	385
35	苏州外国语学校	68744.83	56184.36	97	2798	329
36	苏州科技城外国语高级中学	55724.27	60466.45	0	0	0

【教育经费】 2023年，高新区教育经费总投入46.98亿元，增长19.28%。其中国家财政性教育经费38.64亿元（含一般公共预算安排的教育经费、政府性基金预算安排的教育经费），增长17.72%。

【师资建设】 2023年，高新区全面实施教育专项编制教师年金工作，实施狮山教育人才计划，发挥各级各类名师工作室孵化器作用。全年新招聘教师817人，其中“双一流”建设高校和研究生及以上学历优秀毕业生379人，占招聘总人数的46.39%。新增省级“苏家名家”培养对象1人、省级教学名师1人、正高级教师5人、狮山教育人才30人、区级教学能手317人。推进教师交流轮岗，持续优化集团各校区“行政+名师+教师”组团交流模式。参与交流轮岗义务教育教师263人，占符合条件总人数的16.96%，其中骨干教师130人，占交流轮岗教师总数的49.43%。截至年底，全区有在职省级骨干教师8人、市级24人、区级40人。

【高品质教育链打造】 2023年，高新区重点打造4条高品质教育链：实验教育链、科技城教育链、南大苏州附属学校教育链、外国语学校教育链。实验教育链包括高新区实验幼儿园、实验小学、实验初中、实验中学（高中），依托狮山商务创新区成熟教育资源，

2023年8月31日，科技城实验小学一年级学生入学（杨炎橙　摄）

推进全学段教学有效衔接和优质教育联动发展。科技城教育链包括苏州科技城实验幼儿园和小学、高新区实验初中和实验中学（高中）科技城校区，依托科技城创新、大院大所和高端人才集聚、生态功能突显等优势，打造优质教育集群发展的科技城样板。南大苏州附属学校教育链以南京大学苏州附属学校教育集团为主，涵盖学前教育、义务教育、高中教育全学段，立足太湖科学城功能片区，构建横向联动片区、纵向贯通学段的优质教育链。外国语学校教育链包括苏州外国语学校、苏州科技城外国语学校，依托优质民办教育品牌的辐射带动作用，打造集团化办学与外部优质资源全方位、深层次、宽领域交流合作。

【获评江苏省义务教育优质均衡发展区】 2023年，高新区进一步扩大优质教育资源覆盖面，持续提升区域教育优质均衡水平，被江苏省教育厅认定为江苏省义务教育优质均衡发展区。全省通过认定的市、县、区共计9个，高新区是苏州市唯一获评区域。

（教育局　毛子昂）

学前教育

【概况】 2023年，高新区鼓励多渠道投入、支持多体制办园，广覆盖、保基本、有质量的学前教育普及普惠公共服务体系基本建成。执行幼儿园园长、教师、保育员资格准入制度，实行持证上岗。完善幼儿教师在职培训体系，青年教师和园长培训率100%。规范学前教育收费行为，建立幼儿培养成本由政府、社会举办者、幼儿家庭共同合理分担机制。3~5岁适龄幼儿入园率100%。

【优质幼儿园创建】 2023年，高新区实施优质幼儿园创建工程，创建省、市优质幼儿园5所，省、市优质幼儿园覆盖率90.92%。落实以评促建、以评促改、以评促发展的要求，发挥省、市优质幼儿园示范作用，提升学前教育整体水平。

【幼儿园课程建设】 2023年，高新区遵循幼儿身心发展规律，保教结合，寓教于乐，实现幼儿园课程游戏化建设全覆盖。苏州浒墅关实验幼儿园1个项目获评江苏省幼儿园课程游戏化项目。（教育局　毛子昂）

中小学教育

【概况】 2023年，高新区持续提升教育服务能力，义务教育巩固率100%，高中阶段毛入学率100%。推进积分

西渚小学文化走廊（摄影家协会　供图）

2023年11月2日，狮山、横塘街道狮山一社区新时代文明实践站组织幼儿园小朋友参观狮山消防救援站（孙梅花　摄）

入学，流动人口随迁子女公办学校准入率85.43%。实现公办高中四星级全覆盖。稳步实施“双减”工作，全区义务教育学校开展课后服务率100%。苏州高新区第五初级中学校数字化赋能项目入选江苏省教育厅“双减”工作成效显著典型案例。发展教育内涵，严格落实国家课程政策，推进中小学课程基地与学校文化建设。

【集团化办学】 2023年，高新区通过集团化办学促进区域教育优质均衡发展。文正小学教育集团成立，苏州学府中学挂牌“区第一初级中学学府校区”。围绕“狮山商务创新功能片区优品牌、强辐射，太湖科学城功能片区高起点、强创新，浒墅关先进制造功能片区大跨越、新优势”的集团化办学设计目标，依托各片区一批优质领衔学校辐射作用，带动形成优质教育片区。

【江苏省苏州实验中学】 2023年，江苏省苏州实验中学有校区2个，分别为高新区校区、科技城校区。有省级人民教育家培养对象、苏教名家3人，教学名师、省“333高层次人才培养工程”培养对象15人，省级特级教师11人，正高级教师15人，市级骨干教师79人，县区级骨干教师135人，硕、博学历教师占比超过45%，名特优教师占比70%。

【苏州高新区实验初级中学】 2023年，苏州高新区实验初级中学集团有紧密型校区4个，分别为金山路校区、青城山路校区、马运路校区和锦峰路校区。有松散型校区3个，分别为文昌中学、新区三中和新区五中。紧密型校区有班级204个，学生9559人，教职工708人。集团有特级教师4人、正高级教师5人、江苏省教学名师1人、苏教名家1人、姑苏教育领军人才1人、苏州市青年拔尖人才3人、苏州市学科带头人41人、区级骨干教师152人。有苏州市名师工作室2个、高新区名师工作室3个。在省、市级教育行政部门组织的优质课、基本功和学科素养等比赛中，获一等奖及以上荣誉238项。

【苏州高新区实验小学校】 2023年，苏州高新区实验小学校集团有校区6个，分别为金山路校区、邓尉路校区、竹园路校区、珠江路校区、滨河路校区和成大校区。有教学班284个，在校学生12183人，教师808人。承办江苏省小学英语课内外融合教学观摩暨江苏省小学英语教材实验基地活动、江苏省中小学教师新技术新媒体教学应用培训活动。结项教改实验项目1项，并参展第六届全国教育博览会。获江苏省“教海探航”征文竞赛优秀团队奖，1名教师获江苏省小学劳技基本功比赛一等奖。

（教育局　毛子昂）

高等教育

【概况】 2023年，高新区有南大苏州校区、苏州科技大学、苏州经贸职业

苏州高新区实验初级中学（教育局　供图）

南大苏州校区（东区）（苏高新集团　供图）

技术学院、苏州卫生职业技术学院、苏州高博软件技术职业学院5所驻区高校。南大苏州校区东区交付使用，首批500余名学生入驻。

【南京大学苏州校区】 参见专记南京大学苏州校区建设实录

【苏州科技大学】 2023年，苏州科技大学有19个学院（学部），65个本科专业，16个硕士学位授权一级学科、16个硕士专业学位授权类别。有全日制本科在校生21699人、研究生3565人、国际硕士研究生121人。有教职工1900余人，具有高级专业技术职务的教师700余人。有石湖、江枫、天平3个校区，主校区为石湖校区，校园占地面积150.42万平方米，建筑面积77.36万平方米。

学科建设　新增环境生态学进入ESI全球大学和科研机构排名前1%，工程学进入ESI全球排名前5‰。城乡规划学、土木工程、环境科学与工程学科保留入选江苏省第四期高校优势学科建设工程。5门课程获批第二批国家一流本科课程。1门课程获批江苏省美育精品课程，1篇案例获江苏省高校美育改革创新优秀案例特等奖。获批省产教融合型品牌专业3个，新增省重点产业学院建设点1个、省产教融合重点基地1个。截至2023年底，2个学科在全国第四轮学科评估中获评B类，6个学科入选省优势学科建设工程项目，6个学科获批“十四五”省重点学科。累计19个专业入选国家一流本科专业建设点，20个专业入选江苏高校品牌专业建设工程项目，10个专业通过高等学校专业评估（认证）、工程教育专业认证、师范类专业第二级认证。

人才培养　新增产业教授5人、江苏省研究生工作站8家。获中国国际大学生创新大赛金奖2项、铜奖2项，获第十八届“挑战杯”全国大学生课外学术科技作品竞赛一等奖1项，1篇论文入选全国大学生创新年会优秀学术论文。

师资队伍建设　全年引进青年人才143人，其中具有海外知名高校或机构背景的比例达到30%。新增入选省级及以上人才工程62人，其中国家级人才3人、省级教学名师1人、省级双创博士14人、省级自科优秀青年3人。新增江苏省优秀教学和科技创新团队2个。获第三届江苏省高校教师教学创新大赛特等奖、一等奖、二等奖各1项，获第二届江苏省高校艺术教师基本功展示个人全能一等奖3项、二等奖1项、三等奖3项，获江苏省高校微课教学比赛一等奖2项、二等奖2项、三等奖6项。

科学研究　获批国家级科研项目76项、省部级科研项目65项。获省部级科学技术奖7项，其中一等奖2项。获全国性社会力量奖9项。科研成果入选2022年度江苏省行业领域（基础研究）十大科技进展。

社会服务　联合苏州市政府打造苏州古建园林学院，共建韧性城市建设研究中心。成立太湖光子中心前沿技术研究院。参与“面向世界贡献古城保护的苏州方案”实践。服务苏州市乡村振兴片区化建设、阳澄湖地区乡村振兴等体系研究。承担长三角生态绿色一体化发展示范区吴江片区建设情况评估工作。

对外合作与交流　合作承办商务部援外短班项目14项，援外硕士项目1项。外国留学生数491人，增长127.3%。开展学生出国（境）交流学习项目109项。与美国纽约州立大学等共建科研项目33项。入选“中国—白俄罗斯大学联盟”，获评江苏省涉外管理先进单位、江苏省来华留学生教育先进集体。获批江苏省“十四五”首批高校大学生境外学习政府奖学金长期项目。（苏州科技大学　程　熙）

【苏州经贸职业技术学院】 2023年，苏州经贸职业技术学院有8个二级教学单位，8个专业群、43个专业。有在校生11200余人。有教职工571人，其中专任教师477人、博士86人，具有高级职称人员占比33.62%。校园占地面积54.67万平方米，建筑面积约27万平方米。

教育教学　建设高端纺织制造虚拟仿真和工业互联网学院产教融合实训平台。新增财税大数据应用专业。4门课程获批国家精品课程立项。入选首批“十四五”职业教育国家规划教材15部、江苏省职业教育优质教材2部。获评职业教育评价改革十大典型案例1个。获批江苏省职业教育专业教学资源库1个、江苏省示范性虚拟仿真实训基地1个。入选江苏省第一批现场工程师项目、江苏省具有国际影响力的职业教育资源项目各1项。开展“1+X”证书制度试点项目27个。截至2023年底，有省级高水平专业群2个、中央财政支持建设专业2个、省级高水平骨干专业6个。

人才培养　探索适应性职业教育，实施学生成长成才工程。学生团队获中国国际大学生创新大赛金奖、银奖各1项。获全国职业院校技能大赛一等奖4项、二等奖2项。获江苏省第17届大学生职业规划大赛专科赛道总冠军1项、一等奖1项。获江苏省本科优秀毕业论文（设计）一等奖4项。

师资队伍建设　立项第三批国家职业教育教师（教学）创新团队1个，入选教育部职业教育教师队伍建设典型工作案例1个。获江苏省职业院校教学能力比赛一等奖2项。入选江苏省“最美高校辅导员”1人、江苏省教学名师1人、江苏高校“青蓝工程”中青年学术带头人1人、江苏高校“青蓝工程”优秀教学团队1个。

科学研究　联合智慧企业成立产业技术创新联合体和技术服务团队，共建技术创新服务中心。牵头成立全国高端纺织先进制造产教融合共同体。开展四技服务和技术技能培训服务，技术合同登记37项。获批教育部人文社科项目2项、江苏省社科基金项目2项、江苏省自然科学基金项目1项、江苏省软科学项目2项、江苏省教育科学规划项目3项、江苏省高等学校基础科学（自然科学）研究面上项目1项、江苏省高校哲学社会科学研究重大项目1项。

社会服务　签约社会培训57项，开展社区教育及老年教育公益培训26项。组织江苏省高职院校教师管理者培训、高职院校系主任专题培训、青海省职业院校“双师型”教师培训。合作开展苏州市退役军人继续教育培训。获评苏州市“家门口的老年大学”、苏州市中小学生劳动教育实践基地。2个项目入选江苏省老年教育学习资源库子库。

（苏州经贸职业技术学院　石冬喜）

【苏州卫生职业技术学院】　2023年，苏州卫生职业技术学院有11个教学单位，22个专业。有全日制在校生10973人。有教职工846人，其中专任教师571人、高级职称213人、硕士及以上学历446人。有石湖、书院、木渎3个校区，校园占地面积56.9万平方米，建筑面积33.8万平方米。

教育教学　1个专业通过江苏省国际化人才培养品牌专业中期考核。1个项目立项江苏省职业教育专业教学资源库建设项目，1个项目入选江苏省老年教育学习资源库子库。5门在线课程接入国家职业教育智慧教育平台。1部教材入选江苏省职业教育优质教材。

人才培养　获全国职业院校技能大赛一等奖5项、二等奖1项、三等奖1项，获江苏省第18届大学生职业规划大赛一等奖2项、江苏省大学生创新创业大赛一等奖1项、江苏省大学生知识竞赛一等奖1项。

师资队伍建设　新增正高级职称4人、副高级职称10人。入选江苏省教学名师1人、江苏高校“青蓝工程”优秀青年骨干教师4人、江苏高校“青蓝工程”中青年学术带头人2人、江苏高校“青蓝工程”优秀教学团队1个。新增江苏省高职类产业教授3人。获批江苏省职业教育“双师型”教师培养培训基地1个、苏州市职业教育“双师型”教师培养培训基地1个。获江苏省教学能力大赛一等奖1项、二等奖2项、三等奖4项，1人获江苏省教学能力大赛医药卫生类专业组第一名。

社会服务　组织卫生健康职业教育创新发展大会暨全国智慧医养产教融合共同体成立大会，1个案例入选中国教育网络电视台“提质培优增值赋能”典型案例。获批江苏省职业教育校企合作示范组合培育项目1项、江苏省职业教育校企合作典型生产实践项目1项。承接江苏省职业院校技能大赛高职医药卫生类护理技能项目、全国职业院校技能大赛江苏省遴选赛老年护理与保健项目、社区服务实务项目2个赛项。牵头制定全国公共卫生与卫生管理大类、护理类教师企业实践项目标准、护理专业认证体系，统筹、研制江苏省中职医护康复类专业系列标准及高职医药卫生类专业认证补充规范。配合开展全国卫生专技资格考试试题开发基地命题工作。合作共建江苏省婴幼儿引导员职业技能考核基地、中医类别国家医师资格实践技能考试苏州基地。建立社区健康教育学院12个，社区教育与老年教育服务25万余人次。入选教育部教师发展指数优秀院校、服务贡献典型学校。

对外合作与交流　签署合作备忘录7份，新引进海外人才1人。成立苏州卫生职业技术学院东盟分院。成立国际健康职业教育学院（苏卫吴门医药国际推广基地），推广中医药基础与保健短期交流培训等特色项目。受聘中医药鲁班工坊合作共同体副理事长单位，牵头制定埃塞俄比亚国家职业标准开发项目。深化与英国、爱尔兰、澳大利亚、德国等国家合作交流，开展德国双元制课程开发与教法培训。

（苏州卫生职业技术学院 浦颖娟）

【苏州高博软件技术职业学院】 2023年，苏州高博软件技术职业学院有7个二级学院，54个专业。有在校学生1.20万人。校园占地面积33.33万平方米，建筑面积约17万平方米。

教育教学 立项建设在线课程12门，立项云教材项目10个。出台《苏州高博软件技术职业学院高博特色课建设指导意见（试行）》，开设特色单元课程8门。开展教师教学培训和质量评比。获江苏省职业院校教学大赛三等奖1项、江苏省微课教学比赛三等奖2项。

人才培养 出台《关于制定2023级专业人才培养方案的指导意见》。新增校内实训基地4个、校外实训基地35个。有校外实训基地203个。组织学生到校企合作单位短期实训。开展创新创业培训活动3期。师生团队在江苏省职业院校技能大赛中获银奖3个、铜奖3个，获江苏省高等学校劳动教育优秀实践项目特等奖1项、二等奖1项。学生团队在“领航杯”江苏省大学生信息技术应用能力比赛中获一等奖2项，在“鼎微杯”高校大学生英语互联网听说大赛中获二等奖1项、三等奖16项。

师资队伍建设 新增教职员工46人，其中，正高级职称6人，副高级职称2人，硕士24人，博士3人，特聘教授8人。培训新入职教师144人，岗前培训195人次，参加省级以上培训323人次。选派4人参加专业带头人高端研修、企业实践锻炼。63人通过高等学校教师资格认定，170人通过职业教育“双师型”资格认定。入选江苏高校“青蓝工程”优秀青年骨干教师2人。

科学研究 立项省部级科研项目67项。验收江苏省高等教育改革研究课题、江苏省社科联专项课题等项目9项，结题省部级、市厅级、校级等项目42项。登记计算机软件著作权29件。完成专利授权8件，其中，发明专利授权1件，实用新型专利授权5件，外观设计专利授权2件。认定登记技术合同7件，合同金额43万元。

社会服务 组织1407人参加跨境电商、工信部人才专业评测等各类培训考证。服务11965人参加展演出经纪人、银行从业人员、注册会计师等国家职业资格考试项目。联合高新区、吴中区政府开展秋季退役军人适应性培训。

（苏州高博软件技术职业学院 黄帅英）

职业教育

【概况】 2023年，高新区有市属职业技术学校2所，分别为苏州高等职业技术学校、苏州市纺织工业职工中等专业学校。有市属技工院校1所，为苏州技师学院。

【苏州高等职业技术学校】 2023年，苏州高等职业技术学校有8个系（部），25个专业。有全日制在校生5363人。有教职工404人，其中副高及以上职称134人。有塔园路、石路2个校区，校园占地面积12.63万平方米，建筑面积11.43万平方米。

教育教学 制定《实施行动课堂、深化教学改革》方案，打造“行动课堂”教学品牌。开展职业体验活动20余场。计算机网络技术专业、电子商务专业入选江苏省中职学校第二批优质专业。立项市级以上科研项目18项。获评苏州市教师发展示范基地、职业学校“双师型”教师培养培训基地。

人才培养 制定《2023级实施性人才培养方案》。健全专业技能竞赛体系，组织开展各项竞技比赛。获全国优秀青少年校园足球特色学校荣誉、“苏州市金融启蒙学院”优秀组织奖、第五届苏州市青少年天工节活动优秀组织奖。

社会服务 对接地方优势产业，打造企业学院。开展教育支援服务，选派支教干部教师帮扶偏远地区。组织师生进社区便民服务20余场。

（苏州高等职业技术学校 钱少伟）

【苏州市纺织工业职工中等专业学校】 2023年，苏州市纺织工业职工中等专业学校有6个专业，142门课程。有教职员工158人，专任教师140人，兼职教师10人，“双师型”专任教师27人。35岁以下青年教师占比70%以上，硕士研究生占比15%。有科技城、昆山花桥2个校区，学校占地面积8.67万平方米，建筑面积5.33万平方米。

教育教学 实施《苏州市纺织中专“青椒计划”工作方案》，组织开展各类教研培训。持续推进思政课建设。完善校园公众号、智慧校园、“青年大学习”等网络平台。开展“1+X”证书制度试点项目。教师团队获苏州市职业学校技能大赛教师组二等奖1项。

人才培养 毕业生年终就业率100%，学生职业发展满意度超过98%。发展学生社团，有学生社团组织22个。党史学社获评苏州市标兵社团。学生团队获苏州市职业学校技能大赛学生组二等奖、三等奖各1项，苏州市职业学校文艺表演活动二等奖1项。

（苏州市纺织工业职工中等专业学校 谢佳慧）

【苏州技师学院】 2023年，苏州技师学院有6个教学系，32个专业。有在校生6600余人。有教职工337人，其中副高级以上职称113人，硕士占比40%。有国家级优秀指导教师4人、江苏省优秀指导教师14人、江苏省教学名师9人、江苏省专业带头人30人、江苏省技术能手37人。有江苏省一体化教学名师工作室3个、苏州市大师工作室4个。校园占地面积17.07万平方米，建筑面积21.20万平方米。

教育教学　有国家示范校重点建设专业5个、省重点专业10个、省示范专业7个。数字专业占比超过70%。数字化教学资源库上线课程237门、课程素材1112个。有制造业技术、创意服务技术、信息技术、数字化技术、轨道交通技术、传统工艺技术、烹饪技术等现代化实训中心。有高仿真实训室205个、标准化多媒体教室123个。取得实用新型专利6个。承担全省轨道交通信号工等5个项目的技术资源开发修订任务。轨道交通专业群入选江苏省品牌特色专业群。

人才培养　毕业生年终就业率超过99%。全日制教育中高级工以上培养比例100%。开设社会培训工种30个，培训覆盖1万人次，其中高级工、技师、高级技师培训占比33%。开展技能评价工作，有备案职业（工种）69个，完成认定10万余人次。累计核发AHK江苏省国（境）外职业技能比照认定证书258张。

社会服务　与贵阳水利水电职业技术学校、伊犁技师培训学院、新疆阿图什市技工学校、西藏技师学院、凉山州劳动职业技术学校、安徽省阜阳技师学院、江苏省淮海技师学院等学校合作，在师资培养、技能竞赛、专业教学等方面实施帮扶。

（苏州技师学院　魏　涛）

特殊教育

【概况】 2023年，高新区通过“区教育局、融合资源中心校、普校”三级管理网络，畅通特殊儿童入学通道。全区普通中小学（幼儿园）特殊需要儿童少年就读人数359人，义务教育阶段持残疾证儿童197人，入学率100%。全区有特殊教育学校1所，为苏州高新区特殊教育学校。设教学班9个，学生90人。苏州高新区特殊教育学校、苏州高等职业技术学校合作办学，联合举办特教职高部（试点班），为高中阶段残疾学生提供职业教育服务。高新区特殊教育学校综合职训楼扩建项目投入使用。

【融合教育】 2023年，高新区新增融合教育资源中心校（园）10个，累计有融合教育资源中心校（园）46个。依托江苏省特教发展工程个别化教育项目，完善个别化教育支持系统，提升个别化教育质量，获评省级保障水平、专业水平调研成果双优秀。苏州高新区成大幼儿园“真融、善融、汇融——‘三融’理念下特需儿童发展支持中心的建构”项目获评江苏省特殊教育发展工程特教示范园项目。

（教育局　毛子昂）

社会教育

【概况】 2023年，高新区形成以社区学院为龙头、老年大学为骨干、乡镇（街道）社区教育中心为主体、市民学校为基础、中小学幼儿园为补充的社区教育培训网络。以惠民为中心，丰富老年人生活，构建终身教育体系，开展老年教育，实现全区苏州市学习型乡镇（街道）全覆盖。

【社区教育】 2023年，高新区以打造社会教育品牌为目标，持续提升社区教育质量。苏州市第二期老年教育赋能项目结项2项，苏州市第三期老年教育赋能项目立项1项。苏州科技城（东渚）老年大学、浒墅关老年大学获评苏州市优秀成人继续教育院校（培训机构），狮山、横塘街道社区教育中心获评苏州市社会教育先进集体。镇湖街道申报的“苏绣针法技能”课程获评苏州市社区教育优秀课程，老年人常见意外伤害与急救培训项目获评苏州市社区教育品牌项目。获评全国、江苏省“百姓学习之星”称号1人。

【终身教育】 2023年，高新区持续扩大老年教育资源供给，提高老年教育服务质量。推进苏州市民生实事项目百所“家门口的老年大学”建设，全区累计申报项目点7个。苏州高新区（虎丘区）老年大学真武路校区、嘉陵江路校区、滨河路校区挂牌，狮山商务创新区老年大学狮山横塘校区、枫桥校区挂牌。　（教育局　毛子昂）

编辑：陈　燕

苏绣

苏绣保护与传承

【苏绣保护政策】 2023年，镇湖街道重点做好苏绣知识产权保护工作，建立全市首个苏绣品牌法治保障中心。绣品街入选全市唯一国家级知识产权保护规范化市场续延审查公示名单。苏州弥惟文化艺术有限公司的《国风系列苏绣》版权产品运用项目获批江苏省现代服务业（新闻出版）发展专项资金项目。苏州姚建萍刺绣艺术有限公司、苏州市云帆刺绣科技有限公司获评江苏省版权示范单位，苏绣小镇版权服务交易基地获评江苏省版权示范基地。镇湖苏绣入选江苏地理标志产品30强、最具创新性产品。

【苏绣人才培育】 2023年，镇湖街道成立“针崙青年汇”艺术联盟，培养苏绣新生代传承人。开展“非遗进校园 大师进课堂”联建公益活动，与上海复旦大学、苏州工艺美院等院校合作引进培育专业人才。邹英姿获评中国工艺美术优秀校园大师。

【苏绣技艺传承人】 截至2023年底，镇湖街道有苏绣从业人员8400余人，获相关职称评定278人，其中正高级工艺美术师56人、高级工艺美术师51人、工艺美术师120人、初级职称评定51人。有中国工艺美术大师3人、江苏省工艺美术大师11人、江苏省工艺美术名人8人、苏州市工艺美术大师26人。有国家级非遗项目（苏绣）代表性传承人2人、省级非遗项目（苏绣）代表性传承人1人、市级非遗项目（苏绣）代表性传承人2人、区级非遗项目（苏绣）代表性传承人26人。享受国务院政府特殊津贴专家4人，分别为姚建萍、姚惠芬、卢福英、濮凤娟。获评首批“大国非遗工匠”称号3人，分别为姚建萍、姚惠芬、邹英姿。有一批青年苏绣技艺传承人，其中“90后”刺绣从业者300余人。获评省、市、区级文化人才19人。

（镇湖街道　赵蒙超）

苏绣创作

【苏绣工坊】 2023年，镇湖街道有注册的苏绣工坊和工作室等经营主体380余家。姚建萍苏绣非遗工坊入选江苏省首批非遗工坊，姚建萍大师工作室获评江苏省乡土人才大师示范工作室，王丽华刺绣能工巧匠工作室获评姑苏乡土人才能工巧匠工作室，古吴绣皇工艺有限公司被认定为苏州市非遗代表性项目（苏绣）保护单位。卢福英微视频课程“苏绣针法技能”获评苏州市社区教育优秀课程。

苏绣小镇里的绣娘在刺绣（张雪　摄）

【镇湖薛氏刺绣工作室】 2023年，镇湖薛氏刺绣工作室获评全市首个国家级“美丽工坊”。镇湖薛氏刺绣工作室由薛金娣在2000年创办，集刺绣展示、销售、教学功能为一体，创新研发苏绣衍生产品，如苏绣工艺手表、耳机、珠宝、服饰等。工作室规模100余人。

【年度重要获奖作品】 2023年，镇湖绣娘王丽华作品《法海寺造像系列》获第16届中国民间文艺山花奖。沈德龙作品《王者之威》和周海云、陆晓琳、冯雨作品《格桑花开》获第三届“百鹤杯”工艺美术设计创新大赛百鹤金鼎奖。陈红英作品《海之歌》获第19届中国（深圳）国际文化产业博览交易会中国工艺美术文化创意大赛金奖。姚惠芬、俞君瑶作品《精卫填海之羽毛》和卢梅红作品《生如夏花》获江苏省民间文艺奖优秀民间工艺美术作品金奖。在第二届“金针杯”中国传统工艺刺绣大赛中，陈红英获金奖，吴昊僖、汤晓红、吴萧贤获最佳创意奖，龚春芳获优秀作品奖。

（镇湖街道　赵蒙超）

苏绣文化交流

【苏绣宣传】 2023年，镇湖绣娘组团代表苏州市参加第八届中国成都国际非遗节，参与中国—中亚峰会服装设计。镇湖绣娘被《中国妇女报》头版报道，全国首幅动态苏绣作品《玉兰花开》被央视报道。苏州苏绣小镇发展有限公司获评江苏省华侨文化交流基地，中国刺绣艺术馆获批江苏省社科普及示范基地，苏绣小镇获批首批江苏省特色小镇。

【苏绣直播】 2023年，镇湖苏绣工作室在各类平台开展电商直播约140家次，包括孙文婷刺绣工作室、张建英刺绣艺术工作室、陈华芬刺绣工作室、王先生苏绣工坊等，效益较好的经营主体全年直播营收达到300万元。

【苏绣展览】 2023年，镇湖街道举办“承续与转换”苏绣新生代艺术作品展等，开展苏绣艺术文化交流。绣娘周海云作品《百万雄狮过大江》入藏国家博物馆。姚建萍、朱寿珍、陆晓琳等受邀参加法国世界非物质文化遗产展。

【第15届中国刺绣文化艺术节】 2023年12月8日，“针凿之上　绣艳湖山”第15届中国刺绣文化艺术节在高新区开幕。艺术节期间，中国（苏州）刺绣研究中心成立，苏绣数智传承创新文旅重点实验室签约，苏绣版权数字平台上线，蓝海彤翔“元宇宙里的苏作天工”项目、第四届“苏绣小镇杯”文化创意设计大赛暨首届苏绣主题人工智能创意创新大赛、苏绣传承创新发展白皮书发布。

（镇湖街道　赵蒙超）

绣娘周海云在刺绣（镇湖刺绣协会　供图）

编辑：张肖千

文　化

文化场馆

【概况】 2023年，高新区建成区、镇、村（社区）三级公共文化设施网络，建筑面积28万余平方米。有博物馆2个、区文化馆1个、镇（街道）文化站6个、村（社区）综合文化服务中心61个；有图书馆总分馆39个，其中区级图书馆（苏州高新区图书馆）1个、社区分馆33个、特色阅读空间5个。另有24小时自助图书馆2个、网上借阅社区投递点10个、“阅享四季”图书流通驿站13个。

【苏州高新区图书馆】 位于高新区太湖大道999号高新区文体中心内，2017年建成。面积1.73万平方米，整体布局为上、中、下三层，第一层设报刊阅览室、亲子阅览室、24小时自助点、视障阅览室、自助借还书区等；第二层南部设综合阅览室，另设青少年阅览室、“湖上书舟”阅览室、电子阅览室、自修室、多功能厅等；顶层设休闲区，有美术培训室、科技情报信息服务中心等。高新区图书馆总分馆全年接待读者209.54万人次，借书10.71万人次，外借图书101.95万册次。开展线下活动1230余场，参与活动8.75万人次。高新区图书馆总馆全年接待读者69.47万人次。实现基层公共文化设施全覆盖，形成城乡“10分钟文化圈”。在苏州市公共图书馆馆员业务技能竞赛中获团体优秀奖1项、三等奖2人，在苏州市图书馆学会创新案例征集活动中获优秀奖1人。

【苏州博物馆西馆】 位于高新区长江路399号狮山文化广场，2018年3月开工建设，2021年9月25日开放试运行。建筑面积4.84万平方米，展陈面积1.34万平方米，展出馆藏文物2100余件（套）。西馆建筑借鉴江南水乡街巷邻里格局，常设有苏州通史陈列馆、苏作工艺馆等，单独设有国际合作馆。全年开展各类主题展览、特色教育课程等活动777场，接待服务194.61万人次。“纯粹江南　技忆苏州”苏州博物馆西馆基本陈列展获第二十届全国博物馆十大陈列展览精品推介活动精品奖。

【苏州东吴博物馆】 位于高新区鸿禧路20号，2011年1月9日开馆。使用面积6000平方米，展陈面积2840平方米。依托馆藏历史文化资源优势，打造江南文化、历史知识、非遗传承、实境教育、文博体验等5个主题。与辖区学校、社区共建合作，普及文物故事、历史知识。策划“博古知新　文化赋能”5·18博物馆日系列活动，开展暑期“博物课堂”，打造“参观+课程+研学”博物馆奇妙之旅活动。全年开展各类文化体验及研学活动90余场次，接待服务3万余人次。

苏州博物馆西馆（金洲宇　摄）

【苏州高新区国画院】 位于高新区阳山南路1号，2018年建成，2019年5月开放运营。总建筑面积4000平方米，包括国画院展厅、徐惠泉艺术空间、书画创作交流室、艺术家驻留工作室、多功能厅、艺术惠风行动展厅等配套服务体系。馆内有独立展厅4个，展厅面积1300平方米。举办“从狮山，再出发”苏州高新区全域旅游全国摄影大赛优秀作品展、“与时舒卷”徐惠泉美术作品展、“青春”石家庄青年艺术双年展苏州巡展等展览。全年开放展览11个，接待服务约6万人次。获评江苏省最美公共文化空间。

【苏州高新区寒山美术馆】 位于高新区太湖大道999号高新区文体中心内，2017年9月建成开放。建筑面积2400平方米，设序厅、艺术沙龙及两个独立展厅，展厅面积1080平方米，艺术沙龙面积180平方米。举办龟兹当代艺术创作研究展，“天气：云中象”汤国、严善錞双人展，“纸上”姜竹青、弗朗辛穆里双人展，“承续与转换”苏绣新生代艺术作品展，“非遗里的清廉”高新区非遗作品展，艺术形式与构成工作坊活动及苏州市版权宣传周相关活动等。全年开展配套公教活动15场，接待服务10万余人次。

【苏州高新区文化馆】 位于高新区太湖大道999号，2016年11月建成。建筑面积约2万平方米，设有小剧场930平方米，可容纳300人。馆内具备多个户外特色文化空间、灯光音响等专业文艺演出设备，另设戏曲教室、器乐教室、舞蹈教室、书法美术教室等专业艺术教室20余个。打造文化馆社会分馆标杆项目，完成文化馆分馆揭牌9家，拓宽公共文化服务范围。全年开展群众文化品牌及系列公共文化活动260场，其中“遇见”高新区公共文化资源配送服务206场、新年线上活动“群星　云集”“精彩高新区　百姓大舞台”等大型文艺展演30余场、群众文化“新星奖”系列评选赛事20余场。创作优秀原创文艺作品15个，其中部分作品在第五届苏州市群众文化“繁星奖”评选中获金奖2个、银奖5个、铜奖8个。提升团队创演水平及服务能力，培育苏州高新区新时代艺术团等区内优秀文艺团队10余个，完成省级优秀文艺团队培养计划2个。开展专项基层辅导360次，打造全国文化科技卫生“三下乡”活动示范项目。推进公共文化高质量学习教育，开展公共文化、群众文化骨干培训20余场次。

（文化体育和旅游局　曹　涛）

公共文化

【概况】 2023年，高新区以创建国家公共文化服务体系示范区为导向，塑造“江南文化”品牌，推进公共文化高质量融合发展。完善公共文化设施网络，打造特色空间亮点。丰富文化供给形式，举办我们的中国梦、我们的节日、年在高新、全民阅读节等系列活动。苏州市高质量考核“人均接受文化场馆服务次数”指标列全市第三位。

【群众文艺作品创作】 2023年，高新区定期组织区内文艺工作者开展文艺精品创作，完成原创作品50余个。开展高新区群众文化“新星奖”系列评选活动20余场，以赛代选储备优秀作品15个。参加第五届苏州市群众文化“繁星奖”赛事，舞台类作品获“繁星奖”金奖1个、银奖1个、铜奖4个。书法、美术静态类作品获“繁星奖”金奖1个、银奖3个、铜奖6个。馨悦曲艺社、狮山金秋舞蹈策划工作室入选省优秀群众文艺团队培育对象。枫芸舞蹈团、苏州高新区（虎丘区）金柚子艺术中心、枫叶民乐团获评省优秀群众文艺团队。

【公共文化服务】 2023年，高新区公共文化服务以群众需求为导向。举办“遇见”公共文化资源配送品牌活动，年均配送各类文化活动260余场，提供公共文化专项配送，落实文化惠民，繁荣群众文化生活。开展讲座、培训等形式基层辅导约70场，辅导群众文艺团队30余个。开展“艺述夜课”艺术普及活动，推进全民艺术提升，丰富城市夜间公共文化服务内容。开展“银龄”潮流系列阅读推广活动，设置老年阅读主题书架，结合志愿者服务团队，为老年读者提供多元化阅读服务。BOOK茂象、苏州高新区国画院获评江南公共文化特色空间，草履剧社获评苏州市优秀群众文化团队。

（文化体育和旅游局　曹　涛）

文化艺术

【概况】 2023年，高新区整合优质文化艺术资源，通过区域联动、部门联动、工作联动等方式，广泛开展音乐、舞蹈、戏曲、曲艺、美术、书法等合作交流活动，提升居民文化素养，展现城市文化高质量发展新活力。到香港开展经贸活动，参加第37届中国香港国际旅游展、中国文化和旅游IP授权系列活动。

【文化演出交流活动】 2023年，高新区落实开展文化馆服务宣传周活动。参与江苏省文化馆推出的“文化馆之夜”百馆大合唱活动，促进文化馆馆际交流互鉴。融入长三角一体化发展，参与“风起太湖 新时代颂”长三角一体化中国画名家作品邀请展。深化校地合作，参与“文韵最江南 盛世南雍传”南京大学苏州文化周活动，探索区域院地交流共建新模式。承办江苏省千支优秀群众文化团队培育现场辅导活动，与姑苏区、相城区联合开展优秀群众文化演出交流与合作。举办高新区群众文化“新星奖”系列评选活动，邀请苏州市音乐家协会、苏州科技大学音乐学院、高新区音乐家协会等音乐领域专家互动交流。响应苏州市全民艺术提升季系列活动要求，举办苏州高新区青少年舞蹈大赛等系列群众文艺活动30余场。

【苏州民族管弦乐团】 2023年，苏州民族管弦乐团创作《征程·光明》《江南》《第五交响乐·复兴》3部作品，举办大中型及导赏音乐会132场。其中高雅艺术普及系列音乐会66场，到6个国家10个城市开展国际巡演11场。参加“时代交响”全国优秀乐团邀请展演、中国上海国际艺术节、紫金文化艺术节、江苏省新时代舞台艺术优秀剧目巡演暨基层文艺院团优秀剧目展演、第五届中国苏州江南文化艺术·国际旅游节舞台艺术作品展演等活动。获评全国民族器乐展演优秀民族乐团、全国十佳优秀民族乐团、江苏省一级院团等。

（文化体育和旅游局 曹 涛）

文化遗产保护

【概况】 2023年，高新区持续推进文物保护和文化遗产保护传承工作。全区有市级以上文物保护单位21处，其中，国家级1处、省级2处、市级17处，控制保护建筑1处（苏州市政府尚未公布为文物保护单位的具有历史、艺术、科学价值的建筑）。有苏绣、苏州缂丝织造技艺、苏州玉雕、核雕等非物质文化遗产代表性项目33项，各级各类非物质文化遗产代表性传承人55人，其中国家级2人、省级2人、市级8人、区级43人。有各级各类工艺美术大师41人。

【文物保护】 2023年，高新区强化文物保护与安全管理。制定出台《苏州高新区文物行业安全隐患专项排查整治行动方案》，对全区65处文保单位按照“一处一策”原则建档立册。推动文物修缮纳入区民生实事工程，加固修缮张广桥、南将桥等明清时期古桥2座，修缮浒墅关西陵堂、绿叶楼、天远堂等民国时期建筑3处。强化地下文物保护，建立健全“先考古、后出让”制度，实现考古前置全覆盖。

2023年11月5日，苏州民族管弦乐团受邀参加中国上海国际艺术节（苏州民族管弦乐团 供图）

2023年7月，西陵堂文物修缮加固完成。12月，西陵堂公园启用（文化体育和旅游局 供图）

表50　2023年高新区市级以上文物保护单位一览表

序号	文物保护单位名称	保护级别	所属镇（街道）	地址
1	万佛石塔	国保	度假区（镇湖街道）	西京村万佛寺内
2	申时行墓	省保	狮山、横塘街道	石湖村石湖吴山东麓
3	行春桥	省保	狮山、横塘街道	石湖村石湖北
4	渔庄	市保	狮山、横塘街道	石湖渔家村越城桥南
5	越城桥	市保	狮山、横塘街道	石湖村石湖北越来溪
6	苏州烈士陵园	市保	狮山、横塘街道	横山村青石路5号
7	章钰、章元善墓	市保	狮山、横塘街道	老梅湾村
8	窑墩遗址	市保	科技城（东渚街道）	东渚镇淹马村范家里村
9	茶店头遗址	市保	枫桥街道	高景山东北麓，白鹤寺东北
10	十里亭	市保	枫桥街道	中外运高新物流（苏州）有限公司内，京杭运河西岸
11	魏了翁墓	市保	枫桥街道	支硎山西麓
12	章涣墓	市保	枫桥街道	观音山中峰岭东南，法螺寺北
13	观山摩崖石刻	市保	浒墅关经开区（镇）	观山村观山山麓上
14	宝山遗址	市保	浒墅关经开区（镇）	阳抱山南麓，渚镇公路南
15	三里亭	市保	浒墅关经开区（镇）	运河西岸
16	文昌阁太平军营垒	市保	浒墅关经开区（镇）	兴贤村兴贤桥南
17	北津弄方宅	控保	浒墅关经开区（镇）	北津社区北津弄24号
18	众缘桥	市保	浒墅关经开区（镇）	青灯村新乐村，后横宅河上
19	大石坞摩崖石刻	市保	通安镇	阳山北麓
20	华山遗址	市保	通安镇	华山西南
21	真山贵族墓群	市保	通安镇	真山山麓，312国道西侧

【非遗传承】2023年，高新区开展非遗传承体系建设。浒墅关草席制作技艺、李良济膏方制作技艺入选江苏省第五批非物质文化遗产代表性项目名录，苏州太湖古典园林建筑非遗工坊、姚建萍苏绣非遗工坊入选江苏省首批非遗工坊，11家单位获批苏州市非物质文化遗产代表性项目新增保护单位。举办第十五届刺绣文化艺术节，与苏州博物馆、苏州大学合作主办国家艺术基金项目“苏绣艺术文献展（1949—2019年）”，并在中国非物质文化遗产馆（中国工艺美术馆）、深圳博物馆、苏州博物馆设展。与国家非遗展览展示研究中心合作打造“苏州造物”品牌，推出以苏绣为主题，玉雕、核雕、手工工艺旗袍等苏式非遗融合展览空间，并在海南、珠海和北京等地巡展。

（文化体育和旅游局　曹　涛）

表51　2023年高新区非物质文化遗产代表性项目一览表

序号	项目名称	序号	项目名称
1	苏绣	5	枫桥石雕
2	枫桥竹编竹刻	6	浒墅关草席编织
3	枫桥徐丽仙评弹（丽调）	7	浒墅关蚕种生产
4	缂丝	8	东渚铜响器制作技艺

续表

序号	项目名称	序号	项目名称
9	玉雕	22	游石湖习俗
10	核雕	23	贡山茶制作技艺
11	碑刻	24	轧仙人
12	苏式红木小件制作	25	宣卷（枫桥宣卷）
13	九连环	26	堂名
14	苏州装裱	27	赏石艺术
15	箍桶	28	宣纸烙画
16	传统中医膏方制作	29	香山帮传统建筑营造技艺
17	抬猛将	30	郁香猪爪烹制技艺
18	苏州民间乐器制作技艺（二胡制作技艺）	31	金属凿刻
19	篆刻	32	手工工艺旗袍
20	微缩古建模型制作技艺	33	苏派鸟笼制作技艺
21	轧莲花		

表52　2023年高新区各级各类非物质文化遗产代表性传承人一览表

序号	代表性传承人	性别	级别	项目名称	项目申报乡镇（街道）	公布日期、批次
1	姚建萍	女	国家级	苏绣	镇湖街道	2009年6月第三批
2	姚惠芬	女	国家级	苏绣	镇湖街道	2012年12月第四批
3	卢福英	女	省级	苏绣	镇湖街道	2008年12月第二批
4	俞　挺	男	省级	玉雕	东渚街道	2010年6月第二批
5	陶龙海	男	市级	枫桥石雕	枫桥街道	2008年6月第一批
6	张碧华	女	市级	枫桥徐丽仙评弹（丽调）	枫桥街道	2010年6月第二批
7	邹英姿	女	市级	苏绣	镇湖街道	2021年3月第五批
8	蔡梅英	女	市级	苏绣	镇湖街道	2021年3月第五批
9	吴文康	男	市级	缂丝	东渚街道	2021年3月第五批
10	范玉明	男	市级	缂丝	东渚街道	2021年3月第五批
11	吴建江	男	市级	九连环	通安镇	2021年3月第五批
12	李建华	男	市级	传统中医膏方制作	枫桥街道	2021年3月第五批
13	王丽华	女	区级	苏绣	镇湖街道	2008年3月第一批
14	朱寿珍	女	区级	苏绣	镇湖街道	2008年3月第一批
15	濮惠菊	女	区级	苏绣	镇湖街道	2008年3月第一批
16	姚惠珍	女	区级	苏绣	镇湖街道	2010年3月第二批
17	董林虎	男	区级	东渚铜响器制作技艺	东渚街道	2010年3月第二批
18	梁雪芳	女	区级	苏绣	镇湖街道	2012年3月第三批
19	陈红英	女	区级	苏绣	镇湖街道	2012年3月第三批

续表

序号	代表性传承人	性别	级别	项目名称	项目申报乡镇（街道）	公布日期、批次
20	薛金娣	女	区级	苏绣	镇湖街道	2012年3月第三批
21	周海云	女	区级	苏绣	镇湖街道	2012年3月第三批
22	卢梅红	女	区级	苏绣	镇湖街道	2012年3月第三批
23	郁丽琴	女	区级	苏绣	镇湖街道	2012年3月第三批
24	姚惠琴	女	区级	苏绣	镇湖街道	2012年3月第三批
25	姚梅英	女	区级	苏绣	镇湖街道	2012年3月第三批
26	沈德龙	男	区级	苏绣	镇湖街道	2012年3月第三批
27	朱金忠	男	区级	玉雕	东渚街道	2012年3月第三批
28	赵毓琪	男	区级	玉雕	东渚街道	2012年3月第三批
29	吴建东	男	区级	核雕	东渚街道	2012年3月第三批
30	陈彩萍	女	区级	苏绣	镇湖街道	2015年4月第四批
31	陈群英	女	区级	苏绣	镇湖街道	2015年4月第四批
32	陈英华	女	区级	苏绣	镇湖街道	2015年4月第四批
33	姚彩珍	女	区级	苏绣	镇湖街道	2015年4月第四批
34	濮凤娟	女	区级	苏绣	镇湖街道	2015年4月第四批
35	姚琴华	女	区级	苏绣	镇湖街道	2015年4月第四批
36	黄林珍	女	区级	苏绣	镇湖街道	2015年4月第四批
37	郑叶青	女	区级	苏绣	镇湖街道	2015年4月第四批
38	陆美英	女	区级	绛丝	东渚街道	2015年4月第四批
39	吴建明	男	区级	碑刻	狮山、横塘街道	2015年4月第四批
40	江明华	男	区级	苏式红木小件制作	东渚街道	2015年4月第四批
41	韩建贤	男	区级	苏式红木小件制作	东渚街道	2015年4月第四批
42	何春方	男	区级	苏式红木小件制作	东渚街道	2015年4月第四批
43	方　英	女	区级	苏绣	镇湖街道	2016年12月第五批
44	马育敏	女	区级	苏绣	镇湖街道	2016年12月第五批
45	汤晓红	女	区级	苏绣	镇湖街道	2016年12月第五批
46	濮伟芳	女	区级	苏绣	镇湖街道	2016年12月第五批
47	徐　红	女	区级	枫桥徐丽仙评弹（丽调）	枫桥街道	2016年12月第五批
48	郑志明	男	区级	玉雕	东渚街道	2016年12月第五批
49	王春华	男	区级	苏式红木小件制作	东渚街道	2016年12月第五批
50	瞿　耘	男	区级	苏州装裱	东渚街道	2016年12月第五批
51	周齐兴	男	区级	箍桶	枫桥街道	2016年12月第五批
52	王玉珍	女	区级	苏绣	东渚街道	2019年12月第六批
53	侯书业	男	区级	玉雕	东渚街道	2019年12月第六批

续表

序号	代表性传承人	性别	级别	项目名称	项目申报乡镇（街道）	公布日期、批次
54	薛 东	男	区级	香山帮传统建筑营造技艺	东渚街道	2019年12月第六批
55	郁东方	男	区级	郁香猪爪烹制技艺	镇湖街道	2019年12月第六批

表53 2023年高新区各级各类工艺美术大师一览表

序号	工艺美术大师	级别	项目	公布年份
1	姚建萍	国家级	苏绣	2018
2	邹英姿	国家级	苏绣	2018
3	姚惠芬	国家级	苏绣	2022
4	俞 挺	国家级	玉雕	2022
5	卢福英	省级	苏绣	2008
6	王丽华	省级	苏绣	2011
7	朱寿珍	省级	苏绣	2011
8	沈德龙	省级	苏绣	2011
9	梁雪芳	省级	苏绣	2011
10	薛金娣	省级	苏绣	2016
11	周海云	省级	苏绣	2016
12	姚梅英	省级	苏绣	2016
13	濮凤娟	省级	苏绣	2016
14	陈红英	省级	苏绣	2016
15	蔡梅英	省级	苏绣	2016
16	陈群英	市级	苏绣	2014
17	陈英华	市级	苏绣	2014
18	倪雪娟	市级	苏绣	2014
19	朱利群	市级	苏绣	2020
20	张建英	市级	苏绣	2020
21	徐红叶	市级	苏绣	2020
22	姚美芳	市级	苏绣	2020
23	徐文瑛	市级	苏绣	2020
24	陈华芬	市级	苏绣	2020
25	钱晓丽	市级	苏绣	2020
26	濮伟芳	市级	苏绣	2020
27	吴文红	市级	苏绣	2020
28	龚春芳	市级	苏绣	2020
29	郁 勤	市级	苏绣	2020

续表

序号	工艺美术大师	级别	项目	公布年份
30	陈　娟	市级	苏绣	2020
31	姚彩珍	市级	苏绣	2020
32	徐祥云	市级	苏绣	2020
33	姚林芬	市级	苏绣	2020
34	汤晓红	市级	苏绣	2020
35	吴彩霞	市级	苏绣	2020
36	张黎星	市级	苏绣	2020
37	吴昊僖	市级	苏绣	2020
38	陈彩萍	市级	苏绣	2020
39	尤红妹	市级	苏绣	2020
40	姚卫娟	市级	苏绣	2020
41	周丽琴	市级	苏绣	2020

文化产业

【概况】 2023年，高新区全年实现文化产业营业收入369亿元，文化产业增加值124亿元，占地区生产总值的6.79%。新增规模以上文化企业10家。截至年底，有文化企业3943家，其中规模以上文化企业122家。

【重大文化产业项目建设】 2023年，高新区建设一批重大文化产业项目。江苏有线数字文化区域总部落地，浒墅关运河小镇、狮山文化广场、苏州乐园森林世界入选省重点文旅产业项目，向阳数艺谷、苏州创业园入选苏州市文化产业示范园区。

【狮山广场文化设施群】 2023年，高新区持续推进苏州科技馆（工业展览馆）、苏州狮山大剧院、地下空间、狮山公园建设。项目在建地下商业及配套建筑约8600平方米，设文创科技零售、文旅品牌集市、特色配套餐饮、运动配套、文化艺术类等功能分区，并完成年度招商工作。狮山文化广场入选省文化和旅游厅重点文化和旅游产业项目名录。

（文化体育和旅游局　曹　涛）

文化市场管理

【概况】 2023年，高新区持续深化文化市场综合执法改革，坚持包容审慎监管、服务和监管相结合原则，回应文化市场主体需求，加强文化市场监督管理，规范市场经营秩序。全年检查经营场所1219家次，出动检查人员2438人次，完成行政处罚案件5起。

【文化市场日常监管】 2023年，高新区持续加强演出市场执法监管。健全营业性演出活动常态化现场监管机制，实现大型营业性演出活动和涉外演出活动现场监管全覆盖。开展营业性演出活动不定期抽查和现场检查，规范市妇女儿童活动中心、淮海街小剧场等演出场所的脱口秀、即时喜剧、音乐表演等新业态管理。建立工作调度、网格管理、常态检查、联合执法、体验暗访等执法制度机制，提供剧本娱乐、电竞酒店、在线旅游等经营场所政策法规咨询服务，对备案管理、内容审核、安全生产、未成年人保护等重点事项提出具体要求，明确企业主体责任。严格执行文化市场行政执法处罚裁量基准，整顿纠正文化市场轻微违法行为（出版物经营单位未在经营场所明显处张挂出版物经营许可证）2起。开展常态法治惠民普法宣传进学校、进社区、进景点等活动，对旅游市场、娱乐场所、网吧、出版物市场等多个市场领域开展普法释法宣讲。

【文化市场专项整治】 2023年，高新区开展“扫黄打非”文化市场专项整治系列行动。结合“护苗”行动，在开学季等时段对校园周边等区域开展出版物市场整治，打击擅自从事出版物经营、买卖非法出版物等违规违法行为。全年办理未经批准擅自从事出版物发行业务等出版物类行政处罚案件3起，开展宗教活动场所非法出版物清查工作，督导各宗教场所撤除清理相关出版物100余册。加强对绿宝广场、星悦里等商场集市出版物临时经营摊位检查，督促主办方加强管理及审慎审核，对无资质摊贩采取禁入措施。开展“双随机、一公开”跨部门联合检查，全年共检查市场主体106家，出动执法人员318人次。

（文化体育和旅游局　曹　涛）

档案方志工作

【综合档案管理】 2023年，高新区综合档案工作构建“党建+档案+史志”三位一体党建特色品牌，举办“奋进新征程　兰台谱新篇”高新区档案史志陈列展，完成高新区档案馆查档大厅优化提升，监督指导疫情防控档案、太湖水域禁捕退捕档案等重要事项档案建设，依法开展档案执法检查、档案工作年度评价与进馆工作“三合一”工作。接待查档4293人次，利用6939卷（件）次。复印20456页，外借人数223人。全年实现为异地档案调阅和出具证明服务1人次。对区内13家机关单位开展现场综合测评，接收党政办文书档案4卷5541件、实物档案6件、光盘档案11卷、照片档案4278张、磁带磁盘251卷，共青团苏州高新区（虎丘区）团委文书档案17卷1218件，苏州高新区（虎丘区）妇女联合会文书档案539件，苏州高新区（虎丘区）横塘街道办事处文书档案2691件，苏州高新区（虎丘区）科技创新局文书档案4卷1232件，苏州高新区（虎丘区）人力资源和社会保障局文书档案87卷444件，苏州高新区（虎丘区）狮山街道办事处文书档案736卷，苏州高新区人力资源开发管理中心文书档案3358件，苏州高新区社会保险基金管理中心文书档案37卷935件，苏州高新区通安镇人民政府文书档案445卷944件、动迁档案859件，原苏州市规划局高新区分局规划档案3230卷、光盘档案379卷，脱贫攻坚文书档案58件，疫情防控文书档案10917件、照片档案2515张、网页档案27件、视频档案时长3.2小时。

【地方志编纂】 2023年，高新区地方志工作创新档案、志鉴编研成果，承办江苏方志大讲堂苏州高新区专场活动，推进非遗代表性传承人口述档案采集项目，创新《苏州高新区（虎丘区）年鉴（2023）》框架体系。推动《狮山街道志》完成终审。印发《高新区首轮村（社区）志编纂实施方案》，首部村志《树山村志》、首部社区志《龙华社区志》启动编纂。印发《苏州高新区旧志整理工作实施方案》，按序推进《〔康熙〕浒墅关志》（清陈常夏、孙珮）《阳山志》（明陆汝成）《阳山新录》（明顾元庆）旧志整理工作。合作编写《湖山风雅颂》历史文化系列丛书《湖山风雅颂　寻山记》。“非遗口述档案质量评价指标体系构建与质量提升路径研究”获批国家档案局科技计划项目立项，江苏方志大讲堂苏州高新区专场活动获江苏方志大讲堂十佳奖。

【城建档案管理】 2023年，高新区城建档案工作完成城建档案接收进馆，开展城建档案利用服务，做好档案数字化工作。全年完成验收项目162个11893卷，建筑面积7445902.20平方米；完成接收项目182个14689卷，建筑面积7966972.22平方米；收集光盘400张，声像档案征集照片8897张，征集视频时长7.34小时。编印内部资料《绣美高新　城市影像——城市更新视角下的苏州高新区城市发展与建设记忆》。1个项目获江苏省档案科技项目立项，1个项目获评2022年苏州市优秀建设工程档案。

（党政办公室　张肖千）

编辑：马　藤

体　育

体育设施

【体育场地建设】 2023年，高新区新增各类体育场地42个，新增体育场地面积8.3万平方米，人均体育场地面积增加0.05平方米。截至年底，全区有各类体育场地1684个。

【全民健身体育设施建设】 2023年，高新区体育工作贯彻落实全民健身国家战略，优化提升狮山文化广场、大白荡公园和月泊湾公园体育设施。新建、改建体育公园（广场）2个，新建健身步道19千米、健身路径42套。截至年底，全区累计建成健身步道385千米、各级各类体育公园7个、室外健身器材5272件。

【“体育健身资源优化工程”民生实事项目】 2023年，高新区建成笼式篮球场10片，分别为西塘河、石湖山水居、汇金广场、菁英公寓北B区、太湖光子科技园、狮山国际公寓、马涧新天地二期、运河创元项目部、北津桥桥下体育公园、阳山市民公园笼式球场。增设月泊湾体育公园棋类（围棋、象棋各1个）活动设施。提升改造大白荡城市生态公园体育设施，优化公园内健身步道2千米。

（文化体育和旅游局　曹　涛）

【环太湖数字跑道】 2023年，高新区建成国内首条环太湖数字半程马拉松跑道。按照中国田协相关标准，依托人工智能、物联网、5G等创新数字技术打造。起终点位于北太湖大道2000号，全长21.10千米，途经太湖一号房车露营公园、杵山生态公园、西京湾花海、西京湾艺术中心等环太湖核心景区。数字跑道全程配备AI数据采集器、AI形象捕捉设备、芯片传感器、大数据中心、智能终端大屏、App查询及下载平台、自助式智能储物柜、芯片领取终端、AI体测仪等数智化系统设施设备。被中国田径协会评为国家级智慧型健身步道。获评江苏省最美跑步线路。

（镇湖街道　赵蒙超）

青少年体育

【体教融合】 2023年，高新区深化体教融合，开展首批区体育传统特色学校评比，评出吴县中学、苏州高新区实验初级中学、苏州高新区第一初级中学校等体育传统特色学校6所。推进高新区青少年体育“5621”计划〔每个县（市、区）至少推动5个运动项目，每个项目至少布局6所小学、2所初中、1所高中〕。苏州高新区吴县中学男子足球队获全国首届学生（青年）运动会（公开组）男子足球U16组季军。苏州高新区实验初级中学男子足球队获“省长杯”卡尔美江苏省青少年校园足

2023年3月26日，首届苏州马拉松比赛举行，选手在高新区赛段（金洲宇　摄）

球联赛初中男子组冠军。

【青少年体质健康监测】 2023年，高新区开展学生体质健康监测工作，全区53所中小学校（不含高中）的100061名学生参与健康监测，体质健康标准优良率57.31%，优秀率16.52%，合格率95.95%。

【青少年体育赛事】 2023年，高新区举办中小学生足球、篮球、田径、棒垒球、乒乓球、羽毛球等区青少年阳光体育联赛20余项次。协办江苏省中小学生软式棒垒球比赛，组队参加全国青少年棒球公开赛（江苏赛区），在达善小学、金山实验小学校等学校开展棒球进校园活动。

（文化体育和旅游局 曹 涛）

群众体育

【概况】 2023年，高新区根据《苏州高新区全民健身实施计划（2021—2025年）》《苏州高新区构建更高水平的全民健身公共服务体系的意见》，构建与经济社会发展相适应更高水平全民健身公共服务体系，满足群众体育健身需求。区全民健身中心获评江苏省智慧体育场馆示范项目。

【群众体育活动】 2023年，高新区围绕传统节假日，开展“假日体育”系列活动300余场，举办“年在高新——新年走大运 运河健步走”、“三对三”夜间篮球挑战赛、“双虎杯”乒乓球赛、“莱克杯”羽毛球赛、“安特杯”区篮球俱乐部联赛等群众体育赛事。打造桨板、赛艇、腰旗橄榄球、飞盘、滑板、电竞等群众体育活动全民健身新亮点。

【体育健身指导】 2023年，高新区成立区社会体育指导员协会，依托各单项体育协会，开设区三级社会体育指导员、裁判员培训班。在全区开展全民健身“三进”活动（进机关、进企业、进社区），无偿提供广播体操、八段锦、太极拳、瑜伽、羽毛球等体育技能培训项目10个。与苏州科技城医院合作开展运动促进健康研究，举办各类科学健身知识讲座20余场。

【国民体质监测】 2023年，高新区开展国民体质监测抽样测试工作，年龄段分为幼儿（3~6岁）、成年人（20~59岁）和老年人（60~79岁），全区测试3000人，合格率100%。

【体育社会组织建设】 截至2023年底，高新区有体育类社会团体15家、民办非企业单位5家。年内，成立区社会体育指导员协会。区瑜伽协会、篮球协会、羽毛球协会、乒乓球协会、棒垒球协会分别组织各类体育赛事。

（文化体育和旅游局 曹 涛）

【首届苏州高新区国资国企运动会】 于2023年6月18日在高新区文体中心体育馆举行。设有趣味类及竞技类项目共13项，参赛运动员1260余人。趣味类项目包括欢乐跑、城市定向赛、飞盘、赛艇和团队趣味赛，竞技类项目包括乒乓球、羽毛球、篮球、垂直马拉松、室内迷你铁人三项、围棋、象棋、掼蛋及电竞比赛。

（国资办 黄 鑫）

竞技体育

【概况】 2023年，高新区持续发展体育产业，推动竞技体育赛事经济，打造竞技体育赛事品牌。承办2022—2023赛季CBA篮球联赛第三阶段主场赛事、2023—2024中国手球超级联赛（苏州赛区）、苏州太湖马拉松、江苏省青少年现代五项锦标赛、江苏省青少年手球锦标赛等大型体育赛事。

【2022—2023赛季CBA篮球联赛第三阶段主场赛事】 于2023年3月6日至4月2日在高新区文体中心体育馆举行。现场观众1.8万人。赛事激活本地及周边篮球市场，吸引本地篮球

2023年3月6日至4月2日，2022—2023赛季CBA篮球联赛第三阶段主场赛事在区文体中心体育馆举行（文化体育和旅游局 供图）

协会、各类民间篮球俱乐部和培训机构、球迷俱乐部等购票观赛，带动周边商业、酒店、餐饮及公共交通服务业发展。

【2023苏州太湖马拉松】 苏州太湖马拉松，原名苏州太湖国际马拉松，创办于2015年，是中国田径协会金牌赛事、世界田联精英标牌赛事、苏州市首个全程马拉松。苏州太湖马拉松于10月22日在狮山路开赛，马拉松参赛选手6000人，半程马拉松参赛选手12000人，欢乐跑参赛选手5000人。赛道融合城市地标、产业特色和山水资源。

【2023环大阳山路跑】 于2023年12月10日在苏州乐园森林水世界门口开赛，是江苏省唯一全程环山马拉松赛事。起点是苏州乐园森林水世界，终点是苏州乐园森林世界，赛道环绕大阳山，沿途串联大阳山景区、大阳山植物园、树山村等多个景点，参赛选手约5000人。

（文化体育和旅游局　曹　涛）

体育产业

【体育产业扶持】 2023年，高新区完成省级、市级体育产业发展专项资金补贴项目申报工作，苏州深潜体育获苏州市体育产业专项资金45万元，迪奇运动器械获苏州市体育产业专项资金30万元。完成2022年度江苏省体育产业发展专项资金项目绩效考评工作。与坤昂数字体育有限公司合作建成国内首条环太湖数字半程马拉松跑道并投入使用。持续扶持CBA苏州肯帝亚篮球俱乐部发展，举办2022—2023赛季CBA篮球联赛第三阶段主场赛事8场。与苏州市体育局联合发展体育惠民项目，共签约D-Park篮球公园、科技城光韵达羽毛球馆等商户7家。

【体育运动首店项目】 2023年4月7日，特步集团全国首家综合运动场景概念店签约落户狮山文化广场，围绕苏州太湖马拉松等赛事活动、体育产业等领域开展合作。6月8日，莫尔恰诺夫（Molchanovs）自由潜水运动中国首店签约落户狮山文化广场，以苏州高新区文体中心游泳馆为载体打造自由潜水运动培训项目。

（文化体育和旅游局　曹　涛）

编辑：马　藤

卫生健康

综　述

【医疗卫生机构概况】　截至2023年底，全区有登记注册的卫生机构283个（公立卫生机构50个，民营卫生机构233个），比2022年增加2个，其中医院11家（综合医院6家，中医类医院1家，专科医院4家），与2022年持平。全区实际开放床位4888张，比2022年增加14张，其中医院2699张，比2022年减少176张。每千常住人口卫生机构床位数5.74张，每千常住人口医院床位数3.17张。全区卫生机构人员总数8402人，比2022年增加380人，其中卫生技术人员6306人，比2022年增加224人，卫生技术人员占卫生机构人员总数的75.05%。每千常住人口卫生技术人员7.41人，每千常住人口执业（助理）医师2.75人，每千常住人口注册护士3.56人。全区医疗机构总诊疗人次数475.30万人次，其中门、急诊人次数为452.63万人次；医疗机构出院人次数9.07万人次，其中手术人数3.21万人次。全区医疗卫生机构门诊病人次均诊疗费用为403.24元，比2022年增加32.29元，增长8.70%；住院病人人均住院费用12873.13元，比2022年减少1949.28元，下降13.15%。

【医疗资源提质扩容】　2023年，高新区新创建三级医院1家，新增急救分站1家。推进医联体建设，整合区内医疗卫生资源，构建目标明确、权责清晰的医疗服务分工协作模式。组建以高新区人民医院、苏州科技城医院为主体的东、西部紧密型医联体，以苏州大学附属第二医院浒关院区为主体的中部医联体。推动南京大学医学院苏州医院三级乙等综合医院创建和高新区人民医院三级医院转设。全区5个临床科室获评市级临床重点专科，2个临床科室获评市级临床重点专科建设单位。

【医疗卫生体制改革】　2023年，高新区出台《苏州高新区促进基层卫生健康事业高质量发展的实施意见（2023—2025年）》，进一步完善基层医疗卫生服务体系，定期开展公立医院高质量发展自评，加强公立医院工作指标动态监测，持续深化辖区医疗卫生体制改革。

【医疗卫生人才培育】　2023年，高新区新增姑苏卫生人才计划特聘人才3人，申报省级双创团队卫生创新类项目1个。推进苏州高新区基层卫生人员实训基地建设，培训全科医生、基层医生（助理医生）、乡村医生及护士447人。　　　（社会事业局　黄婉莹）

疾病预防控制

【预防接种】　2023年，高新区有出生儿童5612人，建卡率、建证率达到100%。截至年底，开展常住儿童和流动儿童国家免疫规划疫苗基础免疫和加强免疫接种，各类免疫规划疫苗应种151702剂次，实种150917剂次，实种率99.48%。持续开展新冠病毒疫苗接种，开展工作培训9场次，继续保障接种单位新冠病毒疫苗供应。组织全区儿童预防接种门诊开展专项培训，完成适龄女生HPV疫苗采购、储存、分发、运输工作。截至年底，区适龄女生自费补差九价HPV首剂疫苗接种3720剂次，国产双价HPV首剂疫苗免费接种406剂次，完成首剂HPV疫苗摸底数的92.51%，全程接种率89.58%。适龄儿童水痘疫苗接种工作完成全年任务。

【传染病防控】　2023年，高新区规范处置传染病疫情和突发公共卫生事件。处置学校、幼托机构等集体单位传染病暴发疫情、聚集性疫情405起，报告、处置突发公共卫生事件6起。开展重点传染病监测和流行病学调查。采集、送检手足口病普通病例标本54份、疱疹性咽峡炎门诊病例标本24份，各月标本量均达到监测方案要求。开展手足口病聚集性疫情病例标本采集、流调工作，采集、送检11起聚集性疫情标本21份，完成个案流行病学调查报告21份。开展腹泻病例分诊、登记、快检、上报工作，覆盖开设肠道门诊的医疗机构8家，登记腹泻病例2762例，开展检索1389例，腹泻病例检索率50.24%。开展禽流感职业暴露人群血清学监测，采集送检血标本46人份，采样外环境标本150份。开展霍乱、伤寒（副伤寒）、痢疾、人感染禽流感、狂犬病、肾综合征出血热、登革热、布病、重症手足口病、甲肝、戊肝等重点传染病个案流行病学调查，报告需流调传染病33例。落实慢性传染病防控措施。检测HIV抗体227689例，占常住人口比例27.35%，抗病毒治疗比例97.89%，随访CD4检测比例96.60%，病载检测比例97.98%。新增登记治疗肺结核病人140例，分子生物学检测率96.43%，肺结核管理患者病原学阳性诊断率72.79%（指标要求62%），总体到位率98.44%，患者规范管理率96.70%，规律服药率96.70%，规范处置新发学校结核病疫情12起。通过苏州市血吸虫病、地方病防治领导小组办公室组织的防止疟疾输入再传播能力评估。全区完成查螺179.05万平方米，镇湖街道马山村复现有螺面积200平方米，累计完成药物灭螺75.07万平方米。完成马山村复现有螺环境灭螺质量市级评估。区社会事业局获市寄生虫病防治技能竞赛团体三等奖、市结核病预防控制和临床诊疗技能竞赛团体优秀奖，区疾控中心获评麻风线索调查和中国常见皮肤病疾病谱流行病学研究江苏省现场调查工作先进集体。

【慢性病防控】 2023年，高新区通过江苏省慢性病防控示范区复审，全区居民健康素养水平达到49.59%。累计建立合格电子居民健康档案662579份，建档率78.88%，老年人健康管理率64.83%。高血压健康管理规范管理率74.75%，血压控制率74.19%。糖尿病规范管理率70.52%，血糖控制率52.16%。完成死因和慢五病监测（肿瘤、冠心病、脑卒中、糖尿病、慢阻肺）数据定期审核、质控和跨年度数据补充、随访，形成数据分析报告。

【精神卫生】 2023年，高新区有登记在册精神障碍患者2915人，增加119人，报告患病率3.45%，规范化管理患者2821人，规范管理率95.03%，规律服药率85.21%。精神分裂症患者服药率91.42%，规律服药率86.52%，面访率94.75%。在定点医院开设严重精神障碍患者双免特病门诊，提供服药指导和体检服务。

（社会事业局 黄婉莹）

基层卫生

【概况】 2023年，高新区有社区卫生服务中心8家、社区卫生服务站35家、家庭医生工作室10个，完成门诊量1266848人次、急诊量27689人次、出院量2260人次。

【基层卫生服务能力建设】 2023年，高新区提升基层医疗卫生机构服务能力，门急诊人次、出院人次均显著上升。基层医疗卫生机构开展新技术新项目32个，新开设门诊科室45个。开展居民预防保健、疾病筛查、康复护理、上门巡诊等综合健康管理服务，提供慢性病长处方、医疗费用一站式结算等便民惠民措施。

【家庭医生签约服务】 2023年，高新区升级家庭医生签约服务，加强家庭医生与签约居民联系，全区组建家庭医生团队63个，家庭医生常住人口签约率超过40%，其中重点人群签约率83.4%。建立家庭病床300张，完成慢性疾病协同管理筛查75140人次。

（社会事业局 黄婉莹）

妇幼健康

【妇幼健康体系建设】 2023年，高新区构建以区妇幼保健计划生育服务中心为业务指导，4家综合医院为技术支撑，8家社区卫生服务中心为基础的妇幼健康服务体系。以妇幼健康需求为导向，坚持保健与临床相结合，统筹推进妇幼健康民生工程，完善妇幼公共卫生服务，持续提升妇幼健康服务水平。建立完善妇幼危急重症救治网络，累计建成市级危重孕产妇救治中心1家、危重新生儿救治中心2家、新生儿先天性心脏病诊断机构2家。

【“两癌”筛查】 2023年，高新区持续开展妇女“两癌”检查项目，全年免费筛查适龄妇女1.89万人，检出宫颈癌7人、乳腺癌18人。

【生殖健康】 2023年，高新区推进基本避孕服务，累计发放免费避孕药具4.24万盒，服务4500人次。

【国家免费孕前优生检查项目】 2023年，高新区开展国家免费孕前优生检查项目，全年为2934人提供免费孕前优生健康检查服务。

【孕产妇健康管理】 2023年，高新区孕产妇健康管理率100%，产后访视率97.6%，预防艾滋病、梅毒、乙肝母婴传播检测率100%。

【新生儿出生情况】 2023年，高新区全区住院分娩活产数5660人，未发生孕产妇死亡，婴儿死亡率1.0‰，5岁以下儿童死亡率1.2‰。

【出生缺陷防治】 2023年，高新区助产机构筛查新生儿重点疾病1.87万人次，新生儿听力筛查率98.86%，新生儿先天性心脏病筛查率98.82%，新生儿遗传代谢性疾病筛查率99.32%。

【儿童健康管理】 2023年，高新区0~6岁儿童健康管理率99.13%，儿童中医药健康管理率86.80%。实现在园儿童视力筛查建档全覆盖，覆盖2.90万名儿童。

（社会事业局　黄婉莹）

老年健康

【概况】 2023年，高新区主动应对人口老龄化，持续完善老年人健康服务供给，促进医养结合资源均衡布局，满足辖区老年人多样化健康服务需求。截至年底，全区60周岁及以上老年人口9.6万人，占户籍人口数的19.2%，80周岁及以上老年人口1.4万人，100周岁及以上老年人口38人，老龄化程度呈逐年加深趋势。

【老年健康服务体系建设】 2023年，高新区完善老年健康服务体系，建立卫生和民政一体化管理服务新模式。启动区安宁疗护工作，由区内3家综合医院牵头，8家社区卫生服务中心、6家护理院共同参与，为符合条件的终末期患者提供身体、心理、精神等方面照料，控制患者的痛苦和不适症状，提高终末期生命质量。通安镇华通花园第六社区获评全国老年友好社区，南京大学医学院附属苏州医院、高新区中医医院、通安镇社区卫生服务中心、苏高新怡养通安护理院、苏州市怡养护理院、苏州苏康养老年病医院获批江苏省老年友善医疗机构优秀单位，苏州明基医院、苏州圣爱医院获批江苏省老年友善医疗机构，怡养护理院完成省级护理院复审。

【医养融合】 2023年，高新区完善“居家、社区、机构”三级养老服务网络，拓展服务内涵，创新医养融合模式。创新医养融合家庭医生工作室，在10个村（社区）试点挂牌，派驻家庭医生团队定期坐诊和上门服务，提供老年人疾病筛查、疾病诊疗、康复随访、预约转诊、综合健康管理，提供针灸、刮痧、火罐、艾灸等中医药特色养老服务。印发《苏州高新区康复辅助器具社区租赁工作方案》。起草《康复辅助器具社区租赁服务规范》，获苏州市地方标准立项。优化“康复辅具+医疗+养老”服务模式，提供数字租赁服务。截至年底，全区有家庭医生团队63个，累计签约65岁及以上老年人61452人。获评五级中医馆1家、五级建设单位1家、四级中医馆2家、三级中医馆4家，有医养融合家庭医生工作室10个。

【老年人医疗照护】 2023年，高新区开展老年人医疗照护工作。区内养老机构建成认知障碍照护单元26个，认知障碍照护专区床位422个。苏州康养集团总部落户高新区，推进老年病医院建设，与苏州市多家二级、三级医院建立医联体，建设总床位数超过1600张，完善老年人绿色通道。狮山、横塘街道晋源综合为老服务中心安装医疗门诊系统，满足老年人配药需求。区养老机构认知症照护中心建设试点项目获评江苏省老年健康服务优秀案例（一等奖）、全市老龄工作优秀案例。

【老年人心理健康】 2023年，高新区在部分养老服务设施设置心理咨询室，在12家养老机构建立心理健康服务团队。定期组织心理健康活动，制定心理危机应对预案，提供有效的心理援助和支持。在老年人居家上门服务中，累计提供精神慰藉34586人次。

（社会事业局　黄婉莹）

职业健康

【重点职业病监测】 2023年，高新区对30家重点职业病危害企业开展监督检测，经过企业内部治理，约60%企业监督检测指标达到正常范围，对职业病危害因素仍超标严重的企业开展后续跟踪检查及检测。及时核实并处置职业健康监管信息管理平台专项治理信息，纳入治理企业245家，完成治理企业61家。

【职业病防治】 2023年，高新区建立职业病防治工作联席会议机制，制定“十四五”期间区域职业病防治规划，对规划实施情况进行督查评估。加强联防联控，落实企业职业病防治主体责任，指导各镇（街道）有序开展职业健康工作。国家卫生健康委员会职业健康司监察专员及中国疾控中心研究员调研组到高新区开展放射标准调研。

【职业健康宣传教育】 2023年，高新区开展第21个《职业病防治法》宣传周活动。区社会事业局、人力资源和社会保障局、总工会等单位联合开展《职业病防治法》宣传，提供咨询服务800人次，发放《职业病防治法》相关宣传资料1000余份。组织参加各项职业健康竞赛活动。在苏州市职业病防治和工伤预防技能竞赛活动中，区社会事业局获优秀组织奖，在苏州市“吴地工匠”职业健康技能竞赛中，区社会事业局代表队获团体三等奖。

（社会事业局　黄婉莹）

医疗卫生服务

【门诊医疗】 2023年，高新区门诊人次数4135359人次，其中，苏州科技城医院门诊人次数678760人次，高新区人民医院门诊人次数957182人次，苏州大学附属第二医院浒关院区门诊人次数936820人次，苏州明基医院门诊人次数576950人次。

【住院医疗】 2023年，高新区出院人次数4526304人次，其中，苏州科技城医院出院人次数25301人次，高新区人民医院出院人次数27729人次，苏州大学附属第二医院浒关院区出院人次数25349人次，苏州明基医院出院人次数30789人次。

【急救医疗】 2023年，高新区完善院前医疗急救服务体系，新增急救分站（通安分站）1个，全区有院前急救分站5个，全年开展120急救19226次。院内急诊患者人次数390945人次。

【护理服务】 2023年，高新区持续丰富护理服务内涵。推进老年护理服务，逐步建立覆盖老年人群疾病急性期、慢性期、康复期、生命终末期的护理服务体系。推进基层护理发展，综合医院接收基层护理人员进修学习，安排高年资护士驻点基层指导开展护理工作，提升基层护理能力。拓展护理延伸服务，提供上门护理服务，完善互联网护理服务。

【医疗机构简介】 南京大学医学院附属苏州医院（南京鼓楼医院集团苏州医院）　于2023年7月22日揭牌成立。由南京大学、苏州市人民政府委托南京大学医学院、鼓楼医院及高新区共建，是一所集医疗、教学科研、转化医学于一体的三级公立综合医院，为苏州市政府实事工程项目。位于太湖之滨，总规划床位1200张，投用床位800张，投资额16亿元，设临床医技科室38个。建成国家级胸痛中心、卒中中心，市级创伤中心、危重孕产妇救治中心、危重新生儿救治中心，建设麻醉科、神经内科、肿瘤血液科、内分泌科、康复医学科、药学部、呼吸与危重症医学科、重症医学科、检验科、骨科等一批市级重点学（专）科。获批国家自然科学基金项目1个，获江苏省医学新技术引进项目一等奖1个，新增市级重点专科4个，获评江苏省老年友善医疗机构优秀单位、市级儿童早期发展基地。

苏州高新区人民医院　于1952年建成。承担辖区常住人口常见病、多发病和急、危、重病人的就医、救治工作及灾害事故的现场急救工作，是一所集医疗、教学、科研、预防、康复、急救于一体的公立综合性医院。建筑面积12万平方米，总规划床位1000张，在职员工1009人，其中，硕、博士157人，江苏省特聘医学专家1人，江苏省双创博士6人，苏州市姑苏特聘人才11人，苏州高新区各类人才56人，高级职称人员239人。有临床、医技科室48个，其中苏州市重点学（专）科12个。心内科获批国家胸痛中心、国家房颤中心、苏州市胸痛中心，呼吸内科获批国家呼吸与危重症医学科建设（PCCM）示范单位，神经内科获批国家初级卒中中心、苏州市卒中中心，妇产科获批苏州市危重孕产妇救治中心，儿科获批苏州市危重新生儿救治中心，检验科获批ISO15189认证单位。

（社会事业局　黄婉莹）

健康促进

【健康产业发展】 2023年，高新区引导区内公立综合医院服务医疗器械企业，优先购置、使用本地区各类医疗器械产品。科技城医院采购使用区内33家医疗器械企业产品，高新区人民医院采购使用区内21家医疗器械企业产品。区社会事业局推动苏州科技城医院与区内各医院、企业等联合申报市级及以上科研项目4个，与中科院苏州医工所联合培养博士、硕士生导师4人。截至年底，科技城医院备案肾病学、产科、内分泌科等专业14个，具备开展医疗器械临床试验资质。承担国内医疗器械临床试验多项，完成医疗器械临床试验项目3个（其中区内2个），在研医疗器械临床试验项目4个，新增医疗器械临床试验项目3个。

【健康场所建设】 2023年，高新区开展职业病防治示范企业和健康企业建设工作，组织辖区开展建设标准培训，覆盖各镇（街道）业务负责人、申报单位负责人等90余人。2家职业病防治示范企业获评市级优胜企业。

【公共场所控烟】 2023年，高新区推动无烟机关、无烟医院、无烟学校等无烟单位建设，无烟党政机关比例达到100%。健全控烟督查考核制度和社会监督机制，开展控烟宣传活动56场。推动辖区内医院开展戒烟咨询门诊等服务，发挥戒烟工作室示范效应，提高戒烟干预能力。

（社会事业局　黄婉莹）

中医药服务

【概况】 2023年，高新区二级以上综合医院均设有中医科，8家社区卫生服务中心均设中医药综合服务区（中医馆），有中医（综合）诊所5家、中西医结合诊所1家、中医备案诊所21家。有中医类别执业（助理）医师292人，全年中医诊疗人次数571320人次。其中，高新区中医医院门急诊人次数82294人次，出院人次数1182人次，获评江苏省尘肺康复站。高新区中医质控中心成立，开展区二级中医医院创建，推进基层医疗卫生机构中医馆服务。升级五级建设单位1家、四级中医馆1家，新增三级中医馆2家，区内8家社区卫生服务中心中医馆全部完成三级及以上等级评价。高新区人民医院、高新区中医医院申报创建中医临床重点专科（Ⅲ类），3家综合医院和4家社区卫生服务中心入选苏州市治未病联盟成员单位。持续加强中医药人才队伍建设，组织参加省级中医馆骨干人才培训项目、省级基层卫生技术人员中医药知识与技能培训。

【吴门医派传承发展】 2023年，高新区新增第三批市级吴门医派名老中医药传承工作室1个、传承工作坊3个，全区累计有名老中医药传承工作室3个、传承工作坊7个、传承工作坊建设培育单位1个。组织人员参加苏州市吴门医派进修学院第六届培训班。通安镇社区卫生服务中心中医馆设吴门医派杂病流派传承工作室通安工作站，其中针灸推拿科为省级特色科室，中医科为市级特色科室，设立吴门医派名老中医药专家传承工作室（传承工作坊），提供针灸、中药饮片、穴位贴敷技术、小儿推拿、雷火灸等中医适宜技术服务22项。

【中医药宣传】 2023年，高新区组织开展中医药宣传月活动，开展《中医药法》《江苏省中医药条例》宣贯工作，组织教育培训5场、普法宣传5场，参与人数700余人。开展第13届“中医药就在你身边”健康巡讲活动。全年开展中医药健康巡讲活动118场，授课专家172人次，覆盖线上听众10万余人次、线下听众4800余人次，发放宣传资料8700余份，制作宣传展板42块。苏州市天灵中药饮片有限公司中医药文化体验场馆项目申报中医药健康旅游示范基地。

（社会事业局　黄婉莹）

卫生监督

【医疗卫生监督】 2023年，高新区实施医疗服务行政处罚14例，罚没款43.68万元，实施传染病及消毒产品处罚9例，罚没款2.08万元。全年开展监督检查383户次，其中医疗监督检查218户次，传染病防治监督检查110户次，放射卫生监督检查33户次，消毒产品企业监督检查10户次，母婴计生监督检查12户次。登记医疗机构不良执业记分21起，医务人员不良执业记分6起，吊销医疗机构执业许可证2户。开展医疗机构约谈11次、集体约谈1次。

【公共场所卫生监督】 2023年，高新区开展公共场所卫生监督544户次，实施量化分级单位850家，对28家游泳场所和2家星级宾馆开展试点信用评价。

【学校卫生监督】 2023年，高新区开展学校（托育和托幼机构）卫生监督检查156户次，学校教学环境监测10次、专项检查4次。

【饮用水卫生监督】 2023年，高新区对辖区内涉水产品生产企业开展卫生监督14户次，监督覆盖率155%，日常监督建档率100%。

【职业卫生监督】 2023年，高新区开展职业健康“双随机”企业检查200家，责令限期整改25家。开展企业职业健康检查，发现有20人以上职业健康相关异常的企业4家，出具监督意见书4份，提出整改意见12条。受理职业卫生投诉举报案件56件，办结率100%。　（社会事业局　黄婉莹）

编辑：陈　燕

就业与社会保障

就业创业

【概况】 2023年，高新区坚持就业优先、民生为本，打造“就在苏州　乐享高新”“惠创业　享未来”等服务品牌，做好精细化、个性化就业服务，落实重点人群就业帮扶。全年实现新增就业1.57万人，增长7.8%。每万人新增就业322人，增长7.7%。水平指数列全市第二位，发展指数列全市第七位。综合排名列全市第五位，提升1个位次。支持创业1937人，新建“家门口”就业服务站13个、零工市场1个。高新区入选中国年度最佳促进就业城市，获苏州市就业工作真抓实干成效明显地区二等奖。

【援企稳岗】 2023年，高新区出台《关于优化苏州高新区人社“1+4”就业用工服务专班工作制度的通知》，优化就业用工服务机制，做好重点企业用工需求调查，样本企业增加至150家，为重点企业提供“一企一策”就业服务。在全市率先发布“稳岗八条”政策，服务保障春节前后有序生产。发放稳岗增产补贴1097.80万元，惠及企业55家，发放招聘（实习）补贴（补助）62万元，惠及企业108家。持续推进“10+50”人力资源合作计划，新建人力资源合作基地5家、技能人才培养输出基地15家。发挥人力资源合作基地功能，开展跨地区线上线下招聘会，拓宽用工来源渠道。组建人力资源服务机构联盟，20家联盟单位共为区内企业输送用工40万余人。持续实施稳岗返还等政策，为16174家企业发放稳岗返还补贴1.07亿元，为826家企业发放一次性扩岗补贴371.70万元，减轻企业用工成本，稳定企业员工队伍。

【就业帮扶】 2023年，高新区建设“家门口”就业服务站，持续强化公共就业服务。建成基础服务站6个、特色服务站8个。与华山路人才市场（市场化人力资源服务机构）合作建设区内首家零工市场，市场日均进场劳动者300人次。开展“春风行动”、高校毕业生就业服务月等公共就业系列活动，全年举办线上线下招聘和直播带岗活动102场，发布岗位4.7万个，应聘人数3.9万人。做好重点就业群体就业援助，开发公益性岗位280个，托底安置就业困难人员就业。离校未就业高校毕业生年末就业率96.88%，有就业愿望和劳动能力的退捕渔民就业率100%。联合市人社局举办“就在苏州”促进高校毕业生等青年就业创业十大举措发布暨苏州高新区“家门口”就业服务站集中挂牌仪式。在全市率先成立职业生涯规划讲师团，创新开展职业生涯规划系列行动，针对就业重点群体开展进校园、进社区、进企业

2023年10月12日，南大苏州校区职业生涯规划宣讲活动现场（吴宗丹　摄）

活动28场。在南大苏州校区、苏州高博软件技术职业学院和阳山中学等院校举办职业指导规划大赛，惠及重点就业群体和高校生11174人，开展重点就业群体一对一职业生涯规划指导100人次。落实各级就业援助政策，发放公益性岗位、灵活就业社保等各类补贴4728.50万元，惠及5.01万人。创新出台稳定就业补贴和退捕渔民特殊就业补贴等区级特色就业扶持政策，发放区稳定就业补贴140.70万元，惠及重点就业群体746人。发放退捕渔民特殊就业补贴149.30万元，惠及退捕渔民2976人。

【创业扶持】 2023年，高新区持续打造“惠创业　享未来”创业服务品牌，营造良好创业服务生态。支持创业1937人，新建大学生创业企业387家。全年发放创业担保贷款1273万元，惠及57人。发放创业社保补贴1700万元，惠及15565人。发放开业补贴585万元，惠及585人。发放创业带动就业补贴、租金补贴和创业基本运营补贴67.42万元，惠及140人。发放高校毕业生求职创业补贴9.45万元，惠及63人。发放一次性创业补贴29万元，惠及58人。为11个高新区大学生优秀创业项目发放项目认定补贴和租金补贴118.40万元。开展大学生优秀创业项目评选活动，评出高新区大学生优秀创业项目8个，获评江苏省大学生优秀创业项目7个。开展高新区青年创新创业大赛，智能燃料电池系统助力低碳发展项目获中国苏州大学生创业创新大赛总决赛第二名、“创响江苏”项目赛三等奖。举办创业系列课堂12期，推出“来直播吧”主题创业训练营，助推企业发展直播电商新模式。开展SYB（IYB）创业培训班14期，培训367人。新建清源科创绿色创业孵化基地、前博高科苏高新创新创业中心等市级创业孵化示范基地2个。

【职业技能培养评价】 2023年，高新区实施“高新匠领”技能提升工程，结合产业发展需求，推动职业技能培训提质增效，为就业群体实现高质量就业提供技能保障。举办第四届“高新匠领”职业技能大赛，设置赛项17个，报名参赛3700人，获高技能等级证书2354人。选拔参加第六届苏州英才周技能大赛35人，获奖20人，获奖人数占全市22.2%。科技城医院周辰杰在第七届全国医药行业特有职业技能竞赛中获药调剂师（职工组）一等奖，被授予全国技术能手称号。苏州技师学院4人在全国行业职业技能竞赛城市轨道交通信号工赛项全国总决赛中获一等奖，在第二届全国职业技能大赛中获金奖1个、银奖2个。开展妇幼健康、职业病防治和工伤预防、应急救护等职业技能竞赛，丰富“高新匠领”技能竞赛体系。推动区镇联动开展企业职业技能等级认定工作，新增职业技能等级认定备案企业26家，新增技能人才2.80万人，其中高技能人才8515人，全区有高技能人才7.47万人。莱克电气牵头制定的2项国家职业标准入选苏州市技能人才评价技术资源建设优秀成果。新增市级数字技能人才公共实训基地2家、市级数字技能首席技师工作室1家、市级数字技能融合培育中心1家。网约配送员、快件处理员、电商直播等8个新职业纳入政府补贴性培训目录。指导培训机构与抖音官方平台签约合作，加大新业态劳动群体技能培养力度。发挥实训基地和培训机构优势，通过互联网营销培训学习实现创业就业260余人，开展大学生就业技能培训2297人，新增数字技能人才6636人。

（人社局　孙茜妮）

【狮山、横塘街道创新中心服务阵地】 2023年5月31日，辖区首家国家级科技企业综合孵化器狮山、横塘街道创新中心服务阵地启用。项目位于高新区珠江路117号，占地面积2.48万平方米，建筑面积4.32万平方米。有工信部电子第五研究所华东分所、华硕科技（苏州）有限公司、苏州肯德基有限公司总部等企业62家。年内，狮山横塘街道创新中心服务阵地以产业园为单位、一站式劳动保障综合服务平台，搭建校企联动桥梁，培育高校暑期实践基地5个。打造生涯训练营、萌新创课堂主题系列讲座品牌，开设专场招聘会5场，提供招聘岗位1465个，组织技能培训200余人次，带动就业385人。（狮山、横塘街道　朱晓明）

收入消费

【概况】 2023年，高新区城镇居民人均可支配收入持续稳步增长。全区实现社会消费品零售总额668.48亿元，增长6.0%。商品房销售面积186.78万平方米，增长3.1%。人均住房建筑面积39.1平方米。城镇居民八大类生活消费均实现正增长。恩格尔系数27.2%，下降0.05个百分点。文化娱乐支出占消费支出的14.5%，提升0.25个百分点。

【城镇居民可支配收入】 2023年，根据抽样调查，全区城镇居民人均可支配收入79452.8元，增长4.4%。其中，工资性收入51119.9元，增长4.7%；经营净收入7619.5元，增长4.8%；财产净收入9812.4元，增长2.3%；转移净收入10900.9元，增长5.0%。

【城镇居民消费及构成】 2023年，根据抽样调查，全区城镇居民人均生活消费支出50500.1元，增长7.1%。其中，食品烟酒支出13728.8元，增长6.9%；衣着支出3721.9元，增长6.8%；居住支出10834.4元，增长3.5%；生活用品和服务支出2949.2元，增长9.5%；交通通信支出7792.2元，增长7.2%；教育文化娱乐支出7317.5元，增长8.9%；医疗保健支出2348.3元，增长14.2%；其他用品和服务支出1807.9元，增长10.6%。

（统计局　憨瑞祥）

社会保险

【概况】　截至2023年底，全区企业职工基本养老保险参保人数42.67万人，城镇职工基本医疗保险参保人数44.14万人。全区失业保险、工伤保险、生育保险参保人数分别为41.21万人、41.57万人和41.29万人。有参保企业2.75万家，征缴各类社会保险基金128.05亿元。落实阶段性降低缴费费率和缓缴政策，为企业减免失业保险费、工伤保险费共计2.94亿元。

【医疗保险】　2023年，高新区有城镇职工基本医疗保险参保人数44.14万人，增加0.85万人，参保金额29.98亿元。推动形成“基本医疗补助+商业保险补充”医疗保险体系，基本实现城乡居民医保待遇全覆盖。完成医疗保险参保登记11.80万人，参保率99.5%，提高居民医疗保障水平，减少居民因病致贫、因病返贫现象。医保零星报销3291笔，支付金额1767.12万元。

【养老保险】　2023年，高新区有企业职工基本养老保险参保人数42.67万人，城乡居民基本养老保险参保人数8607人。征缴养老保险基金（企养）86.36亿元。

【失业保险】　2023年，高新区有失业保险参保人数41.21万人，参保金额3.63亿元，全年为各类参保单位降低缴纳失业保险费1.80亿元。

【工伤保险】　2023年，高新区有工伤保险参保人数41.57万人，参保金额1.14亿元。工伤零星报销3003人次，支付金额1.14亿元；工伤定期待遇支付3221人次，支付金额982.73万元。

【生育保险】　2023年，高新区有生育保险参保人数41.29万人，参保金额2.86亿元。生育零星报销1413笔，支付金额603.33万元。

（人社局　孙茜妮）

社会救助

【概况】　2023年，高新区健全完善社会救助制度体系，分层分类实施救助帮扶。全年发放低保救助资金362.59万元，发放低保边缘重病困难对象救助资金373.13万元，发放特困对象救助资金21.05万元，发放临时救助资金33.81万元。

【城乡居民最低生活保障】　2023年，高新区开展低收入人口认定和动态监测工作。全区低保对象228户381人，城乡特困供养对象29户29人，低保边缘家庭276户773人，其他困难家庭306户981人。开展困难群体走访慰问，启动物价补贴机制，确保困难家庭生活不受物价上涨影响。健全救助工作网络，加强困难对象信息维护，完善一户一档一策机制，根据困难对象实际制定帮扶措施。开展阳光扶贫结对帮扶，建全副科级以上干部与困难群众一对一结对帮扶制度，并按月实施动态管理。

【慈善救助】　2023年，高新区推进慈善救助帮扶项目。实施助困、助医、助老、助残、助学、扶贫、赈灾等慈善项目110余个，慈善救助总支出约2400万元，覆盖受益对象16万余人。

【临时救助】　2023年，高新区强化急难救助，常态化开展临时救助，对遭遇突发事件、重大疾病等原因导致生活陷入困境家庭分类实施临时救助。截至年底，开展临时救助147人次，发放临时救助资金33.81万元。

（社会事业局　黄婉莹）

社会福利

【儿童福利】　2023年，高新区完善政府主导、民政牵头、部门协同、社会广泛参与的未成年人保护工作机制，健全区（管委会）、镇（街道）、村（社区）三级未成年人保护工作网络。指导区未成年人保护中心工作，通过政府购买第三方服务提供专业化服务，开展镇（街道）儿童督导员、村（居）儿童主任培训。推进区儿童福利院转型升级，开展帮扶救助、困境儿童关爱、政策宣传、指导督导等工作。常态化开展困境儿童精准排查，贯彻落实困境儿童分类保障制度，开展困境儿童关爱保障专项行动。协调未成年人保护委员会各成员单位妥善处置遭遇特殊困难的未成年人。通安镇儿童“关爱之家”获评省级示范性儿童“关爱之家”。截至年底，全区有儿童“关爱之家”（含未成年人保护工作站）6个。

【老龄福利】　2023年，高新区发放尊老金4701.43万元，惠及819505人次。对户籍年满60周岁及以上的老年人家庭申请适老化改造，全年完成老年人家庭适老化改造638户，实现乡镇（街道）全覆盖。建设家庭养老夜间照护床位208张，重点解决高龄、独居、空巢老年人夜间照护需求。

【残疾人福利】 2023年，高新区加强残疾人专门协会建设，依据协会特长开展特色活动。组织残疾人参加首届苏州视障人士“悦跑蓝天下”活动、“轮椅天使”瑜伽公开课、“守艺非遗赓续传承”非遗服饰走秀活动，组织参观浒墅关蚕里街区传统旗袍传习工作室。组织区特殊教育学校师生观看音乐剧《花开河西巷》。通安镇、镇湖街道、东渚街道社区康复驿站获评江苏省精神障碍社区康复服务示范点，在全市率先实现省级精神障碍社区康复服务示范点全覆盖。截至年底，全区有社区康复驿站6个。

（社会事业局　黄婉莹）

住房保障

【保障房建设】 2023年，高新区推进保障房项目建设。全年安置房竣工8585套120万平方米，1004套（间）区属公租房投入运营。

【保障性租赁住房】 2023年，高新区推进保障性租赁住房筹集建设。全年筹集保障性租赁住房2877套（间），均为存量房纳入项目。推进2390套（间）保障性租赁住房续建项目，其中，竣工投用1013套（间），主体封顶1377套（间）。

【公租房配租管理】 2023年，高新区持续加强公租房配租力度，加大对公共服务、公共管理行业人员等新市民的住房保障力度。完成各类公共租赁住房分配6761套，全年在保人员11539人。（住房和建设局　赵亚迪）

【住房公积金管理】 2023年，高新区归集住房公积金72.24亿元，增长11.98%。年末住房公积金余额148.46亿元，增长16.07%。全年新增开户单位1952家，新增开户职工60990人，净增缴存职工14319人，期末缴存职工32.28万人，增长4.67%。调整缴存基数，职工年度基数调整率76%，调整增加月应缴额4153.92万元，期末月应缴额5.89亿元，人均月缴存水平1853.42元，增长4.30%。开展重点企业住房公积金政策上门辅导，全年出具住房公积金缴存证明419份，增长257.06%。做好灵活就业人员参加公积金制度试点，新开户灵活就业人员8147人，转移启封5451人。

全年提取住房公积金52.47亿元。其中，购房提取7.28亿元，占比13.87%；还贷提取35.05亿元，占比66.80%；职工住房消费类提取占比80.67%，职工购房、还贷资金压力得到有效减轻。落实租购并举举措，加大租房提取政策宣传服务力度，全年租房提取总额1.12亿元，增长709.61%。年人均提取额11489.14元。发放住房公积金贷款38.77亿元，覆盖4742户。户均贷款额度81.76万元，增长32.28%。年末住房公积金贷款余额131.03亿元，增长24.90%。年末住房公积金资金运用率88.26%。全年发放高层次人才贷款7479.30万元。向高新区提供公共租赁住房建设补充资金7993.34万元，累计提供3.20亿元。

（公积金虎丘分中心　彭仙莉）

表54　2022—2023年高新区住房公积金归集提取情况统计表

指标	2022年	2023年	指标	2022年	2023年
年初余额（万元）	1072535.91	1279128.71	本年提取额（万元）	445804.21	524713.24
本年归集额（万元）	645130.55	722390.72	年末余额（万元）	1279128.71	1484563.52
跨区净转入（万元）	7266.46	7757.33			

表55　2022—2023年高新区住房公积金贷款情况统计表

指标	2022年	2023年	指标	2022年	2023年
年初余额（万元）	1001774.47	1049081.27	本年回收额（万元）	108378.91	126468.44
本年发放额（万元）	155685.70	387654.60	年末余额（万元）	1049081.27	1310267.43

编辑：张肖千

社会事务

人口家庭事务

【人口出生监测】 2023年，高新区强化人口出生监测与居民户籍、婚姻登记、产后访视等资源共享，同步出生、死亡、户籍迁移信息，提升人口出生监测服务水平。落实生育登记省内通办机制，简化生育登记办事流程。全区全年办理生育登记服务6715件，其中网上申报、审批事项4687件。

【计划帮扶奖励】 2023年，高新区建立完善计划生育帮扶奖励和社会保障制度。全年发放计划生育奖励专项经费2539.20万元，其中发放农村计划生育家庭奖励金577.50万元，惠及5772人。发放计划生育家庭特别扶助金715.80万元，惠及783人。发放持独生子女父母光荣证企业退休人员一次性奖励经费1246万元，惠及3461人。为计划生育特扶对象708人购买住院护工险，保险总额35.40万元；为重点困难计划生育特殊家庭42户发放慈善关爱金，经费总额9.64万元。完善计划生育特殊家庭成员双岗联系人制度，提供家庭医生签约服务，推动就医绿色通道全覆盖。完成计划生育特扶对象免费家庭医生签约410人，开展免费健康体检428人次。

（社会事业局　黄婉莹）

【人口户籍管理】 2023年，高新区推动7家派出所户政窗口入驻镇（街道）便民服务中心，受理居民户口、居民身份证、临时居民身份证、居住证、人口信息查询、相关证明出具等业务，运行一窗受理、网上运转、分级审批机制，实现就近办、一站办、一次办目标。全面落实全国范围内户口迁移、开具户籍类证明跨省通办政策，开展长三角区域跨省、市新生儿入户工作，实现申请人在实际居住地即可办理新生儿入户及户籍证件签发。优化新市民积分管理，提升区域人口吸引力，全年办理流动人口积分入户5472人、积分入学1521人。

（公安分局　周欣泓）

【婚姻与收养登记】 2023年，高新区办理婚姻登记业务9845件，增长17.34%。其中，办理结婚登记5488对（含补办结婚登记86对），补发结婚证540对，受理离婚申请2151对，办理离婚登记1546对，补发离婚证105件，撤回离婚登记14对，开具婚姻状况证明1次。办理涉外婚姻登记117件，增长46.3%。其中，办理涉外结婚登记87对，补发结婚证3对，受理涉外离婚申请15对，办理涉外离婚登记11对，补发离婚证1件。登记合格率100%。开通离婚登记跨省通办业务，跨区域通办办件量5944对，占登记总数的60.38%。办理收养登记1件。

【殡葬服务】 2023年，高新区推进殡葬服务规范化。加强清明祭扫保障，制发《苏州高新区清明祭扫工作方案（2023年）》。落实森林防火安全，实施祭品集中焚烧、严禁群众携带易燃易爆物品进入墓区相关制度，完善墓区消防硬件设施，制定应急预案。加强文明祭扫宣传引导，召开殡葬领域突出问题整治工作会议，印发《苏州高新区巩固和深化散坟及“活人墓”等突出问题整治规范工作方案》。

（社会事业局　黄婉莹）

退役军人事务

【概况】 2023年，高新区加强军人军属荣誉激励和权益保障，做好退役军人服务保障，巩固发展军政军民团结为主线，坚持服务经济社会发展、服务国防和军队建设。苏州高新区（虎丘区）退役军人事务局（简称“区退役军人事务局”）探索科技拥军路径，为海军“苏州舰”提供舰船用新风系统，为驻苏某部队近10台后勤保障装备提供升级维修服务，与海军某厂建立拥军战略合作关系，引导区内部分企业达成具体项目合作意向，相关经验被《新时代中国双拥》刊发。

【退役军人优抚安置】 2023年，高新区接收一批春季、秋季退役士兵，发放一次性经济补助金1434万元。接收一批由政府安排工作退役士兵，完成市下达的安置任务。下拨镇（街道）中央、省级抚恤补助资金1416万元，发放春节慰问金99.88万元，发放义务兵家庭优待金及大学生奖励金548.33万元，发放2021年入职消防员家庭优待金10.80万元。发放1~6级在乡伤残军人缴纳医疗保险费178.50万元。发放现役军人立功奖励金16.63万元。发放病故军人一次性死亡抚恤费159.14万元，发放“五项”减免补贴79.17万元。持续做好退役军人优待证申领工作，在全区设立便民办证点87个，覆盖6个镇（街道）、69个村（社区）。

【退役军人服务保障】 2023年，高新区持续巩固“退役军人+人武”工作深度融合成果，建立健全合署办公机制，简化办事流程，做好入伍新兵、现役军人、退役军人一站式服务保障，新增镇（街道）融合站点1家，累计有4家。完善服务保障体系建设，在辖区4所高校分别设立退役军人服务站，做好退役复学大学生士兵思想政治、权益维护、优待褒扬和就业创业等方面服务保障工作，完善横向到边、纵向到底的退役军人服务保障体系。组织志愿者开展走访慰问、困难帮扶、清明祭扫、优待证宣传发放、“两公”政策实施双免首日持证体验和秩序维护等志愿活动，全年组织志愿者50余人次，服务时长100余小时，累计服务退役军人和群众1500余人次。

【退役军人就业创业】 2023年，高新区持续做好退役军人教育培训，拓宽教育培训向专业化、多样化、技能化、精细化发展。新增个性化培训承训机构有轨电车培训学院，增加电车司机、检修员和安全员等技能项目3个，实现培训即就业。组织适应性培训，推荐参加职业技能培训。发挥区退役军人就业创业中心和区退役军人就业创业服务促进会孵化帮扶作用，打造搭建平台、引领双创、协同发展的退役军人就业创业服务体系，通过百城联动退役军人就业招聘专场、就业创业App等平台，开展沉浸式就业创业招聘专场活动2场，新增招聘单位10家，提供岗位100余个，发放宣传材料200余份。启动优秀退役大学生士兵实习实训合作计划，区退役军人事务局联合4所高校、区退役军人就业创业服务促进会签订三方合作协议，在振翔车辆装备公司、苏高新股份、绿谷验房咨询公司等企业设立退役军人就业创业实习实训基地。区退役军人事务局获评江苏省退役军人就业创业工作先进集体。

（退役军人事务局　方　芳）

老龄事务

【概况】 2023年，高新区深化养老服务供给侧改革，加快养老服务事业和养老服务产业协同发展，扩大普惠养老服务供给。实施积极应对人口老龄化战略，做好特殊困难老年人兜底保障服务，推动实现全体老年人享有基本养老服务。构建居家、社区、机构三级养老服务网络，拓展老龄服务内涵，创新医养融合模式，满足多样化、多层次养老服务需求。截至年底，全区建成养老机构12家，总床位数4790张，每千名老年人拥有机构床位数53.9张。

【智慧养老】 2023年，高新区推进“互联网+”养老服务，建立智慧化养老应急处置网络。依托苏州高新区养老服务信息平台，实现对服务对象、服务人员、服务质量、服务记录有效管理。完成1422户独居老人烟雾报警器安装。开展“牵手夕阳”高龄独居老年人安全守护公益慈善项目，发放老年人科强智能手环74个。

【养老产业】 2023年，高新区加强对养老企业指导监管力度，构建“银发经济”发展格局，优化养老服务领域营商环境，推动养老事业、养老产业协同发展，打造供给高质量、普惠高水平、享老高品质的“苏适养老”服务品牌。截至年底，全区建成养老机构12家，包括护理院、老年公寓、敬老院、福利中心、老年康复医院，年平均入住率53.78%。其中福星护理院年平均入住率92.09%，列全区第一位。实现盈利的养老机构有8家，占比66.67%。有养老服务企业1家，为乐惠居（苏州）健康产业有限公司。拓展康养旅居基地，创新机构嵌入式康养旅居产品，打造苏州市怡养老年公寓、光大汇晨（苏州）养老服务有限公司、苏州高新区福利中心（苏州苏高新怡养健康管理有限公司）等旅居基地，年接待旅居老人200余人次。乐惠居（苏州）健康产业有限公司获评第三批省级养老服务高质量发展示范企业。

【敬老活动】 2023年，高新区开展各类敬老助老服务。全年向辖区内152名空巢独居老人、13名矽肺老人和阳山敬老院内老人等特殊老人群体投入款物经费价值13.64万元。创新开展苏州高新区“慈善+”养老空间营造计划，实施阳山敬老院整体提档升级改造，投入款物经费价值233.85万元。举办“江南幸福地　颐养好福气”苏州市重阳节系列活动暨高新区重阳敬老慈善徒步嘉年华活动，服务辖区100组老年人亲子家庭、爱心企业职工家庭、慈善志愿者服务队等，总计覆盖500余人。持续开展“饭桌上

的温暖”敬老项目，为2名符合条件的特殊老年人助餐379次，投入经费0.19万元。（社会事业局　黄婉莹）

社区建设

【概况】2023年，高新区持续加强城乡社区建设指导，按照渐进式拆分、前瞻式规划工作原则，综合考虑区域面积、人口数量、管理难度等因素，有序调整社区布局。通过社区调整新增社区11个。加强社区工作者队伍建设，采取多种措施统筹配备各类型社区工作人群。推进社区综合服务设施建设。截至年底，全区有城乡社区94个，其中村民委员会23个、居民委员会71个。有城乡社区工作者1525人。有社区用房177个，总面积13.88万平方米。

【社区服务】2023年，高新区提升社区公共服务标准化、规范化水平，持续推进“中心+社区”全科服务模式。发挥社会组织作用，实现政府治理和社会调节、居民自治良性互动，以社区服务社会化项目为载体推动社区治理服务水平提升。开展社区照顾、社区服务、社区参与、文化营造、社区增能等领域社区服务社会化项目，组织开展“美好社区　治慧横塘”横塘社区治理创新试点，推进“乐享安居幸福驿站”社区治理三年计划项目、“天使之爱　送爱到家”新街社区共助爱老服务项目和狮山、横塘街道失独家庭关爱暖心工程项目等社区保障服务项目，开展“爱暖家园”达善社区邻里共融项目等社区融入项目。截至年底，全区有提供全科服务便民服务站48家。

【社区协商】2023年，高新区构造政府主导、社会协同、公众参与的社会治理格局。全区全年开展村级协商活动114次，完成村级协商事项120个，开展社区协商活动602次，完成社区协商事项451个。馨泰社区通过社区搭建平台成立社区自我管理委员会，龙华社区创新“治汇益+”党群议事会，畅通社区居民解决问题渠道。

（社会事业局　黄婉莹）

【人才社区建设】2023年，高新区依托特色产业园区载体，布局建设“1+2+X”高品质人才社区，新投用人才公寓1856套。打造太湖科学城高品质人才社区，围绕狮山商务创新功能片区、浒墅关先进制造功能片区打造综合性人才社区，推出光子科技人才社区、医疗器械创新社区等特色社区，营造宜居宜业“类海外”人才集聚生态。（组织部　黄明燕）

社会组织管理

【概况】2023年，高新区有登记的社会组织453家，其中社会团体82家、民办非企业单位364家、基金会7家；有备案的社区社会组织634家。

【社会组织培育】2023年，高新区依托基层社会组织孵化基地，培育孵化辖区内社区社会组织，清理长期不活动社区社会组织，盘活有需求社区社会组织。鼓励社会组织参与等级评估，高新区慈善总会获评全区首家5A级社会组织。通过微自治、微创投、微慈善等项目提升社区社会组织承接服务能力，规范社区社会组织志愿服务行为，完善城乡社区治理体制。截至年底，全区有等级社会组织316家，其中5A等级1家、4A等级15家、3A等级20家、2A等级250家、1A等级30家。

【社会组织监管】2023年，高新区打击整治非法社会组织。召开打击整治非法社会组织专项行动部署协调会，制定《高新区打击整治非法社会组织专项行动方案》，成立专项行动联络小组。规范行业协会商会收费，推动行业协会商会助力企业降费减负，通过年检、双随机检查等对全区行业协会商会进行系统排查，杜绝强制或变相强制入会并收取会费、只收取会费不提供服务、重复收费等情况。组织395家社会组织参加年检年报，参检率90%。筛选、清理长期不活动的社会组织。结合“双随机、一公开”监管平台，开展社会组织抽查审计工作。由第三方会计师事务所负责审计并出具审计报告，由执法人员联合业务主管单位人员进行现场检查。全年抽查社会组织20家，同步开展财务审计，对16家需要整改的社会组织落实整改监督。（社会事业局　黄婉莹）

编辑：张肖千

应急管理

综　述

【应急管理体系建设】 2023年，高新区全力防范化解重大安全风险，全方位推进应急管理体系建设。每季度组织召开安委会全体扩大会议，健全完善区安委会51个成员单位安全生产职责，在18个重点部门明确安全监管内设机构。全年全区发生生产安全事故1起，死亡2人，未发生造成人员伤害的森林火灾、地质灾害等自然灾害事件，安全形势总体平稳。

【应急预案体系建设】 2023年，高新区修订完善《苏州高新区（虎丘区）突发事件总体应急预案》《苏州高新区（虎丘区）自然灾害救助应急预案》《苏州高新区（虎丘区）地震应急预案》《苏州高新区（虎丘区）突发地质灾害应急预案》《苏州高新区（虎丘区）生产安全事故应急预案》等重要应急预案，加强《苏州高新区太湖镇湖饮用水水源地突发环境事件应急预案》《苏州市太湖金墅港饮用水水源地突发环境事件应急预案》《苏州高新区（虎丘区）文化和旅游公共突发事件应急预案》等应急预案体系建设。

【应急物资储备】 2023年，高新区持续强化物资保障，建立实物储备、协议储备、产能储备等多种储备模式。落实实物储备31种9864件，协议储备应急衣物、饮用水、应急食品等12584件，协调完成采购民兵抢险救援应急专用装备3类15种127件。

【应急队伍建设】 2023年，高新区推进应急队伍基础建设，着眼基层能力建设、基层消防安全、防灾减灾及应急救援、干部培训教育、公众安全教育5个方面，形成11项工作内容。举办安全生产月启动仪式暨地震及地质灾害应急救援演练活动，参与演练近100人。 （应急管理局　宋　奇）

安全生产监管

【安全生产专项整治】 2023年，高新区结合“三年大灶”“五个专项”等行动，加大日常巡查监管力度，抓好42家危化医药企业生产、存储、废弃等全过程。围绕机械铸造等重点企业、高温熔融金属等重点工艺设备、委外作业外包项目等高风险环节，强化2774家工贸企业精准监管。开展重大事故隐患专项排查整治行动，明确企业、部门和党委政府3个层面20项内容，坚决防范遏制重特大事故发生。抽查各类企业4037家次，帮扶指导重点企业859家次，发现重大隐患45项，完成整改42项。

（应急管理局　宋　奇）

【安全生产执法检查】 2023年，高新区以年度监督检查计划为基础，重点围绕现场类、重大事故隐患类、重点执法事项类、较大以上风险类执法检查，加大事前执法力度，严厉打击各类安全生产非法违法行为。应急管理系统开展执法检查企业767家次，事前立案174件，罚款总额249.53万元。查处一般隐患809个、重大隐患23个，重大隐患立案率100%。“一案双罚”案件93件，占事前立案总数的53.4%。向上报送案例6个，报送率、合格率均达100%。全部案件无行政复议或诉讼。

区交通执法部门组织开展护航“天网一号”“天网二号”非法营运整治等专项执法行动，加大对重点路段、重点时段执法检查，严厉打击整治非法营运、超载超限等违法违规运输行为。全年出动执法人员4013人次，出动执法车辆1160辆次，检查车辆5264辆次，查获各类非法营运车辆327辆，查处超载超限车辆478辆，责令超载超限车辆实施卸驳载3062.14吨，罚款金额11.69万元。

（应急管理局　宋　奇
住房和建设局　赵亚迪）

【重点行业领域整治】 2023年，高新区推进重点行业领域安全生产风险专项整治巩固提升年行动。专项行动期间，检查企业3271家次，排查整改隐患3969个，处罚金额338.36万元。

危险化学品领域　推进危化领域专项治理。推动4家危化品企业对7套老旧装置实施更新改造，完成1家危化品企业2套老旧装置更新改造工作。实施“机械化减人、自动化换人”方法，压降独栋易燃易爆厂房人数，实现超过9人独栋易燃易爆厂房“清零”。落实企业中控室管理，实现装置区内无人员密集场所目标。开展风险隐患排查诊断，检查企业38家，发现问题隐患910个，其中重大隐患2个。全部完成整改。

工矿领域　开展全区群租工业小区安全生产专项整治。覆盖国有群租工业小区35个、承租企业450家，民营群租工业小区267个、承租企业1747家。涉及厂房1487幢，总建筑面积780.6万平方米。完成整治群租工业小区278个。围绕火灾防范、危化品使用、危险作业等重点事项，开展30人以下中小工业企业现场管理提升专项行动，覆盖企业1746家。

非煤矿山领域　及时发布安全提示函8份，督促中国高岭土有限公司制定阳西矿闭矿方案，完成实体闭坑。开展节后复工、汛期等重要时间节点安全检查11次，督促整改隐患19个。

建筑施工领域　开展施工安全监督检查615项次，开具建设工程隐患整改通知书298份、建设工程施工停工（局部）整改通知书19份，排查隐患2357个。移交安全生产稽查笔录和调查询问笔录，实施行政处罚40起。

城镇燃气领域　推动城市燃气管道老化更新改造，改造引入管15.98千米、户内立管0.65千米，安全安装长寿命软管4.51万户、自闭阀5.07万户。加强瓶装液化气源头管控，定期对使用瓶装液化气餐饮用户进行抽查，排查居民用户5227户，清退钢瓶2414个。

消防火灾领域　排查整治高层建筑重大火灾风险隐患，覆盖高层老旧住宅小区8栋、高层公共建筑53栋、超高层建筑23栋，督促整改火灾隐患107个，实施行政处罚15起。开展电动自行车安全专项整治，产品抽查67次，联合检查55次，督促整改火灾隐患1420个，划定电动自行车安全停放充电区域204个，劝导搬离违规停放充电的电动自行车1863辆，组织消防宣传472次，推广安装电动自行车集中充电装置231套。

（应急管理局　宋　奇）

交通运输领域　开展冬季安全生产专项整治、安全生产突出风险隐患排查治理等交通运输领域专项行动，围绕水上交通、“两客一危一货”、城市公共交通运营等重点领域，排查整治交通运输安全隐患241个，督促签订安全生产主体责任重点事项清单承诺书26份。开展燃气运输安全专项检查，全年检查企业2家次，督促整改安全隐患4个。推进农村道路安全隐患专项整治行动，制发《农村道路安全隐患专项整治行动方案》，联合开展农村道路安全隐患全面排查，督促整改安全隐患1079个。完成江苏省委巡视组交办的需整改农村道路安全隐患问题106个。

（住房和建设局　赵亚迪）

【新兴行业领域整治】　2023年，高新区制发《苏州高新区新行业新业态等领域安全生产监督管理职责清单》，防范化解新兴行业、新经济领域安全风险。在原15个安全生产专业委员会基础上，增设农贸市场专委会、宗教活动场所专委会、医疗卫生机构专委会、危废处置及辐射专委会、商场市场专委会、大型群众性活动专委会。

【安全生产数字化监管】　2023年，高新区创新数字应急方式。完善智慧应急三期平台建设，对接区内34家重点企业监控视频、物联传感器等数据，重点监管危化品、非煤矿山等重点企业。智慧应急平台累计监测报警4574次，消警4574次，辅助企业完成隐患自查2.25万次，配合专职安全员及安监人员巡查企业1.15万家次，发现隐患5127个，全部完成整改。

（应急管理局　宋　奇）

粮食和物资储备

【概况】　2023年，高新区进一步落实粮食安全责任制，保障区域粮食安全，守住应急物资储备安全底线。全年完成储备粮储备任务4.56万吨，其中原粮储备量4.12万吨、成品粮储备量0.44万吨。落实冻猪肉储备任务350吨。调拨区级储备物资1500余件。

【粮食应急保供体系建设】　2023年，高新区以体系数字化、数字可视化为主线，优化提升应急保供载体体系，提高各类应急保供载体协同应急能力，建立以“粮油递”为核心品牌、覆盖全区的四位一体粮食应急保供体系（涵盖应急配送中心3家、应急供应点25家、应急发放点29家、应急加工中心1家），粮食应急保障能力得到全面提升。“积极构建数字化粮食应急保供体系”项目获评江苏省粮食和物资储备行业创新创优成果。

【粮食和物资保障演练】　2023年，高新区承办首届全省应急救灾物资保障演练、苏州市粮食应急保供演练等活动。3月，承办苏州市粮食应急保供演练活动，加强《苏州市粮食应急预案》学习培训，检验本预案可行性和执行效率，提高粮食应急响应决策、快速反应和有效处置突发事件能力，保障突发情况下粮食供应储备能力。5月，承办首届全省应急救灾物资保障演练活动，建立健全应急救灾物资储备应对突发重大自然灾害的运行机制，提高全天候响应、多方式机动、多力量协同应急物资保障能力。

（经济发展委员会　陆逸彬）

防灾减灾

【自然灾害风险管控】 2023年，高新区及时发布灾情预警提示，发布气象灾害应对工作提示单13次，发送预警提示短信50万余条。举办全区自然灾害信息员业务培训会两场，普及智慧应急App、报灾系统使用，心肺复苏等应急救护知识。规范自然灾害报送要求、时效。抓好冬季防冻、清明防火、防汛防涝极端天气灾情预警，结合多部门综合力量建立灾情和安全生产会商研判机制，制发研判结果提示函。依托“智慧应急”系统打通乡镇应急指挥网，实现公安报警、火警、急救联动信息共享，接入城管、城乡、资规等部门重点监控400余路。

（应急管理局　宋　奇）

【防汛】 2023年，高新区强化防汛物资储备，储备袋类16.62万只，储备木材25立方米，储备铁丝2200千克，储备元钉120千克，储备土工布1.2万平方米。编制《苏州高新区山洪防治实施方案》，完成全区52处山水隐患点治理工作。严格执行汛期领导带班及24小时值班制度，强化信息报送及应急处置能力，及时排除积水隐患。全年出动人员3099人，出动车辆728辆，使用排水设备332台次，排除积水隐患195处。

【防台风】 2023年，高新区有序推进防台风工作，成功防御第5号台风“杜苏芮”。出动巡查检查车辆33辆次、人员95人次，疏通雨水边井371座，排查整改隐患4处。

（城乡发展局　曾有华）

【地震灾害防御】 2023年，高新区继续配合市地震局做好白马涧地震台站（强震台站）安全运行、巡检工作，落实枫桥街道对白马涧地震台站周边环境维护和管理。落实抗震设防审查工作，全年审查项目290个623.21万平方米，审查出违反工程建设标准强制性条文183条。开展房屋设施抗震设防信息采集，录入全国房屋设施抗震设防信息采集和管理平台信息333条。推进应急避难场所建设与管理。截至年底，全区建成应急避难场所2座，分别为新区公园、玉山公园避难场所。在建2座，分别为狮山广场、公交三厂小学固定避难场所。拟建1座，为苏州实验中学太湖科学城校固定避难场所。正在谋划建设的有2座。

（住房和建设局　赵亚迪）

消防救援

【概况】 2023年，高新区消防救援大队接处警1509起，下降8.75%。其中，涉及火灾扑救警情331起，上升0.91%；抢险救援警情567起，下降9.42%；社会救助警情277起，下降3.82%；公务执勤52起，下降69.94%；其他出动警力282起，上升12.35%。出动车辆3424车次，出动人员2.02万人次，抢救被困人员100余人。高新区消防救援大队获评江苏省基层建设先进大队、江苏省消防救援队伍消防安全专项行动先进大队，狮山消防救援站获评江苏省消防救援队伍先进基层党组织、江苏省五四红旗团支部。

【灭火救援能力建设】 2023年，高新区建成投用多功能警情研判室，有序开展差异化练兵活动。印发《关于加强各板块安全生产和消防监管能力建设的实施意见》，优化基层消防工作体系。推动“十四五”期间狮山小型站、经开区3号站等队站布点建设。按照全区中小旅馆和民宿类别、规模、建筑设施配置等情况，制定指导性灭火救援预案17份，组织对树山村等民宿集中区域开展现场演练。建设高层专业队伍，提升水域和山岳救援专业队力量，完善专业队装备器材标准化配备，常态化开展联勤联训和实战演练，组织研判绝望坡、绝情谷等山岳救援警情。处置山岳救援警情65起，救助遇险群众55人。

【消防环境优化】 2023年，高新区排查梳理1.65万家基层消防安全日常监管范围内单位底册，备案6772家小微单位场所监管主体，调整确定消防安全重点单位736家。召开重点单位季度例会，推动重点单位全面落实消防主体责任，提高社会单位消防安全管理水平和本质安全度。召开全区冬春火灾防控工作会议，检查单位2324家次，督促整改消防安全隐患3829个，临时查封不符合消防安全条件场所47处，实现重大火灾隐患单位销案摘牌2例，重大火灾隐患单位挂牌2例。落实6419家百平方米以上“九小场所”完成备案专兼职消防安全员配备，同步开展百平方米内场所延伸治理。办理电动自行车“两类主体”处罚案例44起，指导属地新建电动自行车充电头4044个、新配“三防”保险充电头2117个、提档升级充电桩8379个、回收老旧电动自行车2743辆。借助老旧小区改造工作，夯实30

个老旧小区公共消防安全基础，推动1850栋高层落实“消防楼长”管理制度。印发《关于开展宗教活动场所消防安全整治的通知》，检查各类场所、民间信仰点75处，督促整改火灾隐患250余个。（消防救援大队　高译心）

【森林防火】 2023年，高新区加强森林防火基础设施建设，提升森林火灾综合防控能力。连续18年未发生较大以上森林火灾。组织各类森林防火安全检查160批次，参加检查人员约1000人次，检查单位360家次，清理林下可燃物105公顷。提升改造区森林防火指挥中心智能监控系统、枫桥街道森林防火监控系统、通安镇森林防火智能监测指挥系统，完成狮子山森林防火通道建设工程。区森林消防大队代表队获首届全国林草行业森林消防员职业技能竞赛优秀组织奖、第14届江苏省林业系统森林防火技能竞赛二等奖和特别贡献奖。

（资源规划分局　周丽萍）

【消防安全宣传教育】 2023年，高新区组织各类消防安全宣传活动200余场次，发放宣传材料50万余份。到队参观360场次，覆盖1.8万人次。全民消防安全学习平台累计学习近12万人次。联合苏州科技大学举办消防宣传月启动仪式。开展消防安全专题培训，培训外卖行业骑手代表119人。邀请江苏省高级工艺美术师拍摄“消防文化说”主题视频短片，打造消防主题餐厅、幸福蓝海消防主题影院，升级改造消防主题公园，开通消防主题公交专线，形成稳固消防宣传阵地。横塘政府专职消防救援队获评高新区未成年人安全教育基地。

（消防救援大队　高译心）

消防安全教育主题公交车（消防救援大队　供图）

编辑：张肖千

镇 街道

浒墅关镇

【概况】 浒墅关镇位于苏州市西北部、苏州高新区东北部。区域总面积45平方千米。下辖兴贤社区、阳山社区等23个城市社区，保卫村、下山村等5个农村社区。镇政府驻虎丘区大同路19号。截至2023年底，辖区人口33.26万人，其中，户籍人口12.50万人，流动人口20.76万人。年内，浒墅人家社区获评江苏省老年友好型社区建设单位，华盛社区、金庭社区获评江苏省健康社区，华盛社区获评江苏省妇女“双学双比”活动美丽家园示范点。

【城乡建设】 2023年，浒墅关镇完成大阳山片区“一山一策”规划方案和山河里公园、蚕种二分场等重点区域控规修编，完成惠昌口袋公园、惠丰口袋公园、通浒路桥下空间口袋公园等多个方案设计，形成以浒墅关文化街区、文昌片区为重点的多个片区城市更新方案。持续开展环阳山片区环境综合整治提升行动。推进市容环境巡查处办管理机制，常态化开展拆迁及待建地块“三治三化”整治，提升毗邻区域、主干道路沿线环境。关停清退散乱污企业26家，淘汰整治低端低效企业13家，累计盘活低效用地106.93公顷。完成长江路农副产品批发市场整治，高岭土公司阳东矿实现闭矿，横塘工业园腾退更新，大通工坊项目建设有序推进，人才创新园西区改造完成。运河沿线金宜商品砼、浒墅关铸铁厂、捷玛钢铁清退拆除，浒关工业园、大通路吴县中学地块等动迁项目实现“清零”。空气质量优良天数比例达到85.35%。持续推进农房翻建工作，改善农村群众居住环境，提升改造高标准农田250.80公顷。吴公村金埂郎、观音浜等4个村庄通过苏州市特色康居乡村验收，青灯村南海巷郎通过苏州市特色田园乡村验收，吴公村获评苏州市宜居宜业和美乡村示范村。旺家府浜获评苏州市幸福河。

【社会事业】 2023年，浒墅关镇推进10项民生实事项目，7项重大民生工程。修复市政雨污水管网120条、地块管网38条。苏通路改造通车。改扩建小学、幼儿园6所，建成投用小学、幼儿园2所，增加学位1890个，美林幼儿园、保丰东路幼儿园等开工建设。阳山泊寓、四季荣寓等人才公寓建成投用。浒悦颐养中心、浒墅睦邻家、乡村示范睦邻点等医养融合服务项目启动，合计发放各类救助金2151万元、尊老金1302万元，提供就业岗位3200余个。惠丰社区适老化项目获评苏州市“六好”养老文化品牌。南津社区、鸿文社区获评苏州市第二批“一刻钟便民生活圈”示范点。举办运河文化艺术节、社区文化艺术节等各类文化活动410余场，完成西塘河、阳山市民广场笼式球场改建。修缮张广桥、南将桥、西陵堂、催青楼、天远堂等文物保护单位，兴贤桥、竹青塘桥入选苏州市地名文化遗产保护名录。排查整改重大事故隐患20个，完成三级挂牌重大生产安全事故隐患整改销号7家。开展聚集性场所瓶装液化气减量百日攻坚行动，及时消除液化气钢瓶、猛火灶等不安全因素。发挥矛盾调解三级体系作用，化解率100%。建成省级民主法治示范村（社区）9个，提档升级法治阵地13个。

【获评江苏省美丽家园示范点】 2023年，华盛社区获评江苏省美丽家园示范点。通过基础设施建设、水环境提升、绿化景观优化、房屋外立面改造、菜园菜地规整、服务功能完善等举措，提升村庄环境面貌。持续做好花野圩、盛埂郎三星级康居乡村和花野圩特色田园乡村建设。发动村民在庭院内外广泛栽种花草，做好管理养护，实现庭院美化亮化效果。依托“稻虾共养”苏浒休闲渔业生态园、星辰农场等项目，开展特色水产及稻田综合种养，打造高标准水产养殖示范基地。打造花野圩综合性服务驿站，搭建“融议事”协商议事平台，发挥“妇女议事会+妇联执委+网格员”体系优势。开展最美家庭、美丽庭院等评比，组织巾帼法治宣讲、"法律明白人"、就业技能培训等。

（浒墅关镇　满　亮）

镇湖街道

【概况】 镇湖街道位于苏州高新区最西部，三面环太湖，有太湖岸线19.4千米。下辖西华社区、秀岸花园社区等2个城市社区，西京村、西村村等10个农村社区。街道政府驻虎丘区东城路350号。截至2023年底，辖区人口2.76万人，其中户籍人口2.26万人，流动人口0.49万人。年内，绣品街入选国家级知识产权保护规范化市场续延审查公示名单，环太湖数字跑道获评国家级智慧型健身步道，苏绣小镇获批第一批江苏省特色小镇，苏绣小镇版权服务交易基地获批江苏省版权示范基地。

【城乡建设】 2023年，镇湖街道加大生态环境保护力度，发展特色农业，推动农文旅项目发展，打造"乡村旅游+特色民宿+品牌塑造"的乡村旅游项目产业集群。开展"散乱污"企业整治工作。修复市政雨污水管网22条。开展农村人居环境整治工作，出动治理人员3000人，清理农村垃圾900余吨。开展吴家山非保留村环境整治专项行动，创新建立人居积分超市。建设西京湾高标准农田100余公顷，入选苏州市高标准农田特色案例。贡山茶、马山水稻连续6年通过有机认证。石帆村归园田居项目启动，市干桥太湖桃源时光民宿项目开工建设。石帆村获评江苏省生态宜居美丽示范乡村，秀岸村入选江苏省乡村振兴示范村创建名单。太湖科学营入选苏州市首批中小学劳动教育实践基地。

【社会事业】 2023年，镇湖街道开展建筑施工、交通安全等专项整治，针对城乡一体化发展下农民交通法治意识比较薄弱的特点，推行"一村一交警"建设，相关经验受到央视媒体特别节目《平安行》报道。镇湖实验小学校交通安全沉浸式教育基地获评苏州市法治文化建设示范点。开展消防安全排查整治，完成出租房整治工单350件、巡查工单2344件、小餐饮巡查工单118件，关停存在消防安全隐患小作坊37个，整改完成"三合一"场所50个。完成秀岸村、马山村等区级挂牌督办摘牌4个。创新打造全市首个苏绣品牌法治保障中心。开展第二届"苏绣杯"全市乒乓球邀请赛等系列活动50余场，打造桃李芬芳和绣娘工作室文化驿站。杵山体育公园入选苏州市十大镇级体育公园，石帆村、西京村获评苏州市健康村，秀岸花园社区新时代文明实践站获评苏州市新时代文明实践示范站。

【动迁安置房集中分房】 2023年，镇湖街道加快推进民生实事项目，平稳

杵山生态公园（丁翊彪　摄）

有序推进动迁安置房集中分房工作，集中安置分房规模历年最大。7—10月开展动迁安置房集中分房工作，两轮累计分房2606套，其中，第一轮分房2090套，第二轮分房516套，覆盖过渡户1794户。（镇湖街道　赵蒙超）

通安镇

【概况】 通安镇位于苏州高新区西北部，西临太湖，东枕京杭运河与浒墅关镇相邻，南依阳山紧接科技城，北靠312国道与苏州相城区望亭镇接壤。区域总面积53.9平方千米。下辖华通花园第一社区、新街社区等11个城市社区，树山村、北窑村等8个农村社区。镇政府驻虎丘区通浒路88号。截至2023年底，辖区人口10.67万人，其中，户籍人口5.39万人，流动人口5.28万人。年内，通安镇获评第五批江苏省生态文明建设示范乡镇、苏州市帮扶“三会”2022年度优秀乡镇，华通花园第六社区获评全国示范老年友好型社区，树山村获评中国农村杂志社和美乡村百佳范例、江苏省乡村振兴示范村、江苏省生态宜居美丽乡村。

【城乡建设】 2023年，通安镇完善老镇区业态配套，甄山生活广场部分商家开业运营，华通农贸市场改造升级。拆分优化超大型规模城市社区，调整华通花园第六社区，新设华山社区。整体谋划东西部农村空间格局，推行农村片区化管理。保护更新金墅老街、通安粮仓等人文遗址。落实拆迁重点项目2个，腾出净地6.7万平方米。苏钢片区“退二优二”工作取得积极成效。巩固提升大阳山青峰段、太湖沿线及辖区边界环境，拆除违法建筑1.1万平方米。开展全镇夜宵摊点整治、社区环境秩序提升等专项行动。实施高标准农田建设等6个乡村振兴片区化重点项目。推进农事服务中心运营，完善农业基础配套设施。完成农田流转发包800公顷，建成高标准农田374.7公顷，获评苏州市高标准农田改造提升示范区。持续构建“通安良仓”品牌，小麦亩产量突破区单产纪录。推进“村级闲置资金抱团式竞争性存放”资金续存工作，推行村级工资管理系统。落实河湖长制及太湖生态保护，饮用水源地、省考断面优III比例稳定达到100%。全域消除劣V类河道，河道水质优III比例保持在91%以上。改善花溪下游段水质，创建完成市级幸福河湖1条。创新树山景区管理、片区统筹模式，举办树山村梨花文化节、树山“星享夜”等特色活动，全年接待考察参访团200余批次，接待游客126万人次，旅游收入超过1.5亿元。实施建设“美美树山”五大提升行动计划，成立树山和美乡村学院。

【社会事业】 2023年，通安镇成立苏州市首个镇级社区治理创新发展中心。错位发展“一社区一品牌”，获评江苏省示范物业管理项目、江苏省“五社联动”机制创新试点单位。高效运行集成指挥平台，处办工单3.3万件。完善全域网格体系，二级网格优化至12个。开办“最强社工”人才训练营。加强通安镇与望亭镇边界共治，搭建城管、人社、政协等多系统共治平台。提档升级“1+6”人大代表工作站，特色政协委员工作室增至9个。推进国家卫生镇复审工作，完善文明城市常态长效化工作机制，开展文明实践活动1000余场次。建立镇、村两级社会矛盾调处中心，化解率99.6%。开展出租房（群租房）、小餐饮、“三合一”及民宿等重点场所消防安全问题大排查大整治行动，出动检查人员0.9万人，检查专项领域各类场所1.3万家次，整改隐患0.4万个。建设“家门口”就业服务站，开展“直播带岗”招聘会74场，采集各类岗位2.3万个。建成全市首个新业态群体共富培训基地，开办培训50场。发放各类社会救助保障金2000万余元，救助困难对象619人。实施老旧小区维修改造等民生实事项目7个，增设便民停车场5处，投放车位415个。启用社区个体工商户服务集中登记点，完善“一中心五站”便民服务模式，办理公共服务事项124件。建成基层医疗机构急救分站，新建嘉誉湾综合为老服务中心，6家日间照料中心全部运行。达善社区获评苏州市儿童友好社区。

【获评和美乡村百佳范例】 2023年，树山村获评中国农村杂志社和美乡村百佳范例。完成“美美树山”五大提升行动计划，依托乡村振兴实践展示馆、树山村新时代文明实践站，开展道德讲堂、理论宣讲等文明实践活动。开展美丽家庭评选，创建苏州市美丽庭院314户。制定《树山村星级示范户积分兑换方法》，继续挖掘树山村地域特色“守文化”（守子守家、守规守矩、守一守真、守土守疆），重构大石文化、书院文化、云泉文化，打造“树山守”“猛将”乡土文化品牌。配合开发“智慧树山”平台3.0版本，发挥数字治理效能。对不文明现象实施智能监管处理，形成智能监管工单2800余件。发挥树山景区管委会、树山全域旅游协会作用，建立健全景区精细化管理、村庄环境常态化管理机制，探索人居环境网格化管理模式。鼓励扩种杨梅、茶叶等特色农产品，开展农产品荣誉申报，推广“树山三宝”（翠冠梨、云泉茶、杨梅）品牌。筹办树山村梨花文化节、树山“星享夜”、“我在树山过大年”等特色节庆

树山村半亩梨花半亩茶园（通安镇 供图）

活动。截至年底，“树山三宝”年产值超过6000万元，树山村梨花文化节年均客流量30万人次。

【获评全国示范性老年友好型社区】2023年，华通花园第六社区获评全国示范性老年友好型社区。创建“银星红”老年友好品牌，以华通花园第六社区党群服务中心为核心，串联构建“1+7”社区老年资源联合体（区社会福利中心、通安社区卫生服务中心、华山花园架空层老年主题馆、通安镇老年大学、嘉誉湾综合为老服务中心、富民培训基地、真山公园）。发挥28家党群帮扶联治议事成员单位作用，开展“家门口的快递”等爱老活动。启动老年人融入计划，建立通安老年大学民俗馆。推进“红阳乐议”行动，增设老年人休憩椅300余个。继续开展“百姓故事汇”项目，挖掘社区老年能人125人，成立“翩翩姐妹舞蹈团”等以来苏随迁老人为主的老年团队7个。启动老年人需求问卷调查，收集问卷1125份，分类制订各项符合老年需求服务。成立“向阳红 红管家”红色物业服务团队，开展“送健康、送祝福、送政策”三送活动。截至年底，开展服务32场，惠及居民468人次。创新“红黄蓝”三色重点人员分类管理，安排网格员定期入户巡查。为困难高龄老年人提供适老化改造服务，落实家庭医生签约上门服务。定制发放为老服务手包、老龄资源服务地图。建立“银星红”老年友好宣传品牌。建设“家在通安”智慧社区平台，上线一键报修、一键上报功能。开展老年人智能手机使用培训18场，惠及560人。

（通安镇 吴素娟）

狮山、横塘街道

【概况】狮山、横塘街道东起大运河，西至金枫路，南接上方山、吴山山脉，北抵枫津河。区域总面积32平方千米。下辖馨泰社区、青春社区等13个城市社区。街道政府驻虎丘区邓尉路109号、110号。截至2023年底，辖区人口30.4万人，其中，户籍人口14.4万人，流动人口16.0万人。有上方山国家森林公园、狮子山公园、何山公园、横山公园，城市绿化覆盖率超过5%。京杭大运河、胥河等30条河流穿城而过，东南毗邻石湖。年内，狮山、横塘街道获评苏州市城镇老旧小区改造及既有多层住宅增设电梯工作先进单位、苏州市防灾减灾工作先进街道、苏州市环境卫生精细化示范作业优胜街道。狮山公园项目获评苏州十大民心工程（县级市、区）。

【城乡建设】2023年，狮山、横塘街道推动民心工程、民生实事工程。持续推进基层审批服务执法力量改革，办理审批服务事项180余件。推进行政审批网上预约服务，实现“即来即办零等候”事项138件。试点江苏省“放管服”改革重点任务“一件事”改革，完成餐饮店“一件事”办理服务118家。全市首条穿京杭大运河隧道横山路对接胥涛路隧道工程开通试运行，公交三厂小学北侧支路竣工启用。改造提升航天小区、馨泰花苑西区等老旧小区5个，改造狮山花苑、徐何村等农贸市场4个，改造苏福路高架桥下公共停车场6个。建成状元台口袋公园、黄浦园口袋公园。完成既有多层住宅增梯14部。完成国控点餐饮油烟专项整治试点工作，油烟超率环比下降32.7%，PM2.5浓度下降11.9%。创新与木渎跨区联合河长工作机制，完成辖区劣V类水体整治16条，建成幸福河湖5条。抓好安全生产责任落实，检查企业847家次，发现整改隐患2641个，完成重大风险隐患三级挂牌整治4个，消防安全专项整治隐患摘牌结案4个。完成“九小场所”各类隐患整改865个。建成“守护侠”AI电瓶车违停监管平台，电动车违停情况发生率减少95%。规范餐饮业油烟防治，完成整治370家，发放补贴356.6万元，餐饮油烟平台在线率90.2%，月均超标次数下降32.7%，异味投诉数量下降32.8%。

【社会事业】2023年，狮山、横塘街道打造“一刻钟便民生活圈”，做好稳就业、促创业、防失业工作。开展春风行动、金色社区金彩之夜等就业创业活动，提供工作岗位约4000个。成立"家门口"就业服务站，实现城乡困难群众就业294人、辖区人员就业2832人，户籍毕业生、高校毕业生就业率均超过90%。打造"家门口"医保服务窗口，挂牌成立金色日照家医工作室。建成晋源综合为老服务中心。做好精神病人康复服务，街道康复驿站获评江苏省精神障碍社区康复服务示范点。完成苏州科技学院三期、梅湾里地块、新升村濮家浜等动迁项目安置工作。

【"绣美天都 活力城区"美丽街区】 2023年，狮山、横塘街道打造综合性游憩型"绣美天都 活力城区"美丽街区。街区位于狮子山下，由玉山路、长江路、竹园路、汾湖路围绕组成，全长2380米，面积30万平方米。街区内有美罗百货、泉屋百货商圈，道路沿线有学校2所、高档综合商业体2个、居民小区1个、高端写字楼1个、银行2个、公园2个。探索"停车+公园"模式，鼓励天都大厦、泉屋百货、美罗百货开放内部空间，有效缓解街区非机动车停车乱、停车难问题。利用闲置空间打造狮绣园口袋公园。统一规划街区楼宇灯光、路灯照明、景观照明，做好街区道路养护、生活垃圾分类、店招店牌规范等。

【污防攻坚微电影《我的家》】 2023年，狮山、横塘街道引导市民参与辖区生态环境治理，树立餐饮油烟整治典型案例，制作拍摄污防攻坚微电影《我的家》，电影讲述街道工作人员利用饭店老板老赵儿子的一幅画，帮助老赵认识整改餐饮油烟污染问题。受到江苏省污防攻坚办通报表扬，获江苏省治污攻坚宣传作品一等奖。

（狮山、横塘街道 朱晓明）

枫桥街道

【概况】 枫桥街道位于苏州古城西侧，东与寒山寺隔河相望，西与木渎毗邻，南与狮山街道接壤，北邻浒墅关经开区。区域总面积34.7平方千米。下辖白马涧社区、龙池社区等12个城市社区。街道政府驻虎丘区湘江路998号。截至2023年底，辖区人口20.5万人，其中，户籍人口7.9万人，流动人口12.6万人。年内，枫桥街道获评苏州市劳动关系和谐乡镇街道、苏州市城市管理工作成绩突出单位、苏州市生活垃圾分类工作成绩突出集体、苏州市民营经济工作贡献突出单位（2021—2022年），白马涧社区获评江苏省健康社区。

狮子山（朱卫东 摄）

【城乡建设】 2023年，枫桥街道持续推动城市更新，释放载体空间，城市管理更加精细。推进桥下"绘美卷"工程，完成鹿山大桥、金枫路高架桥下环境提升项目。建成投用龙池西路贺九岭口袋公园、华山路吴思园口袋公园。推进毗邻区治理一体化建设，清理毗邻交界区域积存垃圾，整改私垦滥种区域，完成毗邻交界区域补绿复绿造景提升1.25万平方米。完成古巷里动迁遗留项目及钟家山、钟风岭宕口腾地项目，推进浒桥街、石阳路延伸项目。消除违建图斑124个，治理违建面积6万余平方米。开展"一地一策"无养护地块环境治理行动，治理无养护地块22万平方米。推进"公厕革命"，推动垃圾分类全覆盖。开展"文明润万家 苏州更美好"主题实践活动，强化背街小巷、农贸市场、商业街区等区域联动治理，街道壹号菜市场获评苏州市文明菜场。推进汽车维修企业环保标准化建设，启动运行全区首家汽车维修集中喷涂"绿岛"试点项目。推进河道水环境治理，全域26条河道水质优Ⅲ比例达到92.6%，劣Ⅴ类水体全面消除。实施引水上山、山体复绿滴灌工程。

【社会事业】 2023年，枫桥街道社会治理提质增效。统筹建成全域三级网格135个，建成运行社区网格工作站10个。创新实施"社区+驿站"社区治理新模式，拓展建立特色化海棠驿站。打造“枫启荟治”社区党建品牌，培育扩建“新枫景”志愿服务队等公益类社会组织60余个。优化调整社区规模，枫华社区、寒山社区、景山社区等3大社区成立运行，支英社区、木桥社区等2个社区筹备设立。开展“直播带岗”稳就业促进行动，提供就业岗位2600余个。打造全区首个零工市场，建成“家门口”就业服务站2个、劳动者驿站2个。加强养老民生实事项目建设，开展社区医养融合服务试点，枫桥街道人社服务中心获评“一刻钟医保服务圈”省级示范点，姚桥为老服务中心入选苏州市首批五级社区居家养老服务设施名单。开展“小枫来了”帮代办服务，打造便民服务中心窗口“一件事”综合窗口，提供集成办理、多证联发服务。打造“一刻钟阅读便民服务点”，木桥公寓职工书屋获评江苏省职工书屋示范点。枫桥街道康复驿站获评江苏省精神障碍社区康复服务示范点。

【“南北枫桥”基层社会治理模式】 2023年，枫桥街道组织开展“南北枫桥”基层社会治理交流学习，推动两地派出所签署警务合作共建协议，探索新形势下基层矛盾治理经验。提档升级枫桥街道矛调中心，引入公安、法院、律所、社会组织等调解力量，提供纠纷排查化解、法律援助、司法服务、普法宣传等服务，全年非警务类矛盾在中心化解率达到90%。“枫调语顺”调解品牌获评苏州枫桥经验示范品牌。创新建立企业调解联盟机制，指导辖区150余家大型企业建立调解组织，实现涉企矛盾早发现、早化解。设立劳动关系监测协调站和“家门口”就业服务站，获评2022年度苏州市和谐劳动关系街道。

【政务服务“枫驿站”】 2023年，枫桥街道打造政务服务“枫驿站”，助推营商环境优化升级。在辖区企业覆盖面广、密集度高、针对性强的特色产业园打造政务服务“枫驿站”，首站设立于苏州国家环保高新技术产业园。建立园区服务管家、帮办代办专员、重点企业联络员服务队伍，覆盖园区企业200余家。开展“小枫来了”帮代办服务，完善街道、社区、小区三位一体帮办代办联动体系，建立联动、专人代办、并联审批等措施。累计开展各类帮代办服务1.9万次。

（枫桥街道　章小琴）

东渚街道

【概况】 东渚街道位于苏州市西部，东至绕城高速，与浒墅关开发区相邻；西至大新河，与镇湖街道交界；南至蒸山、玉屏山，与藏书、光福交界；北至浒光运河，与通安镇交界。区域总面积57.8平方千米。下辖龙昌社区、龙康社区等10个城市社区，西京村、新桥村等10个农村社区。街道政府驻虎丘区培源路3号。截至2023年底，辖区人口13.51万人，其中，户籍人口6.27万人，流动人口7.24万人。年内，东渚街道获评江苏省“暖心家园”示范点，彭山社区获评江苏省健康社区、苏州市健康社区，龙惠社区获评江苏省“爱心暑托班”优秀示范班点、江苏省老年友好型社区，龙昌社区东渚新苑获评江苏省党建引领物业管理服务工作示范点。

【城乡建设】 2023年，东渚街道制订金茂府、棠前如苑、前山澜庭、星悦里、龙惠三期等5个社区用房装修计划，揭牌启动彭山社区南京大学工作站，组成社区、公安、城管系统综合服务保障队。完成长巷村高标准农田67.33公顷建设项目、黄区村新品种试验田4公顷建设项目，整治南京大学苏州片区、230省道及黄区村76.67公顷地块。落实拆迁项目3个，拆除东渚宾馆及其他旧房106间，清理建筑垃圾4.20万平方米，释放土地34万平方米。区域内市考断面稳定达标，优III河道占比达到91.07%。

【社会事业】 2023年，东渚街道发布社区书记项目10个，鼓励居民参与社区治理。矛调中心规范化建设运行，化解率100%，相关经验受到《法治日报》、新华社等央级媒体报道。打造“火原”工作室矛调品牌，构建“中心+站点”调解体系，设立社区矛调工作站10个、微网格450个。发放各类救助金1561万元，开展救助服务活动150余次。城乡居民医保参保率达到99.95%，大学毕业生、就业困难人员两类群体平均就业率达到91%。打造“颐养老”服务品牌，建成全区首批医养融合家庭医生工作室，新建托育机构1个。开设集中式暑托班4个，服务100余人次。

【惠普托育服务】 2023年，东渚街道发展普惠托育服务。新增青山绿庭幼儿园普惠托育机构，引进专业托育机构2家。总托位数累计280个。策划开展儿童暑期应急救护课、苏绣宣讲课程等46节。加强各类服务设施和场地适儿化改造，建设林间跳格、游乐广场、萌宠乐园等社区儿童空间。打造7个场景15个子场景。龙惠社区获评江苏省“爱心暑托班”优秀示范班点。

（东渚街道　孙绍祖）

编辑：张肖千

附　录

重要报告

在区委十二届七次全会上关于区委常委会工作的报告

2023年12月28日

毛　伟

同志们：

现在，我受区委常委会委托，向全会报告工作。

区委十二届五次全会以来，区委常委会坚持以习近平新时代中国特色社会主义思想为指导，全面贯彻党的二十大、二十届二中全会和习近平总书记对江苏、苏州工作重要讲话重要指示精神，落实党中央决策部署和省委、市委工作要求，一体推进三件大事，突出抓好十个方面工作，推动全区经济社会发展和党的建设各项工作取得新成绩。

一体推进三件大事：把深入学习宣传贯彻党的二十大精神，习近平总书记对江苏、苏州工作重要讲话重要指示精神，和开展主题教育紧密结合起来，作为贯穿全年工作的主题主线，引领推动苏州高新区现代化建设新征程开好局、起好步。

我们坚持把学习贯彻党的二十大精神作为首要政治任务，区委理论学习中心组专题学习16次，示范引领各级干部开展培训，实现2100多名基层党组织书记全覆盖，持续兴起学习宣传贯彻热潮。

今年1月，习近平总书记在江苏全票当选第十四届全国人大代表，3月5日参加江苏代表团审议并发表重要讲话，提出“四个走在前”重大任务，对抓好太湖生态保护、推动长三角一体化、加强海外人才引进等提出重要要求。围绕学习贯彻习近平总书记重要讲话重要指示精神，区委理论学习中心组进行专题学习交流，区委常委带头开展重点课题调研；聚焦习近平总书记强调的具有牵引性的重大任务，按照省委五个行动方案、市委六个行动方案的部署要求，加快推动新一轮太湖综合治理、太湖科学城发展、制造强区建设等重点工作。

7月初，习近平总书记亲临江苏考察，明确“走在前、做示范”重大要求和“四个新”重大任务，指出“苏州在传统与现代的结合上做得很好，不仅有历史文化传承，而且有高科技创新和高质量发展，代表未来的发展方向”。我们第一时间组织传达学习，及时召开区委全会，审议通过学习贯彻决定。聚焦习近平总书记关心和强调的创新联合体建设、非遗传承保护等逐一专题调研推进。12月，习近平总书记亲临盐城考察并作出重要指示，区委常委会第一时间召开会议传达学习，将习近平总书记重要指示作为第二批主题教育的生动教材，推动学习宣传贯彻走深走实。

主题教育开展以来，认真学习贯彻习近平总书记重要讲话精神和党中央、省委、市委决策部署，牢牢把握“学思想、强党性、重实践、建新功”的总要求，把“牢记嘱托、感恩奋进、走在前列”贯穿始终。全市主题教育部署会后，第一时间召开工作续会，成立领导机构和工作机构，分类细化书记责任清单、支部工作清单、党员任务清单，研究制定7个领域党组织工作指引，一贯到底召开村（社区）主题教育推进会、基层党组织书记座谈会，建强80余名基层观察员、联络指导员队伍，推动主题教育各项任务落地落实。聚焦悟思想、明思路，区委常委会从严落实“第一议题”制度，围绕“树立和践行正确政绩观”等主题开展研讨14次，邀请工信部原副部长苏波等专家学者围绕“强链补链延链”等内容进行专题辅导，举办县处级以上领导干部读书班，讲好专题党课，围绕“打造全国一流创新型科技园区”等进行解剖式调研，在深学细悟、真调实研中丰富提升思路举措。聚焦强信念、增信心，认真贯彻落实中央、省委、市委经济工作会议部署，深刻把握“五个必须”规律性认识，紧抓当前、抓好当前，落实好促投资、促消费、稳外贸各项工作举措，深化“三个一线”行动，大力推行“行动支部”工作法，组织党员干部在科技研发、项目建设、改革攻坚等急难险重任务中担当作为。聚焦知民情、解民忧，践行“四下基层”制度，开展“千村万企、千家万户”大走访、“双报到、双服务”“集中服务月”等活动，面对面听取问题诉求，心贴心联系服务群众，围绕“提升工业用地质效”等94个课题开展调研，推动领导干部深入基层一线调研1205人次，解决实际问题840余个，累计为民办好事、实事2350件，枫桥街道培育社会组织参与社会治理的相关经验做法获省委主要领导批示肯定。聚焦固底板、守底线，扎实推动市委“1+7”工作清单内容从严从快落实，构建动态销号、闭环管理等机制，推动各级领导干部把清单摆在案头、把责任扛在肩上、把工作融入日常。

我们更加深刻感悟到，习近平总书记对江苏、苏州工作重要讲话重要指示精神，是习近平新时代中国特色社会主义思想和党的二十大精神在江苏、苏州的具体化；更加深刻感悟到，习近平新时代中国特色社会主义思想处处闪耀着马克思主义光辉，具有强大真理力量和实践伟力；更加深刻感悟到，习近平总书记党的核心、军队统帅、人民领袖的非凡政治智慧、顽强意志品质和深厚人民情怀；更加深刻感悟到，习近平总书记对江苏、苏州人民的关怀厚爱，对江苏、苏州发展的殷切期望。全区上下更加坚定自觉地以忠诚感恩之心、实干担当之行拥护“两个确立”、做到“两个维护”，紧跟伟大复兴领路人开创更加美好未来。

突出抓好十个方面工作：

一、全力以赴推动经济加快回升向好

区委常委会始终坚持把高质量发展作为首要任务，完整、准确、全面贯彻新发展理念，稳中求进推动高质量发展。

全力稳住全区经济大盘，严格贯彻落实苏州市经济运行率先整体好转55条、促进持续回升向好30条、稳外贸14条、促进产业投资26条、支持稳岗留工10条、支持个体户28条等政策措施，强化分析研判、统筹调度、工作落实。特别是聚焦攻坚四季度、全力保全年，将GDP指标逐项细化分解到分管区领导和责任部门，带头攻难点、强弱项、进位次；强化对经济大镇的指导服务，采取重大项目“赛马比拼”等有力措施，推动主要指标逐月改善、加快回升。预计全年完成地区生产总值1835亿元，增长5%；一般公共预算收入193亿元，增长6.1%；全社会固定资产投资614亿元，增长6%，其中工业投资110亿元，增长13.5%；进出口总额2500亿元，主要指标稳中有进。

全面强化要素保障，加快项目“引进推进”和“扩产投产”，招商引资势头良好，新增外资项目186个，招引亿元以上项目149个、10亿元以上项目16个、50亿元以上项目3个，创明新能源、协鑫储充研发产业基地、中讯苏州工业互联网研究院等项目签约落户，精控能源总部、力神电池研发生产基地等项目开工建设，西门子长三角人工智能共创实验室正式启用，晟成光伏研发基地、汉拿万都汽车中国软件中心等项目投入使用。中国移动云能力中心、阿特斯、汉拿科锐动、威卡等项目增资扩产，全区增资项目1385个，增资额446亿元，占招商引资总投资额近三分之一。重点项目加快推进，8个省重大、49个市重点项目分别完成年度投资计划的135%和117%。完成产业项目投资220亿元，增长10%，高技术产业投资占产业项目投资的62.5%。推进产业用地更新，全年盘活低效用地5000亩。消费市场复苏向好，大力发展首店经济、首发经济，举办“双12苏州购物节”等促消费活动，狮山金融创新中心等商贸载体开业。预计实现社会消费品零售总额675亿元，增长7%；限上批发业增长11%以上，列全市第三。全年商品房销售面积增长5%，列全市第二。

持续优化营商环境，坚持“两个毫不动摇”、促进“两个健康”，召开全区优化营商环境大会，发布《苏州高新区优化营商环境创新行动2023》。提升区企业服务中心功能，建设三个功能片区企业服务中心，强化企业走访，推动解决实际问题近900个。全省首创“一企来办”企业诉求分类标准，全年新登记企业1.2万户，累计6.8万户，30个项目实现“拿地即开工”，数量全市第二。

二、坚定不移推进创新驱动的内涵型增长

区委常委会坚持把创新作为引领发展的第一动力，加强科技创新与产业创新对接，不断提高科技成果转化和产业化水平，加快构建以先进制造业为骨干的现代化产业体系。

突出科技创新引领，创新平台加速建设，南京大学苏州校区东区启用，成立7个学院、9个研究院，签约落户校地合作项目210个。太湖科学城发展提速，南京大学、中科院苏州医工所牵头的3个国家级重点实验室获批建设，“国家药监局智能化医疗器械重点实验室”正式启用，累计获批市级创新联合体8个、培育立项14个，均列全市第二。获批工信部产业技术基础公共服务平台2家，数量列全省第一。创新资源持续集聚，全年引进创新型企业1320家、高质量科技项目425个，新施诺半导体装备、众钠能源总部等一批重点科技项目签约落地。集聚国家高企1631家，36家企业入选国家专精特新“小巨人”企业（累计50家），数量列全省各区县第二；新增上市企业5家，新增数、首次发行募集资金额均列全市第一。获批国家级人才22人次（全市第二）、省双创人才（团队）17人次、姑苏双创领军人才（团队）72人次，朱日祥院士团队获苏州市顶尖人才团队称号，仁烁光能全钙钛太阳能电池技术入选2022年“中国科学十大进展”，我区在全省高新区创新驱动高质量发展综合评价中上升1位、列全省第三。“实施创新驱动发展战略”工作连续两年获省政府督查激励。创新生态不断优化，成立全省首批概念验证中心，启用全市首个区级科技成果转化服务平台，4个项目入选全市成果转化平台，列全市第一；10个项目入选省科技成果转化专项资金项目，列全省第一。加快推进ESR产业园等载体建设，目前已建成载体超500万方，新增国家级科技企业孵化器2家，苏州创业园在“全国留创园孵化基地综合评价排名”中列第三。设立全省首家互联网法庭，8项专利获中国专利优秀奖，列全市第一，我区获批全市唯一的国家知识产权服务业高质量集聚发展示范区。

加快推动产业升级，新一代信息技术、高端装备制造两大主导产业分别实现产值1400亿元、1500亿元，新增光子、医疗器械、集成电路等高质量项目超200个。先进化合物半导体基础工艺平台一期建成，多肽类生物药产业集群为全市唯一入选全国中小企业特色产业集群，我区入选中国集成电路园区综合实力前10强，获批全省首批、全市唯一工业互联网安全应用先导区和省信息技术应用创新先导区。数字经济核心产业增加值占GDP比重达23.4%，列全市第二。现代服务业集聚发展，预计全年完成服务业增加值975亿元，增长5.8%。入围重点服务业项目省级8个、市级17个，均列全市第一，累计获评全省现代服务业高质量发展集聚示范区6个，列全市第一。

三、全面深化改革扩大开放

区委常委会坚持用好改革开放这个关键一招，着力破解各领域深层次体制机制障碍，不断增强高新区现代化建设的动力活力。

深度融入长三角一体化发展，入选第二批长三角G60科创走廊科技成果转移转化示范基地。积极推进苏锡联动发展，苏南硕放机场苏州高新区城市航站楼揭牌。

扭住重点领域和关键环节谋划推进改革。深化“放管服”改革，全面推进政务服务“一网通办”“跨省通办”，开展省级“政务服务线上线下融合”试点，全省率先实现企业开办八合一全流程办理。深化三大功能片区改革，充分调动功能区和镇（街道）两个积极性。实施国企改革三年行动计划，组建苏高新国控，成立服务业招商中心，国有企业布局优化和结构调整步伐加快。

坚持以开放促改革，不断提高开放型经济发展水平。跨境电商B2C（9610）出口额连续四年全市第一。综保区在全国综合保税区发展绩效评估中再次获评双A类，列第17位。外资企业加快转型，意大利百旺集团亚洲总部开工建设，徕博科医药研发创新基地建成投用。豪雅人工晶体中国基地落户，岛津仪器四期加快建设，太阳油墨研发中心投入使用，日资企业累计达751家。

四、加快推进农业农村现代化

区委常委会坚持把“三农”工作作为重中之重，坚持农业农村优先发展，强化“五级书记”抓乡村振兴，片区化推进乡村振兴、组团式开展乡村建设，打造农业强、农村美、农民富的新时代鱼米之乡。

全面落实粮食安全党政同责，开展高标准农田和耕地图地调查比对工作，加强高标准农田建设管护，新建和改造提升高标准农田1.12万亩，通安现代农业园获评苏州市智慧农业园。全区粮食播种面积和总产量均实现增长。

学习运用“千万工程”经验，“连片”打造宜居宜业和美乡村，深化农村人居环境整治提升，统筹推进城乡基础设施建设，实现所有镇村标准化、均等化公共文化场馆全覆盖，乡村建设提标提质，新增市特色精品乡村2个、特色康居乡村4个，树山村、石帆村获评省级生态宜居美丽示范村。

全力促进强村富民，实施乡村振兴重点帮促村帮促行动，村均集体经营性收入超500万元。大力发展现代都市农业、精品农业，打造镇湖黄桃等高端优质农产品品牌。不断扩大树山梨花节等品牌效应，有效推进农业与旅游观光、农耕体验、健康养生等深度融合。

五、扎实推进美丽高新区建设

区委常委会深入学习贯彻习近平生态文明思想，认真践行“绿水青山就是金山银山”理念，协同推进降碳、减污、扩绿、增长，使生态优先、绿色发展始终成为鲜明底色。

坚决打好污染防治攻坚战和蓝天碧水净土保卫战，集中攻坚重污染天气、黑臭水体等突出问题，坚决抓好中央、省环保督察反馈问题整改，更大力度抓好太湖、大运河生态保护，饮用水源地、省市考断面优III比例稳定达到100%。全区PM2.5改善幅度列全市第一，全区优III河道占比提升至87.5%，全市首家全域消除劣V类河道。

扎实推进新一轮太湖综合治理，做好控源截污、蓝藻防控、有机废弃物处理利用等工作，入河（湖）排污口整治进度达100%。太湖连续16年安全度夏，辖区太湖水质创近10年最好水平。

系统开展生态资源保护修复，全面推行河长制、湖长制、林长制，累计建成幸福河湖72条。统筹山体及周边区域保护发展，编制全区56座山体保护利用方案。金墅水源地退圩还湖生态修复工程成功入选苏州市首届十佳湿地生态修复案例。

积极稳妥推进碳达峰碳中和，坚决遏制“两高一低”项目盲目发展，围绕“双碳”目标，优化调整产业、能源和用地结构，加快培育光伏等新增长点。落实能耗强度约束性指标要求，深入开展工业企业资源集约利用综合评价，全区规上工业总产值能耗同比下降13%，工业经济发展向更加高效、集约方向转变。

六、切实保障和改善民生

区委常委会坚持以人民为中心的发展思想，围绕“人的一天、人的一生”做好各项民生工作，全面完成年初区人代会票决的25项民生实事，推动实现更高水平的“民生七有”。

始终坚持就业优先导向，实现本地人员就业1.3万人，支持创业1800人，开展职业技能培训1.9万人次，获评2023中国年度最佳促进就业城市（高新区）。持续拓宽城乡居民增收渠道，城镇居民人均可支配收入7.93万元。

扎实推进基本公共服务均等化，将80%以上的一般公共预算支出投入民生领域，稳步提高城乡居民基本养老金标准和最低生活保障标准。教育资源扩容提质，建成投用学校9所，中高考成绩保持全市前列，我区获评江苏省义务教育优质均衡发展区。医疗卫生事业稳步推进，苏州科技城医院挂牌南京大学医学院附属苏州医院，新增市级临床重点专科4个。“一老一幼”服务加强，新改建综合性养老服务中心、日间照料中心6家，华通花园第六社区入选全国示范性老年友好社区；新增普惠托育机构5家，全区每千名常住人口拥有托位数达3.3个。

着力提升社会治理水平。实施两轮户籍新政，新增落户3.3万人。深入实施社区治理“五大工程”，加强南北枫桥共建，深化数字高新区建设，区城市运行和社会治理平台上线运行。

七、更好统筹发展和安全

区委常委会全面落实总体国家安全观，牢牢守住安全稳定底线，努力交出发展和安全两张高分报表。

始终把维护国家政治安全特别是政权安全、制度安全放在第一位，自觉站在政治高度研判、处置和化解重大风险隐患。压紧压实意识形态工作责任，结合市委巡察开展意识形态工作责任制落实情况专项检查，强化学校、网络等阵地管理。坚持党管互联网，实施“高新护盾2023”等网安专项行动，着力加强舆情监测预警，稳妥处置突发舆情事件。

全力筑牢经济金融安全屏障，开展重点产业链供需对接等活动，提升韧性和安全水平。积极防范上市公司经营风险、地方金融组织规模性风险，加强对非法集资防范和处置，严守不发生系统性区域性金融风险的底线。扎实抓好政府债务特别是隐性债务风险化解，确保完成年度化债目标任务，连续三年实现债务风险等级绿色。“一楼一策”推进问题楼盘化解。

毫不松懈抓好安全生产，以“不亡人、少伤人”为目标，紧盯危化品、建筑、消防、燃气、交通等重点领域安全生产管理，深化专项整治巩固提升年行动，完成高岭土公司阳西矿闭坑，坚决遏制重特大事故发生，不断提升本质安全水平。全区安全生产事故起数下降66.7%，安全生产形势总体平稳。

更高水平建设平安高新区、法治高新区，常态化开展扫黑除恶斗争，持续优化法治化营商环境。深入开展“信访问题源头治理三年行动计划”和“信访突出问题攻坚化解提升年”专项行动，重点信访问题化解率达95%以上。完善提升区、镇（街道）、村（社区）三级矛盾纠纷一站式多元化解平台，全面提高社会治理现代化水平。

八、切实加强宣传思想文化工作

区委常委会深入学习贯彻习近平文化思想，统筹推进理论舆论、文化文明、线上线下、内宣外宣和思想教育各项工作，努力在建设中华民族现代文明上探索新经验、展现新作为。

推动理论武装工作持续走深走实，实施“飞燕新语”理论学习宣讲品牌提升工程，推出“育青苗”“精品课”“走基层”三项行动计划，扎实推进党的创新理论“飞入寻常百姓家”。

深入开展“百名局长百场宣讲”活动，举办“贯彻二十大 奋进新征程”主题宣讲暨“百姓名嘴”风采展示活动，全力推动学习贯彻走深走实。

大力培育和践行社会主义核心价值观，开展群众性主题宣传教育活动，落实《苏州市文明行为促进条例》，实现新时代文明实践阵地全覆盖，获评全国“时代楷模”1名、江苏“最美人物”1名、“苏州市道德模范”1名、“苏州时代新人”3名，选树“高新区时代新人”20名，引导全社会争做新时代奋斗者。

大力繁荣发展文化事业和文化产业，首个中国田协认证的太湖数字半程马拉松跑道等一批重要文体设施建成启用。成功举办第十五届中国刺绣文化艺术节、苏州太湖马拉松、苏绣文献艺术展等品牌活动，打造“苏州造物”品牌，苏绣小镇正式被命名为第一批江苏省级特色小镇。持续擦亮“国家级文化和科技融合示范基地”牌子，推动“文化+科技”深度融合。浒墅关古镇、狮山文化广场、苏州乐园森林世界入选省重点文旅项目，苏州博物馆西馆获鲁班奖。

九、积极推进全过程人民民主

区委常委会认为，全过程人民民主是最广泛、最真实、最管用的民主，必须丰富民主形式、畅通民主渠道，扩大人民有序政治参与，巩固和发展生动活泼、安定团结的政治局面。

加强和改进党对人大工作的全面领导，深入贯彻落实中央和省委、市委人大工作会议精神，支持人大依法行使职权，扎实推进省委14号文件专项督查指出问题的整改落实，实施“人大+纪委”“人大+审计”联动协同监督，推动一批各具特色的代表“家站点”进企业、进院所、进宿舍楼、进“两院”，首创“苏绣五级人大代表联动联系点”。建立代表真评、专家联评、人大督评的建议督办“三评”新机制，市、区两级人大代表建议127件答复率、总体满意率均为100%。推出代表“一平台两依托五清单”履职机制，组织开展人大代表“统一接待日”活动，进一步密切与人民群众之间的联系。

全面加强党对政协工作的领导，支持政协发挥专门协商机构作用，紧扣发展中心大局，深入调查研究，广泛协商议政，加强民主监督，凝聚思想共识，市、区两级政协委员提案225件，办复率和总体满意率均达100%。完善政协民主监督和委员联系界别群众制度机制，支持政协创新开展委员下沉一线“联系群众、联系市场主体”活动，重视政协社情民意信息和民主监督建议，推动问题解决。深化“智汇高新”协商议事会、“聚力高新”协商议事联盟、“太湖科学城”论坛等政协履职实践，凸显品牌效应，推动协商成果加快转化落地。

完善大统战工作格局，支持各民主党派、工商联等广泛开展系列主题教育。紧扣铸牢中华民族共同体意识开展系列活动，做好贯彻落实中央民族工作会议精神检查暨宗教工作督查工作。深化苏港澳交流合作，成功举办第三届海峡两岸青年文化月活动，港澳台、海外统战和侨务工作水平不断提升。推动群团组织改革持续走深走实。

十、坚决扛起全面从严治党重大责任

区委常委会认为，全面从严治党永远在路上，必须健全全面从严治党体系，为推进中国式现代化提供坚强政治保证。

切实加强党的政治建设。深刻认识习近平总书记重要指示批示是党内政治要件，旗帜鲜明讲政治，雷厉风行抓落实，以实际行动拥护“两个确立”、做到“两个维护”。严格执行重大事项请示报告等制度。认真配合保障省委巡视工作，扎实抓好整改落实，研究制定巡视整改工作方案，针对反馈的5个方面16项39个问题，形成132项具体整改措施。截至目前，已整改完成和取得明显成效32条，建立健全相关制度22个。有序开展十二届区委第四轮、第五轮巡察工作，探索“部门+村（社区）”巡察新打法，“高新”特色巡察品牌受到省委巡视办充分肯定。

深入贯彻新时代党的组织路线。全面深化基层党建“五聚焦五落实”深化提升行动，探索推进党建引领复杂区域治理创新举措，创新实施“中心+社区”组团发展模式，充分激发社区治理新动能。深化党建引领产业集群建设“十个一”行动，发布光子产业链党建“擎旗汇智 聚光凝心”12条举措，光子、高端医疗器械产业分别被确定为产业链党建省、市联系点。加强干部轮岗交流，打通机关、事业、国企“三支队伍”交流渠道，启动“163”年轻干部挂职锻炼和跟班学习计划，加大年轻干部选育力度，干部队伍结构不断优化。

充分激发干部队伍干事创业精气神。出台推进“敢为、敢闯、敢干、敢首创”意见、激励干部担当作为十条举措，突出实干实效，注重选拔担当实绩突出的干部。加强干部教育培训，分领域开设专业能力培训班，创新构建“六边形”学员评价体系，着力提升领导干部政治素质和专业能力。深化“333”考核结果运用，持续推进“三项机制”落地见效，加大推动干部能上能下力度，激励干部敢为善为、担当作为。

深入推进廉洁高新区建设。深入开展提振“四敢”精神专项行动，提档升级亲清政商汇工作平台，以强有力的政治监督保障党中央和省委、市委、区委决策部署有效落实。严格执行中央八项规定及其实施细则精神，持续深化整治群众身边的腐败和不正之风，运用信息化手段强化对权力运行的监督制约，不敢腐、不能腐、不想腐的综合效能持续提升。今年以来，运用“四种形态”批评教育帮助和处理336人次，立案183件，给予党纪政务处分139人。建立纪委专责监督与人大监督、政协监督协作机制，强化各项监督贯通融合、协同联动，积极推进高新区特色监督体系建设。深入挖掘区内廉洁文化资源，举办“传承红廉文脉”系列活动，推进清廉企业建设，构建覆盖全区的廉洁文化“生态圈”。

一年来，区委常委会始终注重加强自身建设。把“两个维护”作为最高政治原则，坚定执行党的政治路线，严格遵守党的政治纪律和政治规矩。及时跟进，系统学习习近平总书记重要讲话重要指示精神，采取集中学习、交流研讨、解剖式调研等方式，学深悟透笃行习近平新时代中国特色社会主义思想。严格执行民主集中制，坚持重大问题集体讨论、集体研究。用心领悟总书记在江苏深刻阐释以学促干丰富内涵和实践要求的政治考量，鼓励引导领导干部树牢正确政绩观，更好把方向、谋发展、定政策、促改革、抓落实。带头廉洁自律，始终做到忠诚、干净、担当。

以上报告的是区委常委会一年来的主要工作。关于落实全面从严治党主体责任的情况，会议专门印发书面报告，请予一并审议。这些成绩来之不易，根本在于习近平总书记掌舵领航和深切关怀，根本在于习近平新时代中国特色社会主义思想科学指引，是市委、市政府正确领导的结果，是全区人民团结奋斗的结果，是全区各级党组织和广大党员干部拼搏进取的结果。区委全体同志立足各自岗位、扎实努力工作，对常委会的工作给予真诚帮助和大力支持。在此，我代表区委常委会，向同志们表示衷心的感谢！

同时我们清醒看到，工作中还存在一些差距和不足。对照高质量发展要求还有短板，推动高新区经济转型升级、创新发展有待进一步加快；统筹发展和安全的各项要求还需更加全面深入落地落细，防范化解风险隐患的政治敏锐性、工作执行力、措施精准度需要进一步增强；面对更加严峻复杂的外部环境和工作中的一系列两难、多难问题，党员干部队伍攻坚克难的闯劲、狠劲、盯劲、韧劲有待进一步提高，工作精气神需要持续提振；等等。对此，我们将引导和推动全区上下，在下一步工作中切实改进和提高。

政府工作报告
——2024年1月8日在区十二届人大三次会议上

宋长宝

各位代表：

现在，我代表虎丘区人民政府、高新区管委会，向大会报告工作，请予审议，并请区政协各位委员和其他列席人员提出意见。

一、2023年工作回顾

2023年是具有特殊意义的一年。这一年，总书记两次亲临江苏考察、三次对江苏工作作出重要讲话重要指示，为我们奋进新时代把脉定向、指路领航。这一年，我们坚持以习近平新时代中国特色社会主义思想为指导，深入学习贯彻落实党的二十大和习近平总书记考察江苏、苏州重要讲话重要指示精神，认真落实中央、省、市决策部署，在区委、工委的正确领导下，团结依靠全区人民，奋发作为、顽强拼搏，改革发展稳定各项事业取得新成效、迈上新台阶。预计全年完成地区生产总值1835亿元，增长5%；一般公共预算收入193.1亿元，增长6.1%；固定资产投资增长8%以上；社会消费品零售总额增长7%，主要经济指标保持稳步增长。我区荣获全省高质量发展先进地区，在苏州市综合考核中列第一等次。

（一）坚持内外需协同发力，经济综合实力不断增强。招商势头良好。到欧美、日韩以及北京、上海、深圳等境内外地区举办招商活动，全年新增高质量产业项目270个，其中投资规模超10亿元以上项目16个、50亿元以上项目3个，创明新能源、英威腾集团长三角总部、新施诺半导体设备总部等重大项目签约落户，西门子长三角人工智能共创实验室启用，汉拿科锐动、岛津仪器、威卡等既有企业增资扩产。项目建设提速。完成固定资产投资626亿元，其中工业投资110亿元，增长13.5%。8个项目获批省重大项目，数量列全市第一；省重大、市重点项目分别完成年度投资计划的136%和119%；精控能源总部、厨芯科技总部、力神电池研发生产基地等开工建设，斯维登集团、徕博科医药研发创新基地等竣工开业。外贸逐步回稳。实现进出口总额2500亿元，一般贸易进出口额占比提升7.5个百分点。成立全市首家跨境电商企业服务中心，B2C出口业务量稳居全市第一。消费市场复苏。举办“高新欢乐购”系列活动，发放2090万元数字人民币补贴，星悦里、宝爱捷等商业体开业，全年实现社会消费品零售总额675亿元。全市首家创新推出“房车联动”购房促消费活动，商品房销售面积增长4.1%，列全市第二。文旅消费加快复苏，全年实现旅游总收入180亿元、接待游客800万人次，狮山公园对外开放，“环太湖生态游”入选国家级旅游精品项目。

（二）实施创新驱动发展战略，新动能新优势加快塑造。在2022年度国家高新区总体排名中上升3位，列第20位；在全省高新区综合评价中上升1位，列第3位。“实施创新驱动发展战略、推进自主创新”工作连续两年获省政府督查激励。浒墅关经开区在国家级经开区综合排名中上升35位，列第29位。创新平台加快建设。南京大学苏州校区成立7个学院、9个研究院，首批师生顺利入驻，举办产业科技创新大会、中外院士前沿科技论坛，累计签约校地合作项目210个。太湖光子中心加快建设，先进化合物半导体基础工艺平台一期建成，光电芯片封测平台二期启动建设。太湖科学城全面起势，3个国家级重点实验室落地建设，“国家药监局智能化医疗器械重点实验室”正式启用。获批国家工业设计中心1家；获批工信部产业技术基础公共服务平台2家，列全省第一；累计获批市级创新联合体8个，培育立项14个，均列全市第二。创新要素加速集聚。引进创新型企业1500余家，净增国家高新技术企业321家，列全市第二；入选“独角兽”（潜在）企业37家、“瞪羚”企业116家；新增国家专精特新“小巨人”企业36家，列全省第二；新增上市企业5家，新增数、首次发行募集资金额均列全市第一。强化人才“高精尖缺”导向，获批市级以上领军人才（团队）111项，列全市第二；新增省院士工作站2家；朱日祥院士团队获批市顶尖人才团队，实现全区零的突破。创新生态不断优化。10个项目入选省科技成果转化专项，列全省第一；4个项目入选全市成果转化平台，列全市第一。推出“光子贷”“天使贷”等金融产品，累计支持区内企业418家，放款14亿元。新增国家级孵化器2家，苏州创业园在全国留创园孵化基地综合评价中列第三位。全省首家互联网法庭落户，普源精电获全市唯一中国专利金奖，全区万人有效发明专利拥有量达178件，是全市平均水平的1.8倍，我区获评全国首批国家知识产权服务业高质量集聚发展示范区。

（三）持续优化产业体系，强链补链延链成效彰显。产业集群发展壮大。新一代信息技术、高端装备制造两大千亿级产业支撑有力，高端测控仪器与装备产业获批江苏省创新型产业集群。光子、医疗器械、集成电路、数字经济、绿色低碳等新兴产业引进高质量项目超200个，成功举办首届世界光子产业发展大会，多肽类生物药入选全国中小企业特色产业集群，数字经济核心产业增加值占地区生产总值比重达23.4%，列全市第二。智改数转网联积极推进。实施智能化改造和数字化转型项目425个，在全市率先完成中小企业数字化能力评估工作，入选工信部智能制造优秀场景2个，我区获批全省首批、全市唯一工业互联网安全应用先导区、省信息技术应用创新先导区。现代服务业量质齐升。实现生产性服务业增加值585亿元，增长7%，占地区生产总值比重达32%，比全市平均水平高4个百分点。入围重点服务业项目省级8个、市级17个，均列全市第一，累计获评全省现代服务业高质量发展集聚示范区6个，列全市第一。新增高端商务楼宇项目6个，累计达61个，其中亿元楼宇16幢。

（四）全面深化改革开放，发展动力活力充分释放。改革工作走深走实。深化“放管服”改革，开展省级“政务服务线上线下融合”试点，全省首创“企业诉求分类标准”，发布全市首个帮办代办地方标准，三个功能片区成立企业服务分中心，全年新登记企业1.2万户，33个项目实现“拿地即开工”，数量列全市第二。实施国企改革三年行动计划，组建苏高新国控，成立服务业招商中心，国有企业布局优化和结构调整步伐加快。开放合作不断扩大。新增市级以上外资研发中心31家，列全市第二；外资总部机构8家；中日、海峡两岸平台建设持续深化，累计引进日资企业751家，连续三年承办海峡两岸青年文化月活动，成为国台办海峡两岸青年文化月永久会址，启用台湾青年创新中心，对外交流合作不断深化。积极融入长三角一体化发展，获批G60科创走廊科技成果转移转化示范基地，华能燃机、中汽研列入江苏省推动长三角一体化发展重点项目。苏盐合作园区落户亿元以上项目20个。南北共建、对口支援合作和东西部协作等工作稳步开展。

（五）统筹城乡融合发展，区域形象面貌持续提升。功能品质日益完善。有序推进2035国土空间总体规划和三个功能片区规划，实施城市更新项目20个，完成老旧小区改造10个。横山路对接胥涛路隧道工程开通试运行，有轨电车T5线建成通车，新开、优化公交线路26条。整治提升街巷10条，建成口袋公园、小微绿地16个，新增、改造绿化面积50万平方米。乡村振兴加快推进。建成高标准农田1.12万亩，落实粮食储备任务4.6万吨，绿色优质农产品比重超90%。新增市级特色精品乡村2个、特色康居乡村4个，树山村、石帆村获评省级生态宜居美丽示范村。不断拓宽强村富民渠道，村均集体经营性收入超500万元。生态环境持续改善。全力推进太湖、大运河生态保护，饮用水源地、省考断面优III比例稳定达到100%。打好蓝天、碧水、净土三大保卫战，PM2.5浓度改善幅度全市前列；全市首家全域消除劣V类河道，河道水质优III比例提升至87.5%；建成区绿化覆盖率达46%。

（六）切实保障和改善民生，人民生活更加幸福美好。民生保障有力有效。更大力度推动就业创业，新增城镇就业1.3万人，支持创业1800人，开展职业技能培训1.9万人次，我区获评中国年度最佳促进就业城市。社会保障更加完善，全区居民医保参保率达99.8%，发放社会救助与福利保障资金2282万元，救助困难对象3625人。新增安置房8200套、各类保障性租赁住房4177套。公共服务持续优化。教育资源扩容提质，建成投用学校9所，中高考成绩保持全市前列，我区获评江苏省义务教育优质均衡发展区。医疗卫生事业稳步推进，苏州科技城医院挂牌南京大学医学院附属苏州医院，新增市级临床重点专科4个，我区获评江苏省慢性病综合防控示范区。“一老一幼”服务加强，新改建综合性养老服务中心、日间照料中心6家，华通六区入选全国示范性老年友好型社区；新增普惠托育机构5家，全区每千名常住人口拥有托位数达3.3个。文体旅融合发展，苏绣小镇获批江苏省首批特色小镇，成功举办中国刺绣文化艺术节、苏州太湖马拉松赛等活动，文化产业增加值占地区生产总值比重达6.78%，新增体育场地面积9.6万平方米。社会大局平稳有序。深入实施社区治理“五大工程”，区城市运行和社会治理平台上线，我区获批江苏省智慧社区建设试点地区。南北枫桥合作共建，区、镇、村三级社会矛盾调处中心全部建成投用，重点信访问题化解率达95%以上，列全市第一。落实“1+7”工作清单制度，高效运行社会稳定风险化解处置机制，非法集资涉案金额、参与人数实现“双下降”，较好完成“年度化债、债务保绿、平台压降”三项刚性任务，生产安全事故起数下降66.7%。认真做好国家安全、国防动员、双拥共建、人民防空、退役军人服务保障等工作，在全省民兵工作检查考评中列第一名；工会、共青团、妇女儿童、老干部、慈善、残疾人等工作取得新成效；统战、民族、宗教、外事、侨务、对台等事业获得新进展。

这一年，我们切实加强政府自身建设，深入开展学习贯彻习近平新时代中国特色社会主义思想主题教育，把主动接受省委巡视作为坚定拥护“两个确立”、坚决做到“两个维护”的实际行动，明确五个方面16项132条整改措施，坚决做到真改实改彻底改。扎实推进“千村万企、千家万户”大走访，强化对经济大镇发展指导服务，顺利完成第五次全国经济普查清查阶段任务。全面建设法治政府，落实8个方面31项具体任务，严格规范公正文明执法水平不断提高。自觉接受人大监督和政协民主监督，办复市、区两级人大代表建议127件、政协委员提案225件，市、区人大建议办结率97.6%、政协提案办结率99.1%，建议、提案答复率和代表、委员总体满意率均为100%。严格落实中央八项规定及实施细则精神，坚决整治形式主义、官僚主义，大力弘扬新风正气。

各位代表，成绩的取得，根本在于习近平新时代中国特色社会主义思想的科学指引和习近平总书记对苏州的亲切关怀，是党中央、国务院，省委、省政府，市委、市政府和区委、党工委坚强领导的结果，是区人大和区政协监督支持、社会各界关心关爱的结果，是全区上下砥砺攻坚、共同努力的结果。在此，我代表区政府、管委会，向全区广大干部群众，向人大代表、政协委员，向离退休老同志，向各民主党派、工商联、无党派人士和人民团体，向驻区解放军和武警官兵、各驻区单位，向区内企业家、投资者、创业者、建设者，向所有参与、支持、关心我区发展的各界朋友，表示衷心的感谢和崇高的敬意！

在肯定成绩的同时，我们也清醒认识到，当前我区发展还存在一些挑战和不足。主要表现在：经济持续恢复基础尚不牢固，新兴动能积蓄还不充分，市场信心还需进一步提振；关键核心技术攻关还需加大力度，大院大所成果转化有待加快推进；公共服务供给还不够优质均衡，教育、医疗、养老、托育水平与人民群众期盼还有差距，住房、城市建设等还有一些短板；安全生产、城市运行、财政金融等领域还存在薄弱环节；政府系统行政效能有待进一步提升等。对此，我们将高度重视，采取有力措施，切实加以解决。

二、2024年工作总体要求和目标

今年是中华人民共和国成立75周年，是实现“十四五”规划目标任务的关键一年，做好今年工作意义重大。根据区委、工委部署，今年政府工作的总体要求是：坚持以习近平新时代中国特色社会主义思想为指导，全面贯彻党的二十大、二十届二中全会和习近平总书记对江苏、苏州工作重要讲话重要指示精神，按照中央和省、市、区委经济工作会议以及省委十四届五次、市委十三届六次、区委十二届七次全会部署要求，坚持稳中求进工作总基调，完整准确全面贯彻新发展理念，全面落实“四个走在前”“四个新”重大任务，服务构建新发展格局，统筹扩大内需和深化供给侧结构性改革，统筹新型城镇化和乡村全面振兴，统筹高质量发展和高水平安全，巩固和增强经济回升向好态势，持续推动经济实现质的有效提升和量的合理增长，加快建设全国一流创新型科技园区，在推进中国式现代化走在前、做示范中争当样板区。

全区经济社会发展的主要预期目标：地区生产总值增长5%以上，一般公共预算收入增幅高于全市平均水平，社会消费品零售总额增长6.5%以上，固定资产投资增长5%以上，制造业增加值占地区生产总值比重保持基本稳定，外贸进出口、实际使用外资稳量提质，全社会研发经费支出占地区生产总值比重达4.8%左右，城镇居民人均可支配收入与经济增长基本同步，城镇新增就业1.3万人，耕地保有量、粮食综合生产能力完成市定目标，主要污染物排放总量削减完成市下达任务。确定以上目标，贯彻“走在前列、多作贡献”要求，结合实际与可能，突出努力与担当。我们将抓住一切有利时机，利用一切有利条件，看准就抓紧干，能干多干、能快就快、能超则超，全力争取最好结果。

完成今年各项目标任务，必须坚持大局意识，扛起责任担当，围绕“5+5”工作体系，以抓项目、强治理为主要抓手，扎扎实实、踏踏实实，全力推动高质量发展走在前列。一要牢牢把握“走在前、做示范”重大要求。牢固树立领先、率先、争先意识，始终保持奋进姿态，各项工作都要永争第一、勇创唯一，努力为全市发展大局多作贡献。二要牢牢把握“高质量发展”首要任务。始终把发展作为解决问题的关键，突出重大平台、重大改革、重大政策、重大项目，增强机遇意识、拼抢意识，招引一批产业大项目，实施一批改革新举措，打造一批增长新引擎。三要牢牢把握“稳中求进”工作总基调。坚持稳中求进、以进促稳、先立后破，在转方式、调结构、提质量、增效益上积极进取，巩固提升经济发展良好势头。四要牢牢把握“统筹协调”方法论。整合资源、扬长避短，把准时序、注重实效，推动国内与国际市场资源、发展经济与改善民生、消费与投资、内资与外资、投入与产出实现良性循环。五要牢牢把握“执政为民”理念。始终把增进民生福祉作为工作的出发点和落脚点，以实际行动取信于民、造福于民，真正让群众看到变化、见到成效、得到实惠。

三、2024年主要任务

新的一年，重点做好八个方面工作：

（一）*着力保持经济稳定增长，不断提升发展质量效益。*坚持扩投资、促消费、稳外贸齐头并进，为经济持续向稳向好提供有力支撑。

全力开展招商引资。大力实施“培优育强”“招大引强”双强行动，围绕世界500强、中国500强、行业前5，加快招引一批有标识度、显示度的重大产业项目、科技项目和总部项目，全年新招引亿元以上产业项目160个，其中超10亿元项目20个、超50亿元项目3个，力争实际使用外资超7亿美元，新增内资注册资金1000亿元以上。系统梳理招引项目落地建设情况，推动签约项目尽快转化为产出成效。统筹抓好新项目招引和既有项目增资扩产、利润再投资，鼓励和引导存量企业向“制造+总部、制造+研发”发展。

强化投资关键作用。大力推进省、市、区重点项目建设，加快纽威数控、新声科技等拿地项目开工建设，推动中科科仪、百胜动力、百普赛斯等项目尽快投产达效，年内新开工亿元以上项目61个、投产亿元以上项目33个，工业投资保持两位数增长。谋划布局一批重大基础设施项目，实施保障性住房建设、“平急两用”公共基础设施建设、城中村改造“三大工程”。用足用好地方政府专项债、特别国债等政策性工具，支持社会资本参与基础设施建设。

充分激发消费潜力。持续开展“高新欢乐购”等系列促消费活动，加强财税联动，促进汽车消费，积极拉动电子、家居等大宗消费。培育壮大首店经济、平台经济、直播电商和夜间经济，累计引进各类首店超70家。推动商贸综合体提档升级，打造一批特色街区，持续做好商圈、景区引流工作。用好“以旧换新”“房车联动”激励措施，优化刚性和改善性住房供给，推动房地产市场平稳健康发展。

着力推动外贸量稳质升。加强重点外贸企业进出口监测分析，全力争取新的订单。组织企业参加进博会、广交会等重大展会，促进供需对接、增进贸易往来。有效巩固欧美、日韩等传统市场，持续拓展“一带一路”共建国家和地区等新兴海外市场。优化外贸结构，培育壮大服务贸易、跨境电商、数字贸易、保税维修等新业态，加强与唯品会等头部电商合作，引进培育更多贸易型总部、龙头型进口企业，提升综保区贸易主体集聚能力。

全流程优化企业服务。发挥区企业服务中心和三个功能片区分中心作用，构建“1+3+X”服务体系，完善“15分钟政务服务圈”。持续用好领导干部挂钩联系重点企业、企业家座谈会等工作机制，深入开展“千村万企、千家万户”等走访活动，建设企业动态感知系统，高效解决企业提出的问题诉求，切实做到“无事不扰、有求必应”。

（二）突出科技创新引领，积蓄高质量发展强劲动能。始终把创新作为构筑长远发展优势的必然选择，深入落实科技创新“八大工程”，全力打造全市产业科创主阵地。

提升重大平台创新策源能力。加快南京大学苏州校区建设，加强东区内涵式提升，确保西区北大楼、文体中心等项目封顶，2025年全面投用。充分发挥南大苏州校区、苏州科技大学等区内高校科技人文优势，导入更多优质资源。打响太湖光子中心品牌，加快“3+2”基础工艺与公共服务平台建设，举办第二届世界光子产业发展大会，打造全国知名光子中心。加快国家级重点实验室、中国移动云能力中心四期、清华苏州环境创新研究院二期等重大项目建设，进一步深化与中科院苏州医工所等大院大所合作，谋划布局一批高能级科技创新平台，加强关键核心技术攻关，打造“科学特征明显、生态人文优越、充满创新活力”的一流科学城。

强化企业和人才创新主体地位。深入实施“双引领”计划，全年引进高质量科技项目超420个，国家高新技术企业数量超2000家，力争新增上市企业超5家。鼓励龙头企业牵头组建创新联合体，完善“揭榜挂帅”机制，发展高效强大的共性技术供给体系。迭代升级更有竞争力的人才政策，面向头部企业、跨国公司、海内外高校招引优秀人才，全年新增各级领军人才330人次，推动青年发展型城市建设，擦亮“海归人才新高地、创新创业示范区”品牌。

打造优质创新生态。建设开放的概念验证中心、中试工程化、科技成果库等服务平台，加快把好技术转化为好产品。完善“众创空间+孵化器+加速器+产业园”接力式培育体系，新认定省级以上孵化器5家、众创空间10家。积极发展创业投资、股权投资，推行“创新积分贷”，实现产业、创新、资本良性互动。依托国知局专利审查协作江苏中心、苏州知识产权法庭、互联网法庭等平台，健全知识产权保护工作机制，每万人高价值发明专利拥有量达62件。

（三）加快转型升级步伐，着力构建现代产业体系。坚持“产业强区”战略，推动产业发展向创新、智能、绿色、安全方向迈进，不断形成新的增长曲线。

大力推进新型工业化。推动新一代信息技术、高端装备制造产业转型升级，深化“千企技改行动”，引导企业加快新技术、新工艺、新设备应用，新增市级以上智能工厂（车间）超20个。围绕光子、医疗器械、集成电路等新兴产业，聚焦优势细分领域，招引更多优质项目，培育壮大一批链主企业，提升产业链各环节竞争力。前瞻布局人形机器人、量子科技、元宇宙等未来产业。加大专精特新企业引育力度，形成一批制造业单项冠军和掌握核心技术的“小巨人”企业。

加快发展新能源和数字经济产业。新能源产业方面，制定实施新能源产业发展三年行动计划，重点聚焦光伏组件生产线制造、光伏逆变器、新型储能等高附加值领域，主攻关键环节、关键材料设备，力争产业产值达500亿元。数字经济方面，聚焦人工智能、算力网络、大数据、6G等重点领域，集聚一批产业链上下游企业，抢抓“大模型”快速发展机遇，推动信创、软件、数据应用，力争数字经济核心产业增加值占地区生产总值比重达23.5%以上。

做优做强现代服务业。依托区现代服务业公司，聚焦现代金融、检验检测、律师会计、商务会展等，发展壮大生产性服务业。以楼宇经济为重要载体，大力招引研发、设计、销售和结算中心，全年新增商务楼宇14幢，全区税收超亿元楼宇22幢以上。提升文化旅游、餐饮住宿、家政物业等生活性服务业品质，积极培育个性化定制化服务业态。推动先进制造业和现代服务业“两业”融合发展，争创省级以上“两业”融合试点企业和试点区域。

（四）聚焦重点领域深化改革，打造优质高效营商环境。坚持目标导向、问题导向，持续完善各项改革举措，着力营造市场化、法治化、国际化一流营商环境。

推进数字化改革。坚持需求导向、实用原则，锚定“一核心、两服务、三再造”，系统推进数字政府、数字经济、数字社会、数字文化、数字生态文明建设，打造一体化公共数据底座，加强数据协同，推动政务服务“一网通办”、公共治理“一网统管”。

深化国资国企改革。深入实施国有企业改革深化提升行动，推动国企以市场化思维和方向，加快转型发展，不断增强运营能力、投融资水平，完善监管体系，持续提高核心功能和核心竞争力，提升盈利能力。

优化政务服务。坚决落实国家和省、市减税降费措施，不断完善惠企政策体系，持续提振企业发展信心。深化市场准入领域集成化改革，探索智能登记新模式，完善企业开办线上“全链通”、线下“一窗式”集成办理。实行分栋分层验收、竣工集成验收，实现“拿地即开工、预验即试产、竣工即领证、投产即上市”。

盘活空间资源。抓好闲置土地整治，探索土地二次开发、更新利用等新模式，全年盘活低效用地超5000亩。优化提升既有载体，新建一批专业载体，完善公共服务配套，全年新增载体面积超200万平方米。推行“数据得地”，实施零供地技改、工业上楼，不断提高工业用地容积率，进一步提升土地利用质效。

（五）促进区域协调发展，努力建设现代化新城区。持续优化空间布局，完善城市功能品质，提升区域协调、城乡融合发展水平。

高水平规划建设引领城市发展。积极抢抓环太湖科创圈、沿沪宁产业创新带建设机遇，更加主动融入长三角一体化发展。完成2035国土空间总体规划，以及三个功能片区规划，优化城市设计、区域用地功能和空间布局，加快重大项目建设，提升狮山片区总部、商务功能，推进浒墅关片区打造先进制造业高地、加快建设城际新城，强化太湖科学城片区科创引领功能、提升新兴产业发展能级。优化交通路网，开工建设S230改造、苏台高速树山互通、何山路西延一期，加快推进西环北延连接中环西线，年内建成通浒路改造、昆仑山路西延（三期）、泰山大桥新建（一期）等工程；加快推进轨道交通6号、8号线建设；新开、优化公交线路12条。

精细管理提升城市形象。推进市容环境专项治理，聚焦背街小巷、农贸市场等薄弱环节开展深度清理，消除一批城市顽疾。实施中心城区公共空间“微更新”，新增口袋公园12个，建设太湖科学城超级绿道网。实施老旧小区改造，持续推进既有建筑增设电梯工作，新增省级示范物业管理项目3个以上。推动文明城市常态长效建设，共建美好家园。

因地制宜打造乡村振兴样板。学习运用“千万工程”经验，聚焦“三基三主”，坚持不懈抓好“三农”工作。深入落实耕地保护和粮食安全责任制，启动新一轮高标准农田建设改造，提升粮食稳产保供水平。大力发展高效精品农业和现代都市农业，做优“树山杨梅”“镇湖黄桃”“金墅水源米”等农产品品牌。深入实施农村人居环境整治，推进和美乡村建设，特色康居乡村实现全覆盖。做好农村土地承包经营权有偿退出“后半篇”文章，探索农村集体经济转型发展新模式，让集体经济和农民收入两个“口袋”鼓起来。

（六）持续擦亮生态文明底色，共同绘就美丽高新画卷。发挥山水资源优势，推动生态文化保护与高质量发展有机统一，提升“真山真水园中城、科技人文新天堂”美誉度。

加大污染防治力度。全力推进中央、省生态环境保护督察反馈问题和交办件整改。压紧压实河湖长制责任，全面解决河道水质问题，建成幸福河湖25条。实施排水管网修复和污水处理工程，科技城水质净化厂正式投用，日污水处理能力达10万吨。抓好PM2.5和臭氧协同控制，持续改善大气环境质量。加强风险地块土壤管控修复，确保地块安全利用。持续推进“无废城市”建设，打造一批“无废园区”“无废工厂”。

加强生态保护修复。系统保护山水资源，深入推进新一轮太湖综合治理，针对20条通湖河道开展监测评估、整治提升，高水平实现“两保两提”。强化大运河生态保护，推动浒光运河创建省级美丽河湖。打造狮子山城市文化中央公园、大阳山生态文化旅游集聚区、庄里山智慧诗意栖居地，让好山好水融入城市风光。促进绿色低碳发展，推进中建碳中和研究院建设，加大光伏、储能等应用力度，争取绿电走廊等项目落地，培育一批绿色工厂、零碳产业园，加快发展方式绿色转型。

增强城市文化魅力。广泛践行社会主义核心价值观，巩固壮大主流思想舆论，讲好高新区“故事”。保护传承和活化利用优秀传统文化，持续擦亮苏绣、苏州博物馆西馆、苏州民族管弦乐团三张文化名片。大力发展数字创意、网络视听等新业态，培育一批文化领军企业，力争文化产业增加值超120亿元。提升公共文化服务水平，全年开展区级文体惠民活动260场次以上。优化文体设施规划布局，苏州科工馆、狮山大剧院建成开放，打造更多“文化地标”。

（七）全力办好惠民利民实事，推进民生福祉更加殷实。深入贯彻以人民为中心的发展思想，努力追求更高水平的“民生七有”，切实增强人民群众的获得感、幸福感。

做强基础性民生。实施就业优先战略，坚持稳岗、减负、扩就业并举，强化企业用工服务，持续做好农民工、高校毕业生、退役军人等重点群体的就业帮扶，推进“家门口”就业服务站建设，全年支持创业1500人以上。实施“高新匠领”技能提升工程，全年新增高技能人才5500人以上，每万人劳动力中高技能人才数达1600人。

做优普惠性民生。深入实施“三名工程”，新建改扩建学校6所，新增学位1.4万个，建强4条优质教育链，提升区域教育质量和学校发展内涵。支持南京大学医学院附属苏州医院三乙创建、高新区人民医院三级转设，实现省级重点专科新突破。关爱“一老一幼”，强化养老服务供给，每千人拥有养老机构床位53.9张。建立普惠托育服务体系，注重从“一米高度”看城市，建设可爱可亲的儿童友好城市。

做实兜底性民生。推进参保扩面提质行动，做好新业态从业人员参保等工作，做到“应保尽保”。“一户一策”关心关爱特殊困难家庭，确保低保对象精准救助率、困境儿童应保尽保率和残疾人两项补贴精准发放率均达100%。完善社会保障体系，综合运用社会救助、社会福利、慈善事业、扶残助残、优抚安置等方式，提升困难群众生活水平。

（八）*更好统筹发展和安全，维护社会大局和谐稳定*。牢固树立归零意识、忧患意识、前瞻意识，时刻绷紧平安稳定这根弦，确保“六个不发生”。

提高社会治理能力。持续探索市域社会治理现代化新路径，完善网格化管理、精细化服务、信息化支撑的基层治理平台，扎实构建“精网微格”，打造社会治理“高新品牌”。坚持和发展好新时代“枫桥经验”，发挥三级社会矛盾调处中心作用，推动各类社会矛盾“案结事了”“事心双解”。深入打击电信网络诈骗，升级优化治安防控体系，群众安全感稳定在99%以上。

守牢安全生产底线。压紧压实安全生产责任，建立健全企业分级分类监管体系，加强网格化、专业化、数字化监管。持续开展危化品、城镇燃气、道路交通、工程施工、既有建筑等领域风险隐患专项整治，坚决防范重特大安全生产事故发生。建强专业应急救援队伍，提升灾害事故应对处置能力。

防范化解风险隐患。牢固树立总体国家安全观，坚决捍卫政治安全，有效应对意识形态领域风险挑战。防范化解金融风险，加强政府性债务管理，抓好房地产、征地拆迁、涉法涉诉等领域的风险排查，强化食品药品安全监管，努力交出平安和发展两张高分报表。

新的一年，我们将深入推进政府治理现代化，加快建设人民满意的服务型政府，永葆为民、务实、清廉政治本色。加强政治建设。巩固拓展主题教育成果，深刻领悟“两个确立”的决定性意义，增强“四个意识”、坚定“四个自信”、做到“两个维护”。严格执行“第一议题”制度，始终把党的全面领导贯穿政府工作各领域全过程。加强法治建设。主动接受人大监督、政协民主监督和各方面监督，广泛听取各民主党派、工商联、无党派人士和各人民团体意见，提高人大代表建议和政协提案办理水平。坚持依法科学民主决策，严格执行重大行政决策程序规定，依法及时公开各类政府信息。加快推进“八五”普法，做到严格规范公正文明执法。加强作风效能建设。坚定践行正确政绩观，深入基层、企业和群众，察实情、办实事、解难题，更大力度推进实事利民、服务惠企。扎实推进机构改革工作，构建更加精简高效的体制机制。把重实践的要求贯穿到政府工作的全过程，大力弘扬“马上就办、真抓实干”的优良传统，担当作为、狠抓落实，确保中央、省、市决策部署落地见效。加强廉政建设。压实全面从严治党政治责任，加强政府系统党风廉政建设，严格执行“1+7”工作清单制度，高标准抓好巡视、巡察、审计等发现问题整改。锲而不舍落实中央八项规定及实施细则精神，驰而不息纠“四风”、树新风。进一步强化专项资金、财政投资的绩效考核评价，持续压减非刚需、非重点、非急需支出，习惯过紧日子，推动政府系统勤俭节约蔚然成风。

各位代表！责任使命在肩，唯有不懈努力。让我们更加紧密地团结在以习近平同志为核心的党中央周围，在市委、市政府和区委、工委的坚强领导下，不怕困难、不畏艰险，勇于斗争、敢于胜利，全力推动高质量发展走在前列，为推进中国式现代化高新实践而团结奋斗！

组织机构及负责人名录

（截至2023年底）

【中国共产党苏州国家高新技术产业开发区工作委员会、中国共产党苏州市虎丘区委员会】

书　记　毛　伟
副书记　宋长宝　陆振华
委员、常委　施　华　梅海建
　　张　瑛　虞美华
　　周晓春　肖建杰（挂职）
　　卢　潮　李志军
　　吕建林

【中国共产党苏州国家高新技术产业开发区纪律检查工作委员会、中国共产党苏州市虎丘区纪律检查委员会】

书　记　施　华
副书记　尚文涛　杨红军
委员、常委　徐辉惠　丁建锋
　　解　月　徐从建

派驻区党政办公室纪检监察组
组　长　沈　琪
副组长　钱　聪

派驻区（工）委组织部纪检监察组
组　长　单　辛
副组长　管晓华

派驻区（工）委宣传部纪检监察组
组　长　龚菊卫
副组长　王天添

派驻区（工）委政法委纪检监察组
组　长　孔利琴
副组长　朱　瑛

派驻区经济发展委员会纪检监察组
组　长　季晓丰
副组长　刘万飞

派驻区住房和建设局纪检监察组
组　长　彭　琼
副组长　胡潭龙

派驻区社会事业局纪检监察组
组　长　荣国棠
副组长　魏　力

派驻苏州医疗器械产业发展集团有限公司纪检监察组
组　长　袁　理

监委（与区纪工委、纪委合署）
主　任　施　华
副主任　尚文涛　杨红军
委　员　徐辉惠　丁建锋　徐从建
　　翟　伟

【苏州市虎丘区人民代表大会常务委员会】

主　任　高晓东
副主任　邢文龙　陶冠红　金玉平
　　潘宜顺

【苏州国家高新技术产业开发区管理委员会、苏州市虎丘区人民政府】

主　任　宋长宝
副主任　张　瑛　虞美华
　　肖建杰（挂职）　吴旭翔
　　赵　红　吴　剑　何　宁
　　沈　琰
区　长　宋长宝
副区长　张　瑛　虞美华
　　肖建杰（挂职）　吴旭翔
　　赵　红　吴　剑　何　宁
　　沈　琰

【中国人民政治协商会议江苏省苏州市虎丘区委员会】

主　席　朱奚红
副主席　王　宇　庄　毅　周苏萍
　　施国华
秘书长　孔杰峰

【苏州市虎丘区人民法院】

院　长　吴万江
副院长　吴　宏　沈学林　辛以春

【苏州市虎丘区人民检察院】

检察长　朱文瑞
副检察长　张　伟　邱黎黎　张　蓉

【区党工委、区委工作部门】

巡察工作办公室
主　任　杨红军
副主任　吴海荣

巡察组
专职组长　杨建明　龚　浩　洪绍平
专职副组长　王永伟　张春红
　　刘卫刚　曹　彦
　　朱俊松　娄　强
　　朱远臻

党政办（机要保密局、国家密码管理局、档案局、大数据管理局）
主　任　鲍东晖
副主任　顾伟忠　郭　霞　吴东明
　　白　凯　许　峰　朱振华
机要保密局（国家密码管理局）
专职副局长　许　峰
档案局
局　长　鲍东晖
专职副局长　赵　琛
大数据管理局
局　长　鲍东晖
专职副局长　杨雄华

组织部（“两新”工委、区级机关工委、党建办、老干部局、离退休干部工委、人事管理局）
部　长　吕建林
副部长　朱　勇（常务）　陈毅坚
　　杨　吉

“两新”工委
书　记　朱　勇
专职副书记　白海伟
副书记　袁晓月　潘　凌　陈振民
委　员　庞晓虹　古　晶　金伟正
季红斌　王　军　谈亦军
区级机关工委
书　记　杨　吉
专职副书记　征文平
委　员　杨红军　郭　霞　庞晓虹
缪佳一　王留华
老干部局
局　长　朱　勇
专职副局长　张　蕾
离退休干部工委
书　记　朱　勇
副书记　张　蕾
宣传部〔新闻办、文明办、新闻出版局（版权局）、网信办〕
部　长　李志军
副部长　庞晓虹（常务）　王晨明
文明办
专职副主任　夏雪娟
网信办
专职副主任　强晓佟
统战部（台办、民族宗教事务局、侨办）
部　长　吕建林
副部长　袁晓月（常务）　屠　澄
台办
专职副主任　陈应甲
政法委（司法局、信访局）
书　记　陆振华
副书记　吴　剑（兼）　于自强（常务）
黄志强　王　珏
委　员　吴万江（兼）　朱文瑞（兼）
张晓明
司法局
局　长　王　珏
专职副局长　臧建伟
信访局
局　长　黄志强
副局长　黄春明

依法治区办
专职副主任　古　晶
研究室
主　任　吴小军
副主任　黄敬川　王　菲
机构编制委员会办公室（事业单位登记管理局）
主　任　陈毅坚
副主任　朱　真　刘　佳

【区机关党组、党委】

人大党组
书　记　高晓东
副书记　邢文龙
成　员　金玉平　潘宜顺　蒋建清
政府党组
书　记　宋长宝
副书记　张　瑛
成　员　虞美华　肖建杰（挂职）
吴旭翔　赵　红　吴　剑
何　宁
政协党组
书　记　朱奚红
副书记　吕建林　王　宇
成　员　施国华　孔杰峰　邵　亮
法院党组
书　记　吴万江
副书记　吴　宏
成　员　沈学林　庄　洁　王耀华
检察院党组
书　记　朱文瑞
副书记　张　伟
成　员　邱黎黎　王　叶　朱雪平
总工会党组
书　记　徐礼华
成　员　缪佳一　金伟正
妇联党组
书　记　董　薇
成　员　戴　兰　吴　烨
经济发展委员会党组
书　记　傅　曦
成　员　江立新　姚永宁　许　梅
詹国辉　陶　晓　张　雁
科技创新局党组
书　记　李　伟
成　员　陈月娟　王苏良　孙逸馨
顾海明　董　良　李　菁
财政局党组
书　记　蒋存琪
成　员　王留华　汪玉千　汤　瑾
人力资源和社会保障局党组
书　记　王永刚
成　员　陆建梅
商务局党组
书　记　孙咸锐
成　员　顾志snow　巢文宇　韩晓怡
曹晓苏
文化体育和旅游局党组
书　记　周晓明
成　员　陶文胜　周　平
退役军人事务局党组
成　员　周永前　黄　海
审计局党组
书　记　冯世蔚
成　员　周　斌　朱雪中
行政审批局党组
书　记　陈方旻
副书记　吴　喆
成　员　赵树生　唐　虹
国有（集体）资产监督管理办公室党组
书　记　周　萍
成　员　刘　辉　马海英　刁仁荣
统计局党组
书　记　傅　曦
成　员　徐　春　周叶红
教育工委
书　记　周　剑
委　员　季红斌　仲尧明（兼）
符云峰　刘宗海（兼）
张俊辉（兼）　李志清（兼）
社会事业局党委
书　记　范晓晔
副书记　孔杰峰　潘　凌
委　员　陈东如　王　诚

住房和建设局党委
书　记　陆　懿
副书记　顾升福
委　员　王　军　黄　烽　朱兰胜
　　　　柳中蕾　刘航洲
城市管理局党委
书　记　卢　春
委　员　曹　江　沈爱华　毛　欣
城乡发展局党委
书　记　陈晓梅
委　员　范建设　徐敏燕　王　雷
应急管理局党委
书　记　胡　勇
委　员　王　勇　王建明　沈杨华
　　　　徐　强　林国华
市场监督管理局党委
书　记　沈宇亮
委　员　宜晓建　陈振民　庄人同
　　　　董善良　陈荣华　沈佳尧
　　　　曹　平

【区人大常委会工作部门】

办公室
主　任　蒋建清
副主任　高定华　陈远来
人事代表联络工委
主　任　宋丽雅
监察和司法工委
主　任　王奇学
副主任　徐兴华
财政经济工委
主　任　荣继发
副主任　章　晨
城建环保工委
主　任　钦纳新
副主任　张旭光
教科文卫工委（外事民宗侨台工委）
主　任　张建群
副主任　金哲群
代表议案建议工委
主　任　孟晓瑜
副主任　叶　枫
农业农村工委
主　任　秦　晓
副主任　何若鸥

【区管委会、区政府工作部门】

经济发展委员会（工业和信息化局、粮食和物资储备局、对外经济协作办公室、国防动员办公室）
主　任　傅　曦
副主任　江立新　姚永宁　许　梅
　　　　詹国辉　陶　晓
粮食和物资储备局
总工程师　詹国辉
对外经济协作办公室
专职副主任　张　雁
长三角地区合作与发展办公室
专职副主任　费　琨
国防动员办公室
主　任　傅　曦
副主任　江立新
教育局
局　长　周　剑
副局长　季红斌　陆　纯　符云峰
教育督导室专职副主任　王新民
科技创新局
局　长　李　伟
副局长　陈月娟　王苏良　陈　婷
　　　　孙逸馨　董　良　李　菁
社会事业局
局　长　范晓晔
副局长　潘　凌　陈东如　吴鹏程
　　　　王　诚
财政局
局　长　蒋存琪
副局长　王留华　汪玉千　汤　瑾
东渚分局
局　长　施　蔚
西部生态旅游度假区分局
局　长　金华忠
通安分局
局　长　胡燕红
狮山分局、横塘分局
局　长　陆朱嘉
枫桥分局
局　长　徐　琴
人力资源和社会保障局
局　长　王永刚
副局长　陆建梅
就业创业促进工作领导小组办公室
专职副主任　李　兵
住房和建设局（交通运输局）
局　长　陆　懿
副局长　顾升福　王　军　朱兰胜
　　　　柳中蕾　丁　磊
总工程师　黄　烽
总规划师　刘航洲
交通运输局
副局长　王　军（兼）
城市管理局（综合行政执法局）
局　长　卢　春
副局长　曹　江　沈爱华　毛　欣
总工程师　谈育闻
城乡发展局（农业农村局、水务局）
局　长　陈晓梅
副局长　徐立飞　范建设
总工程师　徐振华
农办
专职副主任　王　雷
乡村振兴局
专职副局长　徐敏燕（兼）
商务局（招商局、外办）
局　长　孙咸锐
副局长　顾志弢　巢文宇　韩晓怡
　　　　曹晓苏　丁勇军
招商局
局　长　孙咸锐（兼）
文化体育和旅游局（文物局）
局　长　周晓明
副局长　陶文胜　周　平　祝　倩
文物局
专职副局长　祝　倩
退役军人事务局
副局长　周永前　黄　海

应急管理局
局　长　胡　勇
副局长　王　勇　王建明　沈杨华
　　　　徐　强
总工程师　林国华

安委办
专职副主任　顾彧彦

审计局
局　长　冯世蔚
副局长　陈　静　周　斌
总审计师　朱雪中

行政审批局（政务服务管理办公室）
局　长　陈方旻
副局长　赵树生　唐　虹
总工程师　吴　喆

市场监督管理局（知识产权局）
局　长　沈宇亮
副局长　宜晓建　陈振民　庄人同
　　　　董善良　陈荣华　沈佳尧
食品安全总监　陈荣华
总工程师　曹　平
知识产权局
副局长　沈佳尧（兼）

浒墅关经济技术开发区分局
局　长　蒋　丹
副局长　杨建荣

科技城分局
局　长　刘志勇

综保区分局
局　长　唐书民

通安分局
局　长　周　强

狮山分局
局　长　瞿　玮

枫桥分局
局　长　张稳德

横塘分局
局　长　刘艳军

国有（集体）资产监督管理办公室（地方金融监督管理局）
主　任　周　萍
副主任　刘　辉　马海英　刁仁荣
总规划师　马海英

高新区地方金融监督管理局
局　长　刘　辉（兼）

统计局
局　长　陈　婷
副局长　徐　春
总统计师　周叶红

【区政协委员会工作部门】

办公室（研究室）
主　任　张　雷
副主任　邵斌凯　张锦虹

提案委
主　任　徐　群
副主任　高　岚

经济科技委
主　任　王　骏
副主任　赵　宇

社会事业委
主　任　蔡　斌
副主任　何　炜

城乡建设和农业农村委
主　任　谢　峻
副主任　包剑平

港澳台侨委（民族宗教委）
主　任　吴文权
副主任　沈　亮

文化文史委
主　任　李靖宇
副主任　杜　衡

【区社会团体】

总工会
主　席　徐礼华
副主席　缪佳一　金伟正　张　政
　　　　方　宇（挂职）　白海伟（兼）
　　　　李　兵（兼）

妇联
主　席　董　薇
副主席　戴　兰　吴　烨
　　　　项　悦（挂职）　吴昉琰（挂职）
　　　　浦颖贤（兼职）　徐　晓（兼职）

团委
书　记　金雨菲
副书记　廖子琰　王　唯（挂职）
　　　　陈　峰（兼）　李文博（兼）

残联
理事长　俞春方
副理事长　俞　铬　赵国琴

科协
主　席　顾海明
副主席　徐　洲　陆　纯（兼）
　　　　王　诚（兼）　于　扬（兼）
　　　　范凌云（兼）

文联
主　席　张　斌
副主席　李月宁

工商联
主　席　谢明华
副主席　屠　澄　瞿　峰
　　　　陈振民（兼）　张　雁（兼）
　　　　董　健（兼）

红十字会
常务副会长　陈建惠
副会长　陶文胜（兼）

【区直属事业单位（副科级以上）】

发展研究中心（政务信息网络服务中心）
主　任　赵红明
副主任　谢　烨　金美青

档案馆
馆　长　张　园
副馆长　陈　英

机关车队
队　长　顾伟忠
副队长　顾年伟

机关事务管理处
主　任　王　枫
副主任　顾建良　郑　铭　王晓东
　　　　张利泉

党校（培训中心）
校　长　吕建林
副校长（副主任）　赵玉艳（常务）

人事管理服务中心
主　任　陈建红
新闻中心
主　任　刘　崇
副主任　黄自刚　陆　斌
社会矛盾纠纷调处化解中心
主　任　缪沛昌
机构编制效能管理中心
主　任　李　薇
产业发展研究中心
主　任　鞠丰刚
教育发展中心
主　任　张俊辉
副主任　金　鹏　金彩娟
苏州实验中学
党委书记　仲尧明
校　长　洪绍辉
副校长　马朱林　张　国　张文海
　　　　袁彩荣
高新区第一中学
党委书记　王新民
校　长　杜　颜
副校长　姚成洋　沈育生　章　洁
　　　　丁志锋
吴县中学
党委书记　张会清
校　长　沈明生
副校长　韩　君　周永峰　姚叶红
实验初级中学
党委书记　季红斌
校　长　刘宗海
副校长　张　波　刘　琴　卢崇斌
　　　　张晓兵　陆静芳　张　静
　　　　宋海洋　张丽倩　彭仁杰
高新区第一初级中学
党总支书记　孟照顺
校　长　倪凯健
副校长　金　鑫　戴云飞　朱文伟
　　　　朱　瑛　黄　娟
高新区第二中学
党总支书记　宋　化
校　长　陶成生
副校长　张惠方　王　云　颛孙伟伟
苏州学府中学
党支部书记　倪凯健
校　长　朱文伟
文昌实验中学
党总支书记　卢崇斌
校　长　王作辉
高新区第三中学
党总支书记　徐文良
校　长　倪少华
阳山实验初级中学
党总支书记　王华新
校　长　金茂峰
高新区第五中学
校　长　童玉峰
景山初级中学
校　长　陈伟华
通安中学
校　长　吴文明
文贤实验初级中学
党支部书记　惠人民
文达实验初级中学
校　长　卢崇斌
苏州高新技术创业服务中心
主　任　陈月娟
副主任　刘玉斌　陈　奇　梁惠子
科技创新服务中心
主　任　王　慧
副主任　邓　卉
疾病预防控制中心
主　任　归国平
副主任　郭　锋　查日胜　葛锡泳
卫生监督所
所　长　王　诚
副所长　褚　明　赵　军
妇幼保健计划生育服务中心
主　任　高红琴
苏州科技城医院
党委书记　孔杰峰
党委副书记　陈建惠
副院长　卢建林　王　琛　钮金英
　　　　吴雪良
苏州高新区人民医院
党委书记　潘　凌
副院长　刘胜亚　王秋生　唐志红
　　　　张　赢
社会事业发展中心
副主任　张奇明　俞　曦
财政管理服务中心（国库支付中心）
主　任　龙　娟
副主任　汤　怀　邓　艳　许　毅
　　　　王　杰
人力资源开发管理中心
主　任　刘　军
副主任　潘鸥翱　吴丽花
社会保险基金管理中心
主　任　唐毓宏
副主任　谢　凯　王彬彬　季俊峰
劳动监察大队
大队长　查　利
副大队长　周　艳　王　书　李　群
建设工程设计施工图审查中心
主　任　戴志成
建设工程质量监督站（建设工程安全监督站）
站　长　陈　军
副站长　华启迪　蔡红艺　俞　韶
建设工程招标投标服务中心
主　任　吕文娟
副主任　孙海洋
城市建设管理服务中心
副主任　叶惠琪　杨　硕
城建监察大队
大队长　李　成
房屋征收服务中心
主　任　谢沛君
住房保障和物业管理中心
主　任　潘闽华
运输管理中心
主　任　俞春锋
公路和港航事业发展中心
主　任　胡叶华
交通运输综合行政执法大队
大队长　江百乐

城市管理行政执法大队
副大队长　徐　寒　张丽洁　孙　坤
城市维护管理处
主　任　卢益军
副主任　袁　渊　孙海艳　唐峰平
集成指挥中心
主　任　殳　辉
副主任　吴明红
公园和绿化管理处
主　任　眭丽蓉
城市管理行政执法大队浒墅关经开区行政执法队
队　长　于朝辉
教导员　陆建平
城市管理行政执法大队科技城行政执法队
教导员　邵　杰
农业水务综合执法大队
大队长　邵冬冬
副大队长　孔晓军
河道管理所
主　任　彭紫赟
农林水利信息化管理中心
主　任　范奕星
外商投资服务中心
主　任　娄　佳
副主任　田　峰
文化市场综合执法大队
大队长　许奇峰
副大队长　史郁聪
文体和旅游发展中心
主　任　王元一
副主任　高　正
应急管理综合行政执法大队
大队长　高旭东
副大队长　司德功　沈荣华　唐吕飞
经济责任审计中心
主　任　徐美丽
政务服务中心
主　任　冯雪君
副主任　张　永
企业服务中心
主　任　李　菁
副主任　刘　君　顾苏溢
质量技术监督稽查大队
大队长　汪　崴
统计调查中心
主　任　李　伟
征地管理服务中心
副主任　陈苏文　郭秉晟

【苏州浒墅关经济技术开发区】

党工委
书　记　周晓春
副书记　吴卫锋（兼）　单鸿伟　周咏梅
委　员　宋福生　余黎康　张　辉　赵　鹏
管委会
主　任　单鸿伟
副主任　周咏梅　余黎康　王寅杰　赵　鹏
内设机构
纪工委、监察工委
书记、主任　张　辉
副书记、副主任　孙建军
专职纪工委委员　周小艳
党政办
主　任　程若森
副主任　平雪雅　孙　利　许　洁
组织人事和社会保障局
局　长　马　艳
副局长　陆建新　黄亚金
经济发展局
局　长　徐宗敏
副局长　缪逸洲　刘明明
科技创新局
局　长　李斌斌
副局长　刘开建
社会事业局
局　长　张　燕
副局长　于乐平　李　颖　姚永兵
财政和资产管理局
局　长　彭　芳
副局长　时　瑾　曾志军　孙琴芬
建设局
副局长　蒋国平　陈　羽　王雪兴
招商局
局　长　邱臬菡
副局长　祝祯伟　黄　霆
安全生产监督管理局
局　长　马　良
副局长　殷士祥
安委办专职副主任　林雄飞
集成指挥中心、综合行政执法局
主任、局长　丁宇清
副主任、副局长　周永明　沈景峰
社区管理办公室
主　任　程　锴
副主任　顾毓定　杨晓方　潘　炜
下属事业单位
江苏大阳山国家森林公园管理处
主　任　汪洪涛
经济服务中心
主　任　戴　琴

【苏州科技城】

党工委
书　记　卢　潮
副书记　杨　亮　周经纬
委　员　黄忠华　蒋月霞　陈　凯
管委会
主　任　杨　亮
副主任　周经纬　黄忠华　蒋月霞　陈　凯
内设机构
党政办
主　任　陶雪芳
副主任　朱玲枫
监察室（审计室）
主　任　杨　扬
副主任　高　丰　张春华
财政局
局　长　施　蔚

副局长　苏静芳

经济发展局

局　长　曹玉河

副局长　高兴文

科技和人才局

局　长　杨　琳

副局长　刘治国

规划建设局

局　长　陆　锴

副局长　赵晓兵　朱孔进

招商局

局　长　姚亦丹

副局长　李　磊　项　悦

教育文体局

局　长　张　耘

副局长　徐双庆　王　青

下属事业单位

社会事业服务中心

主　任　李世喜

苏南工业技术研究院

院　长　沈　蔚

副院长　王　澜　徐爱华

科技创新服务中心

主　任　葛春生

副主任　徐　瑛　王　思

【苏州西部生态旅游度假区管理办公室】

党工委

副书记　苏久华

管理办

副主任　冯燕芳　苏久华　何　明

综合管理部

主　任　籍考亮

【苏州高新区综合保税区管理办公室】

主　任　吴卫锋

副主任　蒋林明　叶其中　谢明华

行政管理部

主　任　梁　娟

副主任　鲁松坡　陈　伟

计划财务部

主　任　乔英男

副主任　沈　芳

经济发展部

主　任　马春黎

副主任　寇冠兰　过英豪

开发建设部

副主任　许喆明　朴文斌

综合管理部

主　任　张继生

副主任　辛炳辰　田　宇

【狮山商务创新区】

党委

书　记　沈明生

副书记　叶其中　高　蔚

委　员　刘文斌　江　强　洪　璐
　　　　金福龙

管理办公室

主　任　叶其中

副主任　刘文斌　江　强

党政办

主　任　徐文清

副主任　赵丽平

财政和资产管理局

局　长　金福龙

副局长　蒯琴霞

商务和投资促进局

副局长　徐　玉　赵　洋　张　燚

经济和科技创新局

副局长　李　莉（兼）

规划建设和城市更新局

局　长　刘文斌（兼）

副局长　陈军伟

教育和文体旅游局

局　长　江　强（兼）

副局长　许　奇

【镇、街道】

浒墅关镇

党委

书　记　周晓春

副书记　余淮军　张　燕

委　员　张　辉　姚钰清　马　艳
　　　　徐宗敏　程若森

纪委书记　张　辉

人大

主　席　冯寿前

镇政府

镇　长　余淮军

副镇长　马　良　缪逸洲　于乐平
　　　　杨晓方　李　颖

通安镇

党委

书　记　徐　立

副书记　杨春华　王一飞

委　员　朱晓洪　杨　真　张　明
　　　　周凤明　朱　勇（挂职）
　　　　张菊红　陆建春

纪委书记　朱晓洪

镇政府

镇　长　杨春华

副镇长　魏　雷　林　展　张丽萍

东渚街道

党工委

书　记　陈　凯

副书记　黄　晨　叶　钟

委　员　沙菊香　丰　昊（挂职）
　　　　吴绍永　曹裕银　钟国锋
　　　　施震宇　刘炎峰（挂职）
　　　　罗　臻

纪工委书记　吴绍永

人大工委

主　任　薛永芳

办事处

主　任　黄　晨

副主任　徐　青　张晓冬

狮山街道、横塘街道

狮山街道党工委、横塘街道党工委

书　记　沈明生

副书记　朱　飞　高　蔚　洪　璐

委　员　许　乐　许　奇
　　　　杨　凯（挂职）　包　飞
　　　　赵丽平　吴镇平（挂职）
　　　　徐　波　赵　洋

纪工委书记　徐　波

狮山街道人大工委
主 任 许 乐
狮山街道办事处、横塘街道办事处
主 任 朱 飞
副主任 吴建中 杜芳林 张 燚
陈军伟 蒯琴霞 魏春晓
枫桥街道
党工委
书 记 叶其中
副书记 贾 斌 孙晶晶
委 员 黄文星 宋 巍（挂职）
蒋征宇 胡长碧 刘旭鹏
李 莉
纪工委书记 黄文星
人大工委
主 任 娄 锴
办事处
主 任 贾 斌
副主任 徐海燕 曹 锐 沈伟国
陆裔飞
镇湖街道
党工委
书 记 周经纬
副书记 冯燕芳 何 明
委 员 梁 栋（挂职） 沈 力
陈水中 钱骏赟 吴志飞
纪工委书记 钱骏赟
人大工委
主 任 周经纬
办事处
主 任 冯燕芳
副主任 朱雪良 籍考亮 郁建新
钱玮琦

【区直属公司】
苏州苏高新集团有限公司
董事长 王 星
副董事长 周 飞
董 事 吕少锋 濮 钧 严惟玮
党委书记 王 星
党委副书记 周 飞 陈海鸥
党委委员 吕少锋 濮 钧 严惟玮
高 圆
纪委书记 陈海鸥
总经理 周 飞
副总经理 吕少锋 濮 钧 严惟玮
崔晓冬
总规划师 高 圆
苏州新区高新技术产业股份有限公司
董事长 王 平
副董事长 沈 明
董 事 屈晓云 张晓峰
党委书记 王 平
党委副书记 沈 明 余传剑
党委委员 张晓峰
纪委书记 余传剑
总经理 沈 明
副总经理 屈晓云 徐 征 张晓峰
宋才俊
苏州金合盛控股有限公司
董事长 周琼芳
副董事长 唐 济
党委书记 周琼芳
党委副书记 唐 济
党委委员 浦颖贤 楼湜泓 李 梁
纪委书记 楼湜泓
总经理 唐 济
副总经理 潘翠英 浦颖贤 李 梁
苏州高新区国有资本控股集团有限公司
董事长 闵建国
副董事长 王卫东
总经理 王卫东
监事会主席 金 闻
苏州高新城市交通发展集团有限公司
董事长 李 政
副董事长 胡漳敏
董 事 韩建良
党委书记 李 政
党委委员 韩建良 曲 林 邱慧玉
吕 良
纪委书记 吕 良
总经理 胡漳敏
副总经理 韩建良 邱慧玉
总工程师 曲 林
苏州高新文旅集团有限公司
董事长 曹 琴
副董事长 高 进
董 事 邹 剑
总经理 高 进
副总经理 邹 剑 徐 秀 肖 荔
苏州高新产业招商中心有限公司
董事长 楼铭育
副董事长 朱惠芳
总经理 朱惠芳
副总经理 卫 琳
苏州医疗器械产业发展集团有限公司
董事长 王 平
副董事长 张 超
董 事 刘颐称
党委书记 王 平
党委副书记 张 超 刘颐称
总经理 张 超
副总经理 刘颐称 徐 瑗
苏州高新集成电路产业发展有限公司
副董事长 仲晓晨
董 事 李大亮
总经理 仲晓晨
副总经理 李大亮
苏州高新区科技招商中心有限公司
总经理 慕继武
副总经理 端洪菊
苏州光子产业发展有限公司
副董事长 仲晓晨
总经理 仲晓晨
副总经理 丁奕翀
苏高新现代服务业招商中心公司
总经理 董 健

荣 誉

集体荣誉

表56 2023年高质量发展综合考核功能片区、镇（街道）等次一览表

等次	功能片区〔镇（街道）〕
一、功能片区组	
第一等次（先进集体）（1个）	太湖科学城功能片区
第二等次（2个）	狮山商务创新功能片区、浒墅关先进制造功能片区
二、镇（街道）组	
第一等次（先进集体）（3个）	狮山、横塘街道，浒墅关镇，通安镇
第二等次（3个）	枫桥街道、镇湖街道、东渚街道

表57 2023年高质量发展综合考核区级机关单位等次一览表

等次	单位
一、党的建设组	
第一等次（先进集体）（8个）	人大机关、组织部、党政办、纪（工）委监委、统战部、宣传部、政协机关、政法委
第二等次（4个）	研究室、团委、妇联、总工会
二、经济服务组	
第一等次（先进集体）（11个）	财政局、科技创新局、经济发展委员会、教育局、国有（集体）资产监督管理办公室、人力资源和社会保障局、自然资源和规划分局、行政审批局、统计局、税务局、城乡发展局
第二等次（9个）	退役军人事务局、市场监督管理局、城市管理局、商务局、文化体育和旅游局、生态环境局、住房和建设局、社会事业局、应急管理局
三、综合管理组	
第一等次（先进集体）（4个）	审计局、法院、检察院、公安分局
第二等次（1个）	机构编制委员会办公室

表58 2023年高质量发展综合考核区直属国企等次一览表

等次	企业（单位）
一、商业类	
第一等次（先进集体）（2个）	苏州苏高新集团有限公司、苏州金合盛控股有限公司
第二等次（2个）	苏州医疗器械产业发展集团有限公司、苏州新区高新技术产业股份有限公司
二、服务类	
第一等次（先进集体）（1个）	苏州高新城市交通发展集团有限公司
第二等次（2个）	苏州高新文旅集团有限公司、苏州高新区国有资本控股集团有限公司

表59　2023年高质量发展进步单位（地区）一览表

荣誉	单位（地区）
高质量发展进步单位（3个）	统战部、财政局、审计局
高质量发展进步地区（1个）	浒墅关镇

个人荣誉

一、2023年区担当作为好干部（按姓氏笔画排序）

刘明明（女）　许　乐　许　梅（女）　孙逸馨（女）　严惟玮　李　莉（女）　李斌斌（女）
吴东明　何　明　辛炳辰　汪玉千　张菊红（女）　胡长碧　顾升福
徐　刚　徐　征　陶雪芳　黄志强　曹晓苏（女）　屠　澄（女）　潘孝辉
薛　崴

二、2023年区先进工作者（按姓氏笔画排序）

（一）区机关事业单位（69人）

马　娟（女）　王　玉　王　枫　王丹丹（女）　王世华　王光远　王宏宇
冯雪君　吕文娟（女）　朱　钦（女）　朱新亚　华　兵　刘　杨　刘　蓓（女）
刘宗海　杜　力　李　兵　李学为　杨宁博　吴海亮　何　翀
汪海洲　汪兢兢（女）　沈佳尧（女）　沈爱华（女）　张　阳（女）　张会清　张丽洁（女）
张春梅（女）　张晓明　张凌云（女）　张锦虹（女）　陆春花（女）　陈　奇　陈　玲（女）
陈　磊　陈邵鹏　武　剑　范海波　帖步霞（女）　征文平　金　鹏
荀　康　荣继发　胡阿虎　相　玮（女）　姜　珊（女）　姚文伟　徐　强
徐辉惠（女）　高　正　唐　仁　黄　胜　黄　璐（女）　龚春华　董　良
蒋亚诚　韩思量　韩晓怡（女）　覃春丽（女）　程英卫　靳光文　赖珏琼（女）
蔡兆晴　谭明起　谭莹雪（女）　缪佳一（女）　戴志成　戴鸿举

（二）三大功能片区（28人）

万　蓉（女）　马　良　马春黎（女）　王　亚　王惠芳（女）　朱东敏　朱玲枫（女）
刘旭鹏　刘晓军　刘婷婷（女）　苏久华　何梦丹（女）　张春雷　张晓伟
陆建新　陈　伟　林　展　项　悦（女）　赵　洋（女）　赵丽平（女）　赵蒙超（女）
徐　辉　黄　辉　曹　静（女）　彭　芳（女）　蒋国平　蒋剑锋　蒯琴霞（女）

（三）区企业单位（19人）

王宗毅　冯明君　曲　林　朱　宏　刘　薇（女）　刘颐称　严利东（女）
李晓慧　何　泽　余传剑　张建福　陈　达　周勇于　曹葵康
韩玉兰（女）　傅　冰　楼湜泓　蔡金春　濮　钧

（四）进驻单位（26人）

王晓勇　计露含（女）　叶蓓蓓（女）　朱　辰（女）　任　涛　汤天一　李　俊
李存军　沈　庆　张雪平　陆圣斌　陆纯纯（女）　陈　璇（女）　邵炯涛
周兆康　庞卫军　郑　柯　郎宇睿　承　晖　姚晓维（女）　秦贵军
夏　刚　夏　樾（女）　徐　勋　徐昉昀　符　灏

（组织部）

编辑：张肖千

索引

说　明

一、本索引依照国家标准《索引编制规则（总则）》（GB/T22466—2008）的相关规则编制。

二、本索引分为主题索引、表格索引和随文图片索引。

三、主题索引，以条目和正文的主题为标目进行标引；中文标目按标题首字的汉语拼音字母（同音字按声调）排序；标目后的数字表示内容所在的页码，数字后的a、b、c分别表示该页码的左、中、右栏。

四、表格索引，以表格题名为标目，标目后的数字表示表格所在页码。索引按照表格在全书中的先后顺序排列。

五、随文图片索引，以图片主题为标目，标目后的数字表示图片所在页码。中文标目按标题首字的汉语拼音字母排序。

六、空两字起排的为上一主题的附见。

七、“特载”“专记”“大事记”“附录”不做主题索引。

八、为便于读者检索，在高新区的企事业单位和在高新区发生的事件名称前的“苏州高新区（虎丘区）”或“高新区（虎丘区）”，除非产生歧义，均省略。

主题索引

K

L

M

表格索引

随文图片索引